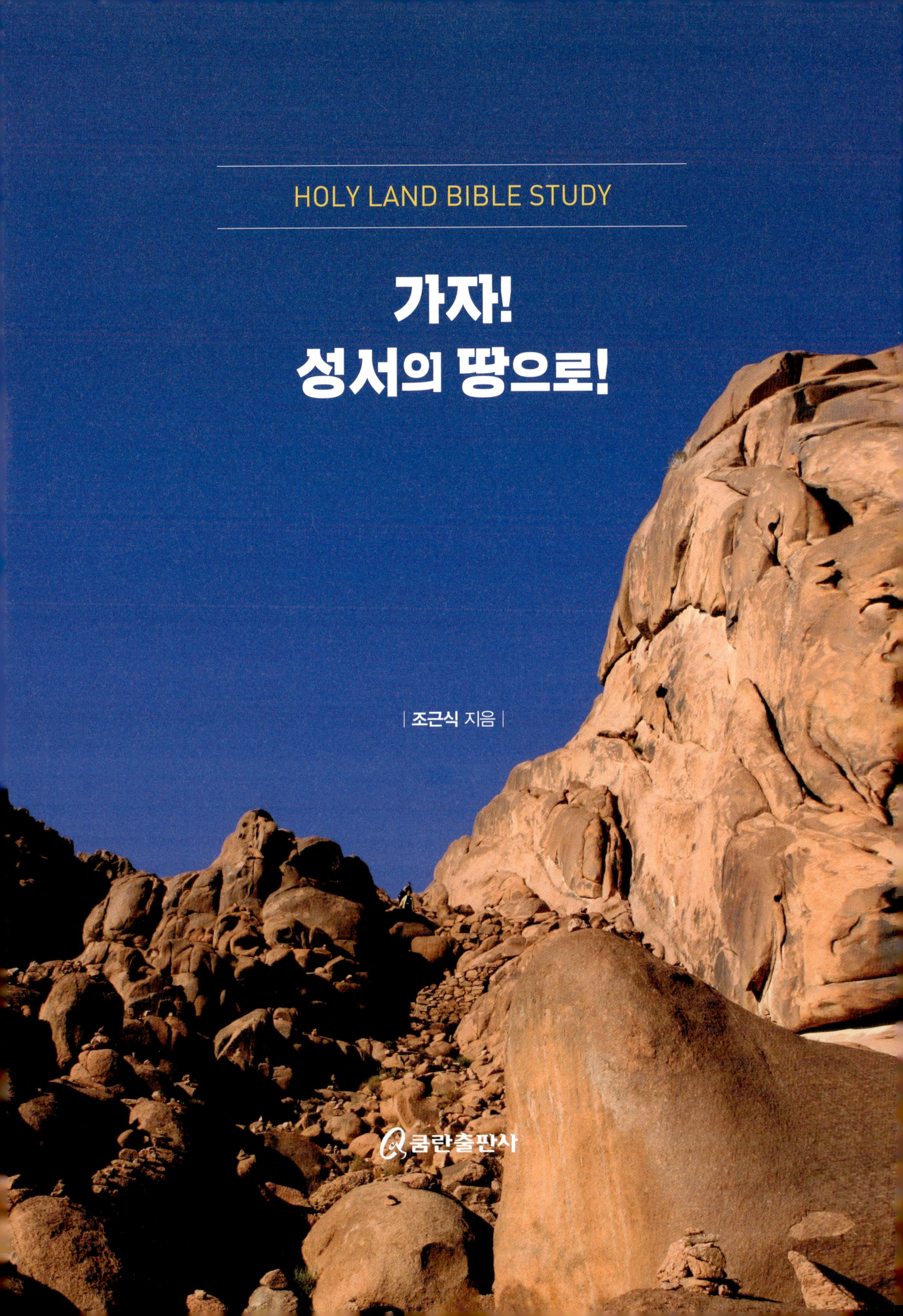

HOLY LAND BIBLE STUDY

가자!
성서의 땅으로!

| 조근식 지음 |

쿰란출판사

HOLY LAND BIBLE STUDY

가자!
성서의 땅으로!

김삼환 목사
(명성교회 원로목사/
대한예수교장로회 통합 증경총회장)

《가자! 성서의 땅으로!》는 조근식 목사님의 약 30년에 걸친 성서 지리 연구의 결실로, 오랜 시간 동안 이스라엘 땅을 밟으며 보고, 느끼고, 연구한 내용을 충실하게 담은 귀한 책입니다. 특별히 이 책은 조 목사님이 성서의 땅을 연구하며 하나님의 말씀을 사랑하는 한국교회의 목회자, 성지 순례를 다녀온 분들과 앞으로 성지 순례를 준비하는 분들, 성서의 말씀을 지리적으로 이해하기를 원하시는 분들에게 도움을 주고자 하는 마음이 담겨 있습니다.

이 책은 애굽 땅 고센에서 가나안까지 출애굽 여정을 출발점으로 요단에서 이스라엘까지 구약성서에 기록된 역사적 사건을 지리와 연결함으로써, 하나님이 오늘날 땅에 남겨두신 신구약성서의 흔적들을 이해할 수 있도록 돕습니다. 이는 하나님의 구원의 역사와 섭리를 더욱 깊이 있게 이해할 수 있도록 도우며, BC와 AD 시대를 관통하는 통찰을 제공하여 독자들에게 성경의 맥을 이해하는 데 중요한 참고 자료가 될 것입니다. 더불어 조 목사님의 생생한 경험과 고고학적 연구 자료와 함께 풍부한 사진 자료가 더해져 독자들에게 마치 성지 순례를 함께하는 듯한 생동감을 제공합니다.

《가자! 성서의 땅으로!》는 이스라엘을 향한 하나님의 '위대한 사랑의 구속사'를 깊이 알고자 하는 모든 한국의 그리스도인에게 소중한 자료가 될 것입니다. 이 책이 성서의 땅에 남겨진 하나님의 계획을 발견하고, 예수 그리스도를 통해 이루신 하나님의 구속 섭리를 이해하는 데 귀중히 사용되기를 소망합니다.

김학중 목사
(꿈의교회/ 제31대 CBS 재단이사장)

'백문(百聞)이 불여일견(不如一見)'이라는 말이 있습니다. 백 번 듣는 것보다 한 번이라도 보는 게 낫다는 의미입니다. 물론 직접 보지 않더라도, 간접 경험을 최대한 상세하게 구성해서 생생한 이야기를 만들 수도 있습니다. 조선 시대에 판소리꾼이나 요즘 시대의 스토리텔러가 그런 대표적인 인물입니다. 하지만 아무리 판소리꾼이나 스토리텔러가 여러 미사여구로 이야기를 구성한다고 해도, 그 현장에 가서 보고 듣고 느끼는 만큼의 생생한 이야기를 만들 수는 없습니다.

성경의 이야기도 마찬가지입니다. 현장을 보고 듣고 느낄 때, 성경의 이야기가 더 생생하게 다가오고, 생생하게 전달할 수 있습니다. 그래서일까요? 이 책을 보는데, 그동안 알고 있던 성경의 이야기가 더 생생하게 느껴져서 그 자리에서 다 읽었습니다. 저만 그렇게 느끼는 건 아닐 것이라고 확신합니다. 누구라도 이 책을 보는 순간, 조근식 목사님이 받은 성지의 감동이, 또한 조 목사님이 느낀 성경의 생생한 이야기가 눈앞에 펼쳐질 것입니다. 바라기는 이 책을 통해서 예수님의 손을 붙들고 싶은 마음이 더 간절해지기를 기원하며, 이 책을 기쁜 마음으로 추천합니다.

손병렬 목사
(포항중앙교회)

저자인 조근식 목사님은 오랜 기간 성지를 답사한 경험을 바탕으로 무미건조한 나열식 설명에서 탈피하여 구약에서부터 신약시대까지 성서 역사의 큰 줄기를 긴 호흡으로 연결하고 있습니다. 저자의 도전과 헌신, 끝없는 열정에 마음 깊은 박수를 보냅니다.

무엇보다 신학자로서 성지를 면밀히 들여다보고 재구성하는 것은 물론이고 그 이전에 목회자로서 지식의 전달 차원을 넘어 당시 상황들에 대한 풍부한 상상력을 불러일으키는 해설, 현장감 넘치는 사진, 유용한 지도들을 다채롭게 사용하여 성도들의 삶 속에 도움이 되도록 성지를 소개하고 있는 것이 매우 인상적입니다.

성경 본문이 어떤 역사와 문화와 지리적인 환경 속에 쓰였는지 아는 것은 깊고 넓은 성서의 세계를 바르게 이해하는 데 큰 도움을 줍니다. 이 책은 이집트(애굽)의 고센을 떠나 출애굽 여정 가운데 여호와 하나님의 언약 성취와 광야 40여 년의 생생한 역사를 이어 신구약 성경의 배경이 숨쉬는 브엘세바에서 헬몬산까지의 방대한 자료들을 서로 연결하여 풀어가고 있습니다.

성경 이해에 도움을 줄 자료와 지도를 찾는다면 좋은 안내서가 되리라 확신하며 기쁘게 이 책을 추천합니다.

안희묵 목사
(세종 꿈의교회 대표목사/
한국침례신학대학교 특임교수)

독일의 신학자 본회퍼는 "목회자는 성서를 세 가지 상황, 즉 강단에서, 서재에서 그리고 기도실에서 만난다"라고 하였습니다. 목회자는 성서와 불가분의 관계입니다. 그래서 목회자는 성서와 동행하는 사람입니다. 목회자는 강단과 서재 그리고 기도실에서 성서를 떠나서는 존재의 어떤 의미를 찾을 수 없을 것입니다. 성서는 목회자에게 힘과 용기와 도전과 목회 비전을 제시하는 영감의 원천입니다. 이처럼 강단에서 하나님의 말씀을 전파하기 위해서 성서 연구는 필수적입니다. 그래서 성서 연구는 당시 쓰인 성지(聖地)를 연구하는 일이 일차적입니다. 이는 성지 연구가 성서의 내용과 그 의미를 분명하게 할 뿐만 아니라 강단의 사역을 풍성하게 할 것이기 때문입니다.

1996년부터 성서의 땅인 이집트–요르단–이스라엘을 수없이 답사하고 생생하게 기록하며 사진으로 담아 왔던 조근식 목사님은 일선 목회자들에게 성서의 땅의 중요성을 알려주려는 일념으로 연구해 왔습니다. 이번에 출간된 《가자! 성서의 땅으로!》는 목회자와 신학생에게 아주 유익하고도 풍부한 자료를 제공하고 있습니다. 게다가 성서의 지리와 지명 그리고 역사적 배경을 너무나 상세하게 설명해 주고 있다는 점에서 일반 평신도들에게도 아주 훌륭하고 가치 있는 책입니다. 성서를 사랑하고 공부하기를 원하는 모든 분들에게 큰 도움을 줄 수 있다고 확신합니다. 그러므로 모든 분들이 성서를 읽거나 연구할 때 이 책을 옆에 두고 사용한다면 신선하고 유익한 도움이 될 것입니다.

이순창 목사
(연신교회/
대한예수교장로회 통합 제107회 총회장)

할렐루야! 사랑하고 존경하는 조근식 목사님의 책 《HOLY LAND BIBLE STUDY–가자! 성서의 땅으로!》 출간을 진심으로 축하드립니다. 그동안 이 책을 출간하기 위해 하나님 앞에 엎드려 오랜 시간 기도하며 다방면으로 성지를 연구해 오신 조근식 목사님을 축복합니다. 목사님의 수고와 헌신이 담겨 있는 이 책을 통하여 한국교회 목회자들이 성경 속에 사건과 인물에 대한 입체적인 이해와 접근이 가능해지며, 보다 깊고 풍성한 말씀을 준비하는 데 많은 도움을 받게 될 것입니다. 동시에 성지 순례를 사모하는 전 세계 성도들에게 이스라엘의 자세한 역사와 함께 마치 직접 성지를 가서 눈으로 보고, 발로 밟고, 손으로 만져 보는 것과 같은 생생한 은혜와 감동을 전해줄 것이라고 확신합니다.

우리는 이 책에서 조근식 목사님의 안내를 받아 이스라엘의 각 지역을 살펴보면서 지리학적 지식을 습득하는 것이 아니라 성서의 땅에 숨겨진 놀라운 영적 축복을 발견하게 될 것입니다. 나아가 앞으로 이 책이 하나님의 크고 놀라운 일을 이루어가는 축복의 길라잡이로 더욱 귀하게 쓰임 받기를 기원하며, 다시 한번 《HOLY LAND BIBLE STUDY–가자! 성서의 땅으로!》 출간을 축하하고 축복합니다. 감사합니다.

정근두 박사
(울산교회 원로목사/
에스라성경대학원대학교 총장)

조근식 박사의 《가자! 성서의 땅으로!》는 성서의 땅을 수없이 직접 가서, 그 땅을 직접 발로 밟아보고 눈으로 바라보고, 카메라로 찍어서 만든 대단한 작품이라고 말하고 싶습니다. 성경을 사랑하는 마음이 그 땅을 향해 나아가도록 했고, 성서의 땅을 사랑하는 마음 때문에 그동안 비슷한 종류의 책에서 나온 자료들을 그대로 받아들이는 데 만족하지 않았습니다.

'그것이 사실인지 알아보려고 날마다 성경을 상고'(행 17:11)한 베뢰아 사람들의 태도로 성서에 나오는 땅을 직접 방문하고, 남다른 눈으로 바라보고 현장을 확인하여 나온 책이므로, 소장하여 참고할 가치가 있다고 생각합니다. 성서의 땅을 사랑하는 마음을 가지고 사실을 직접 확인하는 바른 학자의 자세가 이와 같은 열매를 가져왔기에, 성서의 땅을 사랑하는 사람뿐 아니라 성서의 메시지를 바로 알기를 원하는 사람이라면 누구나 가까이할 때 큰 유익을 얻으리라는 확신을 갖기에 추천하고 싶습니다.

고센에서 여리고까지의 출애굽 발자취가, 브엘세바에서 예루살렘까지 또 사마리아에서 헬몬산까지 신구약을 넘나드는 성서의 땅이 이 책을 통해서 새롭게 눈에 들어올 것입니다. 다만 그 땅이 아니라 그 땅을 거니는 주님의 모습이 새롭게 떠오른다면, 골고다의 주님뿐 아니라 부활의 주님까지 사모하는 계기가 된다면 더없는 영광을 맛보게 될 것입니다. 또한 이 책이 우리를 성서의 땅으로 인도하는 가이드북이 된다면, 그래서 그 땅을 직접 밟을 수 있다면 우리가 읽은 내용이 새롭게 살아날 것입니다. "땅의 모든 끝 찬양하라 주님 오실 길 예비하라 땅의 모든 끝에서 주님을 찬양하라 영광의 주님 곧 오시리라."

정승태 교수
(한국침례신학대학교 종교철학/교무처장)

성서의 기록된 자리는 성서의 땅, 곧 성지입니다. 삶과 역사의 은유적인 표현으로서 성지(sanctuarium)는 성서의 근원적 자료를 제공합니다. 따라서 성지에 대한 연구는 우리에게 필수적입니다. 성서의 땅에서 오랜 기간 탐사하고 탐구해 온 조근식 박사님은 우리를 성서의 기록된 자리로 초대합니다.

《가자! 성서의 땅으로!》는 성서에 등장하는 지명과 그것에 얽힌 역사와 이야기를 풀어줌으로써 성서 본문의 정확한 의미를 되살려 주면서 동시에 목회자의 강단에 살아 있는 역동적 메시지를 전달해 줍니다. 이런 점에서 《가자! 성서의 땅으로!》는 크게 세 부류의 독자에게 시원한 생수와 같은 기쁨을 줍니다.

첫째로 성서 본문을 연구하고 싶어 하는 지적 독자들에게 해석적 자료를 제공한다는 것이고, 둘째로 메마른 강단의 설교자들에게 풍성한 설교 자료를 제공한다는 것입니다. 그리고 셋째로 성서의 지리, 지명 그리고 배경에 대해 생경한 독자에게 사진과 그림 자료를 통하여 성서의 전체적 윤곽과 성서 본문을 쉽고 정확하게 이해하는 데 큰 도움을 준다는 것입니다.

무엇보다도 조근식 박사님의 연구와 헌신적 수고로 《가자! 성서의 땅으로!》는 성서를 더욱 입체화한다는 점에서 매우 가치가 있습니다. 그러므로 추천인은 성서를 사랑하는 모든 독자에게 일독을 권하는 바입니다.

조대식 목사
(신태인침례교회)

성서의 땅, 목회 초기에 이 말은 듣기만 해도 가슴 설레는 말이었습니다. 그러나 제가 목회하는 현실에서는 남의 나라 이야기였습니다.

그런데 꿈과 같은 성지 순례가 고세진 박사를 통해서 이루어졌습니다. 이스라엘에서 아미하르 마자르 교수팀이 한 달간 실시하는 고고학 발굴단에 한국 목회자를 모집한다는 소식이었습니다. 그때 본서의 저자, 포항침례교회에서 담임목회를 하는 나의 사랑하는 동생 조근식 목사와 함께 형제가 일생일대 기적 같은 성지 연구의 기회를 놓치지 않고 텔 레흐브 발굴에 참여하는 특별한 복을 받았습니다.

신구약 성서의 모든 역사가 담겨 있는 성지에 관한 연구는 하나님의 말씀을 묵상하고 성령의 감동으로 선포해야 할 사명을 받은 설교자에게 선택이 아닌 필수 학습입니다. 성지를 바로 알지 못하고 성경을 바로 이해하는 것은 불가능하기 때문입니다.

이번에 조근식 목사가 쓴 《가자! 성서의 땅으로!》는 목회자와 설교자에게 성지 순례가 아닌 성서 연구와 설교에 아주 귀한 자료로 활용될 것을 믿어 의심치 않습니다. 이 귀한 자료를 정리하여 책으로 발간하기까지 기울인 사랑하는 동생의 열정과 집념에 무한한 격려와 박수를 보냅니다.

추천사

피영민 목사
(한국침례신학대학교 총장)

저자인 조근식 목사님이 30년 가까운 세월을 '성서의 땅'에 대한 애착을 가지고 바쁜 목회 일정과 교단 직분을 수행하는 가운데 성지를 수십 번 왕래하면서 성지의 구석구석을 연구한 열매가 《가자! 성서의 땅으로!》라는 수준 높은 성지 소개서로 완성된 것을 진심으로 축하드립니다.

조근식 목사님의 이 저서는 성지 소개서로 탁월한 구조와 내용 그리고 최상의 화질을 가진 사진들을 포함하고 있거니와 무엇보다도 성서의 말씀과 성서의 지역을 적절하게 연결시켜 주고 있습니다. 더구나 고고학적인 연구 결과도 포함시킴으로써 성서의 진리성에 대한 확신을 더해 주고 있습니다.

성서 지리, 역사, 문화, 종교에 관한 최고의 시각적 효과를 지닌 명저임을 확신하며 적극적으로 추천하는 바입니다.

조근식 목사님은 한국침례신학대학교의 특임교수로서 학생들에게도 이 내용을 여러 번 강의해서 큰 유익을 주기도 했습니다.

모든 목회자, 신학생들 그리고 성도들이 이 책을 통해서 성서 자체와 성서의 땅에 대한 더 큰 이해와 애착을 갖게 되시기를 축원합니다.

지난 40여 년간 꿈꾸며 목회하게 된 은혜의 땅 성지

조근식 목사
(포항침례교회)

하나님의 부르심을 받고 신학을 마치고 1987년 8월 첫 목회를 공주 새실교회 담임 전도사로 부임하여 1991년 5월 목사 안수를 받았습니다. 목회 현장에 가장 큰 부담은 수없이 다가오는 설교에 대한 무게감이었습니다. 부지런히 연구하고 준비해도 풀리지 않는 궁금증이 늘어만 갔습니다. 변변한 자료를 찾기 어려울 때 이곳저곳을 헤매며 확인되지 않은 정보들을 용기 있게 외쳤던 시절을 잊을 수 없습니다.

잠시 미국 버지니아에서 이민 목회를 하다가 천안 벧엘교회에 부임하여 교회 부채로 가장 힘들었던 경제 위기 때 목회를 계속할 수 있을까 고민까지 하며 위기를 극복한 바로 그때 1997년 6월 18일부터 7월 16일까지 이스라엘 성지 연구 및 고고학 발굴 연구(Tel Rehov Excavations)에 참여하면서 성지에 눈을 뜨게 되었습니다. 그 후 2000년 4월 다시 목회학 박사과정으로 이스라엘 성지 연구에 참여함으로 깊은 관심을 갖게 되었습니다.

아직도 생각만 해도 얼굴이 붉어지는 가장 부끄러운 헬몬산 이야기, 자료가 부족했던 시절 어느 유명한 목사님의 설교집을 보다가 헬몬산 만년설이 녹아 골짜기마다 흘러 갈릴리 호수를 채운다는 글귀가 제 눈에 들어왔습니다. 그다음 주 설교를 하면서 얼마나 힘주어 담대하게 설교했던지 지금도 헬몬산이란 단어만 나와도 몸 둘 바를 모를 정도로 부끄럽습니다.

저는 성서 인물들 가운데 야곱을 참 좋아합니다. 그런데 야곱의 생애 가운데 파란만장한 삶의 고비를 넘기고 얍복강까지 건너 벧엘로 향하다가 왜 세겜에 머물게 되었는지 이해되지 않았습니다. 그런데 이스라엘 땅에 첫 발걸음을 옮겨 텔 레호브 고고학 발굴 첫 주말에 설레는 마음으로 키부츠를 떠나 길보아 산지를 끼고 그리심산과 에발산 사잇길로 들어서자, 한순간 이 문제가 해결되었습니다. 눈앞에 펼쳐진 세겜 들판을 보는 순간 그 누가 설명하지 않아도 야곱의 심정을 느끼고 그 현장을 이해하게 되었습니다. 너무나 놀라운 경험이었습니다. 그런데 이 놀라운 경험이 가는 곳곳마다, 보는 곳곳에서 엄청난 감동과 감격을 주었습니다.

출애굽 여정과 시내산 등정, 느보산에서 모세의 최후, 요단강 도강과 여리고 정복, 브엘세바에서부터 헬몬산까지 모든 땅에 신구약 성서의 흔적들로 가득한 설교의 보고들이었습니다. 그 후 기회가 되는대로 미친 듯이 다시 찾고 인터넷에서 자료들을 찾아 정리하게 되었습니다.

이제 이 같은 은혜를 혼자만 누려서는 안 되겠다는 작은 사명감에 그동안 강의와 세미나를 통해 정리하던 자료들을 책으로 묶어 설교자로서 더 다양하게 하나님의 말씀을 전하고자 하는 분들과 성지 순례를 다녀오신 분들이나 가실 분들에게 작은 길잡이가 되었으면 생각하고 쿰란출판사의 이형규 사장님과 오완 편집부장, 함께 수고해 주신 직원들의 도움으로 《가자! 성서의 땅으로!》를 출간하게 되었습니다.

지난 시간들 가운데 모든 것을 가능하게 하신 하나님의 은혜에 감사드리며 영광과 찬양을 올립니다. 그리고 제게 성서의 땅에 눈을 뜨게 해주신 고세진 박사님과 배후에 기도와 물질로 후원했던 자랑스러운 포항침례교회 가족들 그리고 사랑하는 아내 이우주 사모와 기도와 물질로 후원해 주신 모든 분께 지면을 통해 감사를 드립니다.

목차

추천사(가나다 순)

서문

제1부 | 고센에서 여리고까지

제2부 | 브엘세바에서 예루살렘까지

목차

제3부 | 사마리아에서 헬몬산까지

HOLY LAND BIBLE STUDY

제 1 부

고센에서 여리고까지

출애굽 여정 성지 연구 - 출애굽의 발자취를 따라서

애굽 고센에서 요르단과 여리고까지

출애굽기 2장 23~25절

[23]여러 해 후에 애굽 왕은 죽었고 이스라엘 자손은 고된 노동으로 말미암아 탄식하며 부르짖으니 그 고
된 노동으로 말미암아 부르짖는 소리가 하나님께 상달된지라 [24]하나님이 그들의 고통 소리를 들으시고
하나님이 아브라함과 이삭과 야곱에게 세운 그의 언약을 기억하사 [25]하나님이 이스라엘 자손을 돌보셨
고 하나님이 그들을 기억하셨더라

구약성경 출애굽기는 믿음의 조상으로 부르심을 받은 아브라함의 후손인 야곱과 그의 가족 70여 명이 애굽의 고센 땅에서 새로운 삶을 시작한 지 400여 년이 지난 후 약속의 땅 가나안으로 향하는 기적의 역사를 담고 있다. 애굽 땅 고센에서 가나안까지 출애굽 여정을 돌아볼 성지 순례에서 최초의 출발점이 될 수밖에 없는 곳이 출애굽의 흔적이 가득한 애굽(이집트)

이다. 그러고 나서 요르단과 요단강을 건너 여리고까지 이스라엘을 살펴보게 된다.

이집트를 방문하는 대부분의 사람은 바쁜 일정상 수도 카이로에 남아 있는 '아기 예수 피난 교회'를 중심으로 한 시내 관광과 시내에 인접한 기자(GIZA) 지구에 있는 피라미드와 스핑크스만을 돌아보고 나서 대부분 바쁘게 에담광야와 신광야를 거쳐 시내산으로 달려가게 된다.

모세가 활동했던 룩소르(Luxor)와 야곱의 식구들이 이주해 살면서 번성했던 고센 땅 라암셋 발굴 현장과 고대 철학의 중심지요 초대교회 및 교부들의 활발한 활동 무대였던 북부의 알렉산드리아 등은 시간적인 여유가 있을 때 꼭 돌아볼 필요가 있는 지역으로 추천하고 싶다.

애굽(이집트)을 소개하면

1. 성경적 배경

창세기 12장 10절에 따르면, 애굽은 믿음의 조상 아브라함이 가나안 땅의 기근을 피하여 간 곳이다(창 12:10, 14, 13:1~4).

창세기 12장 10절, 13장 1~4절

10그 땅에 기근이 들었으므로 아브람이 애굽에 거류하려고 그리로 내려갔으니 이는 그 땅에 기근이 심
하였음이라…13:1아브람이 애굽에서 그와 그의 아내와 모든 소유와 롯과 함께 네게브로 올라가니 2아브
람에게 가축과 은과 금이 풍부하였더라 3그가 네게브에서부터 길을 떠나 벧엘에 이르며 벧엘과 아이 사
이 곧 전에 장막 쳤던 곳에 이르니 4그가 처음으로 제단을 쌓은 곳이라 그가 거기서 여호와의 이름을
불렀더라

이곳에서 아브라함의 손자이자 야곱의 열한 번째 아들인 요셉이 종에서 죄수, 죄수에서 총리대신이 되었고(창 37:28, 39:1, 40:2~3, 41:46; 출 1:5), 또 이 요셉의 초청으로 야곱의 가족 70명이 이곳에 이주하여 살았다(창 46:4~6, 26~27).

창세기 46장 5~6, 26~27절

5야곱이 브엘세바에서 떠날새 이스라엘의 아들들이 바로가 그를 태우려고 보낸 수레에 자기들의 아버
지 야곱과 자기들의 처자들을 태우고 6그들의 가축과 가나안 땅에서 얻은 재물을 이끌었으며 야곱과
그의 자손들이 다 함께 애굽으로 갔더라…26야곱과 함께 애굽에 들어간 자는 야곱의 며느리들 외에 육
십육 명이니 이는 다 야곱의 몸에서 태어난 자이며 27애굽에서 요셉이 낳은 아들은 두 명이니 야곱의 집
사람으로 애굽에 이른 자가 모두 칠십 명이었더라

아울러 모세가 바로 딸의 아들이라는 신분으로 40세까지 성장하고(출 2:10), 창세기 15장 16절의 예언대로 400여 년이 지나 이스라엘 백성들이 출애굽할 때까지 히브리 민족으로 번성하며 살았던 나라이다(출 3:9~11, 12:40). 또, 예수 그리스도께서 헤롯의 학정에 잠시 피신하였던 곳이며(마 2:13~19), 구약성경과 깊은 관계가 있다.

모세와 이스라엘 백성들이 걸었던 출애굽 여정의 지형도

2. 역사적·지리적·인종적 배경

애굽을 소개하려면 역사적 개관은 물론 지리적, 인종적 배경도 함께 기술해야 한다. 그러나 지면 관계상 애굽의 의미적 배경과 전체적인 개괄에 대해 설명하고, 그 외 세세한 내용은 순례하기 전과 순례를 하는 동안, 그리고 무엇보다도 순례를 마친 이후에 주어지는 순례자 자신의 몫이 되게 하는 것이 좋을 듯하다.

지리적으로 애굽은 아프리카 북동부에 있는 나라, 가장 좁은 의미로는 제1 폭포로부터 북방으로 오늘날의 카이로 부근까지 이르는 나일강 양안(상부와 중부 이집트)과 나일 삼각주(하부 이집트)를 가리킨다. 본서에서는 포괄적인 성경적 명칭인 미스라임과 상부 이집트를 지칭하는 바드로스를 둘 다 포함해서 애굽이라고 칭하고 있으며, 이 명칭은 최근에 붙여진 것으로 보고 있다.

그리스의 철학자요 정치가였던 헤로도토스(Herodotos)는 이집트를 가리켜 "나일강의 선물"(Gift of the Nile River)이라고 표현할 정도로 이 나라에서는 유일한 이 강을 따라 인류 4대 문명이 발생하였다.

계절을 따라서 적도 부근의 강우와 다비시니아 남부, 아비시니아 고원의 강우가 결합하여 7월 중순 나일강의 수량을 증대시킴으로써 연례적인 범람을 초래하게 된다. 이 범람은 7월에 시작하여 9월까지 계속되고 물이 빠지면서 강을 따라 새롭고 기름진 침전토가 천연 비료의 구실을 하고 그 위에 광범위하게 물을 공급해 준다. 이집트의 번영은 잦은 나일강의 범람과 그 범람한 물을 오랫동안 계획적으로 보존하는 데 달려 있었다. 범람한 물은 저수지(Catch basin)나 운하를 이용해 강의 제방으로부터 얼마간 떨어진 거리에 가능한 한 오랫동안 보존할 수 있었다.

그리고 지중해에서 불어오는 부드럽고 시원한 계절풍과 맑은 하늘은 나일강을 중심으로 한 농경사회가 발생할 수 있는 좋은 환경을 제공해 주었다.

나일강을 중심으로 길쭉한 구유 모양의 상부 이집트는 불모의 홍해 사막과 삭막한 리비아 사막에 의해 둘러싸여 있고, 북동쪽에는 에담광야와 시나이반도가 있어 아시아로부터의 접근을 차단해 주었으며, 북서쪽의 리비아 해안은 이집트로 접근할 수 있는 유일한 지역인데 지극히 제한적인 조건이기 때문에 이집트는 고대로부터 '지중해 인종'(Mediterranean race)이라 불리는 체형이 가늘고 갈색 피부를 지닌 그들 종족적 특징을 오래도록 보존할 수 있었다.

3. 현재 이집트

① 위치: 아프리카 동북부
② 면적과 인구: 1,001,450km^2, 세계 14위 약 104,250,000명(2021년 현재)
③ 1인당 국민소득: 3,200$
④ 종교: 이슬람교 90%(수니파-국교), 콥트 정교회 9%, 기독교 1%, 유대교
⑤ 언어: 아랍어(영어, 프랑스어도 부분적으로 사용함)
⑥ 시차: 우리나라보다 7시간 늦다.
⑦ 통화: 1$=2.80LE(이집트파운드)
⑧ 기후: 3~10월(최저 기온 12~16℃, 최고 기온 33~36℃)에는 반소매 셔츠, 10~2월(최저 기온 9~11℃, 최고 기온 19~28℃)에는 긴소매 셔츠, 일몰 후 급격한 기온 하락 현상이 가끔 있음.

은혜의 땅 라암셋

하나님의 백성들이 머문 라암셋(Rameses)과 고센(Goshen) 땅

라암셋의 규모를 짐작하게 하는 발굴 현장

애굽의 고센 땅은 히브리 민족의 태동에 너무나 중요한 지역이다. 아브라함의 자손인 야곱의 가족 70명이 400여 년간 정착하여 생육하고 번성하였던 곳이기 때문이다.

창세기 47장 27절

이스라엘 족속이 애굽 고센 땅에 거주하며 거기서 생업을 얻어 생육하고 번성하였더라

애굽 왕 바로가 이스라엘 백성들의 성장을 두려워하여 이들을 학대하고 노예화함으로 비돔(Pithom)과 함께 건축하게 하여 이루어진 성인 라암셋은 출애굽하는 이스라엘이 출발한 곳

(출 12:37; 민 33:3, 5)으로 현 지명은 산 엘 하가르(San El Hagar)이다. 구약성경에서 '좋은 땅 라암셋'이라고 불리던 고센 땅은 애굽(이집트)의 하부 나일강 삼각주 지역 동편에 있다. 고센 땅은 나일강의 편리한 관개시설 때문에 실제로 애굽에서 가장 좋은 땅이었다.

창세기 47장 5~6, 11절

5바로가 요셉에게 말하여 이르되 네 아버지와 형들이 네게 왔은즉 6애굽 땅이 네 앞에 있으니 땅의 좋은 곳에 네 아버지와 네 형들이 거주하게 하되 그들이 고센 땅에 거주하고 그들 중에 능력 있는 자가 있거든 그들로 내 가축을 관리하게 하라…11요셉이 바로의 명령대로 그의 아버지와 그의 형들에게 거주할 곳을 주되 애굽의 좋은 땅 라암셋을 그들에게 주어 소유로 삼게 하고

고센 땅은 애굽에서 가장 비옥한 땅이지만 북쪽에서 쳐들어오는 침입자들의 공격을 쉽게 받을 수 있는 곳이기도 하였다. 이런 이유로 애굽 사람들은 그들의 중심도시를 멤피스처럼 나일강 삼각주 지역에서 좀 더 내륙 쪽으로 떨어진 곳에 건설하거나, 테베와 같이 나일강 상류 쪽에 건설하였다. 따라서 이스라엘 백성들은 비옥한 고센 땅에서 여호와 하나님의 특별한 보호 아래 한 민족으로 번성할 수 있었다.

고센 땅이 위치하였던 애굽의 하부 나일강 삼각주 지역은 멤피스에서 지중해에 이르는 약 200km 지역으로 그 넓이가 24,000km^{2}이다. 지중해 해안이 되기도 하는 삼각주 지역의 북쪽 편의 길이는 약 250km이다. 이 지역은 지리적 여건상 물이 풍부한 지역으로 나일강의 관개수로시설이 BC 4000년 전부터 있었을 뿐 아니라, 지중해의 영향을 받아 강우량이 비교적 많은 지역으로 풍요로운 곡창지대였다.

BC 4000년 전부터 있었던 수로(좌)·기름지고 풍요로운 고센 땅 전경(우)

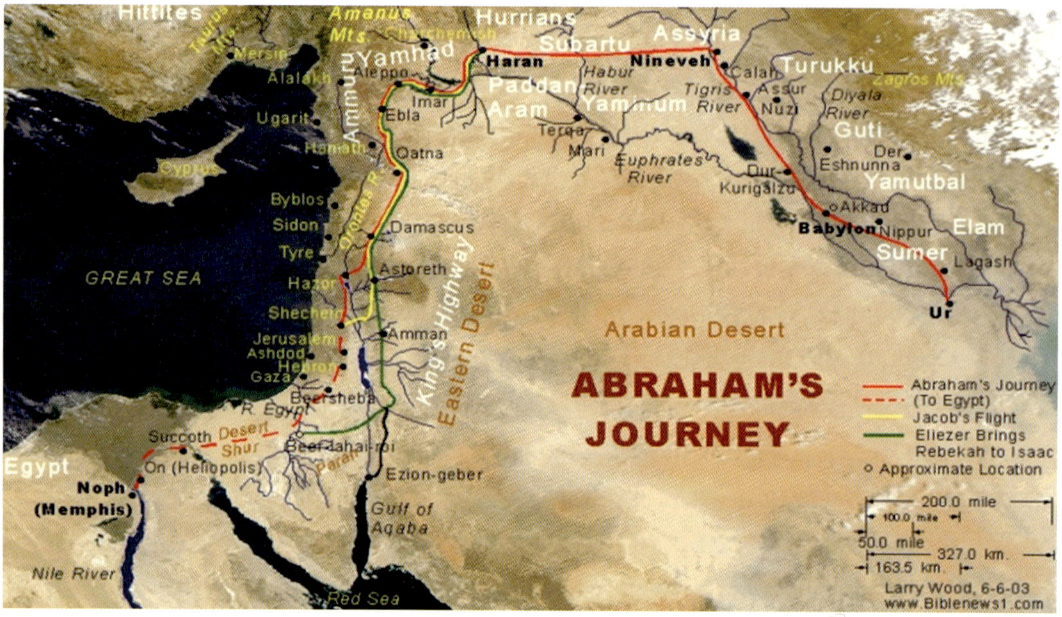

여호와 하나님의 부르심에 따라 걸었던 아브라함의 인생 여정

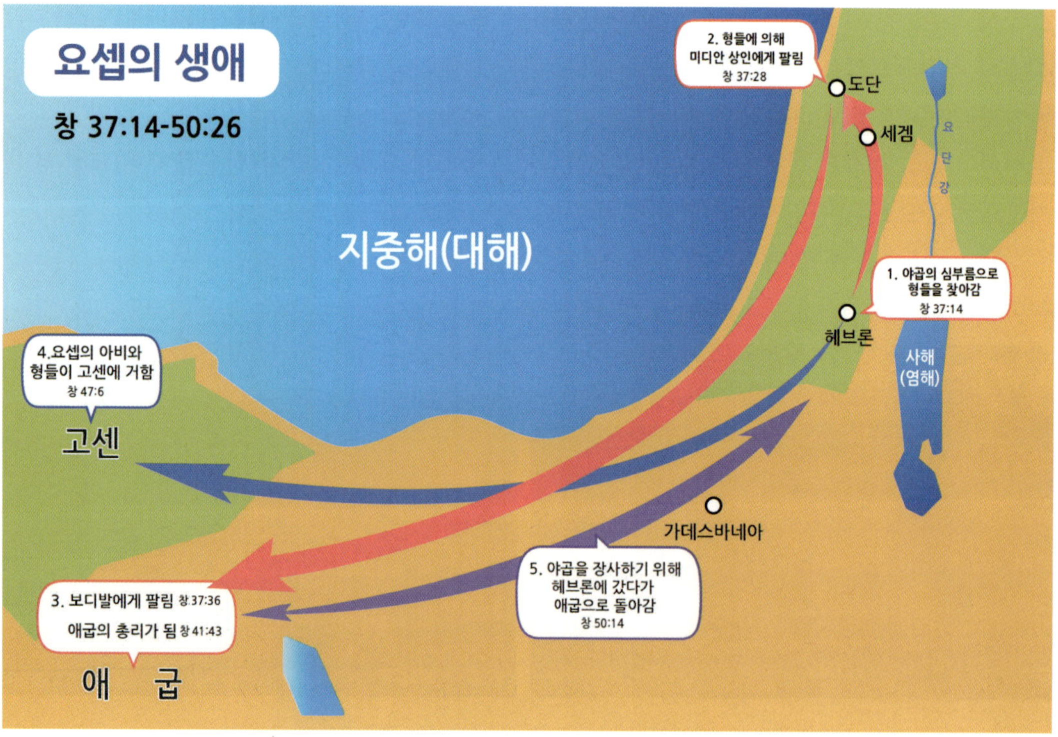

요셉이 걸었던 삶의 흔적을 담은 지도

이스라엘 백성들은 1월 15일(민간 달력, 즉 구 달력으로는 7월 15일, 태양력으로는 3, 4월 중) 유월절 다음 날로 애굽인들이 장자를 장사지내던 그날 라암셋을 떠나 당당히 하나님께서 약속하신 가나안을 향하여 출발하였다.

출애굽 여정 가운데 라암셋에서 시내광야까지의 여정은 이와 같다. 라암셋에서 출발해 숙곳, 에담을 지나, 바알스본 앞 비하히롯으로 돌아가서 믹돌 앞에 진을 쳤다. 이어 홍해를 가르고 지나 에담(수르)광야로 사흘 길을 가서 마라를 지나 엘림(샘물 열둘과 종려 칠십 그루가 있는 곳)에 이른 다음 홍해 가에 진을 쳤다. 계속해서 신광야에 진을 쳤고, 돕가, 알루스, 르비딤(마실 물이 없었던 곳)을 거쳐 시내광야에 진을 쳤다. 이스라엘이 진을 친 곳 중에는 지금 그 위치를 확인하기 어려운 곳이 많다.

모세가 하나님의 인도하심을 따라 이스라엘 백성들을 출애굽시킨 경로

애굽 왕 바로(Pharaoh)

애굽 왕 '바로'는 '파라오'(Pharaoh)란 말을 우리말 발음으로 적은 것이다. 이는 고유명사로서 사람의 이름이 아니라 고대 애굽의 왕들을 지칭하는 칭호이다.

'바로'는 고대 이집트의 정치적·종교적 최고 통치자를 가리키며 애굽(이집트)의 왕 또는 왕위를 나타내는 말이다. 그 뜻은 '큰 집'으로 본래 애굽 왕의 궁정, 왕궁을 뜻했으나 시간이 흐르면서 왕과 동격의 의미로 사용되었다. 따라서 성경에서 표기된 바로 왕의 실제 이름은 따로 있었다.

창세기와 출애굽기에 나오는 바로 왕의 이름 및 연대 정리

성경	내용(시기)	바로의 이름
창세기 41장~ 출애굽기 1장 7절	요셉을 총리로 세운 바로	세소스트리스 2세 (BC 1897~1878)-* 힉소스
출애굽기 1장 8절	요셉을 알지 못하는 새 왕	아흐모세 (BC 1570~1545)
출애굽기 2장 2절	모세 출생	BC 1527년
출애굽기 2장 5절	아기 모세가 물에서 건짐을 받아서 공주(하첸수트, 1479~1458)의 아들이 되던 당시의 바로	투트모세 1세 (BC 1529~1517)
	모세의 양아버지(공주의 남편)	투트모세 2세 (BC 1517~1504)
출애굽기 2장 15절	모세가 애굽인을 죽이자 모세를 죽이려 했던 바로	투트모세 3세 (BC 1504~1453)
출애굽기 2장 15절	모세가 미디안 광야로 도망갔을 때	BC 1487년
출애굽기 2장 23~25절	이스라엘 백성들을 압제했던 바로	투트모세 3세 (BC 1504~1453)
출애굽기 5~14장	모세의 열 가지 재앙을 받은 바로	아멘호텝 2세 (BC 1453~1426)
출애굽기 14장	이스라엘 출애굽	BC 1447년

창세기나 출애굽기에서는 이어지는 역사를 기록할 때 고유명사를 쓰지 않고 '바로 왕'이라고 표기하므로 자칫 같은 인물로 이해하기 쉽다. 위의 도표를 참조하면 창세기에 등장하는 바로 왕과 출애굽기에 등장하는 바로 왕은 다른 왕이라는 사실을 알 수 있다.

창세기 41장부터 출애굽기 1장 7절의 내용과 바로 이어지는 출애굽기 1장 8절은 지면상으로는 연결되어 있지만, 이 한 구절 사이에는 사실상 430년이라는 시간 간격이 있다.

야곱이 온 가족과 함께 애굽으로 내려간 출애굽기 1장 1절의 시기는 BC 1876년, 모세의 인도로 이스라엘 백성들이 출애굽을 하던 시점은 BC 1447년이다. 그러므로 창세기의 요셉이 등장하는 시대의 바로 왕과 출애굽 시기에 등장하는 바로 왕 사이에는 수많은 왕들이 있었다는 이야기이다.

애굽 역대 왕들의 이름

힉소스

창세기 41장 41절에서 요셉을 총리로 삼았던 바로의 이름은 세소스트리스 2세(BC 1897~1878)인데 그는 애굽 사람이 아니라 힉소스 민족이었다. '힉소스'는 애굽어로 '외국인 통치자'를 의미한다. 즉, 그는 이방인으로서 애굽을 통치한 바로이다. 그러므로 창세기에 등장하는 바로 왕과 출애굽기에 등장하는 바로 왕은 다른 인물일 뿐 아니라 여러 명이라는 것이다.

애굽 왕의 통칭인 성경에 기록된 '바로'(Pharaoh)는 12인이다.

1. 흉년을 피해 애굽으로 내려간 아브라함이 만난 바로

아브람(아브라함)이 애굽에 내려간 시기를 BC 2090년으로 추정하고 있다. 그 당시 애굽은 고왕국을 지난 제1중간기에 접어든 시기였거나 중왕국 시대였을 것이다. 이 시기에 애굽은 아브람이 경험한 메소포타미아와 전혀 다른 강력한 왕정 체제를 통해 엄격한 관습과 법에 따른 통치로 왕이라도 마음대로 남의 아내를 취할 수 없었다.

당시 바로는 이런 규범에 따라, 사라를 취하려다가 여호와 하나님께서 그녀가 아브람의 아내임을 알리시고 그와 그의 집에 큰 재앙을 내리심으로 두려워 많은 재물과 함께 돌려보낸 자이다.

창세기 12장 18~20절

[18]바로가 아브람을 불러서 이르되 네가 어찌하여 나에게 이렇게 행하였느냐 네가 어찌하여 그를 네 아
내라고 내게 말하지 아니하였느냐 [19]네가 어찌 그를 누이라 하여 내가 그를 데려다가 아내를 삼게 하였
느냐 네 아내가 여기 있으니 이제 데려가라 하고 [20]바로가 사람들에게 그의 일을 명하매 그들이 그와
함께 그의 아내와 그의 모든 소유를 보내었더라

2. 요셉 때의 바로

바로 왕조를 세운 마지막 왕 아브히스인 듯하다(BC 1876~1850). 이 바로가 어느 날 두 가지 꿈을 꾸고 해몽을 못 하여 번민 중에 있었는데, 술 맡은 관원장의 소개로 옥중에 있는 히브리 소년 요셉을 불러내어 해몽하게 했더니 정확히 판단하는 것이었다. 바로는 요셉의 명철이 여호와 하나님에게서 온 것인 줄 알고 청년 요셉을 총리대신에 임명하여 7년 풍년 때 저축하여 7년 흉년을 잘 해결하였다(창 41장).

이에 따라 요셉이 애굽의 총리대신이 된 때의 애굽 왕조에 대해서는 애굽의 12왕조 때라는 학설과 힉소스 왕조 때라는 두 가지 학설이 있다. 두 학설 가운데 12왕조 때로 보는 견해가 더 많은 것은, 야곱의 가족이 애굽으로 이주해 왔을 때 요셉이 그들에게 준수하도록 한 관습이 힉소스의 셈족 관습이 아닌 애굽의 관습이었기 때문이다(창 46:34). 이러한 역사 자료들을 검토했을 때 요셉이 애굽의 총리대신이 된 때 애굽의 왕은 세소스트리스 2세(Sesostris, BC 1897~1878)였다.

그가 바로 가나안 땅에서 흉년으로 큰 곤란을 당하던 야곱의 가족 70명을 초청하여 고센 땅을 주어 경작하게 하고(창 46:27, 47:6~11), 야곱 별세 후 모든 신하와 장로를 가나안 장지까지 보내고 병거와 기병으로 요셉을 호종하게 함으로 그 장례를 국장이나 다름없이 장엄하게 거행하게 하였던 애굽 왕 바로이다(창 50:7~11).

3. 모세 출생 시 바로

이스라엘 백성들의 번성함을 시기하여 핍박하고 노예화하고 인구 번성을 막으려고 남아를 낳으면 나일강에 던져 죽이라고 명령했던 바로이다. 이때 모세가 출생하였다(출 1~2장).

모세의 부모는 모세를 석 달 동안 숨겨서 키웠으나 더는 숨길 수 없게 되자 갈대 상자에 모세를 넣고 역청과 나무 진을 칠하여 강가 갈대 사이에 두었다. 모세는 바로의 딸에게 발견되어 건짐을 받는다. 모세를 나일강에서 건져낸 바로의 딸이 바로 투트모세 1세의 딸인 하첩수트(Hatshepsut)이다. 애굽에서 가장 뛰어났던 여성 파라오가 바로 하첩수트로 그 이름은 '여성

중 가장 으뜸인 자'라는 뜻이다.

4. 출애굽 때의 애굽 왕 바로

모세와 아론이 하나님의 명령을 받고 찾아가 이스라엘 백성을 놓아 달라고 하였으나 거절하다가 열 가지 큰 재앙을 당하고 나서 출발을 허락한 바로이다. 이에 이스라엘 백성은 자기들의 모든 재산과 애굽인들이 주는 보화를 가지고 출발하였다(출 7~12장).

이스라엘 백성들의 출애굽 후 여호와 하나님께서 바로의 마음을 완악하게 하심으로 애굽인들이 군사를 거느리고 추격하다가 홍해에서 전멸하였다(출 14장).

출애굽기 14장 28절

물이 다시 흘러 병거들과 기병들을 덮되 그들의 뒤를 따라 바다에 들어간 바로의 군대를 다 덮으니 하나도 남지 아니하였더라

5. 그 외 성경에 나타난 '바로'

① 유대인 메렛의 아내 비디아의 부친(대상 4:18)
② 솔로몬의 장인(왕상 3:1)
③ 솔로몬의 대적 하닷의 동서(왕상 11:14~19)
④ 르호보암을 친 시삭(대하 12:2)
⑤ 이스라엘 왕 호세아 때의 소(왕하 17:4)
⑥ 히스기야 왕 때의 바로(왕하 18:21)
⑦ 애굽 제26왕조 제2대 왕(BC 609~579) 느고 2세 - 수에즈운하를 제일 먼저 계획한 사람, 므깃도평원에서 유대와 싸워 요시야를 죽임(왕하 23:29~33; 대하 35:20~24)
⑧ 시드기야 왕과 예레미야 때의 호브라(렘 37:5, 44:30)

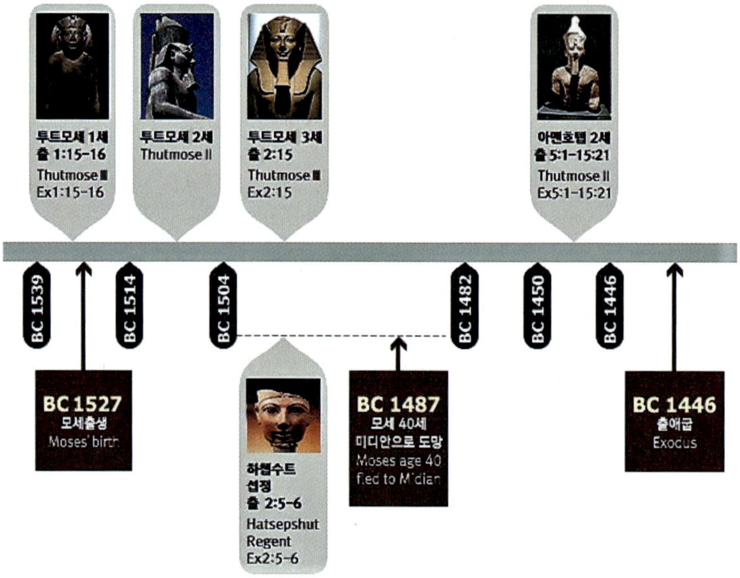

출애굽 전후 애굽의 왕들과 모세의 관계

[출처: 구속사 시리즈(abrahampark.com)]

출애굽기 1장 8절에서 "요셉을 알지 못하는 새 왕"이 등장한 시기는 애굽 제18왕조의 통치 시기를 가리킨다. 그 이전에 애굽을 통치했던 왕조는 애굽 북동쪽에서 온 셈족 계통의 힉소스 왕조(Hyksos, 애굽 제15·16·17왕조)였다. 힉소스 왕조는 타민족에 대해 관대한 정책을 사용했다.

힉소스 왕조는 이스라엘 백성이 애굽에 들어온 지 약 300여 년이 지난 BC 1580년경 애굽 제18왕조의 아흐모세 1세(Ahmose I, BC 1570~1545)에 의해 무너졌다. 제18왕조는 순수한 애굽 본토인으로서 이방인 힉소스인의 정권을 무너뜨리면서 요셉의 모든 업적까지 말살하고 토착 왕조의 지배력을 확립해 나갔다.

"요셉을 알지 못하는 새 왕"은 이 제18왕조 가운데 세 번째 왕인 투트모세 1세(Thutmose I, BC 1529~1517)이다. 투트모세 1세는 강력한 탄압정책으로 히브리인들에게 감당하기 어려울 정도의 힘든 노동을 시켰다. 심지어 새로 태어나는 히브리 사내아이들을 나일강에 던져 죽이는 민족 말살 정책까지 강행하였다.

이러한 때 레위 지파 아므람과 요게벳 사이에서 모세가 태어났다. 모세의 부모는 모세를 석 달 동안 숨겨서 키웠으나 더는 숨길 수 없게 되자 역청과 나무진을 칠한 갈대 상자에 모세를 넣고 나일강 가 갈대 사이에 두었다. 모세는 바로의 딸에게 발견되어 건짐을 받았다. 모세를 나일강에서 건져낸 바로의 딸이 바로 투트모세 1세의 딸인 하셉수트(Hatshepsut)이다.

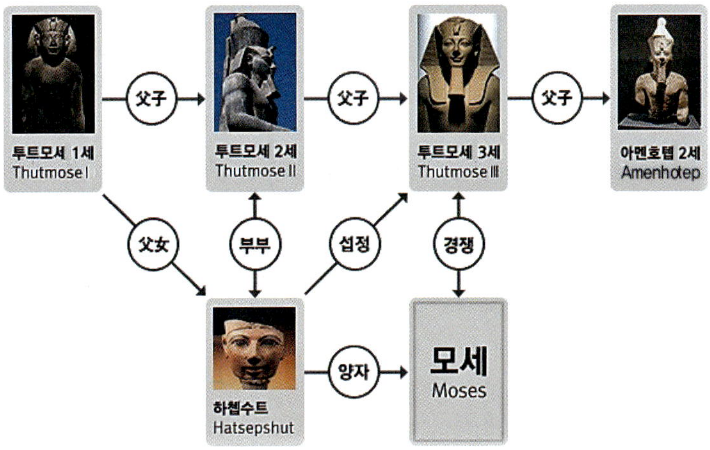

[출처: 구속사 시리즈(abrahampark.com)]

지금까지 이름이 밝혀진 이집트 바로의 숫자는 170여 명에 달하는데 그중에서 가장 뛰어난 여성 바로가 바로 하쳅수트이다. '하쳅수트'라는 이름 자체가 '여성들 중 가장 으뜸인 자'라는 뜻이다. 하쳅수트는 투트모세 2세와 결혼하였으나 투트모세 2세는 10년을 통치(BC 1517~1504)하고 후계자 없이 요절하였다. 투트모세 2세가 양자 삼은 투트모세 3세가 왕위를 계승하지만, 당시 투트모세 3세는 불과 9~10세의 어린 나이였기 때문에 카리스마 있고 왕위 계승에 절대적 영향력을 지닌 하쳅수트가 섭정을 하게 된다. 훗날 하쳅수트는 자신이 직접 왕의 자리에 올라 22년간 통치하였다(BC 1504~1482).

모세가 이스라엘 민족의 출애굽을 위해 부르심을 받은 BC 1447년에 80세였으므로(출 7:7) 그는 BC 1527년에 태어난 셈이다. 하쳅수트가 왕위에서 물러난 것은 BC 1482년으로 모세 나이 45세 때이다. 모세가 40세 때 '그 형제 이스라엘 자손을 돌볼 생각이 나'(행 7:23) 자기 민족을 괴롭히던 애굽인을 쳐 죽였다. 이 때문에 모세는 살인자가 되어 광야로 도망가게 되었다. 만약 모세가 5년만 기다렸다면 하쳅수트의 아들로 자란 그는 하쳅수트가 물러난 후 저절로 애굽의 왕이 될 수도 있었다. 아마 하쳅수트의 양자였던 투트모세 3세와 모세는 왕좌를 사이에 둔 경쟁 관계였을 것이다. 그래서 투트모세 3세는 모세가 애굽 사람을 죽였다는 이야기를 듣고 모세를 죽이려 했다.

투트모세 3세 후에 아멘호텝 2세가 왕의 자리에 오르게 되는데, 이 아멘호텝 2세가 출애굽 전에 있었던 10대 재앙을 모두 겪은 왕으로, 마지막 열 번째 재앙에서 장자를 잃게 된다.

애굽에 내린 열 가지 재앙

출애굽기 11장 1절, 12장 12~14절

1여호와께서 모세에게 이르시기를 내가 이제 한 가지 재앙을 바로와 애굽에 내린 후에야 그가 너희를
여기서 내보내리라 그가 너희를 내보낼 때에는 여기서 반드시 다 쫓아내리니…12내가 그 밤에 애굽 땅
에 두루 다니며 사람이나 짐승을 막론하고 애굽 땅에 있는 모든 처음 난 것을 다 치고 애굽의 모든 신
을 내가 심판하리라 나는 여호와라 13내가 애굽 땅을 칠 때에 그 피가 너희가 사는 집에 있어서 너희를
위하여 표적이 될지라 내가 피를 볼 때에 너희를 넘어가리니 재앙이 너희에게 내려 멸하지 아니하리라
14너희는 이날을 기념하여 여호와의 절기를 삼아 영원한 규례로 대대로 지킬지니라

여호와 하나님께서는 애굽의 바로의 손에서 택한 이스라엘 백성들을 구원하시기 위해 열 가지 재앙을 온 애굽 땅에 내리셨고, 이로 인해 바로 왕과 애굽 백성은 이스라엘 백성들을 내보내지 않을 수 없었다.

여호와 하나님께서 애굽 땅에 열 가지 재앙을 내리신 목적은 무엇인가?

1. 애굽 나라의 죄악을 징치하기 위한 것이었다.

여호와 하나님께서는 BC 2082년 아브라함과 횃불 언약을 체결하시면서 "그들이 섬기는 나라를 내가 징벌할지며 그 후에 네 자손이 큰 재물을 이끌고 나오리라"(창 15:14)라고 말씀하셨다. 여기서 '징벌'이라는 말을 개역한글에서는 '징치'(懲治)라고 하였는데, 이는 '징계하여 다스림'이란 뜻이다. 여호와 하나님께서 애굽을 열 가지 재앙으로 심판하신 것은 출애굽을 막는 방해 세력을 제거하는 것 이상으로, 애굽 땅에 죄악이 관영하여 심판이 불가피했음을 나타낸다(창 6:5~7).

1) 선민 이스라엘 백성들을 교활하게 괴롭히고 죽인 죄

이스라엘 자손이 애굽에 위협이 될 정도로 번성하자(출 1:7, 10), 바로는 교활하게 이스라엘

백성들을 괴롭혔다(출 1:11; 시 105:25).

(1) 엄하고 무자비한 고역으로 괴롭혔다.

바로는 이스라엘 백성을 심하게 학대하고 고역으로 그들의 생활을 괴롭혔다(출 1:10~14). 어려운 노동, 즉 '고역'은 출산 억제책의 일환으로 자행된 것으로, 보통 사람의 체력과 인내로는 견디기 어려운 가혹한 노동을 말한다. 국고성 건축과 수로 공사 등 애굽의 무차별한 노동력 착취로 이스라엘은 숨쉬기조차 어려운 극심한 억압을 당했다.

(2) 히브리 산파들을 통해 사내아이들을 몰래 죽이려는 악한 계략으로 괴롭혔다.

이스라엘 백성들이 크게 번성하자(시 105:24), 바로는 히브리 산파 십브라와 부아를 통해 갓 태어난 사내아이들을 살해하여 민족을 서서히 말살하려는 정책을 폈다(출 1:15~16).

(3) 선민 이스라엘 백성들의 남아(男兒) 대학살로 그들을 영구히 노예화하려 했다.

히브리 산파를 통해 은밀하게 남아를 죽이고자 했던 계획이 실패하자, 바로는 모든 이스라엘 백성들에게 남자가 나거든 나일강에 던지라고 하여 거국적이고 공개적인 차원에서 무자비한 영아 학살을 명령했다(출 1:22; 행 7:19). 훗날 예수 그리스도께서 이 땅에 오셨을 때, 헤롯 왕도 아기 예수께 왕권을 빼앗길 것을 두려워하여 베들레헴과 그 모든 지경 안에 있는 두 살 이하의 사내아이들을 죽이는 만행을 저지르게 된다(마 2:16~18).

2) 선민 이스라엘 백성들을 비인간적으로 학대한 죄

이스라엘 백성들은 강요된 노동(출 5:6~18)뿐 아니라 부당하고 억울하게 구타와 학대를 당하였다(출 2:11, 5:6~14, 16). 여호와 하나님께서는 애굽이 이스라엘 백성들을 무자비하게 쳤던(히. 나카) 일을 기억하시고 열 가지 재앙으로 애굽 땅을 쳐서(히. 나카) 원수를 갚아 주신 것이다(출 7:17, 20, 25, 8:16~17, 9:25, 12:12~13, 29).

2. 애굽 신들을 징치하기 위한 것이었다.

여호와 하나님의 열 가지 재앙은 모든 애굽인들이 보는 가운데 애굽의 모든 신(神)을 심판하시는 하나님의 역사였다(출 12:12; 민 33:4).

1) 풍요와 다산을 위해 섬긴 수많은 신

농경 사회는 다산과 풍요를 기원하는 관습으로 다신교나 범신론을 따르는 경향이 나타나는

데, 애굽인들은 고대인 가운데 가장 많은 신을 섬겼으며(렘 43:12~13, 46:25; 겔 30:13), 우상숭배가 최절정에 이른 때가 출애굽 당시의 신왕국인 제18왕조 시대였다.

2) 애굽인들이 신으로 섬긴 일월성신(日月星辰)

농사를 주업으로 한 고대 애굽에서는 자연 숭배로 일월성신을 비롯해 천문학과 점성술의 발달로 모든 천체를 숭배하였다(왕하 17:16, 21:5, 23:5; 대하 33:3, 5).

(1) 태양신

애굽은 '온'(On)이라는 성읍 전체를 태양신 '라'를 섬기는 도시로 만들 정도로 태양 숭배에 열심을 보였다(창 41:45). 또한 당시 애굽 신왕국의 수도 테베는 '노아몬'('아몬의 도시', '아몬의 소유'라는 뜻)으로 불렸는데(나 3:8), 이는 그곳에 태양신 '아몬'을 섬기는 거대한 신전이 세워졌기 때문이다. 그리고 애굽의 모든 왕은 또 다른 태양신 '호루스'의 화신이라고 여겼다. 이러한 영향으로 이스라엘도 열왕 시대에 태양신의 말과 수레를 성전 입구에 두는 등 태양 숭배가 성행하였다(왕하 23:11).

(2) 달신

달신은 태양신, 별신과 함께 '천체의 삼신'을 이루는데 그 중심인 달은 왕권을 상징했다. 성경에서는 하늘의 일월성신을 "하늘의 군대"라고 부르기도 하였다(행 7:42~43). 애굽에서 암소는 월신(月神) 이시스를 상징하는 동물로서 농사와 땅에서 나는 소출을 관장한다고 믿었다(창 41:1~4, 26~27).

(3) 별신

애굽은 천문학과 점성술의 발달과 함께 모든 천체를 숭배하였다. 열왕기하 23장 5절에서 "열두 궁성"(개역한글)은 히브리어 '맛잘로트'로, '흐르다'라는 뜻의 히브리어 '나잘'에서 유래했으며 태양 주위를 도는 열두 별자리를 가리킨다. 메소포타미아인들은 금성을 여신 아스다롯으로 섬기고, 앗수르인들은 토성을 식굿, 기윤이라는 이름의 별신으로 숭배하였다(암 5:25~26).

천체는 피조물에 불과하므로 인간이 숭배할 대상이 될 수 없다(신 4:19; 시 74:16, 148:3; 렘 31:35). 일월성신과 같은 피조물에 미혹되거나 그것을 섬기는 자는 하나님의 징계를 면치 못한다(욥 31:26~28).

3) 애굽인들이 섬긴 나일강(풍요의 신)

애굽(이집트) 국토 중앙을 관통하는 6,695km 길이의 나일강은 생명의 젖줄이었고 생업과 직결되었으므로 애굽 사람들은 나일강을 신으로 섬겼다. 그들은 나일강을 오시리스가 부여한 생명수라 믿고, 나일강의 풍요의 신 '하피'를 숭배하였다. 특히 강이 범람할 때 생기는 흙탕물이 검은색이었기 때문에 나일강은 '시홀'(검다)이라는 별칭을 갖게 되었다(사 23:3; 렘 2:18). 강의 범람 덕분에 애굽은 일찍부터 농경이 발달하였으며, 이에 따라 태양력을 사용하였고 기하학, 건축술, 천문학 등도 크게 발달하였다.

하나님은 첫 번째 재앙으로 나일강을 피로 변하게 하심으로 여호와 하나님만이 유일하신 참 신임을 알려주셨다(출 7:14~25).

4) 최고의 신, 바로 왕

애굽은 '바로'(Pharaoh)라는 최고 통치자를 중심으로 이루어진 절대 군주국가로, 애굽 사람들은 바로를 불사불멸하는 신으로 여겼다. 바로 왕은 나일강이 자기 소유이며 자기가 만들었다고 과시하면서 자기를 창조주로 선포하는 교만한 죄를 범하였다(겔 29:3, 31:10). 이에 여호와 하나님께서는 열 가지 재앙을 통해 신 중의 신으로 우상화되었던 바로를 꺾으셨다. 결국 바로는 홍해에 수장되고 말았다(출 14:28, 30, 15:4~5; 시 136:15).

3. 온 천하에 여호와를 알리기 위한 것이었다.

여호와 하나님께서는 애굽에 내린 열 가지 재앙을 통해서 이스라엘 백성들과 바로와 애굽 백성들에게 하나님의 능력을 보이시고, 하나님이 여호와인 줄 알게 하시며, 하나님의 이름을 온 땅에 전파하시기를 원하셨다(출 7:17, 8:10, 9:14, 16, 10:1~2; 롬 9:17). 여호와는 유일하시고 온 천지에 충만하신 분, 영원 전부터 영원까지 자존하시는 분(요 8:58; 계 1:4, 8), 언약의 하나님이시요, 언약하신 것을 반드시 성취하시는 분이시다(출 2:24~25, 6:3~8).

1) 이스라엘 백성들과 그 자손들에게 여호와 하나님을 계시하셨다.

여호와 하나님께서는 이스라엘 백성에게 자신을 "너희 조상의 하나님"으로 소개하심으로(출 3:13~15) 그 조상들과 맺은 언약을 반드시 이루는 분이심을 나타내셨다. 열 가지 재앙을 통한 출애굽의 대역사는 이스라엘 백성들이 '언약의 하나님' 여호와를 체험하는 가장 결정적인 사건이 되었다(출 20:2).

2) 바로 왕과 애굽 사람들에게 여호와 하나님을 계시하셨다.

여호와 하나님께서는 열 가지 재앙이 쏟아질 때 바로 왕과 애굽 백성들이 반드시 '여호와를 알게 될 것'이라고 말씀하셨다(출 7:5). 하나님께서는 모세와 이스라엘 자손들뿐 아니라 자신을 대적하는 바로 왕과 애굽 사람들에게도 역사의 주관자가 바로 여호와 하나님이심을 알리셨다(출 6:6~7, 8:22, 10:2).

3) 열 가지 재앙을 통해 계시하신 '여호와 하나님'

애굽에 내린 10가지 재앙

(1) 여호와 하나님은 아브라함과 이삭과 야곱의 하나님이시다.

'아브라함의 하나님, 이삭의 하나님, 야곱의 하나님'은 언약을 반드시 이루시는 하나님이시며(출 3:16, 4:5; 신 9:5), 죽은 자의 하나님이 아니라 산 자의 하나님이시다(마 22:32; 막 12:26~27; 눅 20:37~38). 여호와 하나님께서는 애굽인들의 종으로 죽은 자와 다름없던 이스라엘 백성들을 살리신 것과 같이 종말에도 언약 백성들을 영원히 살리실 것이다.

(2) 히브리 백성들의 여호와 하나님이시다.

여호와 하나님께서는 모세에게 자신을 '히브리인의 하나님 여호와'라고 소개하도록 하셨다(출 3:18). 하나님이 천한 종에 불과했던 히브리인의 하나님이 되신 것과 같이, 예수 그리스도께서는 지상에서 늘 낮은 자들과 함께 계셨다. 언약 백성은 약하고 천하게 보일지라도 결국 여호와 하나님으로 인하여 세상에서 가장 강한 악의 세력을 이기고 반드시 승리하게 된다.

(3) 세상 중의 여호와 하나님이시다.

여호와 하나님께서 세상 모든 지역과 모든 사람 가운데 오셔서 그들의 삶을 주관하고 통치하는 분이심을 보여주신다. '세상 중의 여호와'의 모습이 가장 잘 구현된 것이 바로 예수 그리스도의 성육신 사건이다(요 1:14). 초림하신 예수 그리스도께서는 반드시 재림하셔서 이 땅을 주관하고 통치하시며 모든 구속 사역을 완성하실 것이다.

열 가지 재앙을 통해 '여호와'로 역사하신 하나님께서는 세상 끝 날에도 여러 가지 재앙을 통해 이 세상을 심판하실 것이다(겔 38:22~23, 39:6~7, 22, 28; 계 20:7~10). 그리고 반드시 언약대로 구속사의 최후 승리를 이루실 것이다.

애굽의 신들

열 가지 재앙에서는 바로 왕을 포함하여 애굽의 모든 신을 심판하시는 하나님의 역사를 한눈에 볼 수 있다.

출애굽기 12장 12절, 민수기 33장 4절을 읽어보자.

출애굽기 12장 12절

내가 그 밤에 애굽 땅에 두루 다니며 사람이나 짐승을 막론하고 애굽 땅에 있는 모든 처음 난 것을 다 치고 애굽의 모든 신을 내가 심판하리라 나는 여호와라

민수기 33장 4절

애굽인은 여호와께서 그들 중에 치신 그 모든 장자를 장사하는 때라 여호와께서 그들의 신들에게도 벌을 주셨더라

애굽 사람들이 숭배하였던 수많은 신 가운데 특히 열 가지 재앙과 관련이 있다고 알려진 신들은 다음과 같다.

1. 풍요와 다산을 위해 섬긴 수많은 신

봄이 오면 새해의 시작을 축하하면서 다산과 풍요를 기원하는 것은 세계 어느 곳에서나 공통된 풍습이다. 땅을 일구어 씨를 뿌리고 작물을 수확하는 농경민의 사회에서는 하늘과 비, 바람, 번개, 조상 등을 향해 다산과 풍요를 기원하다 보니 자연스럽게 다신교나 범신론을 따르는 경향이 나타난다. 애굽도 여러 시대에 걸쳐 수많은 신을 만들어 섬기고 있었다.

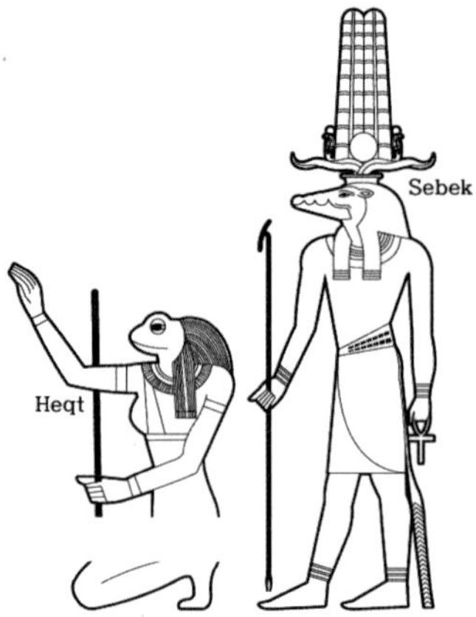

개구리 재앙(두 번째 재앙)
풍요의 여신 '헤케트'(Heqat), 파충류 보호자 '세베크'(Sebek)

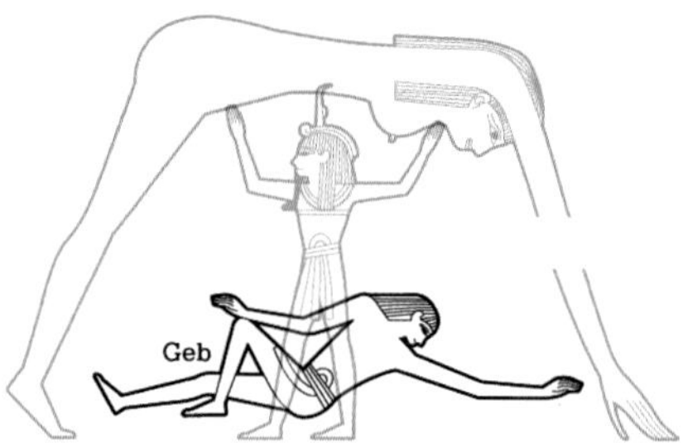

이 재앙(세 번째 재앙)
땅의 신 '게브'(Geb), 흙의 신 '셉'(Seb)

[출처: 구속사 시리즈(abrahampark.com)]

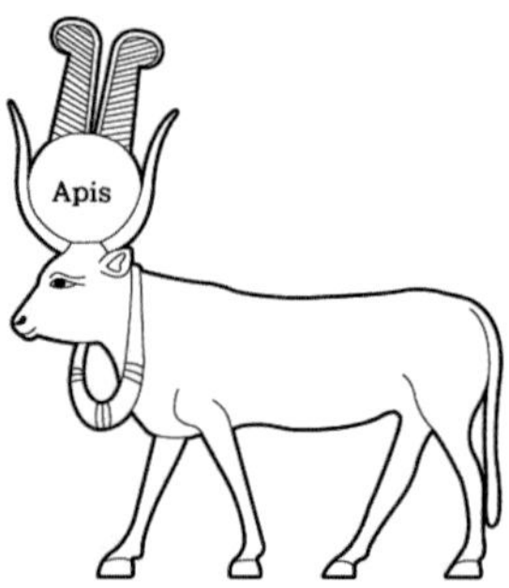

돌림병 재앙(다섯 번째 재앙)
황소의 신 '아피스'(Apis), 암소의 신 '하토로'(Hathor)

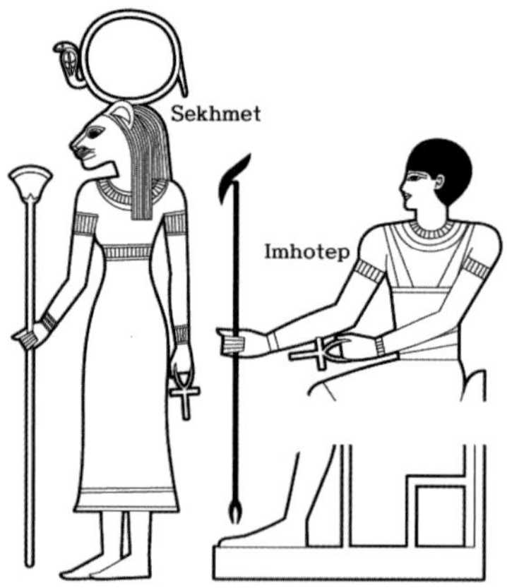

악성 종기 재앙(여섯 번째 재앙)
치료의 여신 세크메트, 의술의 신 임호텝

[출처: 구속사 시리즈(abrahampark.com)]

애굽의 신들을 나열한 목록을 보면 80개 이상으로 사자, 황소, 염소, 늑대, 개, 고양이, 따오기, 독수리, 매, 하마, 악어, 코브라, 개구리, 돌고래 등 각종 짐승과 물고기, 나무를 비롯해 풍뎅

이, 메뚜기 같은 곤충까지 신성시했다.

2. 애굽인들이 신으로 섬긴 일월성신(日月星辰)

농사를 주업으로 한 고대 애굽에서는 일월성신 등 자연 숭배가 일반적이었다. 고대인들에게 하늘의 태양과 달과 별은 신비로운 대상인 동시에 숭배의 대상이었고, 일월성신의 숭배는 홍수나 가뭄의 피해 없이 일 년 농사의 풍작을 비는 원시 신앙이었다.

고대에는 많은 사람이 어느 지역에서든 태양신과 달신, 별신을 최고의 신으로 여겨 주된 숭배 대상으로 섬겼다. 고대에 일월성신을 섬기던 우상숭배와 신앙적 변질과 타락은 후대에도 계속되었으며, 이스라엘에서도 왕이 앞장서서 민족 전체가 일월성신을 숭배하고 그 신을 위하여 제단들을 쌓는 악한 우상숭배를 서슴지 않던 때가 있었다.

우박 재앙(일곱 번째 재앙)
하늘의 여신 '누트'(Nut), 대기의 신 '슈'(Shu)

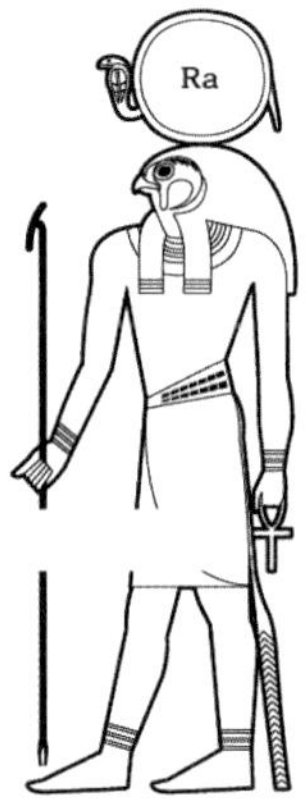

흑암 재앙(아홉 번째 재앙)
태양신 '레'(Re), '라'(Ra)

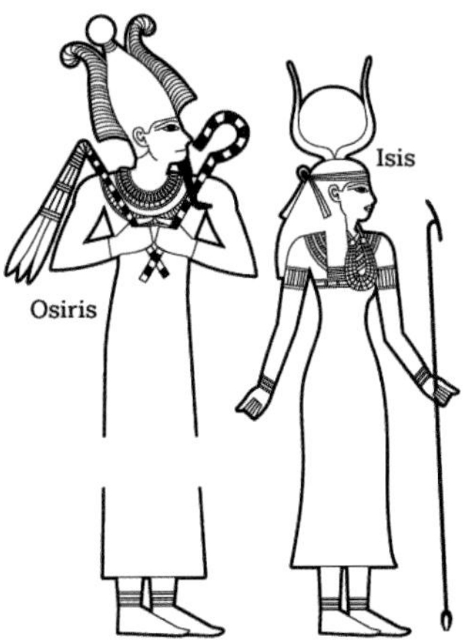

애굽 최고의 신 '오시리스'(Osiris), 신들의 여왕 신 '이시스'(Isis)
[출처: 구속사 시리즈(abrahampark.com)]

3. 애굽인들이 섬긴 나일강(풍요의 신)

강은 사람들의 일상생활에 필요한 물과 식량(물고기), 그리고 교통수단을 제공해 주기에 세계의 주요 도시들은 항상 강을 끼고 형성되었다. 애굽 사람들은 생업과 직결되는 나일강을 신으로 섬겼다.

애굽인들은 나일강을 그들이 섬기는 오시리스(Osiris)가 준 생명수라 믿고 나일강의 풍요의 신 '하피'(Hapi)를 숭배하였다.

피 재앙(첫 번째 재앙) – 나일강의 신 '하피'(Hapi)
[출처: 구속사 시리즈(abrahampark.com)]

10가지 재앙과 애굽의 신들

재앙	성경 구절	애굽의 신 심판	특징
피	출 7:14~25	하피/이시스/크눔/소벡 오시리스(나일강 신)	애굽의 술객들이 흉내 냄, 7일간 계속되어 땅을 파 물을 얻음
개구리	출 8:1~15	헤케트(개구리 형상, 출산, 생명을 상징)	애굽의 술객들이 흉내 냄, 개구리들이 죽은 후 바로가 마음을 바꿈
이	출 8:16~19	게브(땅)	흉내 못 냄, 하나님의 권능
파리	출 8:20~32	슈(공기의 신)	바로가 애굽에서 제사를 드리라고 함, 이스라엘 백성은 구별됨
돌림병	출 9:1~7	하토로(소 형상), 아피스(황소, 풍요 상징)	이스라엘 가축은 구별됨
악성 종기	출 9:8~12	세크메트, 이시스(치료의 신)	바로의 술객들도 병에 걸려 바로 앞에 서지 못함
우박	출 9:13~35	누트(하늘), 슈(대기), 세트(곡식의 신)	바로의 신하도 두려워 순종함, 고센 땅은 구별됨
메뚜기	출 10:1~20	누트(하늘), 오시리스(곡식)	동풍이 온 낮과 밤에 붊 바로의 변화: "남자들만 떠나라"
흑암	출 10:21~29	라/호루스(태양신들) 누트/하토로(하늘여신)	3일 동안 흑암이 있음, 고센 땅 구별됨 바로의 변화: "사람만 떠나라", 짐승(×)
장자	출 11:1~12:35	오시리스/이시스/셀케트 베스(생명과 죽음 순환)	죄와 죽음으로부터의 구속 가축의 처음 난 것까지 생명을 잃음

홍해(Red Sea)를 건너라

구름기둥 불기둥으로 인도하신 하나님

모세와 이스라엘 백성들이 건넜던 홍해의 장엄한 일몰

여호와 하나님이 갈라놓으신 홍해

홍해(Red Sea)는 이집트의 수에즈에서 바브엘만데브 해협까지 약 2,100km 거리를 남동쪽으로 뻗은 후 바브엘만데브 해협을 거쳐 아덴만 및 인도양과 이어진다. 최대 너비는 304km이며, 서쪽으로 이집트·수단·에티오피아의 해안과 접하고 동쪽으로는 사우디아라비아 및 예멘의 해안과 이웃하고 있다.

홍해는 북단에서 두 부분으로 갈라지는데 하나는 수심이 얕은 북서쪽의 수에즈만이고, 또 하나는 북동쪽의 아카바만으로 이곳은 깊은 곳의 수심이 1,676m이다. 면적은 438,000km^2 정도이며, 원래는 인도양으로 통하는 통로가 바브엘만데브 해협뿐인 하나의 만이었지만 인류가 지중해로 통하는 수에즈운하를 뚫어서 현대에는 세계적인 항로 중 하나가 되었다.

주변 지역이 건조하고 뜨거운 사막 지역이 대부분인 관계로 바닷물의 염도가 높고, 수온도 북부지역이 26℃ 정도에서 남부 지역은 30℃ 정도로 높다. 동아프리카 대지구대의 끝자락으로, 바닷가에 절벽과 산호초가 많아 항구로서 적합한 곳은 적으나 제다처럼 몇몇 항구가 있다.

홍해와 주변 나라들

출애굽기에서 이스라엘 백성들을 이끈 모세가 이 바다를 가르고 건넜다고 기록하고 있지만 정확한 지점에 대해서는 논쟁이 있다.

한자로 '홍해'(紅海, 붉은색 바다)라고 표기하고 영어로 'Red Sea'(붉은색 바다)라고 쓰기 때문에 어떤 사람들은 진짜 붉은색을 띠는 바다라고 생각하지만 실제로는 보통 바다들과 같이 푸른색을 띤다.

'홍해'(Red Sea)라는 이름의 유래

① 홍해 해안에는 수많은 산호초가 자라고 있는데 보름 때 물이 밀려 나가면 바닷속 깊이 있던 산호초들이 수면 가까이 자리 잡게 되면서 그때 붉은 산호초들로 인해 바다가 온통 붉게 보이는 데서 홍해라는 이름이 붙여졌다고 한다.

② 아카바만 동쪽의 아라비아반도와 페르시아만까지에 걸쳐서 큰 붉은 산맥들이 바다와 만나는데 이때 붉은빛이 바다에 비쳐서 붉게 보이는 데서 유래했다고도 한다.

③ 터키(현 튀르키예)의 남쪽에 있어서 홍해가 되었다는 설도 있다. 튀르크인들은 동·서·남·북·중앙에 각각 청·백·홍·흑·황색을 대응시키는 관념이 있다. 흑해가 터키의 북쪽에 있으며 이 명칭이 오스만 튀르크가 들어선 15세기부터 사용되었다는 점, 또 터키어로 지중해를 백해라고 하는 점(터키의 서쪽) 등이 그 근거로 언급된다. 참고로 오스만 제국은 최대 강역이 아프리카의 뿔 즉 소말리아 북부와 지부티, 수단 공화국 동부 등에 이르렀고, 심한 더위와 전염병 때문에 철수했지만 한때는 남수단의 주바와 다르푸르, 쿠르두판 지역에도 갔던 적이 있다.

특히 홍해는 아프리카와 아라비아 지역을 나누는 경계선 역할을 하지만 바다의 폭이 좁아 고대부터 교역이 활발하게 이어졌고, 심지어 에티오피아군이 아라비아 지역을 침공한 사례도 있었다.

또 지중해 지역과 인도양을 연결하는 주요 경로로 수에즈운하가 개통되기 전에는 육로를 통과해야 했지만, 대항해 시대에 아프리카 대륙을 돌아서 항해하는 방법이 나오기 전에는 '지중해–육로–홍해' 경로가 그나마 최선이었다. 운하가 개통된 이후에 소말리아 해적들이 엄청나게 발호한 것도 이 때문이다.

홍해에 있는 다합은 세계 다이버들의 성지라고도 불린다. 깊은 수심과 다채로운 지형, 잘 보존된 해양생태계와 따뜻한 수온은 스쿠버다이빙과 프리다이빙을 즐기기에 매우 적당하다. 그리고 세계에서 가장 깊은 블루홀 중 하나가 홍해에 있다.

출애굽기 14장 1~2, 15~16절

[1]여호와께서 모세에게 말씀하여 이르시되 [2]이스라엘 자손에게 명령하여 돌이켜 바다와 믹돌 사이의 비하히롯 앞 곧 바알스본 맞은편 바닷가에 장막을 치게 하라…[15]여호와께서 모세에게 이르시되 너는 어찌하여 내게 부르짖느냐 이스라엘 자손에게 명령하여 앞으로 나아가게 하고 [16]지팡이를 들고 손을 바다 위로 내밀어 그것이 갈라지게 하라 이스라엘 자손이 바다 가운데서 마른 땅으로 행하리라

수에즈운하(Suez Canal)

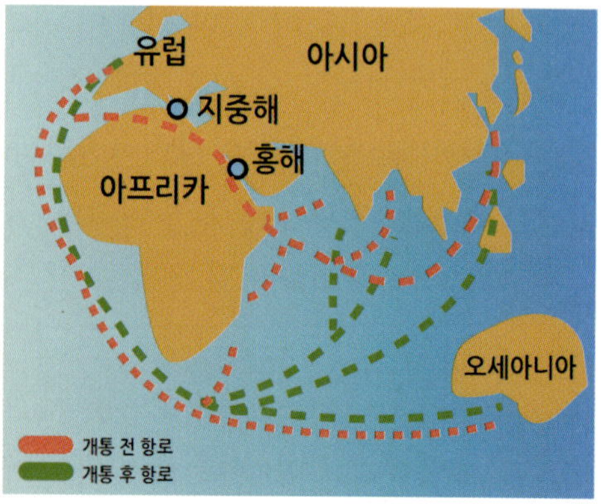

현재 수에즈운하 모습(좌)·운하 개통 후 항로 모습(우)

운하란 농사에 필요한 물을 얻거나 운항을 위하여 내륙에 인공적으로 만든 물길로, 기원전부터 사람들은 지중해와 홍해를 연결하는 운하를 만들고 싶어 했다.

운하를 만들려는 최초의 시도는 기원전 19세기의 기록에서 찾아볼 수 있다. 이후 여러 시도가 이어졌고, 나폴레옹도 이집트를 점령하면서 운하 건설을 시도했지만 실패하고 말았다. 수많은 노력 끝에 1869년 192km 길이의 세계 최대 운하인 수에즈운하가 개통되었다. 최초의 시도 이후 약 3,800년 만에 완성된 것이었다.

수에즈운하는 아프리카 대륙으로 돌아가지 않고 곧바로 아시아와 유럽이 연결되는 통로라는 점에서 매우 중요한 역할을 하고 있다. 이 운하에 의해 지중해와 홍해가 연결되고, 아프리카 대륙과 아시아가 나누어진다.

수에즈운하의 길이는 192km로, 가운데의 그레이트 비터호를 통과하여 수에즈만과 지중해를 잇는다. 수에즈운하에는 갑문이 없으며, 바닷물이 양쪽 바다에서 그레이트 비터 호수로 자유로이 흘러들어온다. 프랑스가 건설하여 1869년에 완공한 이 운하는 유럽과 인도양 및 서태평양을 연결하는 최단 거리의 항로가 되었다.

처음에 이 운하는 수심 8m에, 폭은 바닥에서 약 22m, 수면에서 57m였다. 그러나 계속된 수로 확장공사를 거치면서 1967년에 이르러 수에즈운하는 수로 폭이 가장 좁은 곳이 54m, 수심은 운하 전체가 일정하게 거의 12m(간조)에 달하게 되었다. 1978년에는 하루 평균 58척의 선박이 이 운하를 통과했다. 수에즈운하 공사로 인해 과거 수에즈시를 제외하고는 거의 사람이 살지 않던 이 지역 일대에 촌락들이 생겨났다.

1967년 6월 아랍과 이스라엘 간의 전쟁 중에는 거의 모든 주민이 다른 곳으로 분산되었으며, 주거지도 큰 피해를 보거나 완전히 파괴되었다. 그 후 1975년 운하가 다시 개통되면서 이 지역 일대의 재건사업이 시작되었고, 다른 곳으로 분산되었던 주민들도 1978년까지는 거의 모두 옛 거주지로 돌아왔다. 1975~1980년에 또 한 차례의 운하 확장공사가 있었고, 그 결과 지금은 흘수 16m의 선박들까지도 운항할 수 있게 되었다.

여호와 하나님께서 이스라엘 백성들을 인도하신 에담 광야길

에담(Etham)/수르(Shur) 광야

광야로 인도하신 하나님

쓴물(짠물)이 단물로 변했던 에담(수르)광야(좌)·소금으로 찌든 물(우)

'에담'(Etham)은 '방어벽'이란 뜻의 이집트어이고, '수르'(Shur)는 '성벽'을 의미하는 히브리어이다. 즉, 이는 같은 지역을 다른 언어로 표현한 것이다. 이 지명은 이집트 본토로 진입하려는 유목민들이나 이방인들을 제지하기 위하여 현재의 수에즈운하 지역을 중심으로 길게 방어벽(믹돌)을 쌓아 두었던 데서 유래한다.

민수기 33장 6~8절

6숙곳을 떠나 광야 끝 에담에 진을 치고 7에담을 떠나 바알스본 앞 비하히롯으로 돌아가서 믹돌 앞에
진을 치고 8하히롯 앞을 떠나 광야를 바라보고 바다 가운데를 지나 에담광야로 사흘 길을 가서 마라에
진을 치고

현재 에담광야로 부르고 있는 이 지역에는 거의 풀이 자라지 않는 구릉지대 벌판이 펼쳐져 있다.

민수기 33장 6절에서 모세와 이스라엘 백성들이 광야 끝 에담에 진을 쳤다고 언급되었는데 '광야 끝'이라 함은 동쪽으로 에담광야가 시작된다는 것으로, 수에즈만 부근에서 동쪽으로 시작하는 에담광야의 가장 서쪽인 지역을 말한다.

진을 친 에담은 에담광야 서쪽 끝 애굽을 기준으로 광야의 시작 지점으로, 오늘날 와디 투밀랏의 동쪽 부근이다. 애굽의 바로 왕들은 이곳에 애굽의 동쪽 경계를 방비하기 위해 남북으로 방벽을 구축했다. 이 방벽의 동쪽 광야를 민수기 33장 8절에서 '에탐'(방벽, '에담'으로 번역됨) 광야라 불렀다. 에담광야는 히브리 이름으로 '슈르'(성벽, '수르'로 번역됨)광야이다.

출애굽기 15장 22~23절

[22]모세가 홍해에서 이스라엘을 인도하매 그들이 나와서 수르광야로 들어가서 거기서 사흘 길을 걸었으
나 물을 얻지 못하고 [23]마라에 이르렀더니 그곳 물이 써서 마시지 못하겠으므로 그 이름을 마라라 하였
더라

출애굽한 이스라엘 백성이 에담에 진쳤을 때 불기둥과 구름기둥이 나타나서 이스라엘 백성을 인도했다. 출애굽기 13장 20절은 명사 문장으로 '여호와께서 그들 앞에서 가셨다'라고 상황을 설명하고 있다. 여호와께서 앞서가시며 40년의 광야 여정 중 낮에는 구름기둥으로 뜨거운 광야의 열기를 막아주시고, 밤에는 불기둥으로 추위를 막아주시며 이스라엘 백성을 인도하셨다.

출애굽기 13장 20~22절

[20]그들이 숙곳을 떠나서 광야 끝 에담에 장막을 치니 [21]여호와께서 그들 앞에서 가시며 낮에는 구름기
둥으로 그들의 길을 인도하시고 밤에는 불기둥을 그들에게 비추사 낮이나 밤이나 진행하게 하시니 [22]낮
에는 구름기둥, 밤에는 불기둥이 백성 앞에서 떠나지 아니하니라

마라(Marah)의 샘

물이 있긴 하나 마실 수 없는 물

마라의 샘으로 추정하는 아윤 무사 전경

당시 이스라엘 백성들이 애굽에서 나와 가나안으로 가는 가장 빠른 길은 지중해 해안을 따라가는 해안도로(비아 마리스)였으나, 여호와 하나님은 이스라엘 백성들을 단련하시기 위해 홍해 광야 길로 인도하셨다.

출애굽기 13장 17절

바로가 백성을 보낸 후에 블레셋 사람의 땅의 길은 가까울지라도 하나님이 그들을 그 길로 인도하지 아니하셨으니 이는 하나님이 말씀하시기를 이 백성이 전쟁을 하게 되면 마음을 돌이켜 애굽으로 돌아갈까 하셨음이라

'마라'(Marah)는 홍해(수에즈 해저 터널)에서 30km 떨어진 지점으로, 성경학자들은 옛날의 마라 지역이 오늘날 베두인들이 사는 마을인 '아윤 무사'(Ayun Musa)라고 추측하고 있다.

이집트 말로 '아윤'은 '우물'이란 뜻이고, '무사'는 '모세'를 뜻하니 곧 '모세의 우물'이라는 뜻이 된다.

홍해를 건넌 이스라엘 백성들은 에담(수르)광야 길을 통해 사흘 동안 행군했으나 물을 얻지 못하고 마라에 도착해서도 물이 써서 마시지 못했다(출 15:22~25). 하나님의 말씀도 없었고 모세의 지시를 받기도 전에 성급한 몇몇 사람들이 곁에 고인 물을 먹고는 복통을 일으키며 죽는다고 아우성쳤다.

출애굽기 15장 22~25절

22모세가 홍해에서 이스라엘을 인도하매 그들이 나와서 수르광야로 들어가서 거기서 사흘 길을 걸었으
나 물을 얻지 못하고 23마라에 이르렀더니 그곳 물이 써서 마시지 못하겠으므로 그 이름을 마라라 하였
더라 24백성이 모세에게 원망하여 이르되 우리가 무엇을 마실까 하매 25모세가 여호와께 부르짖었더니
여호와께서 그에게 한 나무를 가리키시니 그가 물에 던지니 물이 달게 되었더라 거기서 여호와께서 그들
을 위하여 법도와 율례를 정하시고 그들을 시험하실새

이곳 마라에서 이스라엘 백성들은 갈증을 참지 못해 눈에 보이는 물을 벌컥 들이마셨다가 짜디짠 물로 인해 모세와 하나님을 원망하였다. 이때 모세가 여호와 하나님께 부르짖어 응답받은 대로 한 나뭇가지를 물에 던지자 물맛이 달게 변했다.

출애굽기 15장 23절

마라에 이르렀더니 그곳 물이 써서 마시지 못하겠으므로 그 이름을 마라라 하였더라

민수기 33장 8절

하히롯 앞을 떠나 광야를 바라보고 바다 가운데를 지나 에담광야로 사흘 길을 가서 마라에 진을 치고

그래서 '마라'라는 이름은 '쓰다', '쓴맛', '슬픔'을 뜻한다. 이곳의 물이 쓴 이유는 방문해 보면 쉽게 이해할 수 있다. 이곳은 홍해가 가까운 지역으로, 주변의 소금기가 있는 물이 강한 햇빛에 물이 많이 증발하고 소금이 남아 짠맛을 내는 것이다.

마라로 불리는 베두인 마을의 오아시스

오늘날 이곳에는 '모세의 우물'로 불리는 베두인들의 우물이 있으며, 오아시스 지역에는 모래벌판에 수십 그루의 대추야자 나무가 자라고 있다. 이 지역에 본래 일곱 개의 우물이 있었다는 기록에 따라 이집트 정부에서 발굴을 시작하여 지금은 네 개의 우물을 발굴, 복원하여 출애굽 여정을 돌아보는 방문객들을 맞이하고 있다.

엘림(Elim)

열두 우물과 칠십 주의 종려나무로 예비된 쉼터

‘엘림’(Elim)은 히브리어로 ‘큰 나무’라는 뜻이며, 현재의 와디 카란델(Wadi Charandel)로 추정하고 있는데 마라에서 엘림은 남쪽으로 12km 정도 떨어진 그리 멀지 않은 지역이다. 이곳은 여호와 하나님께서 홍해를 건넌 후 지친 이스라엘 백성들의 쉼을 위해 예비하신 곳으로 샘물 열두 곳이 있었으며, 큰 종려나무가 70그루나 있었던 오아시스이다(출 15:27, 16:1; 민 33:8~10).

출애굽기 15장 27절

그들이 엘림에 이르니 거기에 물 샘 열둘과 종려나무 일흔 그루가 있는지라 거기서 그들이 그 물 곁에 장막을 치니라

출애굽기 16장 1절

이스라엘 자손의 온 회중이 엘림에서 떠나 엘림과 시내산 사이에 있는 신광야에 이르니 애굽에서 나온 후 둘째 달 십오 일이라

민수기 33장 8-10절

8하히롯 앞을 떠나 광야를 바라보고 바다 가운데를 지나 에담광야로 사흘 길을 가서 마라에 진을 치고
9마라를 떠나 엘림에 이르니 엘림에는 샘물 열둘과 종려 칠십 그루가 있으므로 거기에 진을 치고 10엘림
을 떠나 홍해 가에 진을 치고

와디 카란델 오아시스와 함께 엘림으로 주장되는 또 다른 지역인 바바(Baba)계곡의 오아시스가 있다. ‘바바’란 ‘사랑’이란 뜻으로, 이곳은 홍해에서 내륙으로 25km 정도 들어간 곳이지만 골짜기는 소금으로 뒤덮여 있다. 이 골짜기에는 ‘마나’라고 불리는 식물이 자라고 있어 이 ‘마나’를 성경에 언급되고 있는 만나(‘마나’의 히브리어)로 해석하기도 한다.

성경을 보면 엘림에서 내린 만나는 깟씨같이 희고 그 맛이 꿀 섞은 과자 같다고 표현하고 있는데 이 ‘마나’라는 나무는 성경에서 표현한 만나와 모양이 비슷한 식물로, 만나가 내린 엘림으로 주장되는 카란델과 바바계곡에서만 자라고 있다.

출애굽기 15장 27절에서 엘림에 물 샘 열둘과 종려 칠십 그루가 있었다고 묘사되고 있는 것처럼 이곳에는 적절한 물을 공급해 주는 담수샘이 있고, 골짜기를 따라 이어진 멋있는 협곡과

종려나무들이 그늘을 이루고 있는 곳도 있다. 비가 온 뒤에는 움푹 팬 땅에 물이 가득해진다.

엘림으로 추정되는 와디 카란델

출애굽기 15장 23~27절을 다시 천천히 읽어보자.

출애굽기 15장 23~27절

23마라에 이르렀더니 그곳 물이 써서 마시지 못하겠으므로 그 이름을 마라라 하였더라 24백성이 모세에
게 원망하여 이르되 우리가 무엇을 마실까 하매 25모세가 여호와께 부르짖었더니 여호와께서 그에게 한
나무를 가리키시니 그가 물에 던지니 물이 달게 되었더라 거기서 여호와께서 그들을 위하여 법도와 율례
를 정하시고 그들을 시험하실새 26이르시되 너희가 너희 하나님 나 여호와의 말을 들어 순종하고 내가
보기에 의를 행하며 내 계명에 귀를 기울이며 내 모든 규례를 지키면 내가 애굽 사람에게 내린 모든 질
병 중 하나도 너희에게 내리지 아니하리니 나는 너희를 치료하는 여호와임이라 27그들이 엘림에 이르니
거기에 물 샘 열둘과 종려나무 일흔 그루가 있는지라 거기서 그들이 그 물 곁에 장막을 치니라

여호와 하나님께서 미리 말씀하시지 않아 마라에서 짠물(쓴물)을 마시고 원망했던 이스라엘 백성들이 이 엘림에서 얼마나 부끄럽고 창피했을까? 원망할 수밖에 없는 환경일지라도 여호와 하나님께서 예비하신 엘림을 기억하며 인내하는 믿음이 필요함을 깨닫는다.

신광야(Desert of Sin)

민수기 33장 10~12절

[10]엘림을 떠나 홍해 가에 진을 치고 [11]홍해 가를 떠나 신광야에 진을 치고 [12]신광야를 떠나

신광야로 접어드는 도로와 주변 전경

황량한 벌판으로 이어진 에담(수르)광야가 끝나면서 작은 모래 산들이 점점 높아지고, 석회암 절벽 사이사이에 험한 산들이 형성되어 이전에 걸었던 길과 다른 풍경이 펼쳐진다. 이것이 에담광야에서 신광야로 들어가며 볼 수 있는 특징적인 모습이다.

출애굽한 이스라엘 백성들이 질서 있게 모세의 인도를 따를 수 있었던 에담광야와 달리, 작은 산들과 골짜기들이 가는 길에 장애가 되고, 서로 협력하지 않으면 가기 힘든 광야가 신

광야이다.

구약성경 출애굽기 16장 1절에서는 신광야의 위치에 대해 '엘림과 시내산 사이'로 언급하고 있다.

출애굽기 16장 1절

이스라엘 자손의 온 회중이 엘림에서 떠나 엘림과 시내산 사이에 있는 신광야에 이르니 애굽에서 나온 후 둘째 달 십오 일이라

신광야는 엘림과 시내산 사이에 위치한 광범위한 지역을 포괄적으로 일컫는 명칭으로 이스라엘 자손이 르비딤에 오기 전까지 걸었던 곳이다(출 17:1). 일반적인 견해에 따르면, 오늘날 와디 타이베에서 동쪽으로 이르는 산악 도로를 통과하여 시나이반도 북서쪽에서 남동쪽으로 뻗어 있는 황량한 고원 지대를 가리킨다고 볼 수 있다.

출애굽한 이후, 이곳에 도착하는 데 1개월이 소요되어 이스라엘 백성은 애굽에서 준비한 무교병이 떨어진 상태였다. 그들은 지도자인 모세와 아론을 원망하기 시작하였고, 이에 하나님께서 만나(출 16:31)를 내리신 곳이다.

신광야 곳곳에 우뚝 서 있는 싯딤 나무

르비딤 골짜기(Rephidim Valley)

여호와 닛시의 승리의 현장

르비딤으로 추측하는 와디 파이란

르비딤(Rephidim)은 신광야와 시내광야 사이에 있는 골짜기 지역(출 17장, 19:2; 민 33:14~15)으로, 시내산 북서쪽 20km 지점인 제벨 세르발(Jebel Serbal)에 전개되는 비옥한 평원 와디 파이란(Wadi Feiran)으로 알려져 있다.

'르비딤'은 '평원'이란 뜻으로 홍해를 건너 시내산으로 가는 노정에 있는 가장 큰 오아시스 마을로, 도로를 따라 4km 정도에 걸쳐 대추야자 나무와 잡목들이 우거져 있다.

출애굽기 17장 1~16절

1이스라엘 자손의 온 회중이 여호와의 명령대로 신광야에서 떠나 그 노정대로 행하여 르비딤에 장막을
쳤으나 백성이 마실 물이 없는지라 2백성이 모세와 다투어 이르되 우리에게 물을 주어 마시게 하라 모
세가 그들에게 이르되 너희가 어찌하여 나와 다투느냐 너희가 어찌하여 여호와를 시험하느냐 3거기서
백성이 목이 말라 물을 찾으매 그들이 모세에게 대하여 원망하여 이르되 당신이 어찌하여 우리를 애굽
에서 인도해 내어서 우리와 우리 자녀와 우리 가축이 목말라 죽게 하느냐 4모세가 여호와께 부르짖어
이르되 내가 이 백성에게 어떻게 하리이까 그들이 조금 있으면 내게 돌을 던지겠나이다 5여호와께서 모

세에게 이르시되 백성 앞을 지나서 이스라엘 장로들을 데리고 나일강을 치던 네 지팡이를 손에 잡고 가
라…11모세가 손을 들면 이스라엘이 이기고 손을 내리면 아말렉이 이기더니 12모세의 팔이 피곤하매 그
들이 돌을 가져다가 모세의 아래에 놓아 그가 그 위에 앉게 하고 아론과 훌이 한 사람은 이쪽에서, 한
사람은 저쪽에서 모세의 손을 붙들어 올렸더니 그 손이 해가 지도록 내려오지 아니한지라 13여호수아
가 칼날로 아말렉과 그 백성을 쳐서 무찌르니라 14여호와께서 모세에게 이르시되 이것을 책에 기록하여
기념하게 하고 여호수아의 귀에 외워 들리라 내가 아말렉을 없이하여 천하에서 기억도 못 하게 하리라
15모세가 제단을 쌓고 그 이름을 여호와 닛시라 하고 16이르되 여호와께서 맹세하시기를 여호와가 아말
렉과 더불어 대대로 싸우리라 하셨다 하였더라

출애굽기 19장 2절

그들이 르비딤을 떠나 시내광야에 이르러 그 광야에 장막을 치되 이스라엘이 거기 산 앞에 장막을 치니라

민수기 33장 14~15절

14알루스를 떠나 르비딤에 진을 쳤는데 거기는 백성이 마실 물이 없었더라 15르비딤을 떠나 시내광야에
진을 치고

모세는 이곳에서 하나님의 명령에 따라 지팡이로 반석을 쳐서 샘물이 솟아나게 하여 백성들의 갈증을 풀어주었다. 이스라엘 백성들이 여호와 하나님을 시험하고 모세와 다툰 일로 인해 이곳을 '맛사' 또는 '므리바'라고 불렀다(출 17:1~7). 또한 이곳은 모세의 장인 미디안 제사장 이드로가 모세에게 부장 제도를 권면하여 재판을 시행하도록 한 곳이기도 하다(출 18:13~27).

출애굽기 17장 1~7절

1이스라엘 자손의 온 회중이 여호와의 명령대로 신광야에서 떠나 그 노정대로 행하여 르비딤에 장막을
쳤으나 백성이 마실 물이 없는지라 2백성이 모세와 다투어 이르되 우리에게 물을 주어 마시게 하라 모
세가 그들에게 이르되 너희가 어찌하여 나와 다투느냐 너희가 어찌하여 여호와를 시험하느냐 3거기서
백성이 목이 말라 물을 찾으매 그들이 모세에게 대하여 원망하여 이르되 당신이 어찌하여 우리를 애굽
에서 인도해 내어서 우리와 우리 자녀와 우리 가축이 목말라 죽게 하느냐 4모세가 여호와께 부르짖어
이르되 내가 이 백성에게 어떻게 하리이까 그들이 조금 있으면 내게 돌을 던지겠나이다 5여호와께서 모
세에게 이르시되 백성 앞을 지나서 이스라엘 장로들을 데리고 나일강을 치던 네 지팡이를 손에 잡고 가
라 6내가 호렙산에 있는 그 반석 위 거기서 네 앞에 서리니 너는 그 반석을 치라 그것에서 물이 나오리
니 백성이 마시리라 모세가 이스라엘 장로들의 목전에서 그대로 행하니라 7그가 그곳 이름을 맛사 또는
므리바라 불렀으니 이는 이스라엘 자손이 다투었음이요 또는 그들이 여호와를 시험하여 이르기를 여호
와께서 우리 중에 계신가 안 계신가 하였음이더라

출애굽기 18장 13~27절

[13]이튿날 모세가 백성을 재판하느라고 앉아 있고 백성은 아침부터 저녁까지 모세 곁에 서 있는지라
[14]모세의 장인이 모세가 백성에게 행하는 모든 일을 보고 이르되 네가 이 백성에게 행하는 이 일이 어
찌 됨이냐 어찌하여 네가 홀로 앉아 있고 백성은 아침부터 저녁까지 네 곁에 서 있느냐…[27]모세가 그의
장인을 보내니 그가 자기 땅으로 가니라

르비딤으로 추정하는 곳의 험한 산 전경

오늘날 이곳에는 마을 한가운데 4세기부터 내려오는 수녀원이 있어 성경과 관련된 곳이라는 인상을 주고 있다. 이 수녀원 내부는 취재가 일절 금지되어 있다. 이 수녀원 바로 남쪽에는 모세 수도원의 폐허가 있으며, 계속 남쪽으로 조금 내려가면 모세가 손을 들어 기도해 아말렉을 물리쳤던 '풍차의 언덕'으로 불리는 '제벨렛 타후네'(Jebelet Tahunet)가 있다(출 17:8~16).

출애굽기 17장 1, 8~9절을 읽어보자.

출애굽기 17장 1, 8~9절

[1]이스라엘 자손의 온 회중이 여호와의 명령대로 신광야에서 떠나 그 노정대로 행하여 르비딤에 장막을
쳤으나 백성이 마실 물이 없는지라…[8]그때에 아말렉이 와서 이스라엘과 르비딤에서 싸우니라 [9]모세가
여호수아에게 이르되 우리를 위하여 사람들을 택하여 나가서 아말렉과 싸우라 내일 내가 하나님의 지
팡이를 손에 잡고 산꼭대기에 서리라

이스라엘 백성들이 약속의 땅으로 가는 길에는 곳곳에 장애물이 도사리고 있었다. 그들은

하나님이 함께하시면 아무 어려움이 없을 것이라고 기대했지만 르비딤에서의 싸움은 약속의 땅으로 가기 위해서는 겪어야 할 고난이 있음을 보여주었다.

한 번도 싸워본 경험이 없는 이스라엘 백성들이 아말렉과의 전쟁을 통해 경험한 '여호와 닛시'의 기적은 앞으로 전개될 모든 전쟁에서 이기고 또 이기는 놀라운 은혜의 전초전이었다. 여호와 하나님은 진정한 승리의 비결을 그 백성들에게 보여주셨다.

특별히 르비딤에서 '여호와 닛시'의 기적을 체험한 여호수아는 이후 수많은 전쟁에서 항상 여호와 하나님을 앞장세우고 이기는 승리의 주인공이 되었다.

한편 르비딤은 현재의 '와디 파이란' 또는 '와디 레파이드'로 시나이반도 최대의 오아시스 종려 숲이 있다. 홍해에서 60km, 시내산에서 54km 떨어진 이 '바란 오아시스'는 '시나이의 진주'로 불리고 있다.

성캐더린수도원(St. Catherine Monastery)

모세가 보았던 불붙은 떨기나무가 있는 시내산

시내산 정상에서 내려오는 길목에 자리 잡고 있는 성캐더린수도원 전경

성캐더린수도원은 시내산 기슭에 자리 잡고 있다. 이 수도원은 모세가 불타는 떨기나무 사이에서 여호와 하나님을 만난 것을 기념하기 위하여 세워졌는데 지금도 그 떨기나무가 보존되어 오고 있다. 수도원 경내에는 모세가 시내산에 입산할 때 주위의 타오르던 불꽃에도 불구하고 타지 않았다는 잡목이 있던 곳에 예배당이 자리 잡고 있다. 이곳 떨기나무는 시나이반도에서만 자라나는 특수한 종류로서 소중하게 보존되어 관광객을 맞이하고 있다.

수도원 내 떨기나무(좌)·모세를 부르심(중)·순교자 캐더린상(우)

이 수도원에 수도사들이 들어오게 된 것은 로마가 기독교를 탄압하자 애굽의 콥틱 교회 수도사들이 이곳을 수도처로 삼은 데서 비롯되었다. 처음에는 떨기나무 교회로 불렸으나 후에 성캐더린수도원으로 부르게 되었다.

기독교가 박해받던 로마제국 시대, 독실한 기독교인으로서 출중한 지성과 용모를 갖추고 있던 캐더린이라는 소녀가 황제로부터 개종을 권유받았는데도 굴하지 않고 믿음을 지켜 끝내 순교한 일이 있었는데, 그 후에 이 수도원의 이름을 그 소녀의 이름을 따서 '성캐더린'이라고 부르게 되었던 것이다.

이 수도원은 4세기에 수도사들에 의해서 처음 건립된 뒤, 비잔틴 시대 유스티니아누스 황제의 명령으로 AD 527~565년 사이에 베두인족의 공격을 받지 않도록 건축하여 외형이 요새처럼 보인다. 1,500년의 세월이 지났어도 그대로 남아 있어 완공된 뒤로 수많은 순례자들이 찾은 곳이다. 11세기 이슬람 시대에도 종교적 균형을 유지했으며, 나폴레옹 또한 이 수도원을 보호하여 보수 작업을 명령하기도 하였다. 이 성캐더린수도원은 현재 그리스정교회 소속인데 비잔틴 시대의 수도원 건물을 가운데 두고 성벽으로 둘러싸여 있다.

교회의 외관은 모자이크로 장식되어 예수와 모세 등을 표현하고 있고, 수도원의 일부 벽은 지진으로 붕괴된 후 재건되었으며, 종탑이 보존되어 있다. 이 교회로 들어가는 나무 장식문은 건립 당시 만든 문으로 1,400년 이상 된 것이다. 교회 안에는 열두 기둥이 있는데 이것은 열두 달을 의미하고, 각 기둥 위에는 그달의 성자 이콘이 있다. 내부에는 성캐더린의 시신이 대리석 석판 아래 매장되어 있고, 2,000점이 넘는 역사적인 성물(聖物)과 이콘이라고 불리는 목판 성화(聖畵) 2,000여 점이 장식되어 있어 경건함을 더해 준다. 특히 변화산에서의 예수 그리스도의 모습을 나타낸 교회 전단 중앙에 있는 모자이크에는 왼쪽부터 엘리야, 요한, 예수, 베드로, 야고보, 모세의 모습이 새겨져 있고, 둘레에는 열두 제자, 열두 예언자, 건축 당시의 수도원장

성캐더린수도원 도서관 내부 모습

롱지너스, 집사 요한 등 모두 26명의 모습이 둘려 있다. 이 교회에서는 지금까지 1,400년 동안 하루에 두 번씩 4시간 동안 장엄한 예배가 드려지고 있다.

수도원 내 도서관은 로마 바티칸에 이어 세계에서 두 번째로 오래되어 귀중한 성경 사본과 희귀본을 많이 소장하고 있는 도서관으로 유명하다.

이들 중 대부분이 희랍어로 쓰여 있으나 시리아어, 콥트어, 에티오피아어, 아랍어 등으로 쓰인 사본들도 3,500여 점 정도 소장하고 있다. 그중 시리아 사본은 5세기경의 신약성경을 번역한 것으로 번역본 중 가장 오래되어 시내산 사본과 함께 이 도서관에서도 가장 귀중히 여겨지고 있다.

시내산 사본(Codex Sinaiticus)은 AD 350년경에 헬라어인 코이네로 쓰인 것으로 구약성경 상당 부분과 신약성경 전체의 사본으로는 가장 오래된 것이다. 1844년 4월, 독일 라이프치히대학의 교수인 콘스탄틴 폰 티센도르프(Constantin von Tischendorf, 1815~1874)가 성경의 땅이라고 할 수 있는 이집트와 리비아, 아라비아, 팔레스타인 등지를 여행하다가 시내산 기슭에 있는 캐더린수도원을 방문했을 때 이 사본을 우연히 발견했다. 그는 그중의 43매를 얻었고 그 후 9년 만에 다시 찾아갔을 때 사본은 흔적도 볼 수 없었다.

티센도르프는 15년 후인 1859년 1월 러시아 황제인 알렉산드르 2세의 후원을 받아 다시 캐더린수도원을 방문했고, 기어이 15년 동안 찾아 헤맸던 사본의 행방을 알아냈다. 당시 러시아에는 사본을 선문적으로 해독하고 필사할 수 있는 사람들이 있었기에 그는 1862년 수도원장과 협의한 후 이 사본을 러시아로 옮겨 러시아 제국 설립 1,000주년 기념행사에 맞추어 출간했다. 그러나 1933년 재정이 어려웠던 러시아는 당시로서는 꽤 큰 금액인 10만 파운드를 받고 영국에 팔아 이 사본이 지금은 대영박물관에 소장되어 있다.

1975년 9월 이 수도원에서 또 놀랄 만한 일이 벌어졌다. 퇴락한 방을 고치기 위해 벽을 헐자 벽과 벽 사이의 공간에서 50상자분의 수많은 성경 사본이 쏟아져 나왔다. 수도원 측에서는 이 사실을 극비에 부쳤으나 결국 세상에 알려지게 되었다. 지금까지 극소수의 세계적인 학자들만이 30분간의 제한된 시간 안에 구경했을 뿐이다. 독일의 마틴 헹겔은 이를 가리켜 "사해사본 발견 이후 최대의 사본 발견"이라고 했다.

바란광야(Desert of Paran)

험한 바란광야 협곡 전경

시내산 성캐더린수도원에서 동쪽으로 펼쳐지는 와디 마라(Wadi Mara) 계곡을 따라 나가면 '아인 후드라'(Ain Hudra)라고 불리는 바란광야에 이르게 된다. 바란광야는 시나이반도의 북동부, 미디안과 가데스와 진광야(Wilderness of Zin)를 포함한 넓은 지역을 말한다.

'바란'은 '굴이 많은 땅'이라는 뜻으로, 이 지역은 노년기의 산악 형태를 보여주고 있다. 온갖 색깔을 띠고 있는 산들이 연이어 있으며, 산의 골격이 다 돌출된 모습들은 파충류의 모습을 연상하게 만들기도 한다. 평균 해발 600~750m 정도의 석회암 산악으로 구성되어 있으며, 이러한 외형만으로도 "크고 두려운 광야"(신 1:19)로 일컬어진 이유를 알 수 있다.

이곳은 구약성경에서 애굽에서 출발하여 거쳐온 지역을 소개할 때 언급한 땅으로(신 1:1) 하갈과 이스마엘이 아브라함의 집에서 쫓겨나 살았던 지역(창 21:21)이다. 또 이스라엘 백성의 출애굽 과정 중 가나안 정탐꾼을 처음 보냈던 가데스(민 13:3, 26) 지역이며, 가나안 땅 정탐 후 불신으로 38년 이상의 긴 시간을 유리방황하며 보냈던 장소로 추측하는 곳이기도 하다.

신명기 1장 1절

이는 모세가 요단 저쪽 숩 맞은편의 아라바 광야 곧 바란과 도벨과 라반과 하세롯과 디사합 사이에서 이스라엘 무리에게 선포한 말씀이니라

창세기 21장 21절

그가 바란광야에 거주할 때에 그의 어머니가 그를 위하여 애굽 땅에서 아내를 얻어 주었더라

민수기 13장 3, 26절

[3]모세가 여호와의 명령을 따라 바란광야에서 그들을 보냈으니 그들은 다 이스라엘 자손의 수령 된 사람이라…[26]바란광야 가데스에 이르러 모세와 아론과 이스라엘 자손의 온 회중에게 나아와 그들에게 보고하고 그 땅의 과일을 보이고

그리고 사무엘이 죽은 뒤에 나윗이 사울을 피해 숨어들었던 지역(삼상 25:1)으로 신명기 33장 2절, 하박국 3장 3절의 바란산은 아카바만 서쪽 해안에 있는 바란광야의 한 산으로 여겨진다.

사무엘상 25장 1절

사무엘이 죽으매 온 이스라엘 무리가 모여 그를 두고 슬피 울며 라마 그의 집에서 그를 장사한지라 다윗이 일어나 바란광야로 내려가니라

신명기 33장 2절

그가 일렀으되 여호와께서 시내산에서 오시고 세일산에서 일어나시고 바란산에서 비추시고 일만 성도 가운데에 강림하셨고 그의 오른손에는 그들을 위해 번쩍이는 불이 있도다

하박국 3장 3절

하나님이 데만에서부터 오시며 거룩한 자가 바란산에서부터 오시는도다 (셀라) 그의 영광이 하늘을 덮었고 그의 찬송이 세계에 가득하도다

또한 이스라엘 백성들이 통과한 광야 중 가장 넓고 산세가 험하여 모세가 언급했던 "크고 두려운 광야"가 이곳이라고 추정하기도 한다.

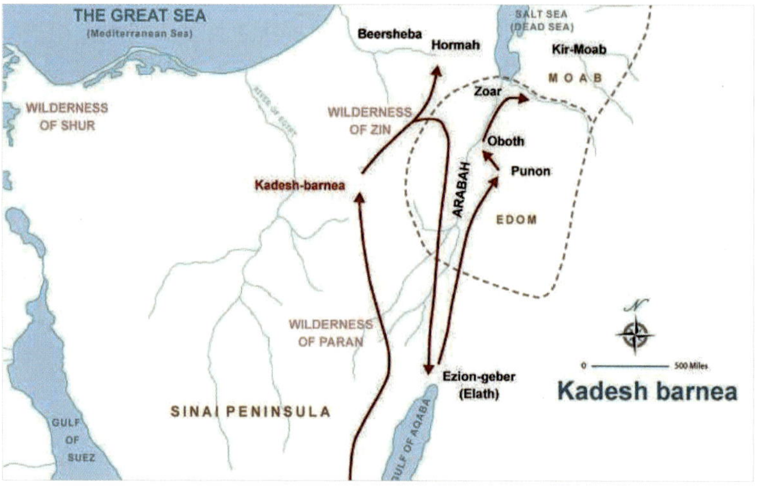

바란광야와 가데스바네아

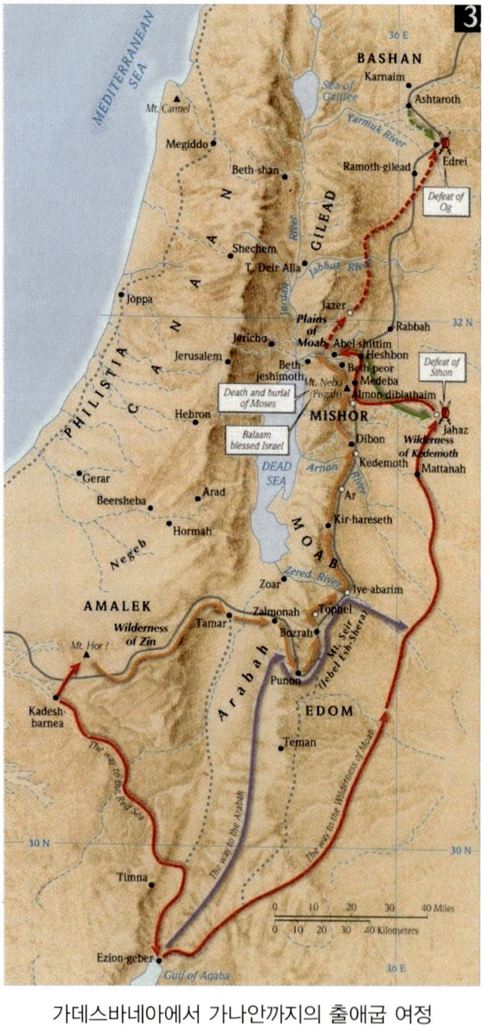

가데스바네아에서 가나안까지의 출애굽 여정

신명기 1장 19절

우리 하나님 여호와께서 우리에게 명령하신 대로 우리가 호렙산을 떠나 너희가 보았던 그 크고 두려운 광야를 지나 아모리 족속의 산지 길로 가데스바네아에 이른 때에

시내광야를 떠난 이스라엘 사람들이 3일 후 도착해 장막을 쳤던 곳으로 추정하기도 한다. 민수기 10장 11~13절, 12장 15~16절을 읽어보자.

민수기 10장 11~13절

11 둘째 해 둘째 달 스무날에 구름이 증거의 성막에서 떠오르매 12 이스라엘 자손이 시내광야에서 출발하
여 자기 길을 가더니 바란광야에 구름이 머무니라 13 이와 같이 그들이 여호와께서 모세에게 명령하신
것을 따라 행진하기를 시작하였는데

민수기 12장 15~16절

15 이에 미리암이 진영 밖에 이레 동안 갇혀 있었고 백성은 그를 다시 들어오게 하기까지 행진하지 아니
하다가 16 그 후에 백성이 하세롯을 떠나 바란광야에 진을 치니라

와디가 있는 바란광야 전경

이스라엘 백성들의 불순종의 대가로 시작된 40년 광야생활

이스라엘 백성들은 광야 길을 거의 2년 동안 걷고 걸어 드디어 바란광야의 가나안 쪽 끝자락에 도착하게 되었다. 그곳에서 하룻길만 더 가면 가나안 땅이었는데 그렇게 가까운 길을 바로 들어가지 못하고 광야 길을 돌고 돌아 38년 만에야 그 땅으로 들어갈 수 있었다.

바란광야 끝자락에 자리 잡은 가데스바네아에 도착한 이스라엘 백성들은 가나안 땅을 정탐하기로 하고, 12지파에서 용감한 병사 한 명씩 12명을 뽑아 가나안 땅으로 보냈다. 그들이

40일간 가나안 땅을 샅샅이 정탐하고 돌아와서 백성들에게 보고하였는데 보고 내용이 두 부류로 갈라졌다. 갈렙과 여호수아는 바로 진격하면 승리한다고 보고하였고, 다른 10명은 그들은 자기들보다 강한 대장부들이요 자기들은 메뚜기 같다고 하며 싸우면 패배한다고 보고하였다.

민수기 14장 9~10절

9다만 여호와를 거역하지는 말라 또 그 땅 백성을 두려워하지 말라 그들은 우리의 먹이라 그들의 보호자는 그들에게서 떠났고 여호와는 우리와 함께하시느니라 그들을 두려워하지 말라 하나 10온 회중이 그들을 돌로 치려 하는데 그때에 여호와의 영광이 회막에서 이스라엘 모든 자손에게 나타나시니라

사무엘상은 다윗이 사울을 피해 이 바란광야로 도망하여 숨어 지냈다고 소개하고 있다.

사무엘상 25장 1절

사무엘이 죽으매 온 이스라엘 무리가 모여 그를 두고 슬피 울며 라마 그의 집에서 그를 장사한지라 다윗이 일어나 바란광야로 내려가니라

네게브 벤 구리온 협곡 전경

기브롯 핫다아와(탐욕의 무덤)

기브롯 핫다아와는 이스라엘 백성들이 고기가 먹고 싶어 불평하자 하나님께서 모세의 기도 소리를 듣고 한 달 동안 고기를 먹게 하겠다고 약속하신 곳이다. 하나님의 은혜로 만나를 먹게 되었음에도 이스라엘 백성들이 이곳에서 애굽의 고기 가마를 그리워하며 탐욕으로 원망하자 여호와 하나님께서는 바람을 불게 하사 바다에서부터 메추라기를 몰아 이들로 고기를 먹게 하셨다.

여호와 하나님께서 메추라기를 이스라엘 백성에게 주신 때는 출애굽 제2년 이월 이십일, 시내광야를 출발하여 기브롯 핫다아와에 이르렀을 때부터이다(민 10:11~12, 11:31).

민수기 10장 11~12절

11둘째 해 둘째 달 스무날에 구름이 증거의 성막에서 떠오르매 12이스라엘 자손이 시내광야에서 출발하여 자기 길을 가더니 바란광야에 구름이 머무니라

민수기 11장 31절

바람이 여호와에게서 나와 바다에서부터 메추라기를 몰아 진영 곁 이쪽 저쪽 곧 진영 사방으로 각기 하룻길 되는 지면 위 두 규빗쯤에 내리게 한지라

민수기 11장 4~9절에 의하면, 이스라엘 백성 중에 섞여 사는 무리의 탐욕에 백성들이 부화뇌동하여 이스라엘 백성 전체가 모세에게 고기를 달라고 불평하기 시작한 것이다. 그러나 광야에 내리는 만나에 만족하지 못하고 탐욕으로 고기를 구한 자들이 재앙을 받아 죽어 장사지내 무덤을 이루었기 때문에 이곳 이름을 기브롯 핫다아와, 곧 탐욕의 무덤이라고 부르게 되었다.

기브롯 핫다아와에는 오아시스가 있었다. 이는 하나님 나라로 상징되는 가나안을 향해 가는 하나님 백성들의 믿음의 여정에도 때로는 탐욕의 유혹이 있지만 오아시스 같은 삶의 휴식처도 있음을 보여준다.

하세롯(Hazeroth)

하세롯(Hazeroth)은 시내산에서 동북쪽으로 펼쳐진 바란광야에 못 미쳐 있는 곳으로, 시내

산 동북 55km 지점에 있는 현재의 아인 카드라로 추정한다. 광야에 있는데도 하세롯은 멀리 서도 대추야자로 우거진 오아시스가 한눈에 보인다. '마을들'이라는 뜻을 가진 이 오아시스는 출애굽한 이스라엘 백성들이 시내산을 출발한 후 기브롯 핫다아와를 지나서 진을 친 곳이다 (민 11:34~35, 12:16; 신 1:1).

민수기 11장 34~35절을 읽어보자.

민수기 11장 34~35절

[34]그곳 이름을 기브롯 핫다아와라 불렀으니 욕심을 낸 백성을 거기 장사함이었더라 [35]백성이 기브롯 핫
다아와에서 행진하여 하세롯에 이르러 거기 거하니라

또한 아론과 미리암이 이곳에서 모세가 구스 여인을 취하였다고 비방함으로 하나님의 진노를 받아 미리암이 나병에 걸린 곳이기도 하다. 그래서 이스라엘 백성들은 미리암의 나병이 치료되는 결례의 날이 지나기까지 이곳에 주둔하고 떠나지 못했다(민 12:1~16).

민수기 12장 13~16절

[13]모세가 여호와께 부르짖어 이르되 하나님이여 원하건대 그를 고쳐주옵소서 [14]여호와께서 모세에게 이
르시되 그의 아버지가 그의 얼굴에 침을 뱉었을지라도 그가 이레 동안 부끄러워하지 않겠느냐 그런즉
그를 진영 밖에 이레 동안 가두고 그 후에 들어오게 할지니라 하시니 [15]이에 미리암이 진영 밖에 이레
동안 갇혀 있었고 백성은 그를 다시 들어오게 하기까지 행진하지 아니하다가 [16]그 후에 백성이 하세롯
을 떠나 바란광야에 진을 치니라

시내산(Mount Sinai)

여호와 하나님께서 모세를 불러 만나주신

어둠을 물리치고 이른 아침 일출에 빛나는 시내산 정상 전경

시내산은 홍해 북쪽에 돌출한 시내반도 안에 있는 산으로 그 이름의 뜻은 '수풀'이다. 모세가 출애굽의 계시를 받고 애굽을 떠난 후 가나안 땅으로 가는 여정 가운데 여호와 하나님의 십계명을 받았던 곳이며, 붉은빛이 감돌고 울퉁불퉁 골이 진 화강암으로 뒤엉킨 산줄기가 아침 햇살을 받으면 더욱 신비로운 생동감을 주는데 시간에 따라 그 빛깔이 바뀌는 신비로운 산이다.

1. 이스라엘 백성들이 1년간 머무는 동안에 여호와 하나님께서 십계명과 율법을 주셨다.

출애굽기 20장 1~17절

1하나님이 이 모든 말씀으로 말씀하여 이르시되 2나는 너를 애굽 땅, 종 되었던 집에서 인도하여 낸 네
하나님 여호와니라 3너는 나 외에는 다른 신들을 네게 두지 말라 4너를 위하여 새긴 우상을 만들지 말
고 또 위로 하늘에 있는 것이나 아래로 땅에 있는 것이나 땅 아래 물 속에 있는 것의 어떤 형상도 만들
지 말며 5그것들에게 절하지 말며 그것들을 섬기지 말라 나 네 하나님 여호와는 질투하는 하나님인즉
나를 미워하는 자의 죄를 갚되 아버지로부터 아들에게로 삼사 대까지 이르게 하거니와 6나를 사랑하
고 내 계명을 지키는 자에게는 천 대까지 은혜를 베푸느니라 7너는 네 하나님 여호와의 이름을 망령되
게 부르지 말라 여호와는 그의 이름을 망령되게 부르는 자를 죄 없다 하지 아니하리라 8안식일을 기억
하여 거룩하게 지키라 9엿새 동안은 힘써 네 모든 일을 행할 것이나 10일곱째 날은 네 하나님 여호와의
안식일인즉 너나 네 아들이나 네 딸이나 네 남종이나 네 여종이나 네 가축이나 네 문안에 머무는 객이
라도 아무 일도 하지 말라 11이는 엿새 동안에 나 여호와가 하늘과 땅과 바다와 그 가운데 모든 것을 만
들고 일곱째 날에 쉬었음이라 그러므로 나 여호와가 안식일을 복되게 하여 그날을 거룩하게 하였느니라
12네 부모를 공경하라 그리하면 네 하나님 여호와가 네게 준 땅에서 네 생명이 길리라 13살인하지 말라
14간음하지 말라 15도둑질하지 말라 16 네 이웃에 대하여 거짓 증거 하지 말라 17네 이웃의 집을 탐내지
말라 네 이웃의 아내나 그의 남종이나 그의 여종이나 그의 소나 그의 나귀나 무릇 네 이웃의 소유를 탐
내지 말라

2. 모세가 시내산에 올라가 있는 동안 백성들이 금송아지를 만들어 놓고 경배한 일이 있었다.

출애굽기 32장 4절

아론이 그들의 손에서 금 고리를 받아 부어서 조각칼로 새겨 송아지 형상을 만드니 그들이 말하되 이스라엘아 이는 너희를 애굽 땅에서 인도하여 낸 너희의 신이로다 하는지라

3. 백성의 수를 조사한 곳, 나답과 아비후가 거룩하지 못한 불로 분향함으로 죽임당한 곳, 모세가 성막을 처음 친 곳이 전부 이 산이다.

민수기 1장 18절

둘째 달 첫째 날에 온 회중을 모으니 그들이 각 종족과 조상의 가문에 따라 이십 세 이상인 남자의 이름을 자기 계통별로 신고하매

레위기 10장 1-2절

1이론의 아들 나답과 아비후가 각기 향로를 가져다가 여호와께서 명령하시지 아니하신 다른 불을 담아 여호와 앞에 분향하였더니 2불이 여호와 앞에서 나와 그들을 삼키매 그들이 여호와 앞에서 죽은지라

출애굽기 26장 30절

너는 산에서 보인 양식대로 성막을 세울지니라

4. 선지자 엘리야가 이세벨을 피해 40일 만에 이 산에 이르렀다.

열왕기상 19장 8절

이에 일어나 먹고 마시고 그 음식물의 힘을 의지하여 사십 주 사십 야를 가서 하나님의 산 호렙에 이르니라

시내산은 시내광야의 산악지대에 있는 산이라는 것 외에 정확한 위치는 알 수 없다. 다만 오늘날 가장 유력시되는 견해는 파이란 오아시스를 지나면 나오는 호렙산 줄기의 최고봉 무사산[아랍명 '제벨 무사'(Jebel Musa-모세의 산), 2,286m]과 그로부터 3.2km 서남쪽에 있는 카타린산[아랍명 제벨 카타린(Jebel Katarin), 2,621m], 그리고 서북쪽에 있는 '라스 에스 사프사페'(Ras es-Safsafeh,

1,993m) 사이의 세 정상 중 한 곳으로 보는 것이다.

그러나 전통적으로 시내산으로 주장하는 산은 무사산이라고 한다. 이 무사산 동쪽 기슭에 있는 그리스정교의 성캐더린수도원 서고에서 1844년 시내 사본이 발견되었다. 이 시내 사본은 4세기에 만들어진 히브리어 성경 사본으로서 성경 원문 연구에 크게 공헌했다. 또한 1859년 독일 학자 디신덥이 이 산중 한 사원에서 고분 성경을 발견하였는데, 이는 AD 300년경에 초한 것으로 현재에 전래하는 최고의 시내 사본이며 소련의 베드로그라드 헬라 교회당에 보관되어 있다.

이 산은 일찍부터 성스러운 산으로서 '야훼의 산'으로도 불렸다. 미디안광야에서 양을 치던 모세가 이 산에서 타지 않는 떨기나무 가운데서 들리는 하나님의 음성을 듣고 이스라엘 백성들을 애굽에서 인도하라는 소명을 받았다. 또한 그는 이스라엘 백성들을 출애굽시킨 후 이 산에서 여호와 하나님에게서 십계명을 받았다.

시내산은 가데스에서 11일 길(신 1:2-"호렙산에서 세일산을 지나 가데스바네아까지 열하룻길이었더라")이며, 신약성경에서는 사도행전 7장 30, 38절, 갈라디아서 4장 24~25절 등 네 번 언급되고 있다.

모세와 함께 이스라엘 백성들은 출애굽 1년 3월 15일에 이곳에 도착하였다. 이곳 시내산에서 여호와 하나님께서 강림하시고, 이스라엘 백성들은 이 산 앞에 장막을 치고 거주하였다. 이 광야에서 모세와 이스라엘 백성들은 장기간 체류하였다.

시내산 정상에서 일출을 바라보며 기도하는 많은 순례자들

출애굽기 19장 1~2절

[1]이스라엘 자손이 애굽 땅을 떠난 지 삼 개월이 되던 날 그들이 시내광야에 이르니라 [2]그들이 르비딤을 떠나 시내광야에 이르러 그 광야에 장막을 치되 이스라엘이 거기 산 앞에 장막을 치니라

레위기 7장 38절

여호와께서 시내광야에서 이스라엘 자손에게 그 예물을 여호와께 드리라 명령하신 날에 시내산에서 이 같이 모세에게 명령하셨더라

민수기 1장 1절

이스라엘 자손이 애굽 땅에서 나온 후 둘째 해 둘째 달 첫째 날에 여호와께서 시내광야 회막에서 모세에게 말씀하여 이르시되

민수기 1장 19절

여호와께서 모세에게 명령하신 대로 그가 시내광야에서 그들을 계수하였더라

모세가 시내산을 8차에 걸쳐 오르내린 일정

출애굽기 19장 1~19절, 골로새서 1장 26~27절

시내산 정상에서 바라본 일출 전경

여호와 하나님의 부르심에 순종한 지도자 모세가 초인적 강행군으로 시내산을 오른 것은 여호와 하나님의 '언약'을 받기 위한 것이었다. 구약성경 출애굽기, 레위기, 민수기, 신명기는 모두 시내산과 관련되어 있다. 지도자로서 출애굽의 과정과 험난한 광야에서의 지도력에 이어 여덟 번에 걸쳐 시내산을 오르내린 모세의 열정이 참으로 놀랍다. 대부분의 그리스도인은 모세가 몇 번 시내산에 올랐는지 관심조차 없다.

시내산은 험악한 바위산으로 그 높이가 2,286m나 되는 높은 산이다. 우리나라 한라산(1,950m)이나 지리산(1,915m)보다도 높고 더 험하다. 가시나무, 떨기나무만 가끔 볼 수 있는 온통 바윗덩어리 산으로 건조하고 메마른 곳이다.

히브리 원어를 보면 모세가 시내산 중턱까지만 간 게 아니라 매번 꼭대기까지 오르내렸다는 것을 알 수 있다.

출애굽기 19장 20절, 34장 1~2절

20여호와께서 시내산 곧 그 산 꼭대기에 강림하시고 모세를 그리로 부르시니 모세가 올라가매…1여호와께서 모세에게 이르시되 너는 돌판 둘을 처음 것과 같이 다듬어 만들라 네가 깨뜨린 처음 판에 있던 말을 내가 그 판에 쓰리니 2아침까지 준비하고 아침에 시내산에 올라와 산꼭대기에서 내게 보이되

엘리사의 샘이 있는 시내산(좌)·시내산 정상에서 성캐더린수도원 방향으로 내려오는 길(우)

모세는 여호와 하나님의 부르심에 시내산 꼭대기까지 아침에 올라갔다가 저녁에 내려오기를 반복했다. 인간의 힘만으로는 불가능한 일이었다.

모세가 이렇게 초인적 강행군을 한 것은 여호와 하나님과 이스라엘 백성들 간의 언약을 맺기 위해서였다. 성경 전체를 관통하는 주제는 하나님의 구원이다. 말씀 한마디 한마디마다 인간을 구원하려는 하나님의 사랑이 깔려 있다. 죄로 인해 사망에 이르게 된 인간들을 구원하시려는 여호와 하나님의 애타는 사랑의 몸부림이 구속사이다. 그 놀라운 사랑의 최절정이 십자가에 달려 죽으시고 부활하신 예수 그리스도이다(요 14:6; 행 4:12).

이 위대한 사랑의 구속사를 이어온 끈이 바로 언약이다. 구속사의 맥은 변함이 없는 언약의 끈으로 이어진다. 이 가운데 시내산 언약은 여호와 하나님이 기록으로 남기신 최초의 언약이다.

구약시대에는 이스라엘이 세계의 중심이었다. 이 이스라엘의 중심은 예루살렘이며, 예루살렘의 중심은 성전(성막), 성전의 중심은 지성소(至聖所), 지성소의 중심은 법궤(수 6:1~14), 법궤의

중심은 '언약의 말씀'인 십계명이다(출 34:28; 신 4:13, 10:4). 신구약성경의 기둥인 십계명은 히브리어로 '열 개의 말씀'이라는 뜻으로, 모든 율법의 세부 조항이 이 십계명에 뿌리를 두고 세워졌고, 신구약에 기록된 사실들은 모두 십계명에서 시작된다. 히브리인들에게 '10'은 부족함 없는 완전성을 뜻하는 숫자이다.

모세가 여덟 번이나 숨 가쁘게 시내산을 오르내린 것은 바로 십계명을 받기 위한 것이었다. 우리는 이스라엘 백성들의 출애굽 역사와 광야 노정의 일정과 모세가 시내산에 오르내린 일정을 성경을 통해 일자와 요일까지 정확하게 알 수 있다.

시내산을 향한 출애굽의 대역사

이스라엘 백성은 애굽에서 430년의 종살이를 마친 바로 그날, 단 한 시간의 오차도 없이 그곳에서 빠져나왔다.

출애굽기 12장 40~41절

40이스라엘 자손이 애굽에 거주한 지 사백삼십 년이라 41사백삼십 년이 끝나는 그날에 여호와의 군대가 다 애굽 땅에서 나왔은즉

그들은 요셉을 알지 못하는 애굽 왕의 억압과 극심한 고역으로 생사를 오가는 절망 속에 신음하는 비참한 나날을 보냈다. 사나운 맹수 같은 애굽 왕 바로의 노예와 같은 삶이었다(신 4:20). 여호와 하나님은 그 일을 잊지 말라고 수십 번 말씀하셨다. 이스라엘 백성들의 절규하는 신음을 들으시고 불쌍히 여기신 여호와 하나님은 BC 1446년 1월 15일(목), 큰 권능의 손으로 그들을 인도해 내셨다.

민수기 33장 1~3절

1모세와 아론의 인도로 대오를 갖추어 애굽을 떠난 이스라엘 자손들의 노정은 이러하니라 2모세가 여호와의 명령대로 그 노정을 따라 그들이 행진한 것을 기록하였으니 그들이 행진한 대로의 노정은 이러하니라 3그들이 첫째 달 열다섯째 날에 라암셋을 떠났으니 곧 유월절 다음 날이라 이스라엘 자손이 애굽 모든 사람의 목전에서 큰 권능으로 나왔으니

이때 시작된 이스라엘 백성들의 출애굽 이후 가나안 땅으로 들어가기까지의 40년 광야생활은 다섯 부분으로 나누어 이해할 수 있다.

1) 고센 땅 라암셋에서 출발 후 시내산 도착까지의 45일(출 1~18장, 19:1~2)

2) 시내광야에 머무른 약 1년(출 19장~민 10:10)

3) 시내산에서 떠나 가데스바네아에서의 정탐과 40년 광야생활 징계까지 약 50일(민 10:11~14:45)

시내산에서 세일산을 지나 가데스바네아까지 열하룻길이다(신 1:2). 가데스바네아에서 각 지파 지도자 12명을 가나안에 보내 40일간 정탐하게 했다(민 13:1~25).

4) 불신앙의 출애굽 1세대가 심판받은 38년간의 광야 방랑기(민 15~19장)

가데스바네아에서 요단 동편 세렛시내까지 38년이 걸렸다. 출애굽한 20세 이상 남자 603,550명 가운데 여호수아와 갈렙을 뺀 603,548명이 세렛시내를 건너지 못하고 모두 죽었다. 진중에서 천사에게 죽임을 당한 것이다(민 14:34~38). 이때가 BC 1407년 5월 이후이다.

이 사건이 있기 직전 대제사장 아론이 BC 1407년 5월 1일, 역시 불신의 결과로 죽었고(민 20:25~29, 33:38~39). 모세와 아론의 누이 미리암도 같은 해 1월에 죽었다. 그들은 하나님이 뜻이 있어서 모세에게 구스 여자를 취하라고 하셨는데 인간적인 생각으로 모세를 비난했던 죄를 추궁당했고, 여호와 하나님께서는 "내가 선지자에게는 꿈이나 환상으로 말하지만 모세는 직접 대면해서 말했다"라고 말씀하시며 그들을 책망하셨다(민 12:6~10). 여호와 하나님의 세심한 계획을 이해하지 못함으로 저지른 잘못들이다.

5) 다시 가데스바네아에 집결한 뒤 모세가 죽기까지 11개월(민 20장~신 34장)

모세도 가나안 입성을 두 달 앞두고, 반석을 명하여 물이 나게 하라는 말씀에 순종하지 않고 반석을 지팡이로 내리친 연고로 느보산에서 약속의 땅을 바라만 보고 여호와 하나님의 부르심을 받았다.

민수기 20장 12절

여호와께서 모세와 아론에게 이르시되 너희가 나를 믿지 아니하고 이스라엘 자손의 목전에서 내 거룩함을 나타내지 아니한 고로 너희는 이 회중을 내가 그들에게 준 땅으로 인도하여 들이지 못하리라 하시니라

모세의 시내산 8차 등정

모세의 시내산 8차 등정의 일자와 요일까지 성경에서 찾아볼 수 있다.

	기간	내용
1차 입산	BC 1446. 3. 2(월)	시내산 언약 체결 제의
2차 입산	3. 3(화)	백성들의 성결 명령
3차 입산	3. 5(목)	백성들의 입산 금지 거듭 명령
4차 입산	3. 6(금)	십계명과 율법 수여
5차 입산	3. 7(토)	언약 체결식과 기념 식사
6차 입산	3. 8(일) ~ 4.17(목)	1차 40일 금식기도
7차 입산	4. 18(금) ~ 5. 28(화)	2차 40일 중보기도
8차 입산	5. 30(목) ~ 7. 10(월)	3차 40일 금식기도

모세의 시내산 등정 일지

애굽 고센 땅을 출발한 이스라엘 백성들은 출애굽 45일 만인 BC 1446년 3월 1일(일) 시내산에 도착했다. 그 행적을 출애굽기 19장 1~2절에서 "이스라엘 자손이 애굽 땅을 떠난 지 삼 개월이 되던 날 그들이 시내광야에 이르니라 그들이 르비딤을 떠나 시내광야에 이르러 그 광야에 장막을 치되 이스라엘이 거기 산 앞에 장막을 치니라"라고 기록하고 있다.

이스라엘 백성들은 시내산에서 1년간 머무르며 십계명과 율법을 받아 하나님과 언약을 맺음으로 하나님 나라의 면모를 갖추었고, 철저하게 준비해 악한 가나안 족속을 멸하라는 당면 과제를 부여받았다.

시내산은 이스라엘 백성들이 떠나온 애굽과 앞으로 들어갈 가나안 땅, 이 두 지역으로부터 가장 멀리 떨어져 있는 매우 안전한 곳이었다. 놀라운 것은 여호와 하나님께서 이미 출애굽 전부터 이스라엘 백성들이 시내산으로 올 것을 예고하셨다는 것이다.

출애굽기 3장 12절

하나님이 이르시되 내가 반드시 너와 함께 있으리라 네가 그 백성을 애굽에서 인도하여 낸 후에 너희가 이 산에서 하나님을 섬기리니 이것이 내가 너를 보낸 증거니라 이스라엘 백성들이 시내산(호렙산)에서 하나님을 섬기고 언약을 맺을 것임을 모세에게 미리 알려주신 것으로, 시내산 언약이 체결된 이 기간(출 19~24장)은 이스라엘 백성들이 하나님의 택한 백성으로 공식 출발하는 매우 중대한 시간이었다.

모세는 일반 백성들이 장막을 친 낮은 평지와 떨어져 있는 높은 시내산(2,286m) 꼭대기로 올라가 여호와 하나님을 만난 후 다시 이스라엘 백성에게로 내려오기를 8차례나 반복했다. 여호와 하나님의 거룩한 뜻을 전달하고 택한 이스라엘 백성들의 생각과 의지를 물어본 뒤 그 뜻을 가지고 여호와 하나님께 다시 올라갔다(출 19:7~8, 20:20~21, 24:1, 12).

출애굽기 19장 7~8절

7모세가 내려와서 백성의 장로들을 불러 여호와께서 자기에게 명령하신 그 모든 말씀을 그들 앞에 진술
하니 8백성이 일제히 응답하여 이르되 여호와께서 명령하신 대로 우리가 다 행하리이다 모세가 백성의
말을 여호와께 전하매

여호와 하나님께 부름을 받은 모세가 시내산을 8차례 오르내린 기간을 계산해 보면 총 127일로 4개월 7일이 걸렸다.

1. 시내산 1차 입산 – BC 1446. 3. 2(월)

여호와 하나님의 시내산 언약 체결 제의

이스라엘 백성들이 시내광야에 도착한 바로 다음 날로, 고센 땅 라암셋을 떠나 출애굽한 지 46일째이다.

여호와 하나님은 산에 오른 모세에게 시내산 언약 체결을 제의하시면서 출애굽은 하나님의 절대적 주권이라고 말씀하셨다(출 19:3~4). 그리고 택함을 받은 이스라엘 백성들이 언약을 잘 지키면 열국 중에서 하나님의 소유가 되고 제사장 나라, 거룩한 백성이 될 것이라고 말씀하셨다(출 19:5~6). 또 세계 열방에서 지혜와 지식이 있는 백성이라는 칭찬과 명성을 얻게 될 것임을 약속하셨다(신 4:6). 모세가 여호와 하나님의 언약 체결 제의를 백성들에게 전달하자 이스라엘 백성들은 순종하겠다고 대답했다.

2. 시내산 2차 입산 – BC 1446. 3. 3(화)

백성들을 성결케 할 것을 명령하심

모세는 여호와 하나님의 말씀에 온전히 순종하여 8차례나 시내산을 오르내리며 하나님과

이스라엘 백성들의 중재자 역할을 충실히 감당했다. 여호와 하나님께서 "내가 너와 말하는 것을 백성에게 듣게 하고 그들이 너를 영영히 믿게 하려 함이라"라고 말씀하시면서 백성들이 두려움과 떨림으로 듣도록 빽빽한 구름 가운데 임재하셨다(출 19:9).

그리고 이스라엘 백성들을 성결케 하고 여인과 가까이하지 말도록 함으로 준비하고 제3일을 기다리게 하라고 명령하셨다(출 19:10~15). 그런 뒤 하나님은 이스라엘 백성들이 경계를 범해 시내산에 올라오지 못하게 하라고 명령하셨고, 경계를 범하면 돌에 맞거나 화살에 맞아 죽게 될 것이라고 하셨다(출 19:12~13).

모세는 이 말씀을 듣고 산에서 내려온 뒤 피곤한 몸을 이끌고 사방에 경계선을 쳤고, 모세가 이 성결 명령을 전하자 백성들은 준행했다(출 19:14~15).

3. 시내산 3차 입산 – BC 1446. 3. 5(목)

이스라엘 백성들의 시내산 입산 금지를 거듭 명령하심

출애굽 49일째, 이스라엘 백성들이 성결 명령을 지킨 지 3일째 된 날이다.

아침에 우레와 번개, 빽빽한 구름이 산 위에 있고 나팔 소리가 매우 크게 들렸다. 이에 출애굽한 2백만 이스라엘 백성들이 두려워서 떨었고(출 19:16), 모세가 여호와 하나님을 만나려고 백성들을 거느리고 진에서 나와 산기슭에 섰을 때 하나님께서 불 가운데 강림하셨다.

출애굽기 19장 17~19절

17모세가 하나님을 맞으려고 백성을 거느리고 진에서 나오매 그들이 산기슭에 서 있는데 18시내산에 연
기가 자욱하니 여호와께서 불 가운데서 거기 강림하심이라 그 연기가 옹기 가마 연기같이 떠오르고 온
산이 크게 진동하며 19나팔 소리가 점점 커질 때에 모세가 말한즉 하나님이 음성으로 대답하시더라

그 소리를 듣고 이스라엘 백성들이 '아, 지도자 모세가 정말 하나님과 대화하는구나!'라고 확신할 때 여호와 하나님이 시내산 꼭대기에 강림하셔서 모세를 부르셨다. 그리고 다시 한 번 일반 백성들이 산에 들어오지 못하게 할 것을 명령하셨고, 백성들의 성결도 확인하셨다(출 19:21~22).

모세가 '이미 경계를 다 세워 그들이 범하지 않을 것이다'라고 확신하며 말하자 하나님은 모세를 재촉하여 다시 내려가서 경계를 지키도록 당부하여 제사장들과 백성들이 경계를 넘어 올라오지 못하게 하라고 하셨다(출 19:24). 여호와 하나님께 책망받은 모세는 바로 순종했고, 산에서 내려가 다시 백성들에게 올라가면 즉사하니 경계를 지키라고 말했다(출 19:25).

여호와 하나님의 엄한 경고는 이스라엘 백성들에게 공포감을 주려는 것이 아니라 한 사람

이라도 죄를 지어 죽지 않도록 하려는 사랑이었다.

4. 시내산 4차 입산 – BC 1446. 3. 6(금)

십계명과 율법 수여

이스라엘 백성들이 출애굽한 지 50일째로 십계명과 율법을 수여하신 날이다(출 20~24장; 신 5~6장). 이스라엘 백성들은 십계명과 율법을 수여 받은 이날을 '총회의 날'로 정하고(신 9:10, 18:16) 대대로 기념하고 있다. 초대교회 지도자 스데반은 이날을 '광야교회가 형성된 날'이라고 칭하기도 했다.

여호와 하나님께서는 먼저 모든 이스라엘 백성들을 대상으로 십계명을 주셨다(출 20:1~17). 그러나 십계명을 받은 백성들은 산이 떠나갈 듯한 우렛소리와 나팔 소리, 앞이 보이지 않는 연기와 흑암, 산이 불에 타는 모습, 그리고 불 가운데서 나오는 하나님의 음성을 듣고는 극심한 죽음의 공포에 사로잡혔다. 여호와 하나님의 위엄을 목격한 2백만 이스라엘 백성들이 모두 두려움에 떨면서 모세를 통해서 율법을 받을 수 있게 해주시기를 간구했다(출 20:19; 신 5:25~27).

죄악 된 인간이 여호와 하나님을 직접 만나면 죽게 된다는 것을 절감한 것이다.

출애굽기 20장 19절

모세에게 이르되 당신이 우리에게 말씀하소서 우리가 들으리이다 하나님이 우리에게 말씀하시지 말게 하소서 우리가 죽을까 하나이다

그러자 하나님께서 모세에게 전 백성을 대표해서 다시 산꼭대기까지 올라오라고 하셨고(출 24:1~2) 모세가 올라가 십계명과 율법을 받은 뒤 내려와서 모든 것을 전했다.

5. 시내산 5차 입산 – BC 1446. 3. 7(토)

언약 체결식과 기념 식사

출애굽한 지 51일째로 전날 시내산에서 내려온 모세가 밤새도록 여호와의 모든 말씀을 기록한 것이 바로 언약서이다(출 24:4, 7). 모세는 다음 날인 7일 이른 아침 산 아래에 단을 쌓고 열두 지파대로 열두 기둥을 세우고 청년들을 보내 번제와 화목제를 드리게 했다(출 24:4~5). 희생 제물의 피를 취해 절반은 그릇에 담고 절반은 제단에 뿌리면서 말로만이 아닌 피로 언약을 한 것이다. 피 없이는 언약이 성립하지 않기 때문이었다.

모세가 언약서를 다시 한번 낭독하자 이스라엘 백성들은 준행할 것을 약속했고(출 24:7), 모

세가 피를 가져다가 이스라엘 백성들에게 뿌림으로써 언약이 완전히 체결되었다(출 24:8).

언약 체결 이후 여호와 하나님과 함께하는 기념 식사, 즉 언약 식사가 있었다(출 24:9~11). 여호와 하나님이 사람을 지명하셔서 모세와 아론, 나답, 아비후, 그리고 70장로를 시내산 정상으로 부르셨다. 이들이 본 하나님은 발 아래 청옥(사파이어)을 편 듯하고 하늘같이 청명한 모습으로 한없이 순결하고 티 없이 찬란하게 빛났다. 여호와 하나님은 이들을 '이스라엘 자손들의 존귀한 자'라고 불러주셨다.

6. 시내산 6차 입산 – BC 1446. 3. 8(일)~4.17(목)

모세의 1차 40일 금식기도(출 24:18; 신 9:9~11)

출애굽한 지 52일째이자 즐거운 잔치가 벌어진 다음 날로, 이날부터 모세는 4월 17일(목)까지 40일간 주야로 금식하며 하나님 앞에 선다.

여호와 하나님은 모세를 부르시면서 이번에는 오랜 기간 머물 것을 암시하셨고(출 24:12), 모세는 아론과 훌, 장로들에게 뒷일을 부탁한 뒤 부하 여호수아를 데리고 입산(출 24:13~14)한 후 정상에는 혼자 올라갔다. 산에 오르니 구름이 산을 가렸고, 여호와의 영광이 시내산 위에 머물렀다.

출애굽기 24장 15~16절

15모세가 산에 오르매 구름이 산을 가리며 16여호와의 영광이 시내산 위에 머무르고 구름이 엿새 동안 산을 가리더니 일곱째 날에 여호와께서 구름 가운데서 모세를 부르시니라

모세는 40일 주야로 떡도 먹지 않고 물도 마시지 않았다. 여호와 하나님은 모세가 금식한 지 제7일 안식일에 구름 가운데서 모세를 부르셨다(출 24:16).

이때 성막의 내용을 가르쳐 주셨고(출 25:1~31:11), 40일 주야가 지난 뒤 여호와 하나님이 모세에게 말씀하시기를 마치신 때에 친히 십계명을 쓰신 두 돌판을 주셨다. 그 판은 하나님이 만드신 것이요, 글자는 하나님이 쓰셔서 판에 새기신 것이었다(출 32:16).

그리고 여호와 하나님께서 "내려가라" 하시는 말씀을 듣고 내려온 모세는 기막힌 광경을 보게 된다. 모세가 오랫동안 내려오지 않자 이스라엘 백성들이 그가 자기들을 가나안으로 인도할 자신이 없어서 도망간 모양이라고 말하며 아론을 유혹해 금송아지를 만들어 숭배하고 있었다. 그 광경을 보고 크게 노한 모세는 돌판을 집어던져 깨뜨리고 금 신상을 갈아 물에 뿌린 뒤 백성들에게 마시게 했다(출 32:1~20; 신 9:15~17, 21).

모세가 여호와 하나님을 위해 헌신할 사람을 찾자 다른 지파는 눈치만 보고 있는 상황에서 레위 지파가 자원해 나왔다(출 32:26). 동서남북을 오가며 우상에 절한 사람을 골라 3천 명을 칼로 치고 난 후 여호와 하나님이 그 모습을 보고 헌신을 인정하셨다.

7. 시내산 7차 입산 – BC 1446. 4.18(금)~5.28(화)

모세의 2차 40일 중보기도

출애굽한 지 92일째로 여호와 하나님께서 이스라엘 백성들을 멸하겠다고 말씀하셨기 때문에 모세는 자기 생명을 담보로 이스라엘 백성들이 범한 죄에 대한 사죄를 요청하며 40일 주야 여호와 하나님께 기도를 드렸다. 이때 드린 기도가 이스라엘 민족을 생명책에서 제할 것이라면 자신의 이름도 지워달라는 중보기도였다.

출애굽기 32장 30~32절

30이튿날 모세가 백성에게 이르되 너희가 큰 죄를 범하였도다 내가 이제 여호와께로 올라가노니 혹 너
희를 위하여 속죄가 될까 하노라 하고 31모세가 여호와께로 다시 나아가 여짜오되 슬프도소이다 이 백
성이 자기들을 위하여 금 신을 만들었사오니 큰 죄를 범하였나이다 32그러나 이제 그들의 죄를 사하시
옵소서 그렇지 아니하시오면 원하건대 주께서 기록하신 책에서 내 이름을 지워버려 주옵소서

출애굽기 33장 1절

여호와께서 모세에게 이르시되 너는 네가 애굽 땅에서 인도하여 낸 백성과 함께 여기를 떠나서 내가 아브라함과 이삭과 야곱에게 맹세하여 네 자손에게 주기로 한 그 땅으로 올라가라

40일 중보기도를 마친 뒤에도 여호와 하나님의 진노가 풀리지 않자 다음 날 모세는 진 바깥에 회막을 짓고 여호와 하나님께 떠나지 마시기를 간구하였다. 하나님의 맹렬한 분노에도 이스라엘 백성들이 살아남을 수 있었던 결정적인 이유는 모세의 헌신적인 눈물과 땀, 땅을 치면서 머리를 쥐어뜯고 몸을 찢는 중보기도 때문이었다.

모세의 기도가 끝난 뒤 여호와 하나님은 모세에게 처음과 같은 두 돌판을 다듬어서 산으로 올라오라고 하셨고, 노여움을 푸신 하나님은 새 돌판에 십계명을 써서 다시 주셨다(신 10:1, 10~11).

8. 시내산 8차 입산 – BC 1446. 5.30(목)~7.10(월)

모세의 3차 40일 금식기도(출 34:28; 신 9:18)

모세는 목숨을 걸고 세 번째 40일 금식기도를 드렸는데, 기도를 마친 날은 7월 10일(수)로 대

속죄일이었다. 여호와 하나님이 다시 이스라엘 백성들과 언약을 세워주셨다.

출애굽기 34장 28절, 35장 1~4절을 읽어보자.

출애굽기 34장 28절

모세가 여호와와 함께 사십 일 사십 야를 거기 있으면서 떡도 먹지 아니하였고 물도 마시지 아니하였으며 여호와께서는 언약의 말씀 곧 십계명을 그 판들에 기록하셨더라

출애굽기 35장 1~4절

1모세가 이스라엘 자손의 온 회중을 모으고 그들에게 이르되 여호와께서 너희에게 명령하사 행하게 하
신 말씀이 이러하니라 2엿새 동안은 일하고 일곱째 날은 너희를 위한 거룩한 날이니 여호와께 엄숙한 안
식일이라 누구든지 이날에 일하는 자는 죽일지니 3안식일에는 너희의 모든 처소에서 불도 피우지 말지
니라 4모세가 이스라엘 자손의 온 회중에게 말하여 이르되 여호와께서 명령하신 일이 이러하니라

시내산 정상 바로 아래에 세워진 비잔틴 시대 교회(좌)·시내산 정상 바로 아래 유일하게 나무가 자라고 물의 근원이 있는 곳으로 구약성경의 모세와 엘리야가 머물렀다고 추정하는 엘리야의 샘이 있는 장소(우)

시내산에서 내려오면서 내려다본 성캐더린수도원 전경

시내산 정상

진광야(Wilderness of Zin)

'진광야'(Wilderness of Zin)는 모세가 가나안 땅을 정탐하기 위해서 열두 명의 정탐꾼을 보냈던 가데스바네아(Kadesh-Barnea)에서 사해까지 이르는 지역을 가리킨다. 진광야의 길이는 약 120km에 달하며, 면적은 1,550km²에 이른다. 이곳은 매우 건조하며 바위투성이 지역으로, 네게브에서 시작되는 가장 큰 와디(Wadi, 건기에는 바싹 마르고 우기에는 물이 흐르는 하천)이다.

모세가 가나안 땅을 40일간 정탐하도록 보낸 열두 정탐꾼 중 열 명의 부정적 보고로 인해 진노하신 여호와 하나님의 징계로 40년간 광야에서 방랑 생활을 하게 된 곳으로 추측하고 있다. 가나안 정복 이후에는 이스라엘 국경의 남쪽 경계가 되었다(민 34:3~4).

출애굽한 이스라엘 백성들이 진광야 중에서 대표적으로 머문 곳은 가데스 혹은 가데스바네아이다(민 20:1; 신 32:51).

민수기 20장 1절

첫째 달에 이스라엘 자손 곧 온 회중이 신광야에 이르러 백성이 가데스에 머물더니 미리암이 거기서 죽으매 거기에 장사되니라

가데스 혹은 가데스바네아는 바란광야와 진광야 사이에 끼어 있는 곳으로 종종 바란광야

에 있다고 하기도, 하고 진광야에 있다고 하기도 한다. 그래서 진광야는 가데스광야(시 29:8)라고도 불렸다. 여호수아는 출애굽한 이스라엘 백성들을 이끌고 가나안 땅을 정복한 후에 진광야를 유다 지파에게 할당했다(수 15:1, 3).

우리말 성경의 동일한 신광야는 시내산과 엘림 사이에 있는 광야로서(출 16:1), 앞서 언급한 신광야(Wilderness of Sin)와 여기서의 진광야(Wilderness of Zin)는 다르기에 혼동하지 말아야 한다.

오늘날 진광야에 가면 한국에서는 도저히 상상할 수 없는 광경을 보게 되는데, 그곳은 기온이 매우 높고 메마른 지역이어서 한편으로는 삭막하지만 다른 한편으로는 그랜드 캐니언처럼 매우 장엄하게 보인다.

진광야 전경

가데스바네아(Kadesh Barnea)

가데스바네아 전경

브엘세바 남서쪽 약 80km 지점에 있는 시나이(Sinai)광야에 자리 잡은 최대의 오아시스가 가데스바네아이다. 넓은 시나이광야의 북쪽에 있는 오아시스 지역인 바네아의 거룩한 성읍 가데스바네아는 네 개의 샘물, 즉 아인 케데이스(Ain Qedeis), 아인 엘-쿠데이랏(Ain el-Qudeirat), 엘-코세이메(el-Qoseimeh), 엘-무에일라(el-Muweilah)가 있는 오아시스 지역에 붙여진 명칭이다.

이곳은 시나이반도의 신광야(진광야, "첫째 달에 이스라엘 자손 곧 온 회중이 신광야에 이르러 백성이 가데스에 머물더니 미리암이 거기서에 죽으매 거기에 장사되니라"-민 20:1), 또는 바란광야("바란광야 가데스에 이르러 모세와 아론과 이스라엘 자손의 온 회중에게 나아와 그들에게 보고하고 그 땅의 과일을 보이고"-민 13:26)에 있는 이스라엘 영토의 최남단에 위치하고 있다.

서쪽은 애굽의 강(와디 엘 아리슈, 큰 샘물이 있어 비옥하고 아름다운 계곡지대, 겔 47:19)에 가깝고, 동쪽은 에돔(민 20:16) 및 아모리인의 고지(신 1:19)와도 접경을 이루고 있다.

이곳은 BC 2082년경에 인류 최초의 전쟁이 일어났던 곳("그들이 돌이켜 엔미스밧 곧 가데스에 이르러 아말렉 족속의 온 땅과 하사손다말에 사는 아모리 족속을 친지라"-창 14:7)이기도 하다.

또 이 지역은 출애굽 제40년, 광야 여정 38년째인 BC 1406년경에 모세와 아론을 상대로 이스라엘 백성들이 다툰 장소로, 모세로 하여금 약속의 땅을 밟지 못하게 한 '므리바의 물' 사건이 있었던 곳이다.

민수기 20장 2~5절을 읽어보자.

민수기 20장 2~5절

2회중이 물이 없으므로 모세와 아론에게로 모여드니라 3백성이 모세와 다투어 말하여 이르되 우리 형
제들이 여호와 앞에서 죽을 때에 우리도 죽었더라면 좋을 뻔하였도다 4너희가 어찌하여 여호와의 회중

을 이 광야로 인도하여 우리와 우리 짐승이 다 여기서 죽게 하느냐 [5]너희가 어찌하여 우리를 애굽에서 나오게 하여 이 나쁜 곳으로 인도하였느냐 이곳에는 파종할 곳이 없고 무화과도 없고 포도도 없고 석류도 없고 마실 물도 없도다

당시 모세는 이곳에서 여호와 하나님의 이름까지 부르면서 화를 내었을 뿐 아니라, 마치 하나님과 동등한 자격을 지닌 자기가 백성들에게 물을 줄 수도, 심판할 수도 있는 것처럼 행세하며 혈기를 부렸는데 이는 거룩한 의분을 떠나 일종의 '망령된 행위' 그 자체였다.

민수기 20장 10~11절을 읽어보자.

민수기 20장 10~11절

[10]모세와 아론이 회중을 그 반석 앞에 모으고 모세가 그들에게 이르되 반역한 너희여 들으라 우리가 너희를 위하여 이 반석에서 물을 내랴 하고 [11]모세가 그의 손을 들어 그의 지팡이로 반석을 두 번 치니 물이 많이 솟아나오므로 회중과 그들의 짐승이 마시니라

아무리 위대한 하나님의 종일지라도 인간적 혈기로 하나님의 영광과 거룩함을 가리고 그 명령에 불순종하는 죄를 범했을 때는 하나님의 가차 없는 공의의 심판이 가해짐을 알 수 있다.

민수기 20장 12절을 읽어보자.

민수기 20장 12절

여호와께서 모세와 아론에게 이르시되 너희가 나를 믿지 아니하고 이스라엘 자손의 목전에서 내 거룩함을 나타내지 아니한 고로 너희는 이 회중을 내가 그들에게 준 땅으로 인도하여 들이지 못하리라 하시니라

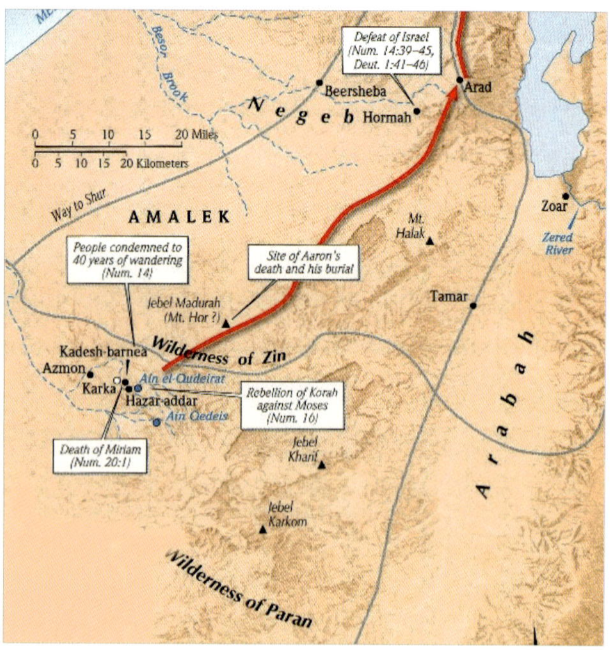

가데스바네아와 주변 지역

이곳은 민수기 13장과 14장 기록에 나타난 2백만 정도의 이스라엘 백성들이 야영했던 지역이기 때문에 두 곳의 오아시스를 사용했다고 본다. 이스라엘 백성들은 이곳 주변에서 약 40년간 유리방황했던 것으로 성경은

말하고 있다. 네게브 가운데 이곳에서 볼 수 있는 자연환경은 연중 물이 끊기지 않고 대추야자가 무성하고 목초지가 있다.

모세는 이곳을 거점으로 하여 12명의 정탐꾼을 가나안으로 파견해(민 13~14장) 가나안 땅을 두루 살피게 하였으며, 창세기 14장 7절에서 처음으로 '엔미스밧'이라고 칭하고 있고, 가데스바네아에 있는 샘들은 '므리바 물', '말다툼의 물'이라고도 불렸다(민 27:14). 이스라엘 백성들이 모세에게 마실 물이 없다고 불평한 곳도 이곳이며, 하나님께 영광 돌리기를 잊은 곳도 이곳이다(민 20:1~13). 미리암은 가데스에서 죽었으며(민 20:1), 모세의 형 아론도 이 근처에 있는 호르산에 묻혔다(민 20:22~29). 부근에는 가데스바네아(Kadesh Barnea) 전망대와 호레샤산(Mt. Horesha) 전망대 두 곳이 있으며, 가데스바네아 전망대에서는 산이 가려져 잘 보이지 않는 것이 흠이다.

가데스바네아 전경

페트라(Petra)

장밋빛의 분홍색 도시

페트라의 대표적 명소 알 카즈네(Al Khazneh) 전경

페트라(Petra)는 요르단의 가장 뛰어나고 훌륭한 유적지라고 말해도 손색이 없을 정도로 아름답고 옛 정취를 그대로 보존하고 있는 곳이다.

원래 나바테아인들이 불렀던 도시 이름은 '레켐'(Rekem)이었지만, 로마제국의 정복 이후 그리스인들이 붙인 '페트라'라는 이름이 널리 쓰이면서 오늘날에도 페트라로 알려지게 되었다. 요르단에서 쓰이는 아랍어(현대 표준 아랍어)로는 'P' 발음과 'E' 발음이 없고 앞에 정관사 '알'이 붙어 '알바트라'(البتراء, Al-Batrā)로 불린다.

대중적으로 페트라를 대표하며 아랍어로 '보물 창고'를 뜻하는 '알 카즈네'(Al Khazneh, الخزنة)라는 건물이 있는데 기원전 1세기경에 지어진 것으로 추정되는 그리스식 건축 양식으로 유명한 탓에 이 건물 하나만 페트라인 것으로 오해하기도 하나 실제로는 해당 지역에 존재하는 몇 가지의 유적군을 가리킨다.

페트라는 BC 약 300년경 나바티안들이 모여 살면서 건축한 그때 그 모습을 그대로 간직한 유적으로 나바티아 왕국의 수도로 번영했다가 AD 106년에 로마제국에 의해 멸망했다고 전해지고 있다. 요르단에 있는 고대도시로서 이스라엘, 시리아, 이라크, 사우디아라비아 사이에 있는 왕국이었던 페트라는 '장밋빛의 분홍색 도시'라고도 부르는데, 바위 협곡으로 된 입구가 약 2km 정도의 길이에 2~3m 폭으로 이루어진 천연 요새 지역으로 이곳을 '시크'라고 부른다.

요르단의 수도인 암만에서 250km 정도 떨어져 있는 사막 한가운데 있는 산악 도시인 이곳의 8,000여 개의 건축물들은 대부분 바위를 깎아 만든 것이다. 현재도 생활에 필요한 각종 건축물이 원형에 가까울 정도로 남아 있다.

특별히 나바티안의 신인 두샤라 신의 알 카즈네(Al Khazneh) 신전이 잘 보존되어 관광객들의 눈길을 사로잡는다. '보물 창고'라는 뜻의 알 카즈네(Al Khazneh) 신전은 전면에 6개의 고린도식 석주가 서 있는 높이 25m의 그리스식 건축 양식의 건물로 BC 1세기경에 만든 것으로 추정한다. 사원 정면에는 높이 약 30m, 너비 약 25m의 파사드가 있고, 그 앞에는 넓은 광장이 펼쳐져 있으며, 파사드는 2개의 박공벽, 프리즈, 기둥, 조각상으로 이루어져 있다. 중앙 출입구 좌우 벽면에는 그리스의 이시스 신을 상징하는 식물이 조각되어 있고, 2층에 장식된 6개의 고린도식 기둥과 기둥 사이에는 정교한 여인 모양의 양각이 새겨져 있다.

알 카즈네 신전을 지나가면 바위에 파인 동굴들이 많은데 이 동굴은 당시에 사용된 무덤으로, 들여다보면 바닥에 무덤이 파여 있는 것을 볼 수 있다. 일부 묘비들은 거대한 조형물 뒤로 가려져 있는데 전부 BC 1세기경에 만들어진 것으로 추정하고 있다. 이 묘지들은 상당히 넓은 면적에 걸쳐 있는데 붉은색에서부터 푸른빛에 이르기까지 다양한 암석의 빛깔은 사막 한가운데 버려진 듯 홀로 위치한 이 도시의 아름다움과 신비로움을 한층 돋보이게 한다. 계단을 따라 올라가면 도시 전체를 내려다볼 수 있고, 비잔틴 시대에 지어진 예배당 흔적도 있다.

페트라의 도시 구조는 다른 고대도시들과 차이점이 있는데 하나의 중심지 대신 여러 개의 작은 중심지들로 연결되어 있고, 도시의 끝에서 끝을 잇는 로마식 대로가 없다. 도로망도 자연환경을 따라 질서정연하지 않고 가족이나 부족 중심으로 설계되어 대부분 좁고 막다른 형태의 골목길이다.

페트라 무덤들과 생활 공간들

계단 800개를 올라가면 페트라에서 가장 아름다운 건축물인 '알데이르'를 볼 수 있다. '알데이르'는 '수도원'이란 뜻인데 이곳은 나바티안들의 주요 성지 중 한 곳으로, 정면 높이가 최소 40m 이상으로 웅장하다. 페트라에서는 당시 건축 도구 등이 거의 발견되지 않고 있으며, 위에서부터 깎아내려 갔던 것으로 보인다. 주변의 상당수 미완공된 건축물들을 보면 위에서부터 조각해 나가다가 끝까지 완공하지 못한 채로 남아 있다. 이런 현상은 바위의 품질이 좋지 않았거나 시간이 허락지 않아 발생한 것으로 보인다.

많은 무덤들이 있는 지역을 지나면 2세기 초 이곳을 지배한 로마인들이 사용했던 원형극장의 유적이 남아 있다. 바위산을 반쯤 깎아 좌석을 만든 건축물로 약 6,000명의 인원을 수용할 수 있는 규모로 볼 때, 당시 이곳에 정착하여 살았던 인구를 25,000여 명으로 추정할 수 있다. 극장 왼쪽에는 로마시대의 시가지가 있는데, 이곳에는 열주 대로가 뻗어 있고 왕궁, 신전, 공공 목욕탕 등의 유적들이 발굴되어 있다.

바위를 깎아 만든 로마시대 원형극장

페트라에서 발굴된 건축물들을 보면 두 가지 암석만 사용되었는데 곧 사암과 석회암이다. 그런데 특이하게도 원형극장 안에서는 대리암이 발견되고 있다. 이는 요르단에 대리석 채석장이 없다는 점을 상기하면 놀라운 것이다. 그뿐 아니라 정면에서 몇 미터 떨어진 곳에서 높이 6m가량의 화강암 기둥이 발견되었는데, 이 또한 반경 100km 이내에 화강암 지대가 없다는 점을 고려하면 놀라운 일이다. 당시 사용된 대리석과 화강암은 이집트에서 수입해 온 것으로 추정되지만 어떻게 이곳까지 운송했는지는 여전히 수수께끼로 남아 있다.

페트라 발굴은 19세기에 스위스 출신인 요한 루트비히 부르크하르트(Johann Ludwig Burckhardt)에 의해 시작되었다. 그는 카이로로 가는 도중 페트라에 관한 소문을 듣고는 숨겨진 보물을 찾는다면서 이곳을 찾아 떠났다. 하지만 여기 살던 베두인들이 비무슬림 이방인을 별로 환영하지 않았기에 그는 이슬람 교도로 위장하고 그들과 친해진 끝에 1812년 발견에 성공했고, 유럽으로 돌아와 여행기를 쓰며 이 도시를 알리기 시작했다.

이어 예루살렘 성서고고학 연구소의 도미니칸 수도사가 발굴을 시작하면서 1896년에 최초의 보고서를 출간하였다. 그 후 1897~1898년에 독일의 부른노우와 도마츠브스키에 의해 무덤과 건물들이 발굴되었으며, 그 외 다른 이들에 의해 로마시대의 나바티안 도시가 발굴되기도 하였다.

페트라의 본격적인 발굴은 1929년 콘웨이와 호스필드에 의해 이루어졌고, 그 후 1982년에 이르기까지 성 입구의 문을 비롯해 로마 극장과 여러 유적이 추가로 발굴되었다. 오랫동안 감춰져 있다 보니 훼손된 건축물도 상당했는데, 아직도 모래를 걷어내고 보수해야 할 부분이 많다. 20세기 초에 이르러서야 최초의 고고학 발굴작업이 이루어지게 되는데, 현재까지 약

800여 개의 지점이 모습을 드러냈으나 자료가 부족해 유물들이 어떤 것들이었는지 밝혀내기가 쉽지 않은 상황이다.

페트라 내부의 넓은 광장

발굴 작업은 지금도 활발하게 진행 중이지만 현재까지 발굴된 면적은 도시 전체의 10%에 지나지 않는다고 한다. 이곳에서 서쪽으로 몇 킬로미터 떨어진 곳에는 상인들의 휴식처이자 상거래 장소로 사용되던 장소가 있고, 남쪽 와디럼 사막에서 발견된 암석에 새겨진 문구를 통해서는 나바티안들의 영향력이 이곳까지 미쳤음을 알 수 있다. 나바티안들이 건설했던 상업 대도시들의 이름이 새겨진 유적들이 지금의 사우디아라비아에서까지 발견되고 있다.

사도 바울의 아라비아 3년

갈라디아서 1장 11~24절

11형제들아 내가 너희에게 알게 하노니 내가 전한 복음은 사람의 뜻을 따라 된 것이 아니니라 12이는

내가 사람에게서 받은 것도 아니요 배운 것도 아니요 오직 예수 그리스도의 계시로 말미암은 것이라
13내가 이전에 유대교에 있을 때에 행한 일을 너희가 들었거니와 하나님의 교회를 심히 박해하여 멸하
고 14내가 내 동족 중 여러 연갑자보다 유대교를 지나치게 믿어 내 조상의 전통에 대하여 더욱 열심이
있었으나 15그러나 내 어머니의 태로부터 나를 택정하시고 그의 은혜로 나를 부르신 이가 16그의 아들
을 이방에 전하기 위하여 그를 내 속에 나타내시기를 기뻐하셨을 때에 내가 곧 혈육과 의논하지 아니하
고 17또 나보다 먼저 사도 된 자들을 만나려고 예루살렘으로 가지 아니하고 아라비아로 갔다가 다시 다
메섹으로 돌아갔노라 18그 후 삼 년 만에 내가 게바를 방문하려고 예루살렘에 올라가서 그와 함께 십오
일을 머무는 동안 19주의 형제 야고보 외에 다른 사도들을 보지 못하였노라 20보라 내가 너희에게 쓰는
것은 하나님 앞에서 거짓말이 아니로다 21그 후에 내가 수리아와 길리기아 지방에 이르렀으나 22그리스
도 안에 있는 유대의 교회들이 나를 얼굴로는 알지 못하고 23다만 우리를 박해하던 자가 전에 멸하려던
그 믿음을 지금 전한다 함을 듣고 24나로 말미암아 하나님께 영광을 돌리니라

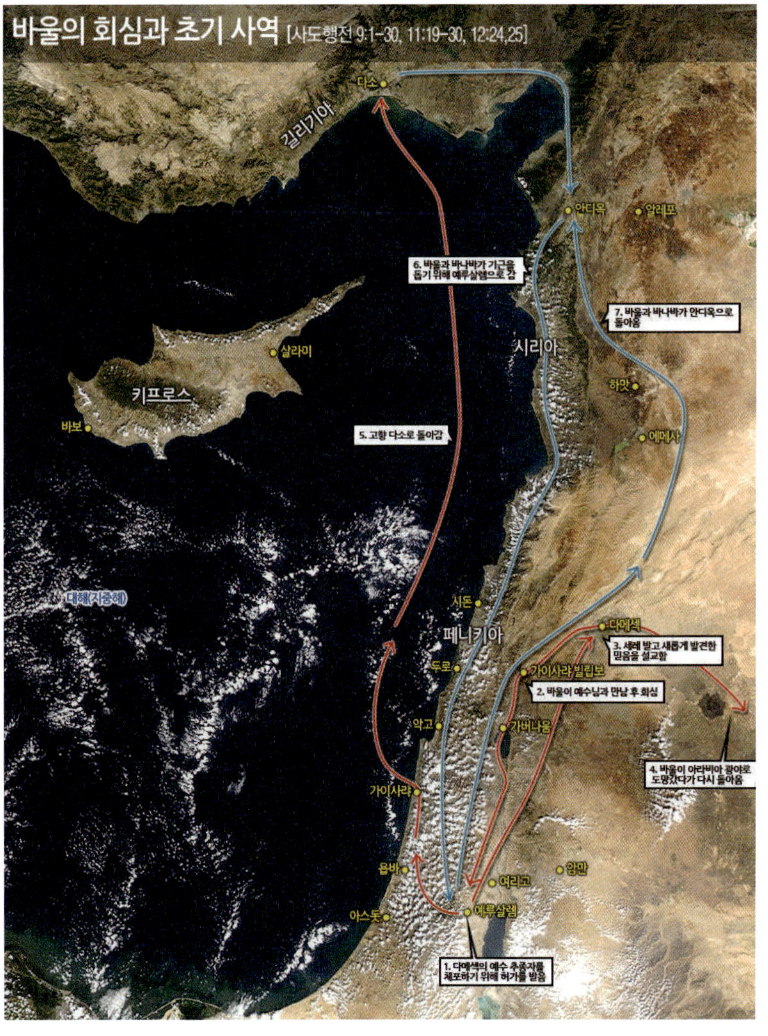

사도 바울의 행적은 사도행전 9장에서 자세히 살펴볼 수 있다. 흔히 사도 바울은 교회를 박해하여 예수 그리스도를 믿는 사람들을 잡아 죽이기 위해서 대제사장의 공문을 가지고 다메섹으로 가다가 극적으로 부활하신 예수 그리스도를 만나 회심하여 사도가 된 사람으로 이해하고 있다. 그러나 사도행전에서 저자 누가는 사도 바울이 회심하고 부르심을 받아 사도가 된 후 가장 중요한 시기였던 아라비아에서 보낸 3년에 대해서는 침묵하고 있어서 사도 바울의 생애 가운데 3년의 공백 기간이 있었다는 사실을 모르는 사람들도 있다.

바울 자신이 서신을 통해 간단하게 언급하고 있어서 사람들은 이 시기를 별로 중요하지 않게 생각하지만 사실은 그렇지 않

다. 이 3년이야말로 사도 바울에게서 가장 중요한 시기였다.

사울이 다메섹 교회를 핍박하기 위해 대제사장의 공문을 가지고 다메섹으로 가는 도중 부활하신 예수 그리스도를 만나 회심하게 된다.

사도 바울의 회심을 다루고 있는 사도행전의 세 본문(행 9:1~9, 22:6~16, 26:12~18)에서 공통적인 것은 사울이 하늘에서 비추는 밝은 빛을 보았다는 것과 그가 땅에 엎드러졌다는 것, 그리고 자신이 그리스도임을 밝히는 음성을 들었으며 눈이 멀었다는 사실이다. 이를 계기로 그의 삶은 전적으로 변화되었다. 그가 그처럼 핍박했던 예수 그리스도를 스스로 믿고, 그 예수 그리스도를 이방인들에게 전하는 사역을 자신의 사명으로 받아들였다. 이와 같은 갑작스러운 변화는 학문, 깊은 사색, 토론과 논쟁 등의 결과로 점진적으로 이루어진 것이 아니라 다메섹 도상에서 순식간에 발생한 것이었다.

사도 바울의 이러한 회심은 다메섹 도상에서 실제로 부활하신 예수 그리스도께서 사울에게 나타나셨다는 사실로만 설명 가능하며, 그 외의 어떠한 해석도 바울의 회심을 설명하기에는 불충분하다. 놀랍게도 사도 바울은 회심한 즉시 예수 그리스도를 하나님의 아들이요 메시아로 증거하였다(행 9:19~22). 이로 인해 회개한 사람도 있었지만, 그를 반대한 유대인들은 그를 죽이려고 공모하여 밤낮으로 성문까지 지키게 되었다. 이 사실을 알게 된 그의 제자들이 밤에 그를 광주리에 담아 성벽에서 달아 내렸다.

이후 사울은 예루살렘에 가서 제자들을 사귀고자 했지만 다들 두려워하여 그의 제자 됨을 믿지 않았다(행 9:26).

당시의 상황을 사도 바울 자신이 이렇게 고백하고 있다.

갈라디아서 1장 16~17절

16그의 아들을 이방에 전하기 위하여 그를 내 속에 나타내시기를 기뻐하셨을 때에 내가 곧 혈육과 의논
하지 아니하고 17또 나보다 먼저 사도 된 자들을 만나려고 예루살렘으로 가지 아니하고 아라비아로 갔
다가 다시 다메섹으로 돌아갔노라

이어서 다음과 같이 증거한다.

갈라디아서 1장 18~19절

18그 후 삼 년 만에 내가 게바를 방문하려고 예루살렘에 올라가서 그와 함께 십오 일을 머무는 동안
19주의 형제 야고보 외에 다른 사도들을 보지 못하였노라

그렇다면 궁금한 것은 사울이 왜 아라비아로 갔을까 하는 점이다.

핍박을 피해서 도망간 것일까? 나는 그렇지 않다고 본다. 당시 그에게 가장 큰 걸림돌은 그의 사도권 문제였다. 아무도 그가 사도라는 사실을 인정해 주지 않았다. 그는 이 문제를 해결하기 위해 아라비아로 가서 3년간 씨름하듯 고민하며 지냈던 것으로 보인다. 그것은 바울의 초기 서신인 갈라디아서에서 찾아볼 수 있는데, 그는 강한 어조로 자기의 사도 권위에 대해 변증하듯 말하고 있다.

바울은 갈라디아서 첫 장 첫 절에서 말하기를, "사람들에게서 난 것도 아니요 사람으로 말미암은 것도 아니요 오직 예수 그리스도와 그를 죽은 자 가운데서 살리신 하나님 아버지로 말미암아 사도 된 바울"이라고 하면서 자기가 사도가 된 것은 부활하신 예수 그리스도로 말미암은 것임을 강조하고 있다.

갈라디아서 1장 11~12절에서도 같은 말을 반복하고 있다. "형제들아 내가 너희에게 알게 하노니 내가 전한 복음은 사람의 뜻을 따라 된 것이 아니니라 이는 내가 사람에게서 받은 것도 아니요 배운 것도 아니요 오직 예수 그리스도의 계시로 말미암은 것이라." 이로써 자기의 사도직의 기원이 예수 그리스도께 있음을 강조하고 있다.

사도 바울은 예수 그리스도 사역 당시에 제자가 아니었던 자로서 자기가 사도가 된 것에 대해 늘 열등감을 가지고 있었다. 그래서 그의 많은 서신을 보면 언제나 첫머리에 "하나님의 뜻으로 말미암아 그리스도 예수의 사도 된 바울"이라고 기록하고 있다.

사도 바울의 회심과 아라비아 도피

이 사도직에 대한 확신과 능력을 아라비아에서 보면 3년 동안 얻은 것으로 보인다.

사도 바울은 아라비아에서의 3년간의 영적 수련을 통해서 자기를 포기하고 버렸다. 자기가 가지고 있던 모든 소중한 가치와 기득권을 버린 것이다.

사도 바울은 자기가 가진 모든 자랑스러운 것들을 분토와 같이 버렸다. 그는 혈통적으로 베냐민 지파 출신으로 순수한 히브리인이며, 길리기아 다소에서 출생하여 나면서부터 로마 시민권을 가진 자였고, 난 지 8일 만에 할례를 받고 랍비 가말리엘 문하에서 공부했으며, 철저한 바리새인으로서 누구보다 율법에 철저했고, 논란의 여지는 있지만 유대 공회의 공회원이었다고 알려지고 있다. 그런데 이러한 모든 기득권을 버린 것이다.

그리고 거기서 철저한 그리스도의 사도로 거듭났으며, 예수 그리스도만으로 만족하고 예수 그리스도만 자랑하기로 작심한 예수 그리스도의 사람이 되었다. 죽으나 사나 오로지 예수 그리스도를 위해 사는 그리스도의 사람이 된 것이다.

그는 또 '사울'(큰 자)이라는 이름을 버렸다. 이는 자기의 교만을 버린 것이고, '바울'(작은 자)이라는 겸손한 사람으로 변신한 것이다.

성경에서 이름이 바뀐 경우, 곧 야곱이 이스라엘이 되고, 게바가 베드로가 되고, 사울이 바울이 되는 과정을 보면, 철저하게 자기를 포기하고 하나님께 온전히 헌신하게 된 것임을 알 수 있다.

사울이 바울이 되어 이방인의 사도가 된 것은 바로 아라비아에서의 3년간의 수련 기간이 있었기 때문이라고 할 수 있다.

인간이 사명의 사람이 되기 위해서는 순간적인 소명의 과정을 거쳐 철저한 수련의 기회가 있어야 한다. 얼마만큼 긴 시간 동안 깊이 있게 수련을 쌓았는가 하는 것이 사역의 성공과 비례하는 것이다. 모든 동물의 수명은 성장기와 비례해서 그 수명의 기간이 결정된다. 인간의 성장기는 20년이다. 그 성장기인 20년을 6배수 하면 인간의 수명은 120년이 되는 것이다. 나무도 성장하면서 긴 기간 뿌리를 깊이 내리고 비료를 제대로 공급받아야 양질의 과실을 많이 맺을 수 있다.

모든 학문 가운데 인간을 대상으로 하는 학문일수록 연구하는 기간이 길다. Medical School, Law School, Theological School 등은 모두 대학 과정을 마친 후에 최소 3년의 과정을 더 마쳐야 학위를 받을 수 있다. 그 후에 인턴이나 레지던트 과정을 거쳐야 하고, 법학도라면 고시에 패스하고 연수원 과정을 이수해야 한다. 신학도도 M.Div.를 마치고 목회 현장에서 인턴 과정을 거쳐야 한다. 이는 모두다 생명과 관련이 있기 때문이다.

예수 그리스도의 제자들은 3년의 수련 기간을 거쳤다. 사도 바울도 아라비아에서의 3년의 과정을 겪었다. 오늘날의 목회자들도 최소 3년의 과정을 이수해야 한다. 그러나 기간보다 더 중요한 것은 얼마나 깊이 있게 자기를 훈련하느냐 하는 것이다. 야곱은 얍복강가에서 천사와 밤새 씨름하다가 허벅지 관절이 어긋나는 경험까지 하였다.

베드로는 3년간을 수련하였지만 예수 그리스도를 세 번이나 부인하는 과오를 범했다. 그래서 오순절 성령의 충만이 필요했던 것이다. 마찬가지로 바울도 다메섹에서의 경험이 있었지만 아라비아에서의 3년간의 수련이 절대적으로 필요했다.

또 다른 아라비아에서의 3년

사도 바울이 나바티아 왕국에서 복음을 전하다가 문제를 일으켰다는 것은 고린도후서 본문에 나오는 '아레다 왕'이라는 표현에서도 짐작할 수 있다. 아레다 왕은 BC 9년에서 AD 40년까지 나바티아 왕국을 통치한 아레다 4세(Aretas IV)이다(그는 분봉왕 헤롯 안티파스의 장인이기도 하다. 그러나 후에 헤롯은 아레다 왕의 딸을 버리고 자기 형제의 아내이자 조카딸인 헤로디아와 결혼했다).

일부 학자들은 AD 34~39/40년에 아레다 왕이 다메섹을 통치했다고 한다. 이 기간에 사도 바울이 아레다 왕의 방백의 손을 피해 다메섹성을 탈출한 사건이 일어났다는 것이다. 그러나 이런 주장은 AD 34~62년 사이에 주조한 로마 동전이 다메섹 지역에서 출토되지 않았다는 다소 빈약한 증거에 근거한 것이다. 그보다는 당시에 다메섹에 많은 나바티아인들이 거주하고 있어서 아레다 왕의 영향이 다메섹까지 미쳤을 것으로 본다. 그리고 아레다 왕은 다메섹에 있는 나바티아인 공동체의 지도자를 방백으로 세워 이 방백이 유대인들 및 나바티아인들과 함께 바울을 체포하려 한 것이다.

페트라 입구부터 알 카즈네 신전까지의 부분 전경

성경의 여러 증거(행 9:19~20, 23~25; 고후 11:32~33; 갈 1:17)를 이렇게 이해하면 사도 바울은 회심 후에 아라비아의 나바티아 왕국에 갔으며, 그곳에서 3년 동안 깊은 기도와 묵상과 성경 연구를 한 것이 아니라 예수 그리스도의 복음을 전파했다고 결론 내릴 수 있다.

와디럼(Wadi Rum)

요르단 하면 '와디럼'(Wadi Rum)을 빼놓을 수 없다. '와디럼'은 아랍어로 '계곡'을 의미하는 '와디'(Wadi)와 '달'을 의미하는 '럼'(Rum)의 합성어인데, 사막과 기암괴석이 절묘하게 어우러져 요르단뿐 아니라 중동지역에서 가장 환상적인 자연 경관을 볼 수 있기 때문이다.

동서 2km, 남북 130km에 이르는 지역이 자연보호구역으로 지정된 이곳은 800m 높이의 사암 바위, 협곡, 이따금 보이는 모래언덕과 사암들이 만들어내는 독특한 경치로 보는 이들을 매료시킨다.

사암 바위와 사막이 홍해를 향해 치닫는 끝자락에 위치한 와디럼은 넓게 펼쳐진 모래언덕은 볼 수 없지만 제벨(Jebel)로 알려진 솟아오른 바위 형상 등 이색적인 경치를 볼 수 있다. 한편, 영화 "아라비아의 로렌스"의 무대인 이곳은 암만에서 남쪽으로 320km 떨어져 있다. 면적이 720km^{2}에 달하는 광활한 사막이 펼쳐져 평지처럼 보이지만 가장 낮은 곳이 해발 1,000m인 고지대이다.

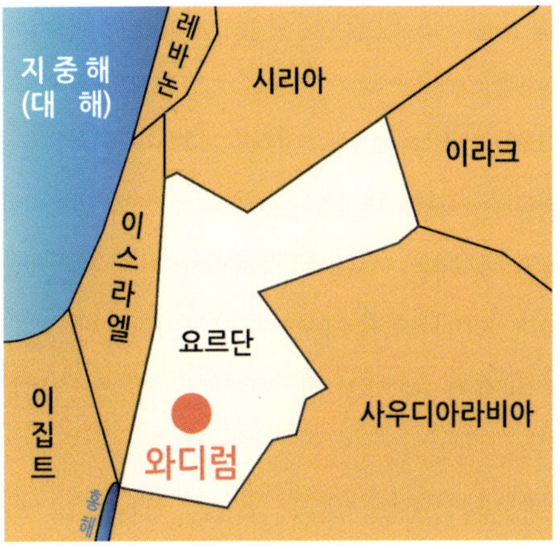

와디럼 위치(좌)와 주변 풍경(우)

앞서 언급했듯 와디럼은 영화 "아라비아의 로렌스"로 세상에 알려지기 시작했다. 이 영화의 주인공 토머스 에드워드 로렌스(1888~1935)는 실존 인물이다. 영국 군인으로서 약소국의 이익을 대변하는 직업 군인이었던 그는 아랍의 적인 터키군의 요새가 있는 홍해 연안의 항구도시 아카바(Aquaba)를 함락하기 위해서 사막을 가로지르게 된다.

아랍의 낙오병을 구하기 위해 자신의 목숨은 아랑곳하지 않던 그에게 와디럼의 광활한 사막은 절로 감탄을 자아내게 한다. 70mm 화면에 담은 고독한 영웅 로렌스와 유목민의 주 무대가 이곳 와디럼이다.

붉은 사막과 기암괴석이 절묘하게 어울리는 나바티안 사원

와디럼의 주요 볼거리들은 와디럼 방문자 센터에서 20km 안쪽에 몰려 있다. 방문자 센터를 지나 3km 정도 안쪽으로 들어가면 레스트 하우스가 나온다. 이곳은 정부에서 운영하는 레스토랑과 숙박 시설을 갖춘 곳이다. 레스트 하우스에서 가장 가까운 거리에 나바티안 사원(Nabataean Temple)이 있다.

제벨럼(Jebel Rum)의 동쪽 절벽에 있는 사원으로 페트라를 세운 나바티아 제국이 1~2세기경에 만든 곳이며, 나바티아 여신 알라트(Al-lat)를 위한 사원이다. 암벽에는 유목민들이 남긴 것으로 알려지는 그림문자가 새겨져 있다.

레스트 하우스에서 약 3km 정도를 가면 제벨럼 동쪽 언덕, 계곡 틈 사이에 있는 로렌스 스프링을 만날 수 있다. 현지인들은 '아부 아이네'(Abu Aineh) 또는 '아인 살라레'(Ain Shalaaleh)라고 부른다. 이 황량한 사막에서 아라비아 혁명이 성공할 수 있었던 것은 로렌스 스프링, 이 샘물 때문이었을 것이다.

로렌스 하우스(Al-Qasir)는 로렌스가 거주하던 집으로, 현재는 벽돌 일부만 남아 있다. 본래는 나바티아 사원 위에 만들어진 집으로 주변 경관이 뛰어나다.

이 밖에 레스트 하우스에서 비교적 멀리 떨어진 곳에는 사암 바위들이 인상적인 형상을 이루고 모래도 많아 더욱 사막다운 풍경이 펼쳐진다. 제벨 카잘리(Jebel Khazali)에서는 페트라 입구에서 볼 수 있는 좁은 협곡인 시크와 바위에 문자가 새겨져 있는 것을 볼 수 있다. 시크는 약 150m 정도로 협곡 사이를 걸어가야 한다.

와디럼 여행에서 재미를 더하는 것은 이상하게 생긴 바위 다리들이다. 가이드나 특별한 장비 없이 암벽 등반을 할 수 있어서 더욱 재미있다. 가장 오르기 쉬운 바위는 와닥 바위 다리(Rakahbt al-Wadak)로 바위 다리 자체보다 다리 위로 올라갔을 때 환상적인 주변 풍경을 볼 수 있다.

움프루트(Umm Fruth) 바위 다리는 가이드 없이 등반이 가능한 다리이지만 규모가 작다. 가장 멀리(19km) 떨어진 곳에 있는 부르다 바위 다리(Brudah Rock Bridge)는 와디럼에서 가장 크고 인상적인 바위 다리이다. 80m 정도 암벽을 올라야 하므로 위험한 곳이지만 다리 위에서 보이는 와디럼 풍경은 이곳을 소개하는 사진에 자주 등장한다.

붉은 모래언덕은 와디럼에서 사막다운 풍경을 가장 강하게 느끼게 한다. 일출과 일몰은 와디럼의 낭만을 느끼기 좋은 시간이다. 가장 선망받는 장소로는 움사바타(Umm Sabatah)로 일몰 포인트 주변에서 베두인이 운영하는 상설 텐트가 설치되어 있다.

전문 가이드와 함께 지프나 낙타를 타고 떠나는 사막여행

아름다운 와디럼 전경

이 지역의 진짜 매력은 사막 그 자체로 지프나 낙타를 타고 가야 제대로 볼 수 있다. 일부 지역은 트레킹이 가능하나 이 방대한 사막 지역을 여행하려면 전문 가이드의 도움을 받아야 한다. 대부분 여행자는 지프를 빌려 1박 2일 또는 2박 3일 일정으로 사막여행을 떠난다. 가이드와 함께 여행하는 경우 베두인 가정에서 묵거나 사막에 있는 특별한 리조트에서 빛나는 별들을 감상하면서 여행하는 것이 좋다.

와디럼에서는 숙소가 매우 제한적이다. 불편함은 있으나 여행자 대부분이 와디럼을 찾는 이유가 사막에서 잠을 자보기 위해서라 불편함은 오히려 즐거움이 된다. 사막에는 여행자를 위한 베두인족 텐트도 마련되어 있는데 하룻밤 묵어보는 것도 잊지 못할 경험이 된다. 숙소를 정하는 게 아니라 여행자가 참여한 투어 차량이 정해놓은 텐트에서 잠을 자게 된다. 베두인 텐트의 숙박에는 저녁 식사와 캠프파이어가 투어에 포함된다. 겨울을 제외하고 많은 여행자가 텐트보다는 모래 위에서 침낭 하나만 깔고 하늘의 별들과 함께 잠들기를 원한다.

요르단은 사계절이 뚜렷하다. 고온 건조한 여름이 지나면 긴소매 옷이 필요한 선선한 날씨가 이어진다. 여름과 겨울에 심한 온도 차이를 보인다. 와디럼을 여행하기 가장 좋은 시기는 3~4월, 10~11월이며, 겨울인 12~2월에는 춥고 비가 내리며 간혹 눈이 내리는 때도 있다. 겨울에 사막에서 캠핑하려면 방한 장비를 갖추어야 한다.

메드바/마다바(Medeba/Madaba)

메드바 성조지교회 – 내부에 모자이크 지도가 있음

'메드바'(Medeba)는 '고요함의 물', '고요히 흐르는 물'이라는 뜻이다. 이 도시는 3,000년 넘게 요단강 동편 주요 대상로로 사용된 북쪽의 다메섹에서 남쪽의 아카바만으로 이어지는 '왕의 큰길'(King's way, 민 20:17~21)에 자리 잡고 있으며, 여리고를 통해 요단강 서쪽으로 가는 가장 중요한 길목이다.

성경에서 메드바가 제일 먼저 나온 곳은 출애굽한 이스라엘이 모세의 인도를 받아 요단강 동편을 정복하며 지날 때이다. 민수기 20장 17~21절을 읽어보자.

민수기 20장 17~21절

17청하건대 우리에게 당신의 땅을 지나가게 하소서 우리가 밭으로나 포도원으로 지나가지 아니하고 우물물도 마시지 아니하고 왕의 큰길로만 지나가고 당신의 지경에서 나가기까지 왼쪽으로나 오른쪽으로 나 치우치지 아니하리이다 한다고 하라 하였더니 [18]에돔 왕이 대답하되 너는 우리 가운데로 지나가지 못하리라 내가 칼을 들고 나아가 너를 대적할까 하노라 [19]이스라엘 자손이 이르되 우리가 큰길로만 지나가겠고 우리나 우리 짐승이 당신의 물을 마시면 그 값을 낼 것이라 우리가 도보로 지나갈 뿐인즉 아무 일도 없으리이다 하나

당시 메드바는 아모리 족속의 왕 시혼이 다스리고 있었다. 민수기에서 메드바는 헤스본, 디본과 함께 언급되는데(민 21:29~31), 이는 아모리 족속의 도성 헤스본과 아모리 족속과 모압 족속의 경계에 있는 디본 사이에 자리 잡고 있기 때문이다.

민수기 21장 29~31절

[29]모압아 네가 화를 당하였도다 그모스의 백성아 네가 멸망하였도다 그가 그의 아들들을 도망하게 하였고 그의 딸들을 아모리인의 왕 시혼의 포로가 되게 하였도다 [30]우리가 그들을 쏘아서 헤스본을 디본까지 멸하였고 메드바에 가까운 노바까지 황폐하게 하였도다 하였더라 [31]이스라엘이 아모리인의 땅에 거주하였더니

요단 동편, 사해 동편 수변을 보면 위쪽(북쪽)부터 아래로 아모리 족속, 모압 족속, 에돔 족속이 차지하고 있었다. 출애굽한 이스라엘 백성들이 요단강 동편을 정복할 당시 사해로 빠져나가는 요단강 동편의 강을 기준으로 요단강 동편을 차지한 족속을 구분할 수 있다.

사해 남쪽 끝자락에는 세렛강[Zered River, 개역개정에서는 '세렛시내'로 번역되었다(신 2:13~14)]이 있는데 그 아래(남쪽)는 에돔 족속의 땅이고, 세렛강 위(북쪽)는 모압 족속의 남쪽 경계이며, 북쪽 경계는 사해 중간 지점으로 흘러 들어가는 아르논강(Arnon River)이다. 아르논강을 경계로 남쪽은 모압 족속의 땅이고, 북쪽은 아모리 족속의 땅이었다.

아모리 족속이 차지하고 있던 메드바는 사해 북쪽 끝에서 동쪽으로 수평선을 그으면 만날 수 있는 지점에 있으며, 모세가 약속의 땅 가나안에 들어가지 못하게 되면서 마지막으로 가나안 땅을 바라보았던 느보산 근처에 있다. 출애굽한 이스라엘 백성들이 가나안 땅을 정복한 후에 북쪽 헤스본에서 메드바를 거쳐 남쪽 디본에 이르는 아모리 족속의 땅은 르우벤 지파에 할당되었다(수 13:9, 16).

이스라엘 왕정시대에 메드바는 이스라엘과 모압 족속 사이에 벌어진 갈등의 근원이었다. 앞서 언급했듯이 메드바는 요단강 동편에서 여리고를 거쳐서 요단강 서편으로 가는 중요한 길목에 있었기 때문이다. 더욱이 메드바는 메드바고원(Medeba Plateau 또는 Medeba Plain, 개역개정에서는 '메드바 평지'라 부른다)에 자리 잡고 있으며, 그 고원 남쪽 끝자락에 디본이 있었다. 따라서 아르논강(출애굽 당시 모압 족속의 북쪽 경계) 북쪽에 있는 디본을 차지하면 자연스럽게 메드바고원

을 지배하게 되어서 여리고를 거쳐 요단강 서편으로 가는 무역을 장악할 수 있었다. 그러니 이스라엘 왕정시대에 자연스럽게 메드바가 모압 족속과의 전쟁의 중심지가 될 수밖에 없었다.

다윗 왕 시대에는 수리아 용병과 동맹을 맺은 암몬 족속이 메드바를 지배하고 있었다(대상 19:7-"곧 병거 삼만 이천 대와 마아가 왕과 그의 군대를 고용하였더니 그들이 와서 메드바 앞에 진치매 암몬 자손이 그 모든 성읍으로부터 모여 와서 싸우려 한지라"). 그러나 다윗의 군대장관 요압은 그들을 물리치고 그곳을 차지했다.

모압 왕 메사의 비석에 따르면, 북왕국 이스라엘 왕 오므리 때도 메드바를 차지했다. 그러나 성경에 따르면, 오므리의 아들 아합 왕이 죽자 모압 왕 메사는 북왕국 이스라엘에 대항해 반역을 일으켜서 메드바를 차지했다(왕하 3:5-"아합이 죽은 후에 모압 왕이 이스라엘 왕을 배반한지라").

그 후 북왕국 이스라엘 왕 여로보암(이는 북왕국을 세운 여로보암 1세가 아니라 150여 년 후 이스라엘을 다스린 여로보암 2세이다) 때 잠깐 다시 메드바를 차지한 것으로 보인다. 왜냐하면 열왕기하 14장 25절에서 "여로보암이 이스라엘 영토를 회복하되 하맛 어귀에서부터 아라바 바다까지 하였으니"라고 말하고 있기 때문이다. 하지만 다시 수십 년 후 선지자 이사야가 모압에 대해서 저주할 때 모압이 느보와 메드바를 위해서 통곡한다고 말한 것으로 보아, 이사야 당시에는 모압이 메드바를 차지한 것으로 보인다(사 15:2). 이처럼 이스라엘 왕정시대에 메드바는 매우 중요한 전략적 요충지여서 이스라엘과 모압 족속 간의 싸움의 근원이었다.

성경에서 메드바에 대한 언급은 이것으로 끝난다. 하지만 기독교 역사에서 메드바는 또 한 번 주목을 받았다. 고대 메드바는 오늘날 요르단 국가의 마다바(Madaba)인데 그곳에 가면 1896년에 세워진 성조지그리스정교회를 만나게 된다.

이 성조지교회 예배당을 재건축하는 과정에서 성전 바닥 공사를 하다가 모자이크로 된 지도를 발견했다. 일명 '마다바 지도'(Madaba Map)로 불리는 이 지도는 200만 개 이상의 정육면체 컬러 돌로 만들어진 세상에서 가장 오래된 지도이다.

이 모자이크 지도에 나오는 예루살렘은 대략 542년과 570년 사이의 지형과 건물을 표시하고 있는 것으로 확인되었다. 왜냐하면 이 마다바 지도에 542년에 헌정된 예루살렘 네아교회(Nea Church)는 나오는 반면 570년에 세워진 건물은 나오지 않기 때문이다.

마다바 지도는 예루살렘을 세상의 중심(배꼽)으로 보고 있으며 북쪽의 레바논, 남쪽의 이집트, 서쪽의 지중해, 동쪽의 광야를 묘사하고 있다. 특별히 예루살렘의 지명을 명확하게 표현하고 있는데, 예를 들어 다메섹 문, 사자문, 금문, 시온 문, 성묘교회, 다윗의 망대, 예루살렘 카르도(Cardo, 로마 황제 하드리아누스가 예루살렘을 정복하고 나서 예루살렘을 로마 도시 아일리아 카피톨리나로 바꾸면서 만든 남북 도로이다. 주변에 상가와 행상들이 자리하고 있어서 경제의 중심지가 되었다) 등이다. 이 마다바 지도는 고대의 시기별 지명이나 성경의 장소를 확인하는 데 도움을 준다.

성조지교회 예배당 내 진경(좌)·마디바 지도(우)

성조지교회 내부 모자이크

느보산(Mount Nebo)

모세가 하나님의 부르심을 받은

느보산 정상에 자리하고 있는 옛 모세기념교회

느보산[Mount Nebo, 아랍어로 '자발 니부'(Jabal Nibu)]은 모세가 이스라엘 백성들을 이끌고 출애굽한 후 40년 동안 광야에서의 방랑 생활을 청산하고 여호와 하나님께서 약속하셨던 가나안 땅으로 들어가기 직전에 마지막으로 오른 곳이다. 민수기 20장 12절의 므리바 사건으로 인해 가나안에 들어가지 못하게 된 모세는 120세의 나이로 이곳에서 가나안 땅을 바라보며 죽기 전에 신명기 말씀을 선포하고 하나님의 부르심을 받았다. 이곳의 또 다른 이름은 '비스가'[아랍어로 '시야가'(Siyagha)]이다.

사해 동남쪽 트랜스 요르단 고원 서쪽 끝자락에 있는 느보산은 3개의 봉우리로 이루어져 있다. 그 가운데 가장 높은 니바(Ras al-Niba) 봉우리는 835m이고, 두 번째로 무카야트(Khirbetel-Mukhayyat) 봉우리는 790m, 그리고 역사적으로 가장 중요한 산으로 느보산으로 불리는 시야가(Ras Siyagha) 봉우리가 710m 높이이다. 요르단의 마다바시에서 북서쪽으로 약 10km 정도 떨어져 있으며, 파이사리야(Faysaliyah) 마을 근처에 있다.

느보산은 성경의 "여리고 맞은편 비스가산"과 동일한 장소로, 히브리어로 '비스가'는 '꼭대기'라는 의미이다. 출애굽 이후 약속의 땅 가나안으로 향하여 가던 이스라엘 백성들은 아모리 족속의 온 지경을 점령하고 이 지역에 머물러 살기를 원했던 르우벤 지파와 갓 지파에게 요단 동편 지역을 분배해 주게 되는데 느보는 르우벤 지파에게 분배되었다(민 32:3, 38; 대상 5:8).

새롭게 단장한 모세기념교회 외부 전경(좌)과 내부 모습(우)

BC 9세기의 모압 왕 메사의 비문에 의하면, 느보 성읍은 그때까지도 이스라엘의 도시였다. 그런가 하면 성경에는 느보가 모압의 도시였다는 기록도 있다(사 15:2; 렘 48:1, 22).

느보산 정상에는 모세의 무덤 위에 모세기념교회를 처음 세웠다는 교회 터를 발굴하여 1932년에 세워진 프란치스칸수도원이 복원되어 이곳에 자리하고 있다.

모세는 죽어서 "벳브올 맞은편 모압 땅에 있는 골짜기"에 장사되었으나 그가 묻힌 곳은 알려진 바 없다. 예레미야는 여호와의 엄중한 말씀에 따라 언약궤, 성막 및 분향단을 느보산에 숨겼다고 한다.

구약성경 신명기 34장 1~7절에 자세히 설명되어 있다.

신명기 34장 1~7절

1모세가 모압 평지에서 느보산에 올라가 여리고 맞은편 비스가 산꼭대기에 이르매 여호와께서 길르앗
온 땅을 단까지 보이시고 2또 온 납달리와 에브라임과 므낫세의 땅과 서해까지의 유다 온 땅과 3네겝과
종려나무의 성읍 여리고 골짜기 평지를 소알까지 보이시고 4여호와께서 그에게 이르시되 이는 내가 아
브라함과 이삭과 야곱에게 맹세하여 그의 후손에게 주리라 한 땅이라 내가 네 눈으로 보게 하였거니와
너는 그리로 건너가지 못하리라 하시매 5이에 여호와의 종 모세가 여호와의 말씀대로 모압 땅에서 죽어
6벳브올 맞은편 모압 땅에 있는 골짜기에 장사되었고 오늘까지 그의 묻힌 곳을 아는 자가 없느니라 7모
세가 죽을 때 나이 백이십 세였으나 그의 눈이 흐리지 아니하였고 기력이 쇠하지 아니하였더라

모세기념교회 내부 강단과 침례탕, 그리고 바닥 모자이크 문양

전설에 의하면 모세의 무덤이 이곳에 있었다고도 하며, 초대 기독교인들은 이곳을 순례하거나 수도원을 짓기도 하였다. 물론 느보산 또는 비스가산의 정확한 위치는 알 수 없으나, 이 산맥의 한 지점인 것만은 분명하다.

예루살렘에 있는 프란체스코회 성서연구소는 1933~1976년에 느보산, 곧 비스가산에서 교회터와 많은 유물들을 발굴하였다.

이때 모세의 죽음을 기념하여 4세기경에 세운 소성전을 비롯해 제의방과 침례당, 장례당을 두루 갖춘 대성전이 발굴되었다. 이 대성전은 5세기에 지어진 것으로 제의방에서는 시골 풍경과 사냥하는 모습을 그린 모자이크가 발굴되었다. 이 모자이크는 531년에 제작되었다는 기록이 함께 발견되어 모세기념교회의 건축 시기를 간접적으로 시사하고 있다.

모세기념교회 정문을 지나 올라가는 중간 지점에 있는 커다란 돌비는 성경에 나오는 위인들을 조각한 기념상으로, 2000년 교황 요한 바오로 2세가 이곳을 방문한 기념으로 세웠다.

2000년 교황 방문 때 느보산 모세기념교회 입구에 세운 성경 위인들의 기념비

느보산 모세기념교회 발굴 역사

모세기념교회 고고학 발굴 유물전시관

모세의 죽음을 기리는 첫 번째 모세기념교회는 4세기에 시야가 정상에 지어졌다. 이것은 고고학 발굴 작업과 4~5세기에 이곳을 방문한 순례자의 기록에 의해서도 확인되었다. 1864년 한 프랑스 탐험가의 회고록에서도 시야가의 폐허에 관한 이야기가 언급되고 있다.

느보산 위의 모세기념교회는 394년 에제리아 수녀의 순례기에서 처음으로 언급되었고, 두 번째는 5세기 가자의 단성론자 주교였던 이베리안의 베드로(Peter the Iberian)의 기록에 남아 있다.

두 개의 긴 희랍어 비문에는 건물을 재건축한 해인 531년이라는 연도와 마다바 주교의 이름을 비롯해 수도원장, 로마 관리, 모자이크 공사를 진행한 장인의 이름이 새겨져 있다. 이 성당은 5세기 후반에 크게 확장되었고, 597년에 재건축되었다.

기념교회의 모자이크는 각종 새와 동물들로 아름답게 장식하였는데, 그 바닥 아래에서는 자연 바위를 깎아서 만든 여섯 개의 무덤이 발견되었다. 그 가운데 무덤 중 예로니모 형제는 1960년 6월 20일, 87세의 나이로 하나님의 부르심을 받았고 느보산 수도원에 묻혔다.

이곳의 중요성을 대변하듯이 발굴 현장에서 쏟아져 나온 수많은 유물을 체계적으로 잘 전시해 둔 박물관은 또 다른 볼거리이다. 안타까운 것은 수많은 순례객이 일정에 쫓겨 이곳을 찾지 않고 사진 몇 장만 찍고 이곳을 떠난다는 것이다.

느보산 모세기념교회 발굴단 사진과 발굴된 전시물들

1967년에는 아랍과 유대인 사이에 전쟁이 일어나면서 느보산이 잠시 군사지역으로 사용되기도 하였다. 그 후 1976년부터 순례자들과 방문객들에게 개방되기 시작하여 오늘에 이르고 있다.

작은형제회 성지 관구에서는 순례자들이 기도할 수 있는 공간을 제공하고, 유적과 모세기념교회의 아름다운 모자이크를 보호하기 위하여 1963년에 지붕을 임시로 씌웠다. 그런데 여러 해가 지나면서 강한 바람과 햇살, 그리고 혹독한 추위를 견뎌내지 못했고, 결국 2008년에 역사적인 유적들을 보호하고 성지를 찾는 순례자들에게 편의를 제공하기 위하여 1963년에 지어진 건물을 뜯어내고 기념교회를 재건축하였다.

모세기념교회의 옛 내부(좌)·새로 단장한 내부(우)

느보산 놋뱀 조형물

느보산 정상에 세워진 이탈리아 피렌체 조각가 지오바니 판토니의 작품

모세기념교회를 나오면 정원에 이탈리아 피렌체의 조각가 지오바니 판토니의 십자가에 매달린 놋뱀 조형물이 세워져 있다. 이 작품은 모세가 시내광야에서 불뱀에 물린 사람들을 살려내기 위해 만들었다는 놋뱀과 인류 구원을 상징하는 예수 그리스도의 십자가를 결합한 의미 있는 작품으로 구원 사건의 상징물이다.

이 조형물을 조각한 조각가가 예수 그리스도를 만난 일화가 전해 내려오고 있다. 본래 철저한 무신론자였던 그가 무서운 병에 걸려 죽어갈 때였다. 누군가가 믿음이 독실한 그의 어머니에게 인육을 먹여보란 말을 했고, 그 말을 들은 어머니는 칼로 자기의 허벅지 살을 잘라 요리해서 아들에게 먹였다. 그것을 먹고 병이 차츰 낫기 시작하자 그는 그것은 다시 한번 먹기를 원했다. 이에 어머니가 아들 몰래 자기 살을 베려다 그만 동맥을 잘라 정신을 잃고 말았다. 외출에서 돌아온 그는 이 충격적인 광경을 보고 오열했다. “어머니, 지난번에 먹은 고기도 어머니의 살이었군요!” 어머니는 아들의 울부짖는 소리를 듣고 간신히 정신을 차리고는 마지막으로 이렇게 당부했다. “나는 죄 많은 몸으로 너를 구했지만 예수 그리스도께서는 죄 없는 몸으로 우리를 위해 살을 찢기시고 피를 흘리셨단다. 그러니 너는 반드시 예수 그리스도를 믿어야 한다." 그 후 그는 〈그리스도의 이야기〉, 〈떡과 포도주〉 등 기독교적인 작품을 주로 발표했으며, 이후 복음을 전파하며 살았다고 한다.

느보산 정상에서 바라본 요르단 들판

느보산은 요르단 왕국 마다바시에서 북서쪽으로 약 10km 지점에 있는 산이다. 해발 710m의 느보산(비스가산)은 모세의 출애굽 여정의 마지막 기착지이다.

민수기 21장 20절

바못에서 모압 들에 있는 골짜기에 이르러 광야가 내려다보이는 비스가산 꼭대기에 이르렀더라

느보산에서 하나님의 부르심을 받은 모세

신명기 34장 1~8절

1모세가 모압 평지에서 느보산에 올라가 여리고 맞은편 비스가 산꼭대기에 이르매 여호와께서 길르앗
온 땅을 단까지 보이시고 2또 온 납달리와 에브라임과 므낫세의 땅과 서해까지의 유다 온 땅과 3네겝과
종려나무의 성읍 여리고 골짜기 평지를 소알까지 보이시고 4여호와께서 그에게 이르시되 이는 내가 아
브라함과 이삭과 야곱에게 맹세하여 그의 후손에게 주리라 한 땅이라 내가 네 눈으로 보게 하였거니와
너는 그리로 건너가지 못하리라 하시매 5이에 여호와의 종 모세가 여호와의 말씀대로 모압 땅에서 죽어
6벳브올 맞은편 모압 땅에 있는 골짜기에 장사되었고 오늘까지 그의 묻힌 곳을 아는 자가 없느니라 7모
세가 죽을 때 나이 백이십 세였으나 그의 눈이 흐리지 아니하였고 기력이 쇠하지 아니하였더라 8이스라엘
자손이 모압평지에서 모세를 위하여 애곡하는 기간이 끝나도록 모세를 위하여 삼십 일을 애곡하니라

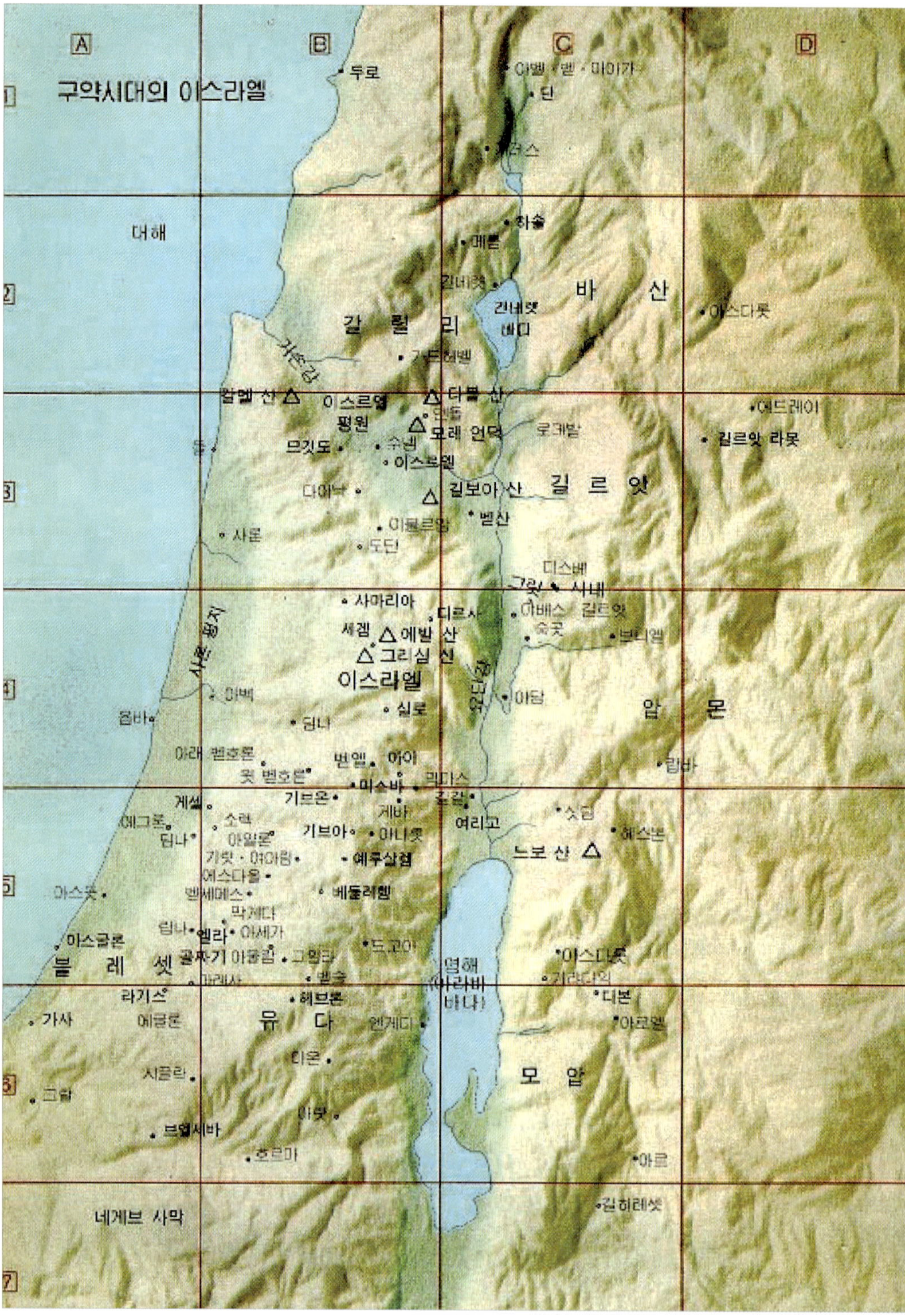

구약성경의 배경이 되는 이스라엘 지도

이스라엘 지형을 볼 수 있는 지도

마케루스(Machaerus)

침례 요한의 순교지이자 헤롯의 요새

침례 요한의 처형 사건이 일어난 마케루스

마케루스(Machaerus)는 헬라어로 '검은 요새'를 뜻하는 '마카이라'(μαχαιρα)에서 유래 된 헤롯이 건설한 요새로, 후에는 로마에 대항한 유대인들의 은신처로 사용되었다. 마케루스는 현재 이스라엘이 아닌 요르단에 속해 있고, 요단강에서 동남쪽으로 24km 떨어진 지점에 있다. 처음 이곳에 요새를 건설한 사람은 하스모니안 왕조의 알렉산더 얀네우스(Alexander Jannaeus, BC 104~78)로, 로마에 의해 파괴되었다가 헤롯 왕이 영토의 동쪽 경계를 관리하기 위해 BC 30년 재건설했다.

플라비우스 요세푸스의 《유대 전쟁사》에서 소개된 마케루스의 위치를 찾는 것은 그리 어렵지 않았다. '검은 요새'라는 뜻을 가진 마케루스라는 이름이 요단 건너 언덕에 아랍어로 비슷한 발음인 '무카웨르'로 남아 있었기 때문이다.

1968년 이후 미국, 독일, 프랑스 등 여러 나라 학자들이 발굴에 참여해 이곳 언덕 위에 세워진 또 다른 헤롯의 화려한 요새를 찾아냈다.

헤롯이 죽고 마케루스는 그의 아들 헤롯 안티파스의 소유가 되었다. 헤롯 안티파스는 도덕적 문제로 악명이 높았는데, 동생 빌립의 아내 헤로디아를 빼앗아 자기 아내로 삼았기 때문이다. 신약성경에서 침례 요한이 이 부도덕한 죄악에 대해 목소리를 높여 옳지 못함을 세상에 전하자 체포하여 이곳 감옥에 가두었다. 그 후 BC 32년쯤 유월절 전에 헤롯 안티파스는 자신의 생일잔치에 춤을 춘 헤로디아의 딸 살로메에게 원하는 것을 무엇이든지 주겠노라고 약속했다. 그때 살로메는 그 어머니의 요구를 듣고 침례 요한의 머리를 구했다(마 14:1~12; 막 6:14~29; 눅 9:7~9).

마태복음 14장 7~8절

[7]헤롯이 맹세로 그에게 무엇이든지 달라는 대로 주겠다고 약속하거늘 [8]그가 제 어머니의 시킴을 듣고 이르되 세례(침례) 요한의 머리를 소반에 얹어 여기서 내게 주소서 하니

마케루스는 침례 요한이 순교한 안타까운 역사를 담고 있는 현장으로 남아 있다.

앞서 언급한 플라비우스 요세푸스는 그의 저서 《유대 전쟁사》에서 마케루스 요새에 대하여 자세한 지형뿐 아니라 그 기원에서부터 버려지기까지의 자세한 역사를 전해 주고 있다. 마케루스에서 서쪽으로는 사해를 한눈에 바라볼 수 있는 가장 높이 솟아 있는 정상에서 사해까지의 거리가 60스타디온(1스타디온=185m, 약 11km), 그리고 동쪽으로 뻗은 계곡의 깊이는 100큐빗(약 43m)에 이르고, 계곡의 능선은 동쪽 맞은편 산으로 이어져 있다고 요세푸스는 전한다. 요세푸스는 《유대 고대사》에서 침례 요한이 처형된 이 사건이 바로 마케루스에서 일어났다고 기록했다.

마가복음 6장 17~28절

[17]전에 헤롯이 자기가 동생 빌립의 아내 헤로디아에게 장가 든 고로 이 여자를 위하여 사람을 보내어 요한을 잡아 옥에 가두었으니 [18]이는 요한이 헤롯에게 말하되 동생의 아내를 취한 것이 옳지 않다 하였음이라 [19]헤로디아가 요한을 원수로 여겨 죽이고자 하였으되 하지 못한 것은 [20]헤롯이 요한을 의롭고 거룩한 사람으로 알고 두려워하여 보호하며 또 그의 말을 들을 때에 크게 번민을 하면서도 달갑게 들음이러라 [21]마침 기회가 좋은 날이 왔으니 곧 헤롯이 자기 생일에 대신들과 천부장들과 갈릴리의 귀인들로 더불어 잔치할새 [22]헤로디아의 딸이 친히 들어와 춤을 추어 헤롯과 그와 함께 앉은 자들을 기쁘게 한지라 왕이 그 소녀에게 이르되 무엇이든지 네가 원하는 것을 내게 구하라 내가 주리라 하고 [23]또 맹세하기를 무엇이든지 네가 내게 구하면 내 나라의 절반까지라도 주리라 하거늘 [24]그가 나가서 그 어머니에게 말하되 내가 무엇을 구하리이까 그 어머니가 이르되 세례(침례) 요한의 머리를 구하라 하니 [25]그가 곧 왕에게 급히 들어가 구하여 이르되 세례(침례) 요한의 머리를 소반에 얹어 곧 내게 주기를 원하옵나이다 하니 [26]왕이 심히 근심하나 자기가 맹세한 것과 그 앉은 자들로 인하여 그를 거절할 수 없는지라 [27]왕이 곧 시위병 하나를 보내어 요한의 머리를 가져오라 명하니 그 사람이 나가 옥에서 요한을 목 베어 [28]그 머리를 소반에 얹어다가 소녀에게 주니 소녀가 이것을 그 어머니에게 주니라

LUINI Bernardino,
Salome with the Head of John the Baptist,
Oil on wood,
56x43cm, Kunsthistorisches Museum, Vienna

SOLARIO Andrea,
Salome with the Head of St John the Baptist,
1506–07, Oil on panel,
57x47cm, Metropolitan Museum of Art, New York

마케루스 요새 정상 발굴 현장(좌)·요새 정상과 건너편 사해와 유대광야 전경(우)

요세푸스는 유다의 하스모니안 왕 알렉산더 얀네우스가 나바티아 왕국을 견제하기 위해 BC 90년경에 처음으로 마케루스 요새를 건설했다고 전한다. 수도 페트라로 유명한 나바티아 왕국은 사해 동남부 모압 지역에서 세력을 떨치면서 아레타스 3세(Aretas III, BC 85~62) 때는 영토 확장을 위해 하스모니안 왕 알렉산더 얀네우스와 격전을 벌이기도 하였다.

성벽이 지어진 후 폼페이의 장군 가비니우스(Gabinius)는 하스모니안의 아리스토불루스(Aristobulus 2, BC 67~63) 왕이 마케루스로 도망쳐 와 저항하자 BC 57년에 마케루스를 파괴해 버렸다.

건축의 귀재라고 불리는 헤롯 대왕(Herod the Great, BC 37~4 재위)은 요르단 동쪽 지역을 견제하고 유사시 피신할 수 있는 요새이자 별궁으로 사용하기 위해 BC 30년에 마케루스 요새를 다시 건설하였다. 마케루스 요새는 1968년, 1973년, 그리고 1978~1981년에 고고학 발굴 작업이 이루어졌다.

1978~1981년에는 작은형제회의 예루살렘 성서대학에서 요새를 발굴하여 궁전터와 요새의 흔적들을 확인하였다. 요새화된 성곽 안에는 헤로디온 요새의 왕궁처럼 넓은 안뜰이 있고, 정교한 목욕시설과 모자이크 바닥이 아직도 남아 있다.

이곳 마케루스 요새에서 발굴된 도자기류를 통해서 하스모니안 왕조 때부터 로마시대에 이르는 흔적들을 확인하였다.

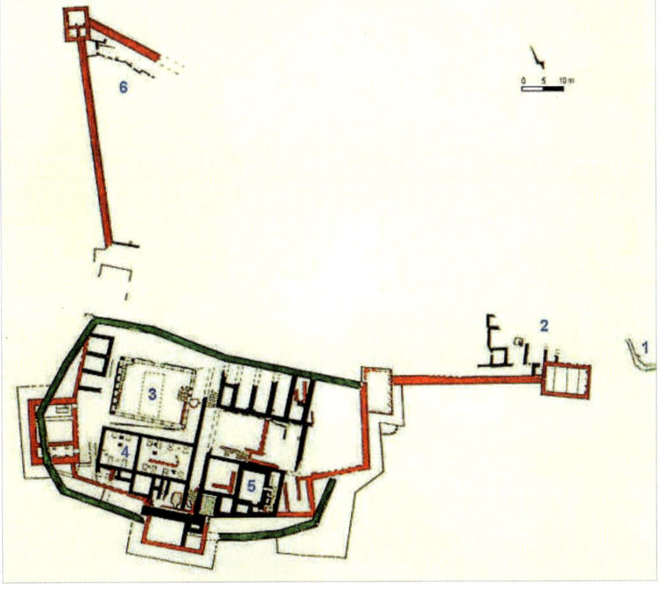

마케루스 요새의 건물 배치도

1. 마케루스 동편 언덕에서 요새로 이어지는 수로 2. 동쪽 망루 3. 지하 저수조가 있는 기둥열

4. 연회장-헤로디아의 딸이 춤을 추었을 것으로 추정되는 장소 5. 헤롯 대왕이 지은 목욕시설

6. 북쪽 망루와 아랫도시의 흔적들

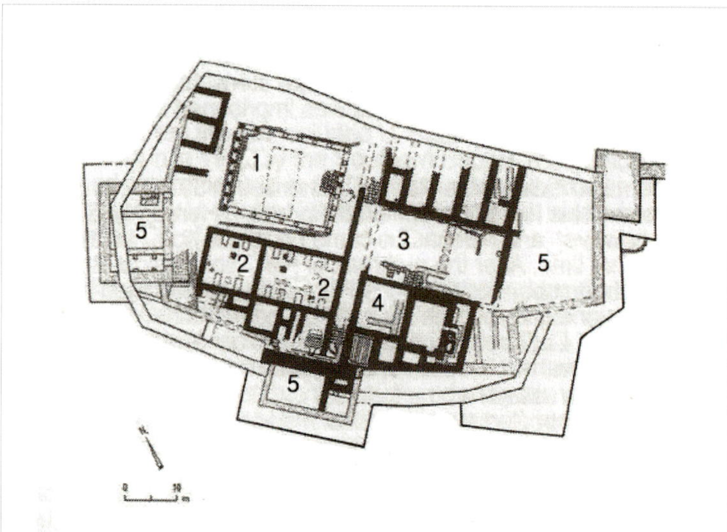

마케루스 요새의 건물 배치도

1. 안뜰 기둥열 2. 연회장 3. 안뜰 4. 목욕시설 5. 망루

동편 비탈진 언덕에서도 성벽과 망루가 발견되었는데 요세푸스의 《유대 전쟁사》에서 언급하고 있는 '아랫마을'과 동일시된다. 동쪽 산비탈로 이어진 능선에서는 외부에서 요새 안에 있는 물 저장소로 물을 끌어들인 수로가 발견되었다.

산 중턱에는 여러 개의 동굴이 파여 있는데 동쪽 산 계곡으로부터 수로가 연결된 것으로 보아 충분한 물을 확보하기 위해 파 놓은 물 저장소로 보인다. 여기 동굴 중의 하나는 어쩌면 침례 요한이 갇혀 있었던 감옥이었을지도 모르는데 수세기가 지난 후 은수자들의 수행 장소가 되기도 하였다.

마케루스 요새의 동쪽 능선 쪽에서 요새 중턱으로 끌어들인 수로의 모습과 마케루스 봉우리 중턱 오른쪽과 길 왼쪽으로는 수로가 놓여 있고, 길을 따라가면 물을 저장하던 저장소와 동굴들이 있다.

마케루스 요새 주위에 있는 많은 물 저장고와 동굴

헤롯 대왕은 BC 4년경 예수 그리스도께서 태어나자 베들레헴과 그 온 일대에 사는 두 살 이하의 사내아이들을 모조리 죽이라고 명령한(마 2:16) 후 엄청난 생명들을 앗아가고 그 후 얼마 지나지 않아 여리고에서 죽는다.

마태복음 2장 16~18절

16이에 헤롯이 박사들에게 속은 줄 알고 심히 노하여 사람을 보내어 베들레헴과 그 모든 지경 안에 있
는 사내아이를 박사들에게 자세히 알아본 그때를 기준하여 두 살부터 그 아래로 다 죽이니 17이에 선지
자 예레미야를 통하여 말씀하신바 18라마에서 슬퍼하며 크게 통곡하는 소리가 들리니 라헬이 그 자식
을 위하여 애곡하는 것이라 그가 자식이 없으므로 위로받기를 거절하였도다 함이 이루어졌느니라

헤스본(Heshbon)

'헤스본'(Heshbon)은 '성채', '요새'라는 뜻으로 왕의 대로(King's way)에 있는 성읍으로서 암몬 족속의 수도인 랍바와 메드바 사이에 자리 잡고 있었다.

성경에서 헤스본은 모세가 이끄는 출애굽한 이스라엘 백성들의 가는 길을 가로막고 공격했던 아모리 족속 시혼 왕의 도성으로 등장한다(민 21:26). 당시 출애굽한 이스라엘 백성들은 사해 남쪽 에돔 족속에게 그 땅을 통과하게 해달라고 요청했으나 거부당했다. 이에 그들은 더 먼 동쪽인 에돔광야 길로 돌아서 에돔 족속과 모압 족속의 땅을 지나 사해 위쪽에 있는 아모리 족속의 땅으로 가서 그곳을 통과할 수 있게 해달라고 요청했다.

아모리 족속의 왕 시혼 역시 통행을 거부하고 광야에 진을 치고 있던 이스라엘 백성들을 야하스에서 공격했으나 여호와 하나님의 역사하심에 패했다. 이후 그 땅은 처음에 르우벤 지파에게 할당되었다가(민 32:37) 후에 갓 지파에게 넘겨졌고(수 13:26), 나중에는 레위 지파의 성읍이 되었다(대상 6:81).

구약성경에서 헤스본은 주로 출애굽한 이스라엘 백성들과 아모리 족속 왕 시혼의 전쟁과 관련해서 언급된다(민 21:25~28, 30, 34; 신 1:4, 2:24, 26, 30; 3:2, 6, 4:46, 29:7; 삿 11:19).

후에 모압 왕 메사가 이 성읍을 정복했으며, 선지자들은 모압의 성읍인 헤스본을 저주했다(사 15:4, 16:8-9; 렘 48:2, 34, 45). 이외에 아가서에서는 여인의 눈을 "헤스본 바드랍빔 문 곁에 있는 연못"(아 7:4)에 비유하기도 했다.

텔 헤스본 발굴 현장

이후 이스라엘이 차지했다가 북왕국 이스라엘 제7대 아합 왕이 죽은 후 헤스본은 다시 모압 족속의 땅이 되었다. 또 이 땅은 선지자 예레미야에 의해 멸망이 선포되기도 했다. "헤스본아 슬피 울지어다 아이가 황폐하였도다 너희 랍바의 딸들아 부르짖을지어다 굵은 베를 감고 애통하며 울타리 가운데에서 허둥지둥할지어다 말감과 그 제사장들과 그 고관들이 다 사로잡혀 가리로다"(렘 49:3).

그 후 이 지역은 그리스, 로마 등을 거쳐 중세 이후엔 오스만 튀르크 등의 지배를 받았다. 현재는 비잔틴 시대 목욕탕과 교회 건축물 등을 포함해 여러 유적이 남아 있다. 로마시대 유적들도 폐허 상태로 마을 북쪽의 왼편 언덕에 자리하고 있다. 일찍부터 도시가 발달한 이곳에서는 많은 유물이 발굴되었고, 현재도 계속 발굴 중이다.

헤롯 대왕(Herod the Great, BC 37~4)

헤롯 대왕상(좌) · 티소트의 작품 '헤롯 대왕'(중) · 헤롯의 무덤(우)

'헤롯'이란 이름은 '영웅의 아들'이라는 뜻으로, 팔레스타인과 그 근접 지역을 BC 55년부터 AD 93년까지 다스린 왕조의 왕들을 통칭한다. 그중 대헤롯이라 불리는 헤롯 대왕은 로마제국이 임명한 유대의 왕(BC 37~AD 4)이다. 그는 많은 성채, 수로, 극장, 공공건축물을 세웠으며, 전반적으로 유대를 번영시켰지만 말년에는 정치적 음모와 골육상쟁의 중심인물이 되었다.

헤롯은 팔레스타인 남부에서 태어났으며, 그의 아버지 안티파트로스는 에돔 사람(사해와 아카바만 중간지역에 산 아랍인)이었다. 안티파트로스는 큰 영향력과 부를 지녔고, 당시 부흥하던 나바티아 왕국의 수도 페트라(사해 동남부) 출신의 귀족 딸과 혼인하여 그 영향력과 부를 더욱 증대시켰다. 그러므로 헤롯은 비록 유대인 행세를 했으나 부계와 모계 둘 다 아랍 혈통이었다.

BC 63년 폼페이우스(BC 106~48)가 팔레스타인을 침공했을 때 안티파트로스는 그의 원정을 지원함으로써 로마와 관계를 맺게 되어 그와 헤롯은 수혜를 누렸다. 6년 뒤 헤롯은 마르쿠스 안토니우스를 만나 평생 친구가 되었고, 율리우스 카이사르 역시 헤롯 가문을 좋아하여 BC 47년 안티파트로스를 유대 총독으로 임명하고 그에게 로마 시민권을 주었는데 그 신분은 헤롯 및 그의 자녀들에게까지 계승되었다. 같은 해 헤롯은 아버지로부터 갈릴리 총독으로 임명받아 정치무대에 나섰다. 6년 뒤 마르쿠스 안토니우스는 그를 갈릴리 분봉왕으로 삼았다. BC

40년 파르티아 사람들이 팔레스타인을 침공하고 내전이 일어나자 헤롯은 로마로 도망갔다. 로마의 원로원은 그를 유대 왕으로 임명하고 그 지역을 충분히 장악할 만한 군대를 주었다.

BC 37년 헤롯은 36세의 나이에 감히 아무도 도전하지 못하는 유대의 통치자가 되어 32년 동안 그 지위를 유지했다. 권력을 더욱 강화하기 위해 아내 도리스와 이혼하고 그녀를 아들과 함께 궁 밖으로 쫓아낸 뒤 하스몬 왕가의 공주 마리암과 재혼했다. 그가 재혼한 목적은 유대 민족의 지도자이며 제사장 가문인 하스몬 가와의 불화를 끝내려는 것이었지만 결혼한 뒤 마리암을 깊이 사랑하게 되었다.

두 집정관 옥타비아누스와 안토니우스 사이에 카이사르의 권력을 계승하기 위해 갈등이 생기자 헤롯은 친구 안토니우스를 지원했다. 그는 안토니우스의 정부(情夫)이며 이집트의 여왕인 클레오파트라가 안토니우스에 대한 그녀의 영향력을 이용해 헤롯의 가장 좋은 영토를 많이 차지했어도 안토니우스를 계속 지원했다.

BC 31년 악티움에서 안토니우스가 최종적으로 패배한 뒤 헤롯은 승리한 옥타비아누스에게 자기가 누구 편을 들었는지 솔직히 고백했다. 이전에 로마에서 헤롯을 만난 적이 있던 옥타비아누스는 그가 로마가 원하는 대로 팔레스타인을 다스릴 유일한 인물임을 알고서 그를 다시 왕으로 인정해 주었으며, 또한 클레오파트라가 차지했던 땅을 헤롯에게 돌려주었다. 헤롯은 아우구스투스의 대행정관 마르쿠스 빕사니우스 아그리파와 절친한 친구가 되었으며, 그의 이름을 따서 손자와 증손자의 이름을 지었다. 황제와 대행정관은 헤롯에게 국빈으로 로마를 방문할 기회를 주어 그는 다시 로마를 두 번 방문했다.

아우구스투스는 그에게 키프로스 구리광산 감독권을 주고 이익의 절반을 할당해 주었다. 또한 그가 BC 22~20년에 헤롯의 영토를 2배로 늘려주었기 때문에 헤롯의 영토는 팔레스타인뿐 아니라 요르단강 동편, 즉 오늘날 요르단 왕국의 일부 지역과 레바논 남부, 시리아를 포함하게 되었다. 그는 원래 나바티아 왕국도 헤롯에게 줄 뜻이 있었지만, 당시 그 왕국의 권좌가 공석이었을 당시 헤롯이 정신과 육체 모두 쇠약해 있었기 때문에 이루어지지 않았다.

헤롯은 자기 영토에 수많은 요새와 화려한 도시들을 건설했다. 그 가운데서 가장 큰 두 도

가이사랴와 세바스테 전경

시는 전체적으로 이교적인 새 도시로 하나는 욥바와 하이파 사이의 해안에 있는 팔레스타인의 항구도시 가이사랴로 훗날 로마령 팔레스타인의 수도가 되었고, 다른 하나는 고대 사마리아의 옛터에 세워진 세바스테였다.

그는 예루살렘에는 안토니우스 요새와 웅장한 왕궁(그 일부가 성채 안에 남아 있음)을 지었다(예루살렘 성전). 안토니우스 요새는 그 일부가 오늘날 비아 돌로로사(예수가 십자가에 달리기 위해 걸어간 고난의 길)에 세워진 수도원들 밑에 남아 있다.

헤롯이 지은 건축물들 가운데 가장 웅장한 것은 성전으로서, 그는 그 전체를 다시 건축했다. 넓이가 14ha에 이르는 성전 바깥뜰은 오늘날도 '알 하람 아시 샤리프'라는 이름으로 남아 있다. 그는 또한 베이루트, 다마스쿠스, 안티오크, 로도스 등 외국 도시들과 많은 성읍을 장식했다. 또 헤롯은 올림픽 경기의 의장이 되어 그것을 후원했다. 자기 왕국에서는 유대교의 주도적인 파벌인 바리새파를 거스르는 것을 우려하여 마음껏 자기를 과시하지 못했다. 바리새파는 그를 외국인으로 간주했기 때문에 언제나 그와 대립해 있었다. 헤롯은 자기에게 감사해 마지않는 이교도들의 후원자뿐 아니라 팔레스타인 바깥 지역에 사는 유대인들의 보호자로도 자임했고, 모든 힘을 동원하여 그 유대인들이 사는 지역 군주들의 환심을 사려 했다.

불행하게도 헤롯은 나이가 들수록 점점 뚜렷하게 어둡고 잔인한 성격을 드러냈다. 더구나 그의 정서불안은 가정 내부에서 계속된 음모와 술수 때문에 더욱 깊어졌다. 마리암을 깊이 사랑한 그는 질투심이 일어나면 과격한 행동을 서슴지 않았다. 헤롯의 누이 살로메(그녀의 증조카, 즉 헤로디아의 딸 살로메와는 다른 인물)는 남을 쉽게 의심하는 그의 성격을 교묘하게 이용해 헤롯이 아내를 미워하게 만들어 두 사람의 관계를 깨뜨렸다. 결국 헤롯은 마리암과 그녀를 통해 낳은 두 아들, 그녀의 오빠와 할아버지와 어머니를 모두 살해했는데, 마리암의 어머니 또한 야비한 사람으로서 살로메의 음모를 종종 돕곤 했다. 헤롯은 도리스와 마리암 외에도 8명의 아내가 더 있었으며, 그 가운데 6명의 아내를 통해서 14명의 자녀를 낳았다.

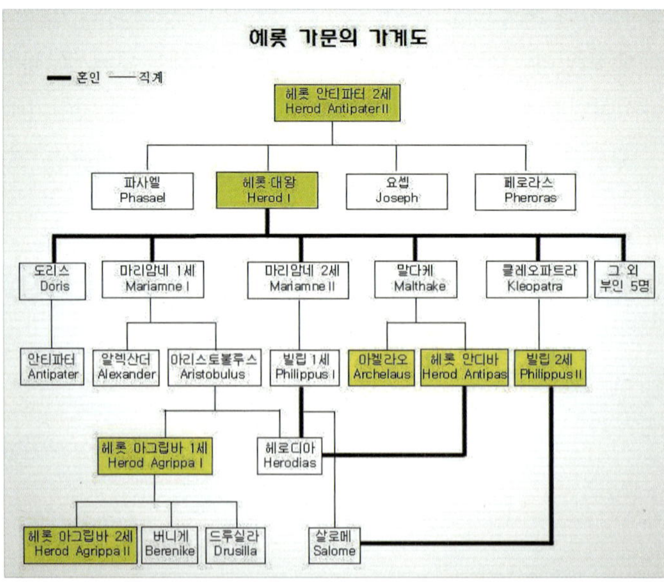

헤롯은 말년에 동맥경화증을 앓으면서 한 차례의 반란을 진압해야 했고, 이웃 나라인 나바티아와도 분쟁을 겪어야 했으며, 결국 아우구스투스의 신망을 잃고 말았다. 그는 큰 통증에 시달렸고, 정신적으로

나 신체적으로 혼란을 겪었다. 또 세 번이나 후계자 문제에서 자기의 뜻을 번복하다가 왕위를 물려주려던 맏아들 안티파터를 살해했다.

그가 죽기 직전에 베들레헴의 어린아이들을 학살한 일은 전적으로 그가 빠져 있던 혼란과 일치한다. 헤롯은 한 차례 자살을 기도했으나 실패한 뒤에 죽었다. 그는 마지막 유언을 통해 아우구스투스의 재가를 받는 것을 전제로 자기 영토를 3명의 아들에게 나누어주어, 아켈라오스는 유대와 사마리아의 왕이 되도록 했고, 빌립과 안티파스에게는 분봉왕으로서 나머지 영토를 나누어 다스리도록 했다.

베들레헴 헤로디움(좌)·요르단 마케루스(우)

사해 마사다

헤롯 안티파스(Herod Antipas, AD 4~39)

헤롯 대왕이 죽은 후 로마는 유다 영토를 분할하여 장남 아켈라우스(Archelaus, BC 4~AD 6 재위)에게 유다와 이두매, 그리고 사마리아를 다스리는 영주가 되게 하였다. 헤롯 안티파스는 헤롯 대왕과 그의 사마리아인 아내 말다케 사이에서 태어난 아들로서 예수 그리스도께서 사역하실 당시 갈릴리와 베레아 지방의 분봉왕이었다. 그의 이름은 신약성경에서 '헤롯 왕'이라고 표기하고 있다.

마가복음 6장 14절에서 "이에 예수의 이름이 드러난지라 헤롯 왕이 듣고 이르되 이는 세례(침례) 요한이 죽은 자 가운데서 살아났도다 그러므로 이런 능력이 그 속에서 일어나느니라 하고"라고 기록하고 있고, 마태복음 14장 1, 9절에서 "그때에 분봉왕 헤롯이 예수의 소문을 듣고", "왕이 근심하나 자기가 맹세한 것과 그 함께 앉은 사람들 때문에 주라 명하고"라고 기록하고 있다.

그는 자신에게 왕위를 하사한 티베리우스 황제에게 경의를 표하기 위하여 티베리아스를 건설하였다. 지금도 티베리아스는 갈릴리의 최대 도시로 발전하고 있다. 그는 처음에는 나바테아의 공주(아레타스 4세의 딸)와 결혼했다. 그러나 나중에는 자신의 배다른 동생 빌립의 아내 헤로디아를 유혹하여 아내로 삼았다. 이러한 처사에 대하여 유대인들은 부도덕한 헤롯을 비난하였다. 그리고 침례 요한은 이를 공개적으로 질책하였다. 침례 요한은 그를 책망하다가 결국 목베임을 당했다(마 14:10). 한편 아레타스 왕은 이렇게 자신의 딸을 배신한 헤롯을 응징하기 위하여 앙심을 품게 되었다.

마가복음에 기록된 것은 헤롯 안티파스의 이야기이다. 그는 양심과 야심이 혼합되어 갈등을 일으키고 있는 복잡한 인물이었다. 동생의 아내를 취하여 즐기고 또 침례 요한의 용감한 예언으로 인하여 두려워하는 인물이었다.

로마까지 가서 자신의 조카이자 제수이기도 한 헤로디아를 유혹하여 결국 데리고 온 것이나 그러한 괴물을 따라나선 헤로디아의 부도덕한 행실은 인류 역사에 전무후무한 것이다. 헤롯 안티파스의 야수 같은 눈길은 이제 제수인 헤로디아에게서 그녀의 딸 살로메에게로 기울어지고 있었다. 이러한 헤롯에게 복수하는 헤로디아의 방법이 곧 침례 요한의 목을 달라고 하게 한 것이었다.

헤롯의 눈에는 침례 요한의 후계자처럼 나타난 예수 그리스도의 행적에 대하여 적지 않은 두려움이 있었던 것 같다. 한편 호기심이 많아서 예수 그리스도께서 무슨 기적을 행하시는가 보고자 했다고도 기록하고 있다.

아르논골짜기(Arnon Valley)

모압과 암몬의 경계를 이루는

전망대에서 바라본 아르논골짜기 전경

요르단의 그랜드 캐니언이라고 불리는 아르논골짜기

전망대에서 내려다본 아르논골짜기는 구불구불한 도로를 따라 약 10km를 내려가고 그만큼 다시 올라가는 매우 가파른 지형으로 약 20km 길이의 폭이라고 하는데 까마득하여 짐작이 어렵다. 아르논골짜기의 깊이는 낮은 곳은 400m이며 깊은 곳은 1,000m나 되어 그 깊이와 넓이의 웅장한 모습이 가히 환상적이다.

그 깊은 골짜기에 있는 아르논강은 모압과 암몬을 구분하는 경계의 강으로 지금은 물이 거의 흐르지 않는 황량하고 메마른 작은 냇물이지만, 강으로 불린 것으로 보거나 물에 깎인 계곡 바위의 모습이 3,500여 년 전이나 그 이전에는 지금과 같은 황량하고 메마른 깊은 골짜기이면서도 많은 물이 급하게 흐르는 건너기 쉽지 않은 큰 강이었을 것으로 추정케 한다.

이 지역을 아랍이 정복한 후부터 '와디 무집'(Wadi Mujib) 또는 '엘 무집'으로 부르기도 하는데, '와디'(Wadi)는 평소에는 물이 흐르지 않다가 우기가 되어 비가 내리면 물이 급하게 흐르며 홍수가 나기도 하는 계곡을 말하며, 이를 와디 무집이라고도 한다.

현재는 드물게 내리는 적은 빗물이라도 이용하려고 댐으로 막아 하류로 흐르는 물을 가두어 두었으며, 그 아래에 작은 호수와 댐이 보이는데 아르논 댐(와디 무집 댐)과 다리가 있고 다리 서쪽에는 로마시대의 다리 흔적이 남아 있다.

아르논골짜기는 미국의 그랜드 캐니언을 닮았다고 해서 '요르단의 작은 그랜드 캐니언'으로 불릴 정도로 깊은 협곡들이 절경을 이루는 곳이다. 그랜드 캐니언은 노아의 홍수 사건의 증거가 가장 잘 보이는 곳이라고도 하는데, 아르논골짜기의 모습도 노아의 홍수의 흔적들이라고 추정하기도 한다.

아르논강의 길이는 약 72km 정도이며, 암만에서 남쪽으로 약 84km 떨어져 있다. 아르논 계곡을 따라 올라가면 전망대가 있고, 그 전망대에서 내려다보면 골짜기 아래서 승용차가 뱀처럼 구불구불한 포장도로를 따라 천천히 힘겹게 올라오는 것이 눈에 보인다.

전망대에서 바라본 아르논골짜기(좌)와 아르논 댐(우)

골짜기에 있는 아르논강은 모압 지역의 북쪽에 있는 가장 큰 강이며, '아르논'(Arnon)이 '포효', '가파름', '급류'라는 의미인 것처럼 깊고 가파른 골짜기로 인해 고대부터 오랫동안 중요한 경계선이 되어왔다.

구약성경에서도 모압강이라는 이름으로 언급되었는데, 아르논골짜기는 아모리 왕국과 모압의 경계였다가 이스라엘이 정복한 후에는 르우벤 지파와의 경계선이 되었던 곳이다.

출애굽하여 약속의 가나안으로 가던 이스라엘 백성들이 이곳을 경유했으며, 모압 왕 발락이 이스라엘을 저주하기 위하여 발람을 영접한 곳이기도 하다.

출애굽한 이스라엘 백성들이 호르산에서 아론을 장사지내고 가나안 땅을 향해 나아가는 가운데 모압 변경 이예아바림과 디본갓에 진을 쳤는데 두 장소 사이에 아르논강이 있다(민 33:44~45).

모세의 느보산 설교인 신명기 2장 36~37절에서도 이 골짜기 이야기가 나온다.

신명기 2장 36~37절

36우리 하나님 여호와께서 그 모든 땅을 우리에게 넘겨주심으로 아르논골짜기 가장자리에 있는 아로엘과 골짜기 가운데에 있는 성읍으로부터 길르앗까지 우리가 모든 높은 성읍을 점령하지 못한 것이 하나도 없었으나 37오직 암몬 족속의 땅 얍복강가와 산지에 있는 성읍들과 우리 하나님 여호와께서 우리가 가기를 금하신 모든 곳은 네가 가까이하지 못하였느니라

나오미와 룻이 걸었던 골짜기

이스라엘 땅 베들레헴의 기근을 피해 모압 땅으로 가기 위해 엘리멜렉과 나오미의 가족이 지나갔던 길이 바로 이 아르논골짜기이고, 모든 것을 다 잃어버리고 나오미와 룻이 베들레헴으로 돌아갈 때 지나갔던 험난한 골짜기의 길도 이곳 아르논골짜기이다.

아르논강 하류 골짜기 전경

구약성경에 등장하는 아르논골짜기

민수기 21장 13~15, 24, 26, 28절

13거기를 떠나 아모리인의 영토에서 흘러 나와서 광야에 이른 아르논강 건너편에 진을 쳤으니 아르논은
모압과 아모리 사이에서 모압의 경계가 된 곳이라 14이러므로 여호와의 전쟁기에 일렀으되 수바의 와헙
과 아르논골짜기와 15모든 골짜기의 비탈은 아르 고을을 향하여 기울어지고 모압의 경계에 닿았도다 하
였더라…24이스라엘이 칼날로 그들을 쳐서 무찌르고 그 땅을 아르논에서부터 얍복까지 점령하여 암몬
자손에게까지 미치니 암몬 자손의 경계는 견고하더라…26헤스본은 아모리인의 왕 시혼의 도성이라 시
혼이 그 전 모압 왕을 치고 그의 모든 땅을 아르논까지 그의 손에서 빼앗았더라…28헤스본에서 불이 나
오며 시혼의 성에서 화염이 나와서 모압의 아르를 삼키며 아르논 높은 곳의 주인을 멸하였도다

민수기 22장 36절

발락은 발람이 온다 함을 듣고 모압 변경의 끝 아르논 가에 있는 성읍까지 가서 그를 영접하고

신명기 2장 24, 36, 3장 8, 16절

24너희는 일어나 행진하여 아르논골짜기를 건너라 내가 헤스본 왕 아모리 사람 시혼과 그의 땅을 네 손
에 넘겼은즉 이제 더불어 싸워서 그 땅을 차지하라…36우리 하나님 여호와께서 그 모든 땅을 우리에게
넘겨주심으로 아르논골짜기 가장자리에 있는 아로엘과 골짜기 가운데에 있는 성읍으로부터 길르앗까지
우리가 모든 높은 성읍을 점령하지 못한 것이 하나도 없었으나…8그때에 우리가 요단강 이쪽 땅을 아르
논골짜기에서부터 헤르몬산에까지 아모리 족속의 두 왕에게서 빼앗았으니…16르우벤 자손과 갓 자손에
게는 길르앗에서부터 아르논골짜기까지 주었으되 그 골짜기의 중앙으로 지역을 정하였으니 곧 암몬 자
손의 지역 얍복강까지며

제라쉬(Jerash)

풍요로운 로마 문화를 꽃피운

제라쉬에 세워진 하드리안의 개선문

요르단은 북쪽으로 시리아, 동쪽으로 메소포타미아 문명 발생지 이라크, 서쪽으로 고대 나일강 문명지 이집트와 요단강 서쪽의 이스라엘, 남쪽으로는 사우디아라비아에 둘러싸여 있다. 요르단은 사우디아라비아와 함께 왕정 체제 나라로 정식 이름은 요르단 하세미트 왕국이다. 면적은 우리나라와 비슷한 9.2만 km^2이며, 인구는 950만 명으로 요르단인이 70%를 차지한다.

제라쉬는 BC 332년 알렉산더 대왕에 의해 세워졌다. 하지만 알렉산더 제국이 무너진 후 곧바로 로마의 식민도시가 되었다. 현재 불리는 도시 이름 제라쉬가 성경에서는 거라사로 나타난다. 암만에서 45km 북쪽에 있는 도시인 제라쉬는 과거에는 갈릴리와 요단 동편 지역의 10개의 로마 위성도시인 데가볼리 중 하나로 로마가 지배할 때 크게 발전했다. 제라쉬는 왕의 대로가 지나는 교역의 중심지로서 이미 BC 3000년 전부터 도시가 발달한 곳이지만 본격적으로 도시가 개발된 것은 헬라 시대부터였다.

제라쉬는 왕의 대로 이외에 근처에 좋은 철 탄광이 있어서 많은 국제교역이 이루어짐으로 로마제국 전체에서 매우 부유한 도시 중 하나로 손꼽히게 되었다. 로마는 제라쉬를 더욱 대대적으로 개발하기 시작해 AD 70년대에 엄청난 상업도시로 변모하였고, 그 영향이 갈릴리호수와 그 주변 지역에까지 미치기도 하였다.

제라쉬에서 눈여겨보아야 할 중요한 유적들을 소개하면 아래와 같다.

첫째, 제라쉬에서 가장 눈에 띄는 것은 도시의 중심부를 가로지르는 석주가 늘어선 로마식 중앙대로이다.

도시를 남북으로 반듯하게 꿰뚫는 약 800m 길이의 열주대로(Colonnaded Street)로 막시무스 도로라고도 하는 이 로마식 중앙 직선도로는 AD 1세기경에 지어졌다. 그 후 세월을 거듭하면서 새로 디자인되고 보수되기도 하여 오늘날에 이르고 있다.

제라쉬 중앙 열주대로

이 중앙대로의 양편에는 상점들이 들어섰고 지하에는 완벽한 하수도 시설이 갖춰져 있어 당시 발달한 도시의 모습을 보여준다.

둘째, 제라쉬의 타원형 광장이다.

돌기둥으로 둘러싸인 타원형 광장은 균형 잡힌 건축미가 인상적이다. 타원형 포럼(Oval Plaza 혹은 Oval Forum)은 그 형태가 타원형인 것이 독특한데 긴 쪽이 90m, 좁은 쪽이 80m로 그 규모가 엄청나다. 대부분 포럼(Forum)의 기능은 시장이나 만남의 장소인데, 이곳은 막시무스 도로를 따라 북에 이르면 만나는 제우스 신전과 연계되어 희생의 장소로도 쓰이지 않았을까 한다. 모든 바닥이 석회암으로 잘 포장되어 있고, 도로 좌우로 줄을 맞춰 세워진 56개의 기둥은 이오닉(Ionic) 스타일로 다른 기둥과 다르다는 것만으로도 아름답다.

제라쉬 중앙 타원형 광장 전경

셋째, 로마식 대도시의 필수적 요건인 야외 원형극장이다.
제라쉬에는 규모가 큰 야외 원형극장이 두 개나 만들어져 당시 대도시의 면모를 자랑하였다.

현재도 사용 중인 원형극장

넷째, 여러 신전들이다.

제우스 신전, 술과 포도주의 신전, 디오니소스를 위한 신전, 제라쉬의 수호여신 아데미(Artemis)를 위한 거대한 신전들이 건축되었고, 그 유적들이 발굴되어 잘 보존되어 있다. 아마 이렇게 이방 신전이 많았기에 예수 그리스도께서 거라사 청년의 질병을 군대 마귀로 지칭하신 듯하다. 그리고 아데미 여신은 풍요와 다산을 가져다주는 신이라 하여 헬라와 로마 문명을 따라 그리스 지역과 소아시아 지역, 메소포타미아 지역으로까지 광범위하게 퍼져 있었다. 당시 제라쉬도 그리스나 로마의 문화권 안에 있었기 때문에 풍요의 여신 아데미의 영향 아래 있었다고 할 수 있다.

제라쉬에 있는 제우스 신전(좌) · 디오니소스 신전(우)

아데미 신전 전경

마지막으로 로마식 도시에서 빼놓을 수 없는 공중목욕탕 역시 제라쉬에는 잘 보존되어 있다.

로마의 도시 제라쉬는 AD 4~7세기 비잔틴 시대에도 계속 발전하게 되었다. 기독교를 공인했던 비잔틴 시대에는 로마 황제의 도움으로 기독교가 널리 전파되었고, 제라쉬에도 많은 교회가 세워졌다. 지금까지 그곳에서 확인된 교회 수만 해도 15곳에 이른다. 한 도시에 이렇게 많은 교회가 세워진 것은 극히 이례적인 일이다. 특히 '대성당'이라고 불리는 비잔틴 시대의 교회는 과거 디오니소스 신전을 교회로 전환한 것으로 사람들의 관심을 끈다.

옛 디오니소스 신전(비잔틴 시대 교회) 전경

그러나 AD 630년대 이슬람이 이 지역을 정복하면서 제라쉬는 쇠퇴하기 시작했다. 게다가 AD 740년대 요단강 동편 지역을 강타한 대지진으로 웅대한 석조 건물들이 대부분 무너져 제라쉬의 영광은 모래와 흙더미 속에 파묻혔다가 20세기에 들어서야 발굴 작업이 진행되고 있다.

왕의 대로(King's way)

오늘날 시리아의 다마스쿠스(Damascus, 성경의 다메섹)에서 요르단 국가를 관통해 아카바만(Gulf of Aqaba)에 이르는 도로이다. 이는 3,000년이 넘도록 고대 세계에서 가장 중요한 도로로 이용되었다.

성경에서 왕의 대로(King's way)가 가장 먼저 언급되는 곳은 민수기 20장 17~21절과 21장 22절이다. 하나님의 종 모세의 인도로 출애굽한 이스라엘 백성들은 약속의 땅 가나안으로 가기 위해서 이 왕의 대로로 지나가고자 그 지역의 남쪽을 차지하고 있던 에돔 족속에게 통과하게 해달라고 요청했다. 심지어 그저 도보로 지나가고 물을 마시면 돈을 지급하겠다고까지 말했으나 에돔 왕은 허락하지 않았다.

민수기 20장 17~21절

17청하건대 우리에게 당신의 땅을 지나가게 하소서 우리가 밭으로나 포도원으로 지나가지 아니하고 우
물물도 마시지 아니하고 왕의 큰길로만 지나가고 당신의 지경에서 나가기까지 왼쪽으로나 오른쪽으로
나 치우치지 아니하리이다 한다고 하라 하였더니 18에돔 왕이 대답하되 너는 우리 가운데로 지나가지
못하리라 내가 칼을 들고 나아가 너를 대적할까 하노라 19이스라엘 자손이 이르되 우리가 큰길로만 지
나가겠고 우리나 우리 짐승이 당신의 물을 마시면 그 값을 낼 것이라 우리가 도보로 지나갈 뿐인즉 아
무 일도 없으리이다 하나 20그는 이르되 너는 지나가지 못하리라 하고 에돔 왕이 많은 백성을 거느리고
나와서 강한 손으로 막으니 21에돔 왕이 이같이 이스라엘이 그의 영토로 지나감을 용납하지 아니하므
로 이스라엘이 그들에게서 돌이키니라

에돔의 반대로 인해 출애굽한 이스라엘 백성들은 다른 더 먼 동쪽 길, 즉 에돔의 광야 길을 통해서 에돔과 모압을 지나 아모리 족속이 거주하는 땅으로 진입하게 된다. 역시 아모리 족속이 다스리고 있는 왕의 대로로 지나가게 해달라고 허락을 구했으나 아모리 족속의 왕 시혼은 군사를 이끌고 광야 야하스(Jahaz)에 진을 치고 있던 이스라엘을 공격했다. 그러나 이스라엘은 아모리 족속을 물리치고 그 땅을 차지했다(민 21:21~35). 이 땅은 후에 르우벤 지파에게 할당되었다(수 13:9, 16).

이스라엘 백성들이 걸었던 모압 광야

이 '왕의 대로'라는 이름은 창세기 14장에 나오는 사건 때문에 비롯된 것으로 보인다. 시날 왕 아므라벨과 엘라살 왕 아리옥과 엘람 왕 그돌라오멜과 고임 왕 디달이 소돔 왕 베라와 고모라 왕 비르사와 아드마 왕 시납과 스보임 왕 세메벨과 벨라 곧 소알 왕과 싸우기 위해서 염해, 곧 사해에 모였다(창 14:1~2). 그때 소돔에 거주하던 아브라함의 조카 롯이 잡혀갔으며, 아브라함은 그 소식을 듣고 자기 집에서 훈련된 자 318명을 데리고 추적해서 구출했다. 이 싸움이 왕의 대로를 따라 이루어진 것으로 보이며, 여기서 도로의 이름이 비롯된 것으로 추정된다.

구약성경에 나타난 왕의 대로 지도

이 왕의 대로는 아라비아에서 비롯되는 향신료의 무역로로 이어져서 매우 중요했기에 반유목민들이 지배했다. 훗날 로마 황제 트라야누스(Trajanus, AD 98~117 재위)가 통치하는 동안 로마는 이 도로를 보완하고 나서 '트라야누스의 도로'라고 불렀다. 이 도로는 아라비아어로는 '타리크 에스-술타니'(Tariq es-Sultani)로 불리는데 이는 '술탄(Sultan, 이슬람 국가 최고 정치지도자의 칭호) 또는 왕의 길'이라는 뜻이다.

성경에 왕의 대로에 나오는 대표적인 지명을 나열하면 북쪽에서 남쪽으로 내려가면서 다메섹, 랍바, 헤스본, 메드바, 디본, 아르논 골짜기[와디 무집(Wadi-Mujib)], 세렛강, 보스라, 페트라, 아카바만(홍해 북쪽에 있는 만) 등이다.

얍복강(Jabbok River)

현재 얍복강의 모습

얍복강의 이름인 '얍복'은 '흐름'이라는 뜻이다. 아랍어 이름은 '자르카'(Zarqa)인데 그 의미는 '푸른 강'이다. 얍복강은 트랜스 요르단(Transjordan), 즉 요단강 동편에 있는 요단강 지류로서 갈릴리바다와 사해 사이에 있다. 이 강은 암만에서 발원해서 요단강으로 합류하며, 길이는 대략 25km에 달한다.

성경에서 얍복강이 제일 먼저 등장하는 것은 창세기 32장에 기록된 야곱의 일생에서다. 야곱은 팥죽 한 그릇으로 형 에서에게서 장자권을 탈취하고 아버지의 축복까지 가로챘다가 형의 분노를 사게 되어 밧단아람으로 도망쳤다. 그곳에서 20년을 지내고 벧엘에서 약속하신 여호와 하나님의 복을 받아 고향으로 되돌아오게 되는데, 형 에서가 마중 나온다는 소식을 접하고 두려움에 빠진 야곱은 종들과 짐승들과 식구들을 모두 먼저 보낸 후 얍복강 나루에 홀로 남아 천사와 씨름하였다. 여호와 하나님은 그곳에서 야곱의 이름을 '이스라엘'로 개명해 주셨다.

창세기 32장 27~28절

27그 사람이 그에게 이르되 네 이름이 무엇이냐 그가 이르되 야곱이니이다 28그가 이르되 네 이름을 다시는 야곱이라 부를 것이 아니요 이스라엘이라 부를 것이니 이는 네가 하나님과 및 사람들과 겨루어 이겼음이니라

출애굽한 이스라엘 백성들은 약속의 땅 가나안에 진입하기 위해서 에돔과 모압을 피해서 아모리 족속 왕 시혼, 바산 왕 옥과 싸워서 물리쳤다. 당시 아모리 족속 왕 시혼은 사해로 흘러 들어가는 아르논강과 얍복강 사이를 차지하고 있었으며, 바산 왕 옥은 얍복강 북쪽을 차지하고 있었다. 즉, 얍복강은 아모리 족속과 바산 족속의 경계였다(민 21:24; 수 12:2).

사사 입다 때 암몬 족속은 이스라엘을 쳐들어와서 출애굽한 이스라엘이 시혼 및 옥과 싸웠던 역사적 사건을 들먹이며 자기네 땅이라고 우겼다(삿 11:13, 22).

출애굽한 이스라엘은 약속의 땅 가나안을 정복한 후에 요단강 동편 땅을 르우벤과 갓 지파와 므낫세 반 지파에게 할당해 주었다. 르우벤 지파는 아르논강(남쪽)에서 사해 위쪽 꼭대기(북쪽)까지, 갓 지파는 사해 위쪽 꼭대기(남쪽)에서 얍복강(북쪽)까지, 므낫세반 지파는 얍복강 북쪽을 차지했다.

신명기 3장 16절

르우벤 자손과 갓 자손에게는 길르앗에서부터 아르논골짜기까지 주었으되 그 골짜기의 중앙으로 지역을 정하였으니 곧 암몬 자손의 지역 얍복강까지지며

현재 얍복강과 다리

우리나라 수도 서울에는 한강이 흐르고 있다. 수도권에서 자란 사람들은 이 한강을 보면서 세상의 모든 강이 한강과 같으리라 생각하기 쉽다. 우리가 성경을 읽으면서 자주 만나게 되는 요단강도, 야곱이 천사와 씨름했던 얍복강도 한강처럼 생각할 수 있다. 하지만 요단강이나 얍복강은 우리가 상상하는 것처럼 크지 않다. 어떻게 보면 창세기에 "얍복 나루"(창 32:22)라고 말하는 것처럼 작다. 물론 우기, 곧 겨울에는 무섭게 물이 흐르지만 말이다.

얍복강 중류 댐

얍복강 중류

야곱이 건넌 얍복강

얍복강을 건넌 옛길(다리)

요단강(Jordan River)

믿음으로 건너야 했던

풍요로운 요단강 주변 농경지

요단강(Jordan River)은 수원인 북쪽의 갈릴리호수로부터 출발하여 사해로 흘러드는 이스라엘의 유일한 영구 하천이다. 이 강은 동쪽의 요르단 지역과 서쪽의 가나안 땅을 나누는 자연적인 경계선이기도 하다.

갈릴리호수에서 사해까지 흐르는 요단강은 직선거리로는 100km 정도 된다. 사행천인 요단강의 전체 흐르는 길이는 약 320km이다(참조: 한강 514km).

갈릴리호수(지중해 수면보다 약 200m 낮음)와 사해(해수면보다 약 400m 낮음) 사이의 낙폭이 약 188m나 되는 관계로(평균 낙차는 1km당 약 1.8m) 흐르는 중간마다 27개의 크고 작은 폭포 소가 형성되고 급류와 소용돌이가 일어난다. 더욱이 강폭이 좁고 강바닥이 얕으며 곳곳에 깊은 홈이 파여 있다. 건기(乾期)에는 수심이 90cm도 채 되지 않지만 우기(雨期)에는 물이 범람하여 배로 건너기도 어렵고 헤엄쳐서 건너기는 더욱 쉽지 않다.

요단강 주변 지역은 삼단식 계단 구조로 맨 위쪽은 경작과 취락이 가능한 평지이며 '고르'라고 불린다. 중간 지대는 사막이나 다름없는 불모지이다. 맨 아래쪽은 요단강 가로 '조르'라고 불리는 밀림 지역이 형성되어 맹수가 출연하였다고 구약성경에 소개되고 있다.

예레미야 49장 19절을 읽어보자.

예레미야 49장 19절

보라 사자가 요단강의 깊은 숲에서 나타나듯이 그가 와서 견고한 처소를 칠 것이라 내가 즉시 그들을 거기에서 쫓아내고 택한 자를 내가 그 위에 세우리니 나와 같은 자 누구며 나와 더불어 다툴 자 누구며 내 앞에 설 목자가 누구냐

요단강의 지질과 지형

① 범람원, 충적토이다.

예레미야 12장 5절

만일 네가 보행자와 함께 달려도 피곤하면 어찌 능히 말과 경주하겠느냐 네가 평안한 땅에서는 무사하려니와 요단강 물이 넘칠 때에는 어찌하겠느냐

욥기 40장 23절

강물이 소용돌이칠지라도 그것이 놀라지 않고 요단강 물이 쏟아져 그 입으로 들어가도 태연하니

성경시대 지명이 표기된 이스라엘 지도

② 물이 부족하고 여름에는 50도를 오르내리는 무더운 날씨라서 거주지로는 적당하지 않다.

'조르'(zor)라는 덤불과 낮은 지역으로 인해 거주지로 이용하기가 어렵다.

③ 요르단의 야수, 정글 지역이다.

예레미야 49장 19절

보라 사자가 요단강의 깊은 숲에서 나타나듯이 그가 와서 견고한 처소를 칠 것이라 내가 즉시 그들을 거기에서 쫓아내고 택한 자를 내가 그 위에 세우리니 나와 같은 자 누구며 나와 더불어 다툴 자 누구며 내 앞에 설 목자가 누구냐

요단강 주변 키부츠에서 농사를 짓고 있는 전경

범람할 때는 홍해만큼이나 건너기 어려운 강

구약성경 여호수아 3장에 요단강 도하 사건이 기록되어 있다. 이스라엘이 강을 건널 때는 보리를 수확하는 시기였으므로(수 3:15) 4월이나 5월로서 봄이었다. 요단강은 평상시에는 폭이 약 27~30m이며 깊이는 약 1~3m이지만, 봄에 늦은 비가 내리면 요단강 하류 부근은 강물이 넘쳐 홍수를 이루게 되어 그 폭과 깊이가 더해지고 급류를 이룬다. 이때 강을 건너기는 거의 불가능하다.

아마도 여리고성의 왕이 이스라엘 백성들이 가까이 왔다는 것을 알고도 별다른 대책을 세우지 않은 것은, 그 무렵에 강을 건넌다는 것을 전혀 예상하지 못했거나, 좀더 건너기 쉬운 상류 쪽에 군사들을 배치해 두었기 때문인지도 모른다. 아무튼 이스라엘 백성들은 동쪽의 평지를 내려와 밀림지대를 통과하고 마른 땅이 된 요단강을 건너 다시 여리고 평지를 향해 올라가야 하는 쉽지 않은 여정이었을 것이다.

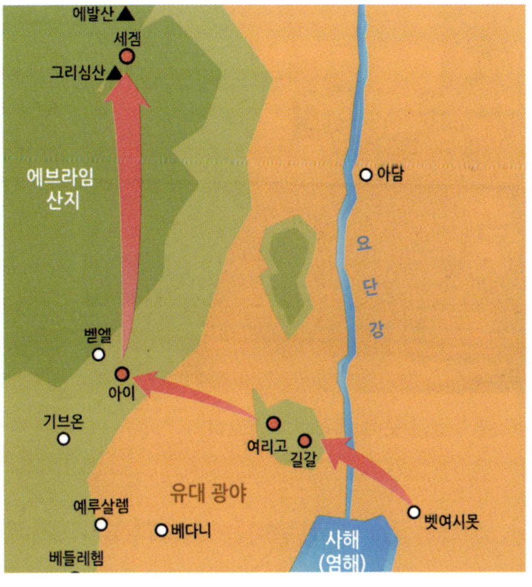

출애굽 여정의 요단강과 여리고 지도(좌)·요단강(우)

요단강 침례터

요단강 침례터는 사해 북단 바로 위쪽의 요단강 동편 베다니(Bethany)라는 주장과 갈릴리호수 남쪽 야르데니트(Yardenit)라는 주장이 있다.

요단강 침례터 베다니

지금은 요단강을 경계로 하여 동서로 이스라엘과 요르단의 두 나라로 갈라져 있는 요단강 변은 국경선이 가로지르는 군사지역으로 들어갈 수 없으며, 여리고에서 8km 떨어진 엘렌비 다리가 예루살렘과 암만(요르단의 수도)을 잇는 국경을 통과하는 도로이다.

지도상의 베다니는 요단강의 동쪽 요르단 쪽을 말한다. 베다니(요르단 베다니 건너편) 침례터는 1967년 6일 전쟁 때 이스라엘군들이 점령하여 오늘에 이르고 있으며, 현재도 양측이 실탄을 장전한 총기를 들고 경비하고 있었다. 요단강이 사해 북쪽으로 흘러 들어가기 전으로 이스라엘과 요르단의 국경 출입국 관리소와 알렌비 다리(Allenby Bridge)가 있다.

요단강 가 침례 요한이 침례를 주었던 곳에 세워진 기념교회

그동안 요르단 측 베다니만 개방하였으나, 2011년 7월 12일부터는 이스라엘 측도 개방하였고, 안내판에는 '카세르 엘 예후드'(Qaser El Yahud, Baptismal Site)라고 쓰여 있다.

예루살렘에서 박해를 받으시던 예수 그리스도께서 요한이 처음으로 침례를 베풀던 베다니에 잠시 계셨다는 사실에 근거한 많은 연구 학자들의 이 지역에 대한 연구와 발굴 노력으로 교회, 수로, 침례터 등의 많은 유적이 발굴되어 여기를 침례 요한의 침례터로 추정하고 있다.

'요단'은 '내려가다'란 뜻을 가진 어근에서 유래되었다고 하며, 사람들은 높은 유대 산지 예루살렘에서 낮은 요단강으로 '내려가게' 된다. 또한 요단이란 '급한 여울'이라

이스라엘 갈릴리호수 바로 아래 요단강 침례터 야르데니트

는 뜻이다.

신약성경에는 베다니라는 이름으로 두 개의 지명이 언급되고 있다. 하나는 감람산 기슭에 위치한 예수님께서 나사로를 살리신 마을 베다니(요 11장)이고, 다른 하나는 요단 동편 지역에 있는 예수 그리스도께서 침례 요한에게 침례를 받으셨던 베다니이다.

침례 요한이 침례를 주었던 곳의 안내 표지판(좌) · 베다니로 추정하는 현재의 요단강(우)

일부 학자들은 나사렛에서 활동하시던 예수 그리스도께서 침례 요한에게 가서 침례를 받으셨다고 기록되어 있기 때문에 갈릴리 지방에서 가까운 갈릴리호수 남쪽의 야르데니트를 침례터라고 주장하기도 한다.

한편 예수 그리스도께서 침례 요한에게 침례를 받으신 지역은 실탄을 장착한 군인들이 지키고 있을 정도로 위험한 요르단과의 국경지대이고 여리고 남쪽에 있어 쉽게 갈 수 있는 곳이 아니어서, 예수 그리스도처럼 직접 요단강 침례를 체험하고 싶어 하는 순례자들을 위해 갈릴리호수 남쪽 요단강에 상설 침례터인 야르데니트가 만들어졌다고 한다.

제일 오래된 키부츠 중 하나인 데가니야 키부츠가 1925년에 설립된 후 얼마 지나지 않아 갈릴리호수에서 요단강이 시작되는 약 100m쯤 되는 지점에 수문을 만들고, 수문 아래 약 50m쯤 떨어진 곳에 순례자들을 위하여 침례를 할 수 있는 시설을 만들었다. 이곳이 야르데니트라 부르는 요단강 침례터로 매년 50만 명 정도의 방문자가 이곳을 찾는다고 한다.

길갈(Gilgal)

지난 수치를 굴려 버려야 할

Sacred Stones/Pillars and Altar Worship Site located in the Wilderness south of Israel. Photo by Uzi Avner. Used with permission in Sunday Software's Abraham & Sarah CD.

구약성경에서 길갈은 여러 곳으로 나온다.

여리고 동편 지역 길갈

여호수아 4장 19절에 "여리고 동쪽 경계"로 기록된 길갈은 후에 베냐민 지파에게 분배된 성읍이다. 이곳은 이스라엘이 가나안을 정복하고 왕국이 세워지던 당시에 매우 중요한 정치·군사·종교적인 중심지였다. 많은 학자가 이곳을 현재의 여리고 동쪽 3.7km 정도 지점에 있는 '키르벳 엔 니틀레'라고 본다.

이스라엘 백성들은 요단강을 건넌 후 이곳에 진을 쳤으며, 요단강 바닥에서 가져온 12개의 돌로 기념비를 세웠다.

여호수아 4장 20~22절

20여호수아가 요단에서 가져온 그 열두 돌을 길갈에 세우고 21이스라엘 자손들에게 말하여 이르되 후일
에 너희의 자손들이 그들의 아버지에게 묻기를 이 돌들은 무슨 뜻이니이까 하거든 22너희는 너희의 자손
들에게 알게 하여 이르기를 이스라엘이 마른 땅을 밟고 이 요단을 건넜음이라

'길갈'은 '굴러가다'라는 의미로 여호와 하나님께서 애굽의 수치를 이스라엘 백성에게서 굴러가게 하셨음을 뜻한다(수 5:9). 여기서 길갈이 가나안 정복에서 중요한 곳임을 알 수 있다. 이스라엘 백성들은 이곳에서 할례를 받았고(수 5:2~3), 유월절을 지켰으며(수 5:10), 여호수아는 하나님의 군대 대장을 만나 경배했다(수 5:13~15). 또 이스라엘 백성들은 이곳에서 기브온 거민에게 속아 조약을 맺었고(수 9:3~15), 그들의 요청을 받아 아모리 사람들과 전쟁을 하기도 했다(수 10:6~43).

한편 이곳은 사무엘이 해마다 벧엘, 미스바 등을 순회할 때 다녀간 곳이며(삼상 7:16), 사무엘이 백성들을 모은 뒤 사울을 왕으로 삼은 곳인 동시에 그가 하나님께 버림받은 곳이기도 했다(삼상 11:14~15, 13:4~15, 15:17~29). 또한 이곳은 이스라엘 백성들이 제사 지내던 곳이었다(삼상 10:8, 11:15, 15:21).

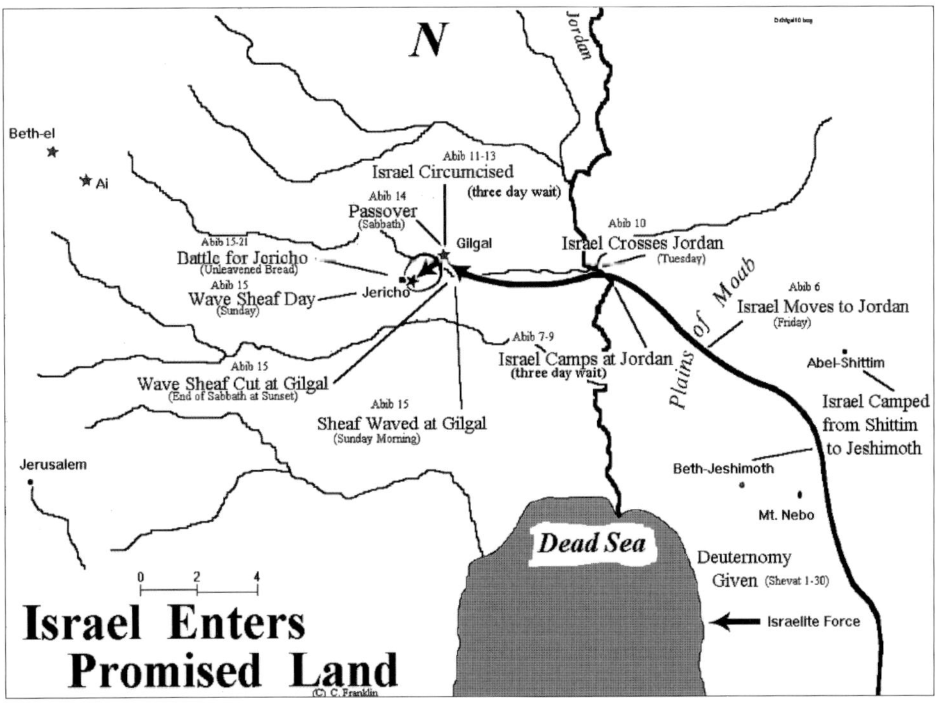

① 가나안 땅에 들어온 후 처음으로 유월절을 지킴, 여호수아의 작전기지(수 4:19, 5:10, 9:6, 14:6)
② 사무엘이 사사직으로 순행(삼상 7:16)
③ 사울 왕의 즉위식(삼상 10:8, 11:14)
④ 사무엘이 아말렉 왕 아각을 죽임(삼상 15:32)
⑤ 압살롬이 죽은 후 다윗이 예루살렘으로 귀경할 때 유대인이 이곳까지 출영(삼하 19:15~40)
⑥ 바벨론에서 귀환한 유대인의 거주지(느 12:29)

벧엘 북쪽 지역 길갈

엘리야와 엘리사가 길갈을 거쳐 벧엘, 여리고로 갔는데(왕하 2:1~4, 4:38), 어떤 학자들은 이곳을 여리고 동편의 길갈과 동일한 곳으로 보기도 하지만, 또 다른 사람들은 벧엘에서 북쪽으로 약 12km 지점에 위치한 곳(현재의 '일률리에')으로 본다. 이곳에서 엘리야와 엘리사는 요단강으로 갔고, 강가에서 엘리야가 승천했다(왕하 2:7, 11).

① 엘리야가 승천 전에 엘리사와 같이 이 성에서 출발함(왕하 2:1)

② 선지학교 학생들이 흉년에 엘리사에게 나아왔을 때 엘리사가 국의 독을 제거하여 대접함(왕하 4:38~41)

③ 호세아, 아모스 두 선지자가 이 성에 경고함(호 4:15, 9:15; 암 4:4, 5:5)

사마리아 산지 성읍 길갈

가나안의 왕들을 언급할 때 "길갈의 고임 왕"(수 12:23)이라고 했는데 학자들은 사마리아 산지에 있던 성읍, 샤론평야의 경계에 있던 성읍 등으로 본다.

베냐민의 땅, 글릴롯

"아둠밈 비탈 맞은편 글릴롯"(수 18:17)의 글릴롯을 길갈과 동일한 곳으로 본다. 이곳은 베냐민 지파의 땅으로, 유다 지파와의 경계에 있었다.

세겜 근처

"이 두 산은 요단강 저쪽 곧 해지는 쪽으로 가는 길 뒤 길갈 맞은편"(신 11:30)에서의 길갈은 그리심산과 에발산 사이의 세겜 근처로 추정된다.

길갈의 은혜

여호수아는 이스라엘 백성들과 함께 가나안 정복을 눈앞에 두고 요단을 건너 길갈에서 열두 돌로 승리의 기념비를 세웠다. 길갈은 이스라엘의 중요한 거점 지역이 되었으며, 승리의 장소였다(수 4:19; 삿 3:19~22; 삼상 11:14~15).

'길갈'이란 '애굽의 수치가 굴러갔다'는 뜻이다.

첫째, 길갈에서 할례를 다시 시작함으로 하나님의 은혜를 받았다.

이스라엘 백성들은 난 지 여드레 만에 할례를 받아야 하나님의 선민으로 자격이 주어진다(창 17:9~14). 그런데 광야 생활 중에 하나님을 거역하고 불순종하다가 할례가 중단되고 20년 동안 할례 없이 광야에서 죽어갔다(민 13장). 이제 여호와 하나님께서는 여호수아에게 이스라엘 백성들이 할례를 받고 가나안에 들어갈 것을 명령하심으로 백성의 70~80% 이상이 다시 할례를 받았다.

할례의 의미는 다음과 같다.

① 하나님과의 언약관계의 회복이다.
② 하나님께 대한 이스라엘 백성들의 순종의 결심이다.
③ 하나님의 선민 된 증표이다.
④ 오늘날 침례의 의미로 승리의 축복이 보장되는 것이다(마 3:16~17).

할례를 통해 여호와 하나님과의 관계가 회복되고 하나님께 순종하면, 하나님이 함께하시고 지켜 보호해 주심으로 이방인들의 마음이 녹고 정신을 잃게 만들어 승리와 축복을 보장해 주신다는 것이다.

둘째, 길갈에서의 할례는 애굽의 수치가 굴러가는 은혜이다.

길갈에서 할례를 행함으로 가나안 왕들의 마음이 녹았고 그들이 이스라엘 백성들을 두려워했으며 하나님께서는 "내가 오늘 애굽의 수치를 너희에게서 떠나가게 하였다"라고 하셨다. 이스라엘 백성들이 애굽에서 당한 노예로서의 수치 곧 조롱, 멸시, 부끄러움 등의 모든 수치를 물러가게 하신 것이다. 오늘도 하나님의 자녀로 선택받은 백성은 이 은혜를 누린다.

① 노예의 억압이 굴러가고 자유를 누리는 은혜이다. 하나님의 자녀로서 죄와 율법과 마귀의 노예에서 해방된 은혜를 주신 것이다(롬 8:1-4; 요 1:12).

② 가난이 굴러가고 부요함을 주시는 은혜이다. 이스라엘 백성들이 애굽에서 당한 가난을

끝내주시고 젖과 꿀이 흐르는 부요함을 약속해 주신 것처럼 하나님의 자녀들이 누리는 거듭남의 은혜이다(요 3:3).

③ 병마의 고통이 굴러가고 건강의 축복을 주시는 은혜이다. 이는 예수 그리스도를 만나고 하나님의 자녀 된 자마다 받는 축복이다(요 5:5~9).

④ 애굽과 광야의 고통이 굴러가는 가나안 땅을 주시는 은혜이다. 하나님의 자녀는 영원한 천국을 보장받는다는 새 하늘과 새 땅에 대한 약속이다(계 22:1~2).

종려나무의 성읍 - 여리고(Jericho)

믿음으로 순종하며 돌아 무너진

풍요로운 여리고 들판에서 유대광야를 바라본 전경

여리고는 현재 요르단 계곡의 강 서쪽, 사해 북쪽에 있는 도시로, 해수면 아래 256m에 자리 잡고 있다.

여호수아서에 의하면 요셉의 자손에게 할당된 땅이었다.

여호수아 16장 1절

요셉 자손이 제비 뽑은 것은 여리고 샘 동쪽 곧 여리고 곁 요단으로부터 광야로 들어가 여리고로부터 벧엘 산지로 올라가고

'여리고'(Jericho)라는 이름은 '레아흐'에서 유래한다. 이 이름의 뜻에는 몇 가지 의견들이 있는데, 아랍어로 여리고가 '향기로운'이라는 뜻의 '아리하'로 불리고 있고 '레아흐'가 히브리어로는 '냄새'라는 뜻이기에, 이곳에서 생산되는 향유 때문에 이 이름을 갖게 되었다고 생각하는 의견이 있다. 또 다른 의견은 달을 의미하는 '야레아흐'와 관련이 있고, 고대 여리고가 달신을 섬기는 중심지였기 때문에 여기에서 유래했다고 보기도 한다.

해발 790m 예루살렘에서 황량한 유대광야를 지나 내리막길로 달리다 보면 사해가 멀리 보일 즈음 갑자기 진녹색으로 가득한 장소가 눈에 띄는데 그곳이 바로 기름지고 풍요로운 땅 여리고이다.

여리고는 유대광야를 지나 비가 거의 오지 않는 사해 북쪽 지역에 자리 잡고 있고, 강우량은 일 년에 160mm밖에 안 된다. 연평균 기온도 15~36도에 이르는 더운 지역이다. 그러나 주변에 샘들이 있어 나무와 풀들이 무성하다. 도시 근처에 있는 엔 에스-술탄 샘에서는 1분에 3.8m^3의 샘물이 솟아 적어도 10km^2의 땅에 물을 댈 수 있다고 한다.

여리고에 있는 엘리사의 샘

성경에서 '종려나무의 성읍'(신 34:3; 대하 28:15)이라 묘사되고 있을 만큼 여리고에는 종려나무가 상당히 많이 자라고 있다. 비록 광야 지역이지만 풍부한 수자원 덕분에 사람들이 살 수 있는 조건을 갖추었고, 당연히 많은 거주지가 발견된 바 있다. 여리고에는 이미 BC 8000년경부터 인류가 살고 있었던 흔적이 발견되었으며, 이후 거주지로 사용된 층들이 20개 이상 발견되었다.

현대 그리스도인들에게 여리고는 여호수아의 가나안 정복을 위한 첫 번째 전쟁터이자, 여리고성의 믿음의 여인 라합의 구원 이야기와 하루에 한 바퀴, 마지막 일곱째 날에 일곱 바퀴를 믿음으로 순종하며 돌 때 성벽이 무너진 여호와 하나님의 기적 사건으로 기억되는 도시이다.

성서고고학에서 여리고는 인류가 건설한 세계에서 가장 오래된 도시가 있었던 장소로 더 유명하다.

성서고고학자들은 여리고에 처음 정착하기 시작한 사람들을 나투피아(Natufia) 사람이라고 부른다. 이들은 현대 여리고 도시에서 2km 정도 떨어져 있는 엔 에스-술탄 샘 주변에 BC

10000~8000년 사이 거주하기 시작했다고 본다. 이들의 문화는 토기를 사용하지 않았지만 농사를 기초로 하고 있었다. 200~300명이 영구적으로 작지만 둥근 집을 만들어 살기 시작했다. 집은 진흙과 짚을 섞어 태양에 말려 만든 벽돌을 쌓아 만들었다. 보통 집들의 크기는 지름이 5m 정도 됐고, 집의 중앙에는 바닥을 움푹하게 파서 불을 피워 생활한 흔적이 있었다. 이들의 거주지에서 발굴된 특이한 것은 방바닥 아래에 시신이 묻혀 있는 것이다.

BC 9400년경 인구가 점차 늘어나 10배 이상의 사람들이 공동체를 이루어 살았다. 70채 이상의 집들이 지어졌고, 성벽으로 둘러싸인 4만m^2의 세계 최초의 도시가 건설되었다. 집들은 여전히 진흙 벽돌을 쌓아 둥글게 지었다.

텔 여리고 발굴 현장의 도시 성벽 하나에는 거대한 돌탑이 있는데 여리고에서 가장 많은 관심과 시선을 받는 고고학적 발굴 현장이다. 이 탑은 높이가 약 3.6m에 달하며, 탑 아랫부분 폭이 1.8m이다. 탑 내부에서 꼭대기로 올라가도록 22개의 돌계단이 만들어져 있다. 이 탑에 대한 해석은 전망대라는 의견이 다수이지만, 최근에는 홍수에 내비한 의례가 행해졌던 장소로 보는 이도 있다.

텔 여리고 발굴 현장에서 발견된 돌탑 건축물

이러한 탑을 건설하기 위해서는 수백 명의 사람이 꽤 오랫동안 노동에 참여해야만 한다는 사실로 미루어, 당시 여리고의 인구와 중앙 집권층의 힘이 얼마나 강했는가를 상상해 볼 수 있다.

여리고에 있는 삭개오가 올랐을 것으로 추측되는 돌무화과나무

이유는 정확히 밝혀진 바 없으나 여리고에는 한동안 사람이 살지 않았다. BC 6800년경부터 도시는 다시 사람들로 북적였다. 이전에 주로 농사에만 집중했던 것에 비해 이 시대부터는 양을 키우는 목축도 병행했다. 이 시대의 무엇보다 유명한 고고학적 발견은 사람의 해골을 발견한 것이다. 현재 발견된 시신은 10구 정도인데 몸은 아마도 어딘가에 묻고 두상만을 집에 간직한 것으로 보인다. 턱을 제거한 해골은 전체에 회반죽을 입혔고, 눈은 조개껍데기를 박아 마치 눈을 뜨고 있는 사람처럼 보인다. 몇몇 학자들은 이전 시대에 사람을 방바닥에 묻는다든가 해골만을 특이하게 장식한 후 집에 간직한 것은 조상을 섬기는 신앙에서 비롯된 것이라고 보고 있으나, 아직까지 정확한 해석이 알려진 바는 없다.

이 시대 고고학 발굴 층에서는 세석기와 방추, 화살촉과 돌칼 등 다양한 도구가 발견되었고, 동물이나 사람의 모습을 한 점토 인형과 토기도 발견된 바 있다. 신을 형상화한 기형학적인 문양의 점토 형상과 돌 형상도 함께 발견되었다. 더불어 조개와 돌을 깎아 만든 장신구들도 발견되어 당시 예술의 발달도 엿볼 수 있다.

텔 여리고(Tell Jericho) 발굴 역사

여호수아가 이끄는 이스라엘 백성들이 요단강을 건너서 가나안에 발을 들여놓았을 때 그들이 마주친 첫 번째 요새는 난공불락의 여리고성이었다. 육중한 성문과 높은 성벽으로 둘러싸인 난공불락의 여리고성을 앞에 두고 이스라엘 백성들은 여호와 하나님께서 지도자 여호수아에게 말씀하신 그 명령을 따라 현대 전술로는 이해하기 힘든 성벽 돌기를 하루 한 차례씩 엿새 동안 시행하고, 일곱째 날에는 일곱 바퀴를 돌았다.

여호수아 6장 1~5절

1이스라엘 자손들로 말미암아 여리고는 굳게 닫혔고 출입하는 자가 없더라 2여호와께서 여호수아에게
이르시되 보라 내가 여리고와 그 왕과 용사들을 네 손에 넘겨주었으니 3너희 모든 군사는 그 성을 둘러

성 주위를 매일 한 번씩 돌되 엿새 동안을 그리하라 [4]제사장 일곱은 일곱 양각 나팔을 잡고 언약궤 앞에서 나아갈 것이요 일곱째 날에는 그 성을 일곱 번 돌며 그 제사장들은 나팔을 불 것이며 [5]제사장들이 양각 나팔을 길게 불어 그 나팔 소리가 너희에게 들릴 때에는 백성은 다 큰 소리로 외쳐 부를 것이라 그리하면 그 성벽이 무너져 내리리니 백성은 각기 앞으로 올라갈지니라 하시매

구약성경 여호수아 6장에 의하면, 일곱째 날 성벽을 일곱 바퀴 돌면서 뿔 나팔을 불고 큰 소리로 외치자 여호와 하나님의 약속대로 그 견고한 난공불락의 여리고성 성벽이 무너졌다.

여호와 하나님의 인도하심을 따라 순종의 걸음을 걸었던 여호수아와 이스라엘 백성들이 돌고 돌아 무너뜨렸던 여리고성의 성벽은 성서고고학 발굴사에서 오늘날까지도 풀리지 않는 수수께끼 중 하나이다.

광활한 요단평원에 24m의 높이로 우뚝 솟은 텔 여리고는 약 4만m^2밖에 되지 않는 비교적 작은 규모의 도시였지만, 19세기 후반에 처음 발굴된 이래로 이스라엘 여러 곳 가운데 고고학자들의 지대한 관심이 집중된 유적지였다. 끊임없이 맑은 물이 솟아나는 엘리사 샘가에 자리한 텔 여리고는 광야 한가운데 위치한 비옥한 오아시스로서, 로마시대에는 비싼 값에 팔리는 향유의 생산지로 클레오파트라의 영지가 되었고, 헤롯의 궁전과 별장이 위치한 휴양지로도 유명했다.

예루살렘 탐사를 목적으로 영국에서 온 워렌(C. Warren)은 1868년 4월 여리고를 찾아 성경시대의 여리고로 여겨지는 '텔 술탄'이란 언덕을 발굴하기 시작했다.

약 한 달 동안의 발굴에서 워렌은 마치 참호를 파듯이 텔의 동서로 이어지는 도랑과 텔의 바닥까지 도달하는 수직 갱을 팠다. 하지만 흙벽돌 건물의 흔적만 발견했을 뿐 이렇다 할 만한 구약시대 여호수아 때의 여리고성벽은 찾을 수 없었다. 당시에는 돌로 만든 석조건축물만을 가치 있는 유적으로 여겼기 때문에 그는 더 발굴을 지속할 수 없었다. 나중에 알려진 일이지만 워렌의 수직 갱은 1만 년 전에 건설된 신석기 시대의 성벽과 망대를 안타깝게 1m 정도 벗어났다고 한다.

두 번째의 여리고 발굴은 1907~1911년에 오스트리아의 젤린(E. Sellin)과 독일의 바칭어(C. Watzinger)에 의해 조직적으로 이뤄졌다.

이미 1902년부터 3년 동안 이즈르엘평원의 타아낙을 발굴하여 어느 정도 실력을 갖춘 젤린은 엄청난 흙벽돌의 잔해 속에서 견고한 바윗돌로 기초를 다진 성벽을 찾아내는 데 성공했다. 젤린이 여리고에서 발견한 성벽이 여호수아가 파괴한 여리고성벽이라는 소문이 삽시간에 예루살렘을 통해 온 유럽으로 번져 나갔다.

하지만 발굴이 진행되면서 한 시대의 성벽만 발견된 것이 아니라 여러 군데에서 다양한 시대의 성벽들이 속속 드러나게 되자, 발굴 당사자들은 과연 어느 것이 여호수아의 성벽인가 하는 난감한 문제에 부딪혔다. 그들은 BC 16세기경 파괴된 중기 청동기시대의 성벽을 선택했고,

이스라엘 민족의 가나안 입성도 같은 시대로 보았다. 이 연대를 기준으로 광야생활 40년을 거슬러 올라가서 출애굽 사건도 BC 1500년경 발생한 것으로 추정했다. 젤린의 이러한 연대 추정은 여리고의 고고학적 중요성을 신봉하는 일부 성서학자들에 의해 오늘날까지도 주장되는 초기 출애굽설을 낳게 된다.

텔 여리고 발굴 현장 모습

제1차 세계대전 이후 팔레스타인을 식민지로 삼았던 영국이 이 중요한 여리고성 발굴을 그냥 지나칠 리 없었다. 젤린의 발굴 결과를 정면으로 부정하고 나선 리버풀 대학의 가르스탕(J. Garstang)은 1930년부터 새로운 성벽을 찾기 위한 대규모 발굴을 시작했다.

특별히 가르스탕은 처음으로 텔 여리고에서 BC 3000년에서 1500년 사이의 무덤들을 발굴했다. 이곳에서 함께 출토된 부장품들 가운데 특히 잘 보존된 토기들을 통해 여리고의 주거 역사를 재구성할 수 있었다. 하지만 7년 동안의 발굴 결과 가르스탕이 내린 결론은 젤린의 것과 별 차이가 없었다. 단지 연대를 1백여 년 늦추어서 여호수아에 의한 여리고성의 파괴가 BC 15세기에 발생했다고 주장했다.

마지막 여리고 발굴은 영국의 여성 고고학자 케년(K. M. Kenyon)이 1952~1958년에 지속한 것이다.

캐년은 이 발굴에서 가장 발전된 기술을 적용하여 발굴된 토기 분석을 통해 정확한 연대를 추정한 결과 여호수아 성벽보다 더 중요한 사실을 밝혀냈다. 이곳에는 이미 1만 년 전부터 거대한 성벽과 망대가 건설됐기 때문에 여리고가 공식적으로 세계 최초의 도시라는 것이다. 도시 문명의 고향인 메소포타미아 지역에서 BC 4천 년경부터 성벽을 쌓기 시작한 것과는 비교가 되지 않는 파격적인 결과였다. 한편 그녀의 여호수아 성벽에 대한 연대 추정 결과는 이전의 발굴 결과와 크게 다를 바 없었다.

1868년부터 약 100여 년 동안 유럽의 대표적인 고고학자들에 의해 네 차례에 걸쳐 샅샅이 발굴되었음에도 여리고성의 주거 역사는 아직도 완전히 밝혀지지 않았다.

그토록 찾기를 원했던 여호수아 때의 여리고성벽이 아직도 흙 속에 파묻혀 있다는 낙관론과 오랜 세월 빗물에 씻겨 내려가 그 흔적을 찾을 수 없다는 비관론이 교차하는 가운데 1993년 팔레스타인 자치 구역으로 선포된 여리고는 지금도 새로운 발굴의 손길을 기다리고 있다.

3,300여 년 동안의 침묵을 깨고 여리고성이 그 모습을 세상에 드러낸 것은 최근이었다. 1999년 〈Creation Ex Nihilo Journal〉에 실린 성서고고학의 대가 브라이언트 우드 박사의 논문은 여리고성의 실체를 구체적으로 보여주고 있다.

우드 박사의 논문에 따르면, 요단계곡에 있는 여리고성은 고고학적으로 가나안 지역에서 가장 오래된 성곽도시였다. 길이가 450km나 되는 요단계곡은 헬몬산으로부터 남쪽으로는 아카바만, 그리고 케냐와 탄자니아를 거쳐 모잠비크까지 이어진다.

계곡의 가장 낮은 곳은 해수면보다 256m나 낮은 사해 부근 여리고이다. 여리고는 이런 요단계곡 주변의 황량한 광야 한가운데 자리 잡고 있었으며, 그 안에 펼쳐진 오아시스로 이른바 '녹색 카펫'이나 다름이 없었다. 그래서 여리고의 토질은 기름졌으며, 이런 토질 덕분에 오렌지, 바나나, 대추야자 등 열대과일이 풍성했다. 건기인 여름에는 메마르고 매우 무더웠지만, 우기인 겨울과 봄에는 수많은 꽃이 뿜어내는 향기로 도시 전체가 거대한 향수 항아리에 담겨 있는 듯했다. 이곳이 바로 젖과 꿀이 흐르는 가나안 땅이었다. 이곳은 지도상 지금의 텔알술탄 지역이며, 근처에는 오늘날에도 나쁜 물에 소금을 넣어 좋은 물로 만든 엘리사의 샘물이 솟아나고 있다.

열왕기하 2장 19~22절을 읽어보자.

열왕기하 2장 19~22절

19그 성읍 사람들이 엘리사에게 말하되 우리 주인께서 보시는 바와 같이 이 성읍의 위치는 좋으나 물이
나쁘므로 토산이 익지 못하고 떨어지나이다 20엘리사가 이르되 새 그릇에 소금을 담아 내게로 가져오라
하매 곧 가져온지라 21엘리사가 물 근원으로 나아가서 소금을 그 가운데에 던지며 이르되 여호와의 말
씀이 내가 이 물을 고쳤으니 이로부터 다시는 죽음이나 열매 맺지 못함이 없을지니라 하셨느니라 하니
22그 물이 엘리사가 한 말과 같이 고쳐져서 오늘에 이르렀더라

신약성경에서 소개되는 여리고는 구약성경에 등장하는 여리고와 지리적 측면에서 다소 차이가 있다. 구약의 여리고보다 남쪽으로 조금 비켜난 '아브엘 알라익'이라고 불리는 폐허 지역

이 바로 신약의 여리고이다. 누가복음 19장 4~5절에서 예수 그리스도께서 지나시다가 삭개오를 만난 곳이며, 현재 예루살렘에서 암만에 이르는 도로변에 자리 잡고 있다.

브라이언트 우드 박사의 논문은 100여 년 동안에 걸친 유적 발굴에 관한 보고서를 분석한 내용에 근거하고 있다.

여리고성은 외벽과 내벽 성벽으로 두 겹을 이루고 있으며, 외성벽은 5m 정도 높이의 기초 성벽 위에 두께 2m, 높이 7m의 진흙 벽돌 성벽으로 세워졌다. 내성벽은 지상으로부터 높이가 14m 정도 되는 둑 위에 다시 높이 솟아오른 구조로 설계된 것으로 밝혀졌다. 그야말로 난공불락의 구조를 지닌 이중 성벽이었다(사진 참조).

텔 여리고에서 발굴된 여리고성의 단면도

여리고성에 거주했던 당시 이스라엘 백성들은 집 안의 벽을 그림으로 장식했고, 죽은 사람의 머리뼈를 방바닥에 매장하는 풍습을 지녔던 것으로 발굴 결과 드러났다. 또한 진흙으로 빚은 여자의 형상과 동물들도 발견되어 진흙이 성벽을 쌓는 벽돌뿐 아니라 이들의 문명과 문화, 그리고 삶에 깊이 연관되어 있음을 엿볼 수 있었다. 특히 주거지에서 터키(현 튀르키예) 지역에서만 생산되던 오석(Turquoise)이 발견되어 여리고가 먼 지역들과 활발하게 교역했음을 입증해 주었다.

그러나 이런 유물들 외에 발굴팀을 놀라게 한 것은 정작 따로 있었다. 발굴팀이 1m 정도 땅을 파고 들어갔을 때 발견한 것으로, 불에 탄 곡식 항아리들의 재와 흔적들이었다. 여호수아가 이스라엘 백성을 이끌고 여리고성에 이르렀을 때는 추수가 거의 끝난 시기였다(수 3:15-"요단이 곡식 거두는 시기에는 항상 언덕에 넘치더라"). 이 때문에 추수한 곡식이 항아리에 가득 담겨 있었다고 분석했다. 그렇다면 불에 탄 흔적에 대한 성경의 해답은 무엇일까?

여호수아 6장 24절

무리가 그 성과 그 가운데에 있는 모든 것을 불로 사르고 은금과 동철 기구는 여호와의 집 곳간에 두었더라

그래도 의문은 또다시 이어진다. 가나안 전쟁을 계속 치러야 할 이스라엘 백성들이 중요한 군량미를 다 태워 없애버렸다는 것은 억지 해석일 수도 있기 때문이다. 성경은 더는 의문의 여지를 남기지 않고 있다.

여호수아 6장 18절

너희는 온전히 바치고 그 바친 것 중에서 어떤 것이든지 취하여 너희가 이스라엘 진영으로 바치는 것이 되게 하여 고통을 당하게 되지 아니하도록 오직 너희는 그 바친 물건에 손대지 말라

텔 여리고 발굴 현장

발굴팀을 더욱 놀라게 한 것은 여리고성 북쪽 바깥 성벽에는 집들이 벽에 붙은 형태로 지어져 있었는데 오직 한 부분만 무너지지 않은 것이 확인되었기 때문이다. 그러나 이에 대한 해답 역시 성경에서 찾아볼 수 있었다. 기생 라합의 집이 바깥 성벽에 붙여 지어졌으며, 여리고성 정복 시 라합의 가족은 그 집 안에서 살아남았다고 기록하고 있다.

여호수아 6장 22~25절을 읽어보자.

여호수아 6장 22~25절

22여호수아가 그 땅을 정탐한 두 사람에게 이르되 그 기생의 집에 들어가서 너희가 그 여인에게 맹세한
대로 그와 그에게 속한 모든 것을 이끌어 내라 하매 23정탐한 젊은이들이 들어가서 라합과 그의 부모
와 그의 형제와 그에게 속한 모든 것을 이끌어 내고 또 그의 친족도 다 이끌어 내어 그들을 이스라엘의

진영 밖에 두고 [24]무리가 그 성과 그 가운데에 있는 모든 것을 불로 사르고 은금과 동철 기구는 여호와의 집 곳간에 두었더라 [25]여호수아가 기생 라합과 그의 아버지의 가족과 그에게 속한 모든 것을 살렸으므로 그가 오늘까지 이스라엘 중에 거주하였으니 이는 여호수아가 여리고를 정탐하려고 보낸 사자들을 숨겼음이었더라

여호수아의 여리고성 정복 후, 여호와 하나님께서는 여호수아 6장 26절에서 여호수아를 통해 "누구든지 이 성의 기초를 쌓을 때 맏아들을 잃을 것이고, 문을 세울 때 막내아들을 잃을 것이다"라고 경고하셨다.

그럼에도 아합 시대 벧엘 사람 히엘은 이 경고를 무시하고 여리고성을 다시 건축하려다가 그 터를 쌓을 때 맏아들 아비람을 잃고, 성문을 세울 때 막내아들 스굽을 잃고 말았다.

열왕기상 16장 34절을 읽어보자.

열왕기상 16장 34절

그 시대에 벧엘 사람 히엘이 여리고를 건축하였는데 그가 그 터를 쌓을 때에 맏아들 아비람을 잃었고 그 성문을 세울 때에 막내아들 스굽을 잃었으니 여호와께서 눈의 아들 여호수아를 통하여 하신 말씀과 같이 되었더라

하나님께서 왜 이렇게 강력하게 경고하시고 어겼을 때 심한 벌을 내리셨을까? 여리고성의 폐허의 현장은 여호와 하나님의 승리와 심판에 대한 분명한 증거로 후세에 남겨 놓기를 원하셨기 때문이다.

여호수아 4장 6~7절

[6]이것이 너희 중에 표징이 되리라 후일에 너희의 자손들이 물어 이르되 이 돌들은 무슨 뜻이냐 하거든
[7]그들에게 이르기를 요단 물이 여호와의 언약궤 앞에서 끊어졌나니 곧 언약궤가 요단을 건널 때에 요단 물이 끊어졌으므로 이 돌들이 이스라엘 자손에게 영원히 기념이 되리라 하라 하니라

철옹성 같았던 난공불락의 여리고성은 어떻게 무너졌을까?

모세가 죽고 여호수아가 뒤를 이어 이스라엘 백성을 이끌고 요단강을 건너 가나안 땅에 들어가게 된 시기는 BC 1405년으로, 출애굽기 3장 17절("내가 너희를 애굽의 고난 중에서 인도하여 내어 젖과 꿀이 흐르는 땅 곧 가나안 족속, 헷 족속, 아모리 족속, 브리스 족속, 히위 족속, 여부스 족속의 땅으로 올라가게 하리라")의 약속대로 이스라엘 민족이 가나안 땅의 도성 가운데 최초로 공격한 곳이 바로 여리고성이다.

육중한 성문과 높은 성벽으로 둘러싸인 이 난공불락의 요새가 도대체 어떻게 무너졌는지에 대한 구약성경의 증언은 읽는 이로 하여금 웃음을 자아내게 한다. 여호와 하나님께서 여호수아에게 지시하신 전술은 '성벽 돌기'였다. 이스라엘 백성이 하루 한 차례씩 엿새 동안 성벽을 돌고, 칠 일째 되는 날에는 성을 일곱 바퀴 돌며 제사장들이 나팔을 불고 고함을 지르라는 독특한 전술이었다(수 6:3~5). 이런 전술은 인류가 전쟁을 시작한 이래 구약성경 여호수아서를 빼고 그 어떤 문헌에서도 찾아볼 수 없는 희귀하고 진기한 방법이다.

결론부터 말하자면, 여리고성은 "진동에 의한 '공명'과 '지진'에 의해 무너졌다"라는 것이 당시 발굴에 참여했던 전문가와 창조과학자들의 공통된 견해이다.

공명의 위력은 실로 상상을 초월한다.

1940년 11월 7일 미국 워싱턴 터코마 해협에 태풍에도 견딜 수 있는 신공법으로 건설된 터코마 현수교가 산들바람에 무너졌다. 기록을 보면 이 현수교가 건축됐을 때 사람들은 세상에서 가장 아름다운 다리라고 격찬했다. 미국 현대 엔지니어링 기술의 자존심으로 건축된 다리였던 만큼 터코마 교는 시속 190km의 강풍에도 견딜 수 있도록 설계되었다. 하지만 완공 3개월 만에, 그것도 산들바람이나 다름없는 시속 70km의 바람에 거대한 철 구조물이 맥없이 무너진 것이다. 터코마 교가 무너진 원인을 밝혀내기 위해 당시 워싱턴 대학의 파쿼하슨 교수를 비롯하여 미국에서 내로라하는 공법 전문가들이 동원되었다. 원인은 강풍이 아니고 진동에 의한 공명이었다.

강철이나 콘크리트 등 세상에 존재하는 모든 물체는 저마다 고유한 진동수를 갖고 있다. 그런데 이 진동수가 외부에서 가해지는 진동수와 일치하게 되면 진폭이 걷잡을 수 없이 증가한다. 이를 공명이라고 한다. 이 공명이 계속 반복되면 아무리 강한 물체라 해도 파괴될 수밖에 없는 위력이 발생하는 것이다. 예컨대 밀폐된 공간에서 같은 진동수를 가진 한 개의 소리굽쇠를 준비해 한쪽에 진동을 가하면 이 진동은 공기를 통해 옆에 있는 소리굽쇠를 강제로 진동시킨다. 계속해서 진동을 가하면 옆에 있는 소리굽쇠의 진폭이 커지는데 이 원리가 바로 공명이다. 그러나 진동수가 다르면 아무리 크게 진동시켜도 다른 쪽의 소리굽쇠는 진동하지 않는다.

터코마 교는 현수교였으므로 바람이 불 때마다 약간의 진동이 생겼는데 이 진동이 다리 자체가 지니고 있던 진동수와 일치했다. 즉, 바람의 세기가 아니라 약한 바람과 진동수가 일치한 공명현상 때문에 맥없이 무너졌다는 결론이다. 공명현상에 의해 무너진 다리는 이뿐이 아니다. 1831년 영국 캘버리 부대가 맨체스터 근교 브로스턴 교 위에서 행진할 때 부대원의 행진 박자가 다리의 고유 진동수와 일치해 붕괴한 것 역시 공명에 의한 사고로 기록되어 있다. 여성 성악가가 소프라노의 목소리로 크리스털 컵을 깨는 것도 이런 원리이다.

두 번째로 지진의 가능성이다.

요단계곡이 거대한 단층으로 이뤄졌다는 것은 이미 지질학자들에 의해 밝혀졌다. 특히 여리고성 근처의 땅은 서로 반대 방향으로 움직이는 두 개의 판 구조 사이에 있어 지진 다발 지역이다. 이 때문에 발굴팀은 당시 지금의 리히터 규모 6.0의 지진이 발생, 여리고성이 붕괴하였음을 보여주는 지질구조가 발굴되었다고 주장했다.

BC 1446년 출애굽 당시 이스라엘 인구는 남자 성인만 60만 3,550명이었다(민 1:46-"계수된 자의 총계는 육십만 삼천오백오십 명이었더라"). 여자와 남자아이까지 합하면 200만 명쯤 될 것으로 추정된다. 이렇게 볼 때 여리고성 전투에 투입된 이스라엘 전사들은 대략 100만여 명으로 추산된다.

따라서 여리고성이 무너진 이유에 대한 추론은 이렇다. 100만여 명의 전사들이 여리고성을 하루에 한 바퀴씩 엿새 동안 돌았을 때 여리고성의 지반이 반복적인 공명으로 서서히 약해졌다는 것이다. 그리고 일곱 번째 되던 날, 즉 제사장들이 나팔을 불 때 여호수아가 백성에게 '외치라'라고 할 때(수 6:16) 진동이 극에 달해 마침내 지반이 갈라지면서 난공불락의 여리고성이 무혈상태에서 무너져 내렸다는 것이 당시 발굴에 참여했던 학자와 창조과학자들의 견해이다.

그러나 이런 이론들은 세상의 지식인들이 여호와 하나님의 역사로 인한 기적을 재해석하려는 노력에 불과하다는 것을 이해해야 한다.

여리고성이 무너진 것에 대한 과학적 분석은 '공명과 지진'으로 압축할 수 있으나, 여호와 하나님의 방법은 '믿음으로 성벽 돌기'라는 지극히 단순한 것이었다.

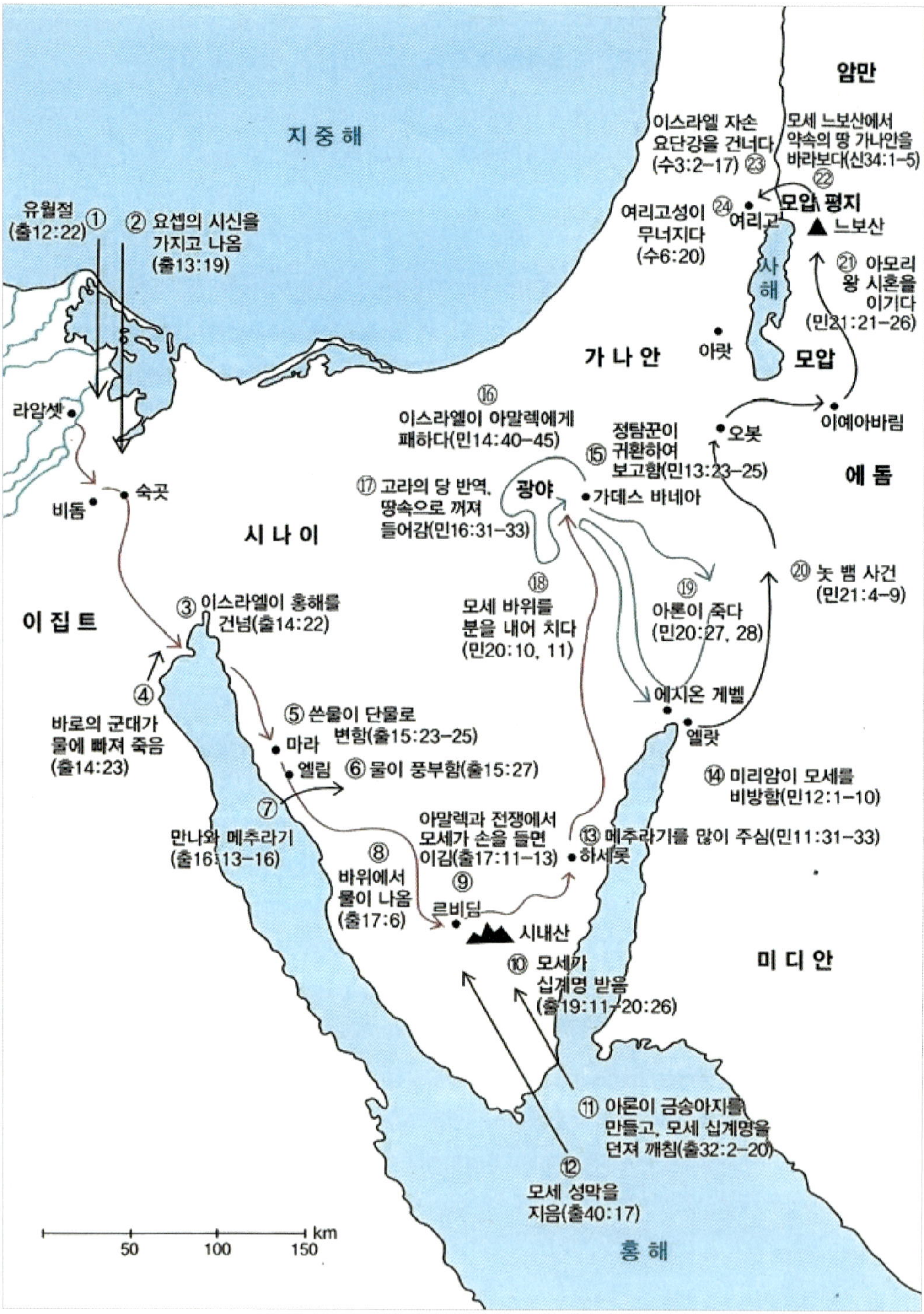

출애굽 여정과 가나안 입성 요약(출애굽기~여호수아)

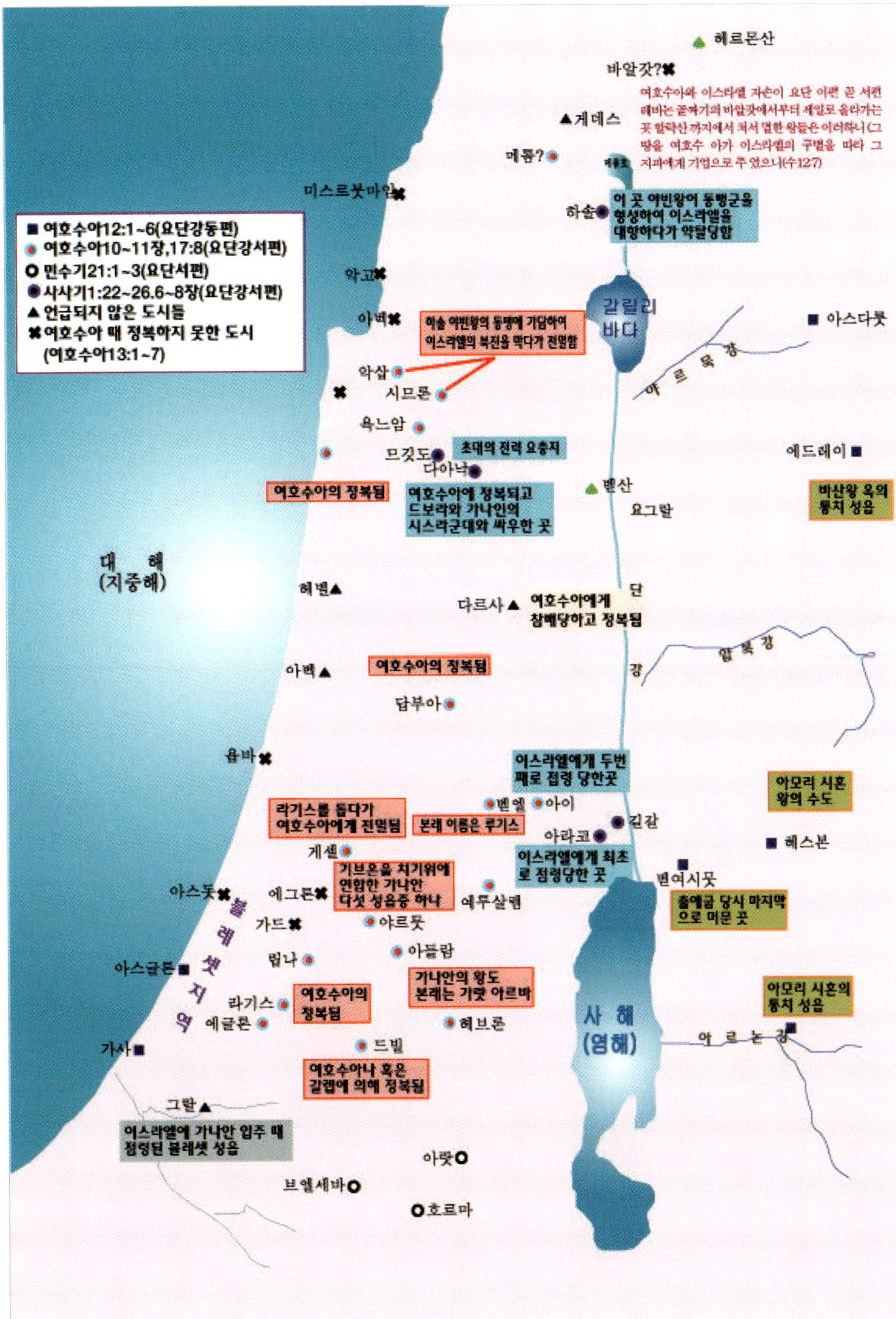

구약성경시대 가나안 도시들 위치

HOLY LAND BIBLE STUDY

제2부

브엘세바에서 예루살렘까지

브엘세바(Beersheba)

가나안 땅의 최남단

하늘에서 내려다본 텔 브엘세바 전경

브엘세바는 아브라함과 이삭, 야곱(창 21:14, 22~34, 22:19, 26:23~33, 28:10, 46:1~5)이 살았던 도시이다. 텔아비브에서 남쪽으로 115km, 예루살렘에서 110km(예루살렘~헤브론까지 45km, 헤브론~브엘세바까지 65km) 남쪽에 위치하고 네게브(Negev)의 중심도시이자 이스라엘에서 네 번째로 큰 규모의 도시이고 교통의 요지이다.

브엘세바는 히브리어로 '브에르 세바'인데, 이는 '브에르'(우물)와 '세바'(일곱)의 합성어로 '일곱 우물'이라는 뜻이다. 아브라함과 이삭이 판 일곱 우물에서 유래했으며, 아브라함과 아비멜렉이 맺은 계약(창 21:22~34)과 관련하여 '맹세의 우물'을 의미하기도 한다.

창세기 21장 22~23, 31절

22그때에 아비멜렉과 그 군대 장관 비골이 아브라함에게 말하여 이르되 네가 무슨 일을 하든지 하나님이
너와 함께 계시도다 23그런즉 너는 나와 내 아들과 내 손자에게 거짓되이 행하지 아니하기를 이제 여기
서 하나님을 가리켜 내게 맹세하라 내가 네게 후대한 대로 너도 나와 네가 머무는 이 땅에 행할 것이니라
31두 사람이 거기서 서로 맹세하였으므로 그곳을 브엘세바라 이름하였더라

브엘세바 계곡은 겨울철 우기에 헤브론 산악으로부터 흘러 내려오는 물과 그 지역의 다량의 지하수로 인해 오래전부터 주거지로 주목을 받아온 곳이었다. 기온은 한여름에는 42°C까지 올라가고, 한겨울 밤에는 영하로 내려가는 변화무쌍한 기후이다. 연간 평균 강수량은 200mm 정도이고, 키랴 갓(Kiriat Gat)으로부터 45km까지 지점인 브엘세바의 북쪽 지역은 비가 조금 더 내리는 지역이기 때문에 이스라엘에서 밀 재배의 중심지로 부르는 곳이다.

여름에서 겨울로 넘어가는 기간에 브엘세바 지역에서 볼 수 있는 독특한 자연현상이 있는데, 바로 먼지 폭풍과 작은 모래 허리케인이다.

텔 브엘세바에서 바라본 오늘날의 브엘세바와 들판

현대 브엘세바는 동일한 장소에서 거주자들이 계속 건설하고 이어 파괴하면서 형성된 텔 브엘세바 바로 인근 서북 쪽에 자리잡고 발전하고 있고 텔 브엘세바 동쪽에는 베두인 마을이 자리 잡고 있다. 브엘세바는 '타나크'(Tanakh)에서 굉장히 많이 언급하고 있는 도시이다. 타나크(히브리어로 'תנ"ך')는 유대교의 경전으로, 유대교 경전은 전통적으로 율법서(토라, Torah, תורה), 예언서(네비임, Neviim, נביאים), 성문서(케투빔, Ketubim, כתובים)로 분류하는데 '타나크'는 이 세 분류명의 첫 글자를 떼어 합성한 이름이다.

종종 구약성경에서 이스라엘의 경계를 표현하거나 전역을 표시할 때 "단에서부터 브엘세바까지"(삿 20:1; 삼상 3:20; 삼하 3:10, 17:11, 24:2, 15; 왕상 4:25)라고 언급한다. 역대기상하에서는 "브엘세바에서부터 단까지"(대상 21:2; 대하 30:5)라고 거꾸로 이야기하기도 하였다.

텔 브엘세바 성문 앞 아브라함의 우물(좌)·텔 브엘세바 성문(우)

텔 브엘세바에서 발굴된 우물

텔 브엘세바(Tell Beersheba)

하늘에서 바라본 텔 브엘세바

텔 브엘세바(Tell Beersheba)는 해발 300m의 언덕으로, 헤브론강과 만나는 곳과 가까운 곳인 브엘세바의 북쪽 둑을 따라서 난 드넓은 계곡의 중앙에 자리 잡고 있다.

텔 브엘세바 고고학 발굴 작업은 텔아비브 대학을 통해 1969~1976년에 이루어져 BC 4000년경인 청동기 시대부터 AD 16세기까지의 유적이 발굴되었다. 이것은 엄청난 양의 지하수 덕분이었으며, 그 증거로 인근에서 수많은 우물이 발견되었다. 정착촌은 이스라엘의 초기 시대인 BC 10세기까지 거슬러 올라간다. 고대 브엘세바의 거리는 격자 형태로 설계되었으며, 행정, 군사, 상업, 그리고 주거지역으로 구분되어 있었다.

텔 브엘세바 전망대와 거주지 발굴 현장

텔 브엘세바에서 특징적인 것 중 하나는 정교하고 거대한 물 저장 시설로서 도시의 지하에 암반을 깎아서 만들었다.

브엘세바 고고학 발굴 작업에서의 두드러진 수확은 '뿔이 달린 제단'의 발굴이었다. 1969년부터 발굴 작업을 하던 중 제단 사면에 뿔이 달린 석제 제단이 발견되었다. 이 제단은 이미 폐기되어 다른 용도로 사용되고 있었으나, 그 석재들을 찾아 복원하여 본 결과 1.6m×1.6m×1.6m의 크기를 가진 정육면체 제단이었다. 제단의 돌들은 잘 다듬어졌고 그중 하나에는 뱀이 새겨져 있었으며, 상부의 돌들은 검게 그을려 제물을 바쳤던 제단임을 알 수 있었다.

텔 브엘세바에서 발굴된 '뿔이 달린 제단'

이 제단 역시 BC 8세기에 히스기야의 종교개혁 시기에 파괴된 것으로 보인다. 이스라엘의 최남단 영토에 속한 브엘세바에서 정으로 쪼고 뱀의 형상을 새긴 제단이 발견되었다는 것은 당시 유다 남부지역에 혼합종교의 양상이 뚜렷했음을 보여준다.

성문의 방들은 협정 체결이나 상거래를 위해 쓰였고, 또 원로와 재판관, 예언자, 비상시에는 왕의 자리로 사용되었다. 성문은 본래의 방어 기능 외에도 시장, 재판, 제의, 회의 장소 등으로 사용되어 도시의 사회적, 종교적, 군사적 중심 역할을 하였다.

성문의 구조에서 특징적인 것은 부속 방들의 변화이다. 대체로 6개에서 4개, 2개로 변화되었는데 그 까닭은 평화 시기의 이용도에 따른 것으로 보인다. 성문이 열리면 맨 앞의 두 개의 방은 성문에 의해 대부분 차지하고, 4개의 방 성문에서는 나머지 2개 방에서 상거래나 시민 활동이 이루어지게 되면서 6개의 방의 성문은 더 이용도가 높게 된다. 텔 브엘세바와 텔 단의 성문은 4개 방의 성문 구조로 되어 있다.

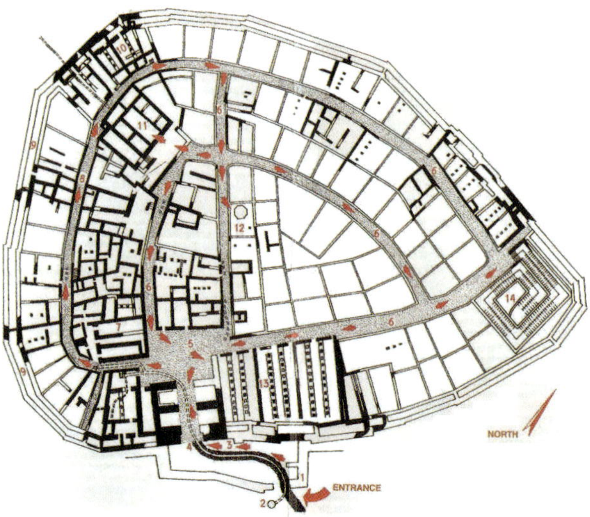

텔 브엘세바 성문 위치와 조감도

텔 브엘세바 주거지 발굴 현장

텔 브엘세바에 대한 고고학적 연구

텔 브엘세바는 이스라엘의 문명적 생활의 경계선인 유다 남부와 네게브 입구에 위치한다. 네게브 지방은 생활용수의 부족으로 사람들이 거주하기 어려운 환경이기 때문에 이전부터 사람들이 잠시 머물다 떠난 오아시스를 중심으로 한 소규모 지역이다. 근대에 들어와서 1960년대에 완공한 전 국토의 수로 사업이 완공됨으로써 네게브 지역의 정착과 농업 개발이 활성화되었는데 이러한 네게브 지역의 정착과 개발의 거점 도시가 브엘세바이다.

오늘날 역사 연구는 문헌사적 연구와 정치 경제사적 연구 및 사회사적 연구가 대두되고 있다. 문헌적 증거가 충분치 못한 고대 사회 연구는 고고학적 연구나 사회사적 연구가 필요하다.

고대 사회에 관한 연구는 막스 베버가 주지시킨 바와 같이 도시의 발달사에 관한 연구라 해도 지나치지 않다. 도시를 중심으로 그 주변의 땅들을 개발하여 이용한 도시의 기능 가운데 가장 중요한 것이 경제적 기능과 함께 방어 기능이라 할 수 있는데 이는 그 도시의 발달사 연구를 통해 이해할 수 있다. 그리고 지역 연구에서 경제적 요소만큼 중요한 것이 문화적 요소라 할 수 있다. 특히 오랜 종교적 전통을 가진 이스라엘의 경우 종교·문화적 영역은 지역 연구에서 매우 중요한 요소가 된다.

따라서 본 연구에서는 브엘세바의 도시발달사 연구를 위하여 고고학적 자료와 성경적 자료 등을 종합하여 통합적 연구를 목표로 한다. 중요한 자료는 고고학적 발굴 보고서와 이를 토대로 한 역사적 논쟁점을 다룬 문헌들을 분석하여 종래의 이스라엘 역사 연구에 접목하고자 한다. 이를 통해 브엘세바와 남부 네게브와 관련된 성경의 언급들을 이스라엘의 역사에 접목해 재조명한다.

1. 브엘세바의 위치 고정

텔 브엘세바는 네게브 북부지역에 있으며 오늘날의 현대 브엘세바시의 동쪽의 브엘세바 계곡과 헤브론 계곡이 내려다보이는 언덕에 있다. 브엘세바 계곡을 따라 샘물이 있으므로 이 지역에 많은 정착촌이 개발되었다. 계곡의 서쪽 측면으로 동석병용기 시대의 정착촌이 자리 잡고 있다. 텔 브엘세바는 철기시대에 처음으로 정착되어 페르시아 시대로부터 초기 아랍 시대까지 정착되었다. 오늘날의 브엘세바시 가까이에 있는 비르 에스-사바(Bir es-saba')는 철기시대에 드문드문 정착이 이루어졌고, 로마-비잔틴 시대에 이르러 좀더 많은 인구가 정착하였다.

텔 브엘세바는 중요한 교차로에 위치하여 북으로는 헤브론산으로 연결되며, 동으로는 유대 광야와 사해로 이어지고, 서로는 해안평원으로, 남으로는 네게브 언덕 지역 가데스바네아와 엘랏으로 이어진다.

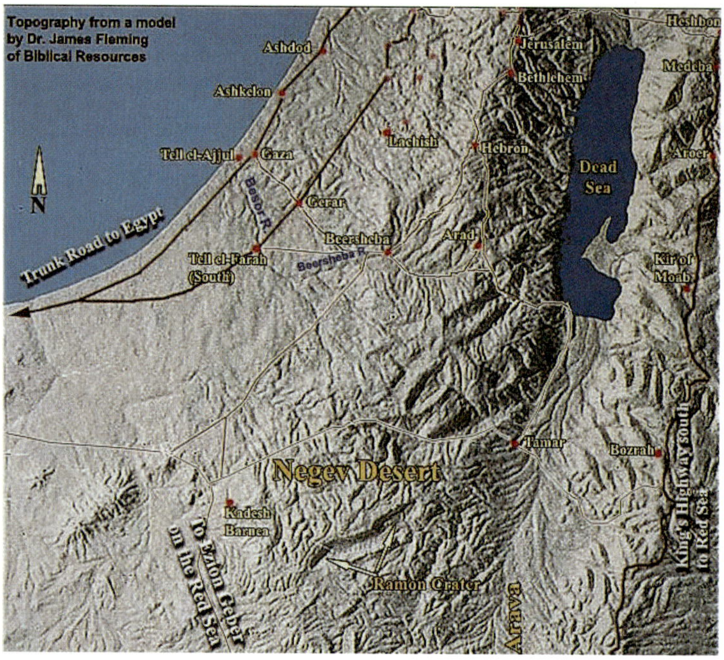

성경시대에 브엘세바 계곡에는 서로 다른 민족들이 정착해 살았다. 북쪽에는 유다 지파가 살았으며, 남동쪽에는 에돔족이 살았고, 남쪽과 동쪽에는 사막 족들로 아말렉족과 켄족이 살았으며, 서쪽에는 블레셋족이 살았다. 철기시대 초기에 많은 지도자가 이 지역을 행정적, 군사적 중심지로 전환하고자 하였다. AD 7세기 아랍 정복 시대에서부터 19세기까지 약 1,000년 이상의 기간에 브엘세바 계곡 전체는 사람이 살지 않은 채 완전히 버려져 있었다.

이 지역에 대한 발굴이 시작된 이래로 일반적으로 성경의 브엘세바는 텔 브엘세바로 간주하게 되었다. 이러한 견해는 많은 학자에 의해 받아들여졌으나 청동기시대와 철기시대 말기의 유물들이 전혀 발견되지 않는다는 점 등에서 의심의 여지가 있다. 따라서 파울러(M. D. Fowler)는 텔 브엘세바는 족장시대의 브엘세바가 아니라고 주장하며, 나만(N. Na'aman)은 고대 브엘세바의 유적지는 비르 에스-사바(Bir es-saba')에서 찾아야 한다고 주장한다. 그러나 만약 메이어(B. Mayer)와 바이페르트(M. Weippert)가 세운 가설—성경에 나오는 족장들의 이야기의 역사적 배경이 이스라엘 사람들이 거주하기 시작한 유적지의 초기 단계에 해당한다—이 받아들여진다면, BC 12세기에서 11세기로 연대가 추정되는 발굴물일지라도 족장사의 브엘세바와 결부시킬 수 있다.

2. 구약성경에 나타난 브엘세바

구약성경에서 '브엘세바'라는 이름은 30여 회 언급되었으며, 그 외에도 '브엘'이라는 이름으로 2회(민 21:16; 삿 9:21), '브엘엘림'이라는 이름으로 1회(사 15:8), '브엘라해로이'라는 이름으로 3회(창 16:14, 24:62, 25:11) 언급되고 있다. 브엘과 브엘엘림은 모압 국경에 있으므로 브엘세바와 동일시될 수 없으며, 브엘라해로이는 하갈의 망명지로서 아브라함의 거주와는 구별된다.

1) 믿음의 조상들의 거주지

브엘세바는 이스라엘의 선조 아브라함과 이삭의 거주지로 나타난다. 이들의 정착지는 대개 생활에 유리한 식수 문제가 쉽게 해결되는 곳이었다.

민수기 21장 16절에서는 이스라엘 백성이 모세와 함께 브엘에 도착했을 때 샘물이 있었음을 보고하고 있다. 한편으로 이삭의 거주지로 브엘라해로이를 언급하기도 한다. 아브라함은 헤브론 근처 마므레에 머물고 있었다(창 18:1–"여호와께서 마므레의 상수리나무들이 있는 곳에서 아브라함에게 나타나시니라"). 창세기 20장에서는 블레셋 사람의 땅 그랄에서의 사건을 다루고 있다. 그러나 이삭이 태어난 곳(창 21:1~8) 및 하갈과 이스마엘의 축출 사건이 있었던 곳(창 21:9~21) 역시 헤브론의 마므레이다.

하갈과 이스마엘이 쫓겨나 헤매고 다닌 곳은 헤브론 근처 마므레의 남쪽 브엘세바광야였다(창 21:14). 브엘세바는 아직 선조들의 거주지가 아니라 도피자들이 잠시 머무는 곳이거나 여행자들이 단순히 잠시 방문하는 곳이었다. 아마도 그곳에서 물을 구할 수 있었기 때문일 것이다.

창세기 21장 14~21절

[14]아브라함이 아침에 일찍이 일어나 떡과 물 한 가죽부대를 가져다가 하갈의 어깨에 메워주고 그 아이를 데리고 가게 하니 하갈이 나가서 브엘세바광야에서 방황하더니…[21]그가 바란광야에 거주할 때에 그의 어머니가 그를 위하여 애굽 땅에서 아내를 얻어 주었더라

이후에 아브라함의 거주지나 지리적 이동에 대한 언급은 없지만, 아브라함이 브엘세바에 거주한 것으로 전제할 수 있다. 아브라함이나 이삭이 거주한 곳을 브엘세바라 부르는 연유는 각기 달리 나타난다.

족장들은 목초지나 우물을 확보하는 과정에서 주변의 다른 민족이나 심지어 같은 민족들과도 갈등을 빚어왔다(창 13장). 아브라함은 아비멜렉의 종들이 우물을 빼앗은 것을 항의하였으며(창 21:25), 블레셋 사람들은 아브라함이 팠던 우물을 메워버리기도 하고(창 26:15~18) 이삭은 메웠던 우물을 다시 파기도 하였다(창 26:18). 그러나 궁극적으로는 힘의 균형을 이루어 평화 공

존의 길을 모색하였다. 창세기 21장 22~34절과 26장 26~33절에서는 아브라함과 아비멜렉 또 이삭과 아비멜렉이 맺은 평화조약을 소개하고 있다.

아브라함이 여호와 하나님의 명령에 순종하여 독자 이삭을 제물로 바치기 위해 모리아산에서 제단을 쌓은 후 다시 브엘세바로 돌아간 이후(창 22:19) 아브라함의 거주지는 줄곧 브엘세바로 나타난다. 그러나 창세기 21장 34절에서는 아브라함이 오랫동안 블레셋 사람의 땅에서 나그네 살이를 했다고 증거하는데 이는 아브라함의 거주지에 대한 또 다른 표현으로, 아마도 선조들의 나그네 살이 운명을 다시 한번 강조하는 후대의 역사가에 의한 신학적인 표현으로 보인다. 즉, 이스라엘의 선조 아브라함은 토지를 소유하지 않았고 이방인의 땅에서 나그네 삶을 살았음을 말해준다.

아브라함의 대를 이은 이삭은 마므레에서 출생하였다(창 21:1~8). 그는 어린 시절 아버지 아브라함과 함께 브엘세바에 거주했다(창 21:31, 22:19). 아브라함이 노령에 이삭을 장가들게 했는데, 이때 이삭의 거주지는 브엘라해로이였으며, 이곳은 리브가와 함께 결혼생활을 시작한 곳으로부터 남쪽 네게브 지역이다(창 24:62).

이삭은 흉년이 들어 블레셋 사람의 땅 그랄로 갔다(창 26:1). 그리고 그랄 지방 여기저기에서 우물들을 팠다. 이로 인해 그랄 지방의 블레셋 사람들과 충돌이 발생했다. 그 후 다시금 이삭은 브엘세바로 돌아왔다(창 26:23). 그리고 야곱이 하란으로 가기 전까지 머문 곳도 브엘세바이다(창 28:10). 야곱은 하란에서 돌아와 벧엘에 정착하였다(창 35:1~29). 야곱은 기근이 들어 그랄에 잠시 머문 후에 아버지 이삭과 함께 브엘세바로 와서 살았다.

이삭은 노년 시절, 야곱은 청년 시절을 브엘세바에서 보내게 된다. 야곱이 브엘세바에서 겪은 사건은 그의 기만적 축복 탈취 이야기만(창 27장) 보도된다. 이삭은 빈번하게 거주지를 옮겨 다닌 것으로 나타난다. 이삭의 이주와 정착은 유목민이나 반유목민이 새로운 주거지를 찾아 유목 생활에서 정착 생활로 넘어가는 과정과는 차이가 있었다. 이삭의 이주와 정착은 잠정적이었다. 새로운 거주지에서도 정착 생활로 전환한 것이 아니라, 여전히 유목·반유목적 생활을 하거나 정착 생활을 했을지라도 생활 여건이 좋지 않을 때는 다시 다른 지역으로 이주하여 유목·반유목 생활을 한다.

이스라엘의 선조들은 유목 생활을 하다가 팔레스타인에서 정착 생활을 하게 된다. 대개 처음부터 정착 생활로 넘어가기보다는 반유목적 생활을 하다가 점차 정착 생활로 넘어간다. 이때 목초지나 우물을 확보하는 일에 성공할 때 정착 생활을 하게 되고, 주변의 다른 민족이나 심지어 동일 민족들과의 갈등으로 생활이 여의치 못할 때는 또 다른 정착지를 찾아 이동한다.

2) 지파의 소속과 경계

브엘세바는 시므온 지파에 속한 도시 목록 중에 처음으로 나오며(수 19:2; 대상 4:28), 유다 지파에 속한 네게브의 도시 중에도 포함되어 있다(수 15:28). 추첨에 의한 땅의 분배가 유다 지파에서 시작된다(수 15:1~63). 지파의 영역은 두 개의 다른 역사적·지리적 자료에 근거하여 서술하고 있다.

(1) 경계 목록과 도시 목록

여호수아 15장은 각 지역 경계 목록(수 15:1~12)과 장소로서의 도시 목록(수 15:20~63)으로 이루어져 있다. 그 사이에 갈렙 전승에 대한 특별한 자료가 들어 있다(수 15:13~19). 여호수아 15장 28절("하살 수알과 브엘세바와 비스요댜와")에서는 브엘세바에 관하여 기술하고 있다.

유다의 도시 목록은 다시금 10개 지역으로 분류된다. 이 지역 분류의 목적은 솔로몬 시대의 행정구역에 따라 유다를 행정구역별로 나누는 데 있다. 행정구역을 10개로 나눈 것은 조세나 조공과 밀접하게 관련이 된다. 이와 유사하게 베냐민 지파의 지역 목록(수 18:21~28)도 두 지역으로 나뉘었다. 베냐민 지파의 지역 목록은 유다 지파의 지역 목록과 연결된다.

새로운 행정조직을 위해 작성된 이 목록에 대하여 알트(A. Alt)는 이미 1925년에 요시아 시대(BC 640~609)에 형성된 것으로 간주했다. 이와 달리 크로스(F. M. Cross)와 라이트(G. E. Wright)는 여호사밧의 시대(BC 868~847)로 보고 있으며, 프리츠(V. Fritz)는 아사의 시대(BC 908~868)로 보고 있다.

여호수아 19장 1~9절은 시므온 지파의 목록을 서술하고 있는데, 모두 17개의 지역이 열거되고 있다. 2~6절은 브엘세바에서 사루헨까지 13개 지역이 열거되어 있으며, 이 목록은 여호수아 15장 28~32절의 유다 지파의 목록들과 일치한다. 7절과 8a절에 계속되는 목록은 아마도 시므온 지파의 확장 과정에서 추가된 지역으로 보인다. 8b절에 지파 목록의 종결 양식을 담고 있다. 그리고 시므온 지파가 유다 지파에 속하게 된 동기를 다시 한번 설명한다. 유다 지파의 분깃이 너무 많으므로 시므온 지파의 자손이 와서 자리 잡게 했다는 것이다. 이는 역대상 4장 28~33절과도 일치할 뿐 아니라 여호수아 15장 21~62절과도 유사하게 일치한다.

예리케는 여호수아 19장 1~9절의 형성 연대를 다윗·솔로몬 시대나 그 이전으로 보고 있으며, 여호수아 15장 26~32절에서의 도시 목록의 확대는 그 이후의 왕정시대로 보고 있다. 그러나 이러한 도시들의 목록이 이스라엘의 최남단 국경도시인 브엘세바가 요새화되는 다윗이나 솔로몬 시대 이전으로 상회할 수는 없다.

역사적으로 시므온 지파는 본래 유목민적 전통에 뿌리박고 있으며, BC 12세기 철기시대부터 헤브론 남쪽의 북동 네게브 지역에 정착하기 시작하여 그 후에 다시 철수하였다. 그리고 브엘세바를 중심으로 한 북동 네게브 지역은 유다 지파에 속하였다. 이처럼 지파사에 대한 간단한 고찰을 통하여 브엘세바는 한때 시므온 지파에 속했다가 후에 유다 지파에 속했음을 알 수 있다.

사무엘상 8장 2절에서 사무엘은 고령이 되어 그의 두 아들을 사사로 삼아 브엘세바에서 직무를 수행하게 했다. 한 사람은 중부지역에서, 한 사람은 남부지역에서 활동했다. 그 당시의 직무 영역으로는 남부지역인 브엘세바까지는 결코 미치지 못했다. 이러한 지리적 언급은 아무래도 후기 시대에 정치적 활동 영역이 전 이스라엘을 포괄하던 시대로, 남부 지파들이 이스라엘에 편입된 시대 이후의 역사상으로 말미암았다고 보아야 한다.

정치적으로 브엘세바가 행정도시로 자리를 잡기 시작한 것은 다윗과 솔로몬 시대로 보인다. 구약성경 사무엘상 8장 1~2절("사무엘이 늙으매 그의 아들들을 이스라엘 사사로 삼으니 장자의 이름은 요엘이요 차자의 이름은 아비야라 그들이 브엘세바에서 사사가 되니라")에서의 브엘세바에 대한 언급은 철기 I시대 지파들이 이동하던 초기시대의 모습과는 거리가 멀다. 열왕기하 12장 1절(참조. 대하 24:1)에서는 요아스의 어머니 시바아의 고향으로 브엘세바가 언급된다. 왕의 어머니의 출신에 대한 언급은 신명기 사가의 역사 서술의 기본 요소에 속한다. 그럼에도 이러한 역사적 기록은 왕정시대의 연감이나 연대기에서 나올 수 있다. 이는 요아스 시대(BC 837~800)에는 브엘세바가 유다의 도시로 확고히 자리 잡고 있었음을 말해준다.

민수기 21장 16절과 사사기 9장 21절에서는 브엘에 대하여 언급하고 있다. 민수기 21장 16절에서는 브엘, 이사야 15장 8절에서는 브엘엘림이 샘물이 있는 모압 국경도시로 언급되었으며, 사사기 9장 21절에서는 요담의 망명지로 언급되고 있다. 브엘은 중부 팔레스타인으로부터 멀리 떨어져 있어 정치적 영향이 거의 미치지 않는 곳으로 나타난다.

역사적으로 브엘세바가 이스라엘의 영향력 아래에 있지 않았던 때는 다윗 이전 시대와 포로기 이후 시대이다. 민수기 21장 16절과 사사기 9장 21절의 형성 연대를 정확히 알 수는 없지만, 다윗 이전 시대의 역사적 회상을 전제한다고 보아야 한다.

3) 영토, 국가, 지파의 경계로서의 브엘세바

통일왕국시대 이후로 브엘세바는 이스라엘의 남방 경계의 상징이 되었다.

"단에서부터 브엘세바까지"(삿 20:1; 삼상 3:20; 삼하 3:10, 17:11, 24:2, 15; 왕상 4:25).

역대기에서는 순서가 바뀌어 있다. "브엘세바에서부터 단까지"(대상 21:2; 대하 30:5). 그뿐 아니라 브엘세바는 남왕국 유다의 남쪽 경계로도 언급되었다. "게바에서부터 브엘세바까지"(왕하 23:8). "브엘세바에서부터 에브라임 산지까지"(대하 19:4).

브엘세바는 또한 바벨론에서 귀향하여 거주한 거주지 중에서 최남단에 위치한 것으로 나온다.

"브엘세바에서부터 힌놈의 골짜기까지"(느 11:30).

"단에서부터 브엘세바까지"라는 표현양식의 형성은 단과 브엘세바가 이스라엘의 영토에 편입된 이후에 가능하다. 역사적으로 브엘세바는 다윗이 초기에 헤브론에서 유다 왕이 되었을 때 유다의 영토에 속하게 되었고, 단은 다윗의 정복 활동 말기에 이스라엘에 편입되었다. 따라서 "단에서부터 브엘세바까지"는 다윗의 대제국 형성 이후에 가능한 표현이다.

4) 계시의 장소인 지역 성소 브엘세바

브엘세바광야는 단순한 지리적 언급을 넘어 여호와 하나님의 계시가 임한 장소이다.

텔 브엘세바에서 발굴된 이방 신을 섬겼던 제단

아브라함과 아비멜렉은 서로 맹세하고 각기 거주지로 돌아갔다. 이들이 서로 맹세하였다고 하여 그곳의 이름을 '브엘세바'라 하였다. 아비멜렉은 블레셋 땅으로 돌아갔고, 아브라함은 브엘세바에 에셀 나무를 심고 거기에서 '영생하시는 하나님(엘 올람) 여호와'를 부르며 제단을 쌓았다(창 21:31~33).

브엘세바가 계시를 받은 곳이었기에 여기에서도 예배의 장소가 나타난다. 이삭이 르호봇에서 브엘세바로 갔을 때 여호와 하나님께서 이삭에게 나타나셔서 축복을 약속하셨다.

창세기 26장 23~25절

23이삭이 거기서부터 브엘세바로 올라갔더니 24그 밤에 여호와께서 그에게 나타나 이르시되 나는 네 아
버지 아브라함의 하나님이니 두려워하지 말라 내 종 아브라함을 위하여 내가 너와 함께 있어 네게 복을
주어 네 자손이 번성하게 하리라 하신지라 25이삭이 그곳에 제단을 쌓고, 여호와의 이름을 부르며 거기
장막을 쳤더니 이삭의 종들이 거기서도 우물을 팠더라

야곱은 요셉을 찾아 애굽으로 올라가게 된다. 애굽으로 가는 도중 야곱은 브엘세바에서 여호와 하나님의 계시를 받게 된다(창 46:1~5). 성경적 전승에 따르면 브엘세바에는 아브라함과 이삭의 때에도 성소가 있었으며, 이는 여행객들이 이용할 수 있는 야외 성소의 기능을 한 것으로 보인다.

창세기 46장 1절은 애굽의 총리 요셉의 초청으로 야곱이 애굽을 향해 출발하여 브엘세바에 이르러 제단을 쌓았다고 말하고, 5절에서는 야곱이 가족들과 모든 소유를 거느리고 함께 출발함을 증거하고 있으며, 창세기 46장 6~7절에서는 야곱의 이주 기록이 다시 나온다. 즉, 창세기 46장 1~5절에서 애굽으로 향한 또 다른 동기를 설명하고 있다.

야곱이 애굽으로 출발한 동기는 단순히 아들을 보고 싶다는 열망(창 45:28)에 근거한 것이 아니라 하나님의 계시에 근거한다. 출발 전 하나님은 야곱을 불러 자신을 선조의 하나님으로 계시하고 애굽으로 올라가는 것을 두려워하지 말라고 격려하신다. 그리고 '큰 민족이 되리라'라는 약속과 '동행의 약속', '다시 애굽에서 데려온다'는 약속을 덧붙이셨다. 이러한 계시는 여

호와의 성소에서 이루어졌으며, 브엘세바가 네게브 지역의 유목민이나 여행객들에게 성소의 기능을 수행했음을 보여주는 것이다. 그 후 왕조시대에도 브엘세바는 지역 성소로서의 기능을 수행했으며, 최후로 신명기 개혁 시대까지 그 역할을 수행했다.

열왕기상 19장 3절에서는 브엘세바가 당시 왕후 이세벨의 도전에 따른 선지자 엘리야의 도피처로 나타난다. 선지자 엘리야는 브엘세바에까지 사환과 함께 왔다가 홀로 네게브 광야로 가서 로뎀 나무 아래에서 하나님의 사자를 만났고, 계속 나아가 호렙산까지 가서 그곳에서 여호와 하나님의 계시를 받았다.

이 점은 브엘세바가 더는 하나님의 계시의 장소로 적절치 않음을 간접적으로 말해준다. 지방 성소에 대한 부정적 혹은 비판적 입장은 예배의 중앙 통일화를 전제한다. 특히 지방 성소를 우상숭배의 장소로 비판하는 입장은 예배의 중앙 통일화의 가치관이 확실하게 자리 잡은 경우이다. 예언자 아모스는 브엘세바를 이방인의 관습 및 제의와 연결된 일련의 도시 중에 최남단에 있는 도시로 언급하였다(암 5:5, 8:14).

5) 종합과 문제 제기

이상의 고찰에서 성경에 나타난 브엘세바의 모습은 첫째로 믿음의 조상들의 거주지였다. 이스라엘의 선조들은 새로운 거주지를 찾아 빈번하게 이동하였다. 삶의 터전을 확보하기 위하여 그 지역 주민들과 갈등을 겪기도 하였다. 이러한 성경의 상황과 달리 족장들의 생존 연대인 청동기시대에는 텔 브엘세바에 관해 침묵하고 있다. 그리고 텔 브엘세바에는 철기시대에 사람들이 거주하기 시작했다. 이러한 차이를 어떻게 설명할 수 있을까?

둘째로 브엘세바는 초기에 시므온 지파에 속했다가(수 19:2; 대상 4:28), 나중에 유다 지파에 속하였다. 왕정시대에는 이스라엘의 남쪽 국경도시로 확고하게 인식되었다. 텔 브엘세바의 거주층 VIII은 심하게 파괴되지는 않았으나 버려졌다. 그리고 거주층 VII의 구조물들이 그 위에 세워졌다. 이러한 불연속은 시므온 지파가 브엘세바에서 철수하고 후에 유다 지파가 자리를 잡게 된 것과 관계가 있지 않을까?

셋째로 통일왕국시대 이후로 브엘세바는 이스라엘의 남방 경계의 상징이 되었다. “단에서부터 브엘세바까지.”

그리고 마지막으로 브엘세바는 지방 성소가 있었던 도시였다.

텔 브엘세바 입구

에셀나무

아브라함 우물

텔 브엘세바 우물

텔 브엘세바 발굴 현장

텔 브엘세바 발굴 현장

네게브(Negev)

네게브 지역의 와디 전경

'네게브'는 '메마른', '남쪽'이라는 뜻으로 이스라엘 남부지방을 말하며 광야 지역이다. 한글 개역개정 성경에서는 '네게브'(창 13:1, 3, 20:1, 24:62), '남방'(창 12:9; 민 13:29, 33:40; 삿 1:9, 15~16; 삼상 30:14; 대하 28:18; 시 126:4; 슥 7:7) 등으로 번역되고 있다.

오늘날 네게브의 남쪽 경계는 아카바만과 에일랏(Eilat) 도시이다. 하지만 성경에서 말하는 네게브는 이것보다 훨씬 작다. 성경의 네게브는 브엘세바(Beersheba) 부근 남쪽 지역을 가리킨다. 모래시계를 옆으로 뉘여놓은 듯한 형태이며, 옆으로 누운 모래시계의 중심 곧 잘록한 부분은 브엘세바이고, 동쪽 끝은 아라드(Arad), 서쪽 끝은 그랄(Gerar)이라고 말할 수 있다. 참고로 오늘날의 네게브는 성경의 네게브보다 훨씬 커서 브엘세바부터 아카바만까지의 넓은 지역을 말한다.

성경의 네게브 남쪽, 곧 브엘세바를 기점으로 아래쪽(남쪽)에는 진광야(Wilderness of Zin)와 바란광야(Wilderness of Paran)가 자리 잡고 있다. 광야라고 해서 저지대를 뜻하는 것은 아니다. 성경의 네게브는 서쪽, 남쪽, 북쪽이 모두 고지대이고 아라드가 있는 동쪽만 열려 있는 형태이다. 브엘세바 남쪽 지역을 남쪽 고지대(Southern Highland)라 부르는데 이 지역은 매우 건조하고 일종의 전이대(transition zone)라 할 수 있다. 그리고 브엘세바 북쪽 지역으로 가면 광야 지역을 지나고 초장이 이어지는 유대 산악지역의 고지대로 연결된다.

성경의 네게브 지역은 1년에 강수량이 100~150mm 정도이며, 밀이나 보리 같은 곡식을 경작할 수는 있지만 강수량이 불규칙하여 제대로 된 농사를 지을 수는 없다. 그래서 양이나 염소 정도만 키울 수 있다. 이 지역은 "단에서부터 브엘세바까지"라는 성경의 표현에서 알 수 있듯이 성경시대 이스라엘의 남쪽 경계, 곧 국경이었다.

성경의 네게브 고지대는 마크테쉬(Makhtesh), 곧 타원형의 분화구와 같은 거대한 함몰 지역들이 있어서 엄청난 크기의 협곡이나 절벽을 형성한다. 1년 내내 거의 비가 내리지 않기 때문에 농사는 물론이고 심지어 목축조차 하기 힘들다. 그래서 이사야는 이곳 네게브를 가리켜 곤고한 땅이라고 불렀다(사 30:6).

성경에서 네게브는 족장들의 활동 무대였다. 아브라함은 하란에서 약속을 받은 후(창 12:1~3) 가나안으로 이동해서 세겜에 들렀다가 남방, 곧 네게브로 이동했다(창 12:9). 물론 기근을 피해 애굽으로 내려갈 때도, 애굽에서 가나안의 벧엘로 올라갈 때도 이 네게브를 지나갔다(창 13:1, 3). 네게브는 아브라함 시대에 아말렉 족속이 거주하던 땅이었다(창 14:7). 아브라함의 첩 하갈은 사라로부터 도망쳤을 때 네게브에서 천사를 만났으며(창 16:7, 14), 나중에 아브라함이 하갈을 내보낼 때도 이곳으로 보냈다(창 21:14). 이 네게브는 아브라함뿐 아니라 그 아들 이삭과 손자 야곱의 거주지였다(창 24:62, 37:1).

모세는 애굽의 종 되었던 이스라엘 백성들과 출애굽한 후 가나안 땅 정탐을 위해 12명의 정탐꾼을 바란광야에 있는 가데스바네아에서 보냈는데 바란광야는 성경의 네게브에 자리 잡고 있었다(민 13장). 이때도 남방 곧 네게브는 아말렉 족속이 거주하던 땅이었다(민 13:29).

열두 명의 정탐꾼이 부정적인 보고를 함으로 심판을 받아 이스라엘은 40년간 광야생활을 하게 되는데 그곳이 바로 네게브 지역이다(민 14:44~45). 여호수아는 가나안 땅을 정복하고 나서 네게브 지역을 유다 지파(수 15:20~31)와 시므온 지파(수 19:1~9)에게 할당했다. 다윗은 사울 왕 시대에 성경의 네게브, 곧 브엘세바 서쪽 지대에 있는 시글락에서 활동했으며(삼상 30장), 후에 네게브를 이스라엘 왕국에 편입했다.

네게브(성경의 네겝 남쪽, 곧 남쪽 고지대) 지역은 사해 동남쪽에 자리 잡은 에돔과 맞닿아 있었다. 사울 왕을 비롯해 다윗 왕도 이곳에서 에돔과 전투를 벌였는데, 그것은 네게브에 있는 구리광산을 차지하기 위한 것으로 보인다. 비록 사람이 살거나 작물을 재배하기는 어려운 지역이었지만, 네게브는 이 구리광산으로 인해 고대 이스라엘을 비롯한 주변 국가들에게 매우 중요한 지역이었다. 더욱이 이곳에는 아라비아와 애굽으로 연결되는 무역로가 있어서 솔로몬은 네게브 지역에 요새를 건축하고 무역로를 확보했으며, 네게브의 최남단 아카바만에 에시온게벨 성읍을 세워 항구도시인 이곳에서 배를 건조해 외국과 무역을 했다(왕상 9:26).

여호사밧 왕은 오빌로 금을 구하러 배를 보냈는데 그 배가 에시온게벨에서 파선했다(왕상 22:48). 웃시야(열왕기하에서는 '아사랴'로 불린다) 왕은 망대를 세우고 농사를 짓게 해서 네게브를 개발했으며(대하 26:10), 모래로 인해 에시온게벨 항구가 막히자 그 항구에서 가까운 곳에 다시 새로운 항구 성읍 엘랏[(Elath, 오늘날의 에일랏(Eilat)]을 세웠다(왕하 14:22).

BC 586년 남왕국 유다가 바벨론에게 멸망하자 에돔 족속이 네게브 지역을 차지했으며, BC 4세기에서 AD 2세기 동안에는 나바티아 왕국이 네게브 지역을 차지하였다.

마크테쉬(Makhtesh)

히브리어인 '마크테쉬'는 네게브 광야에 있는 지질학적인 형태로서 유성이나 화산 작용이 아니라 침식 작용으로 움푹 팬 거대한 원형 지역이다.

네게브에는 다섯 개의 마크테쉬가 있는데 곧 마크테쉬 라몬(Makhtesh Ramon), 마크테쉬 가돌(Makhtesh Gadol), 마크테쉬 카탄(Makhtesh Katan), 그리고 두 개의 작은 마크테쉬이다. '마크테쉬 가돌'은 '큰 마크테쉬', '마크테쉬 카탄'은 '작은 마크테쉬'라는 뜻이다.

이런 마크테쉬들을 보면 네게브가 얼마나 건조하며 거친 환경인지를 알 수 있다. 출애굽한 이스라엘은 바로 이런 네게브에서 거의 40년 동안 방랑했다.

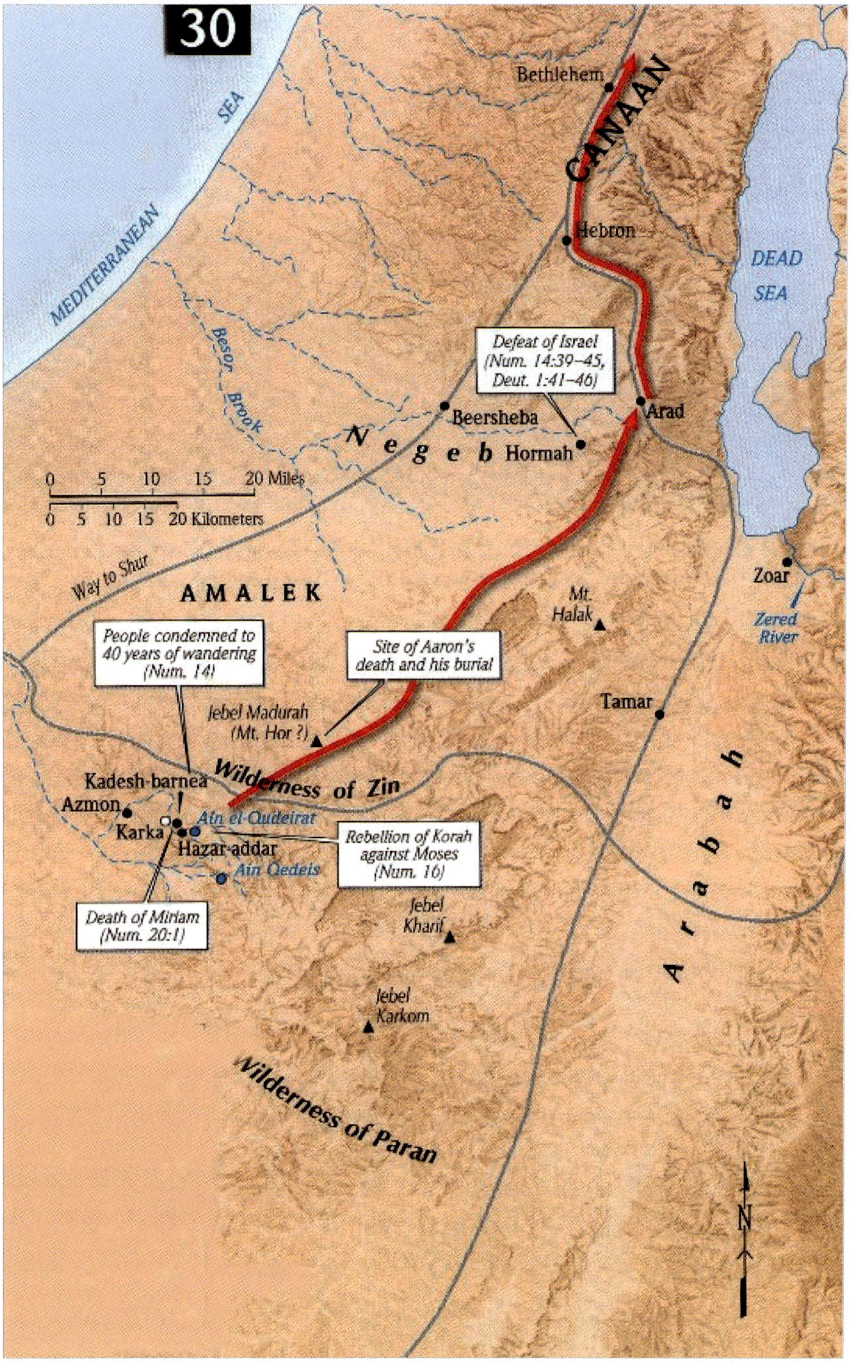

가데스바네아에서 가나안으로 12정탐꾼 행로

헤브론(Hebron)

믿음의 명가를 이룬 족장들이 묻힌 곳

믿음의 명가를 이룬 족장들이 묻힌 헤브론의 막벨라 굴

헤브론(Hebron)은 예루살렘에서 남서쪽으로 브엘세바에 이르는 족장로를 따라 45km 지점에 있는 지역으로, 해발 1,000m에 자리 잡고 있다. 구약성경에서는 옛 이름인 '기럇 아르바'(창 35:27; 수 14:15) 혹은 '마므레'(창 23:19)로 불렸다.

현대에 이르러 1923~1948년 팔레스타인 위임통치령의 일부였던 이곳은 1948~1949년 아랍-이스라엘 전쟁 뒤 요르단에 합병(1950)되었다가, 1967년 6일 전쟁 이후 이스라엘에 점령된 웨스트뱅크(유대와 사마리아) 지역에 속하게 되었다. 또한 이 지역에서 가장 오래된 도시들 가운데 하나로, 성경에 나오는 족장들인 아브라함, 이삭, 야곱 및 다윗 왕과 연관되어 있어 예루살렘, 티베리아스, 제파트(사페드)와 함께 유대교의 4대 성도(聖都)를 이룬다. 아브라함을 일신교의 창시자이며 마호메트의 선조로 숭앙하는 이슬람교도들에게도 성지로 알려져 있다.

고대 가나안의 왕도인 헤브론은 애굽의 소안보다 7년 앞서 건설되었으며(민 13:22), 곧이어 BC 18세기에 건설된 힉소스 침략자들의 수도 소안은 뒤에 타니스로 이름이 바뀌었다. 유대인의 선조인 아브라함이 당시 기럇 아르바(히브리어로 '4개의 도시'라는 뜻)라고도 불리던 헤브론에서 오랫동안 살았다고 전해진다.

기럇 아르바는 성경시대에 동맹을 맺은 이 지역의 4개 정착지를 가리키거나, 이 도시가 4개의 언덕 위에 세워져 있다는 사실을 암시하는 것으로 추측된다. 아브라함이 아내 사라의 묘지로 쓰기 위해 헷 족속 소할의 아들 에브론에게 산 이곳의 막벨라 동굴(창 23:2~20, 히브리어로는 '메아리트 하마크펠라')은 후에 가족 묘지가 되어 아브라함, 이삭, 야곱과 그들의 아내 사라, 리브가, 레아가 묻혔다고 전해진다.

출애굽 뒤에는 모세가 보낸 정탐꾼들이 방문한 도시 가운데 하나였으며, 뒤에 여호수아가 아얄론골짜기에서 아모리 왕들의 연합군을 상대로 전투를 벌일 때는 아모리 왕들 편에 섰던 이곳의 왕도 이스라엘군에 유리하도록 태양이 하늘에 계속 머무는 동안(수 10장) 이스라엘군에게 무참히 패배했다고 한다.

BC 10세기경 하나님의 명령으로 이곳에 온 다윗이 이스라엘의 왕으로 기름 부음을 받았고, 예루살렘을 차지할 때까지 이곳을 수도로 삼아 7년 반을 다스렸다(삼하 2~5장). 바벨론 포로생활 이후에는 에돔인들에게 넘어갔다가, 헤롯 대왕(BC 37~4 재위)이 막벨라 동굴 주위에 쌓은 벽의 일부가 비잔틴인, 십자군, 맘루크인들이 증축한 부분 아래쪽에 남아 있다. 635년부터 제1차 세계대전이 끝날 때까지 1100~1260년에 잠시 십자군에게 정복된 것을 빼고는 계속 이슬람의 지배 아래 있었다.

포도로 유명한 헤브론의 포도밭 풍경

20세기 초에 헤브론은 이슬람교도들이 주를 이루는 아랍권의 도시였다. 주로 경건한 신학도들로 이루어진 작고 오래된 유대인 공동체가 이슬람 사회와 공존하고 있었으나 1929년과 1967년의 아랍인 폭동으로 대부분 학살되었고, 살아남은 이들도 1936~1939년 아랍인들이 반란을 일으키기 시작하면서 이곳을 떠났다.

오늘날 헤브론은 농산물 거래 시장으로 중요한 역할을 하고 있으며, 유리와 가죽 제조업이 발달했다.

막벨라 동굴 꼭대기에는 거대한 모스크인 알하람 '알이브라히미 알칼릴'('친구 아브라함의 신전'이라는 뜻)이 세워져 있다. 1967년 6일 전쟁 뒤 이 동굴 무덤들은 1267년 맘루크 술탄 바이바르스가 비이슬람교도에 대한 참배금지령을 내린 지 700년 만에 처음으로 모든 예배자들에게 공개되었다.

오늘날 이슬람교도와 유대교도 양편이 모두 이곳에서 예배를 드리고 있으나, 위쪽의 모스크만은 이슬람교도들의 재산으로 남아 있다. 1968년 유대교 정통파들이 유입되면서 다시 유대인 사회가 형성되었고, 1970년 이스라엘 정부가 이들의 존재를 인정하면서 이들을 위한 새로운 주택건설 사업이 1970년대 초에 시작되었다.

많은 관광객과 순례자들이 막벨라 동굴과 시 바로 북서쪽에 있는 '아브라함의 오크'(히브리어로는 에셸 아브라함) 같은 초기 유대 족장들의 삶과 연관된 장소들을 찾고 있다.

아브라함의 무덤

레아의 무덤

이삭의 무덤

리브가의 무덤

이삭과 리브가의 무덤

헤브론에 세운 유대인들을 위한 회당

이슬람 기도소

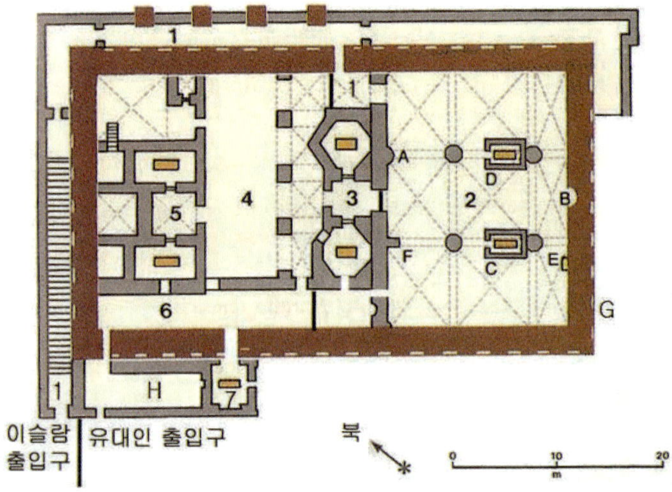

헤브론 막벨라굴 아브라함의 무덤 평면도

1번을 따라 들어가면 이삭과 리브가의 무덤이 있는 곳이 나온다.

2번이 이삭(C)과 리브가(D)의 무덤이 있는 곳으로, 비잔틴 시대의 교회 자리 위에 십자군들이 아브라함에게 봉헌한 대성전을 지었다. 입구 쪽의 A는 6개의 기둥으로 지탱하여 만든 코란을 해설하는 연단이 있다. B는 기도할 때 메카의 방향을 알려주는 벽감인 미흐랍(mihrab)이다. E는 십자군 시대까지만 해도 지하 동굴로 내려가는 입구였으나 그 이후 모든 입구가 봉해졌다. F는 작은 구멍을 통하여 지하 동굴을 볼 수 있도록 한 곳이다.

3번 위쪽은 사라, 아래쪽은 아브라함의 무덤이다. 3번을 경계로 2번 쪽은 현재 이슬람 사원이고, 3번 왼쪽 부분은 유대인들이 소유하고 있다.

4번은 유대인들이 회당으로 사용하고 있는 곳이다.

5번은 작은 기도방이면서 위쪽은 레아의 무덤, 아래쪽은 야곱의 무덤이다.

유대인 출입구를 통과하여 6번으로 들어가면 유대인들이 기도방으로 이용하고 있는 곳이며, 그 오른쪽 7번은 이름이 없는 빈 무덤인데 아담의 무덤 또는 요셉의 무덤이라고 말하기도 한다.

H는 유대인들이 기도와 식사와 독서 등 다목적으로 이용하고 있는 방이며, G는 계단인데 1260년 헤브론을 점령한 맘루크 이슬람들이 유대인들을 성전으로 들어오지 못하게 하고 대신 이 입구 일곱 번째 계단까지 올라와서 기도할 수 있도록 했다.

유대인들은 1967년 6일 전쟁에서 헤브론을 장악한 후 성전으로 들어갈 수 있었다. 그 후 1969년에 파괴되었다.

성경에 등장하는 헤브론(Hebron)

믿음의 명가를 이룬 족장들이 묻힌 헤브론의 막벨라 굴

모세의 가나안 정찰

성경은 이스라엘이 정착하기 이전에 헤브론에서 있었던 다양한 갈등 상황을 보여준다. 한때 헤브론에는 아모리족과 헷족속(창 23장; 민 13:29)이 살았으며, 가나안족의 중심도시였다. 고고학 발굴 작업 결과 이 지역의 시작은 이른 청동기시대까지 거슬러 올라간다.

가나안으로 향하던 이스라엘 백성들은 시내산에서 출발하여 열하루 길을 걸어 가데스바네아 도착하자 모세에게 12지파의 수장을 한 사람씩 뽑아 가나안을 정찰하게 하자고 제안하였다.

이때 여호수아와 갈렙은 헤브론의 에스골골짜기에서 포도송이와 석류와 무화과를 따다 바치며 젖과 꿀이 흐르는 곳이라고 보고하였다(민 13:23~27). 이렇게 두 사람이 막대기에 포도송이를 꿰어 메고 가는 그림은 이스라엘 관광성의 상징물이 되었다.

민수기 13장 23~27절

[23]또 에스골골짜기에 이르러 거기서 포도송이가 달린 가지를 베어 둘이 막대기에 꿰어 메고 또 석류와
무화과를 따니라 [24]이스라엘 자손이 거기서 포도를 베었으므로 그곳을 에스골골짜기라 불렀더라 [25]사
십 일 동안 땅을 정탐하기를 마치고 돌아와 [26]바란광야 가데스에 이르러 모세와 아론과 이스라엘 자손
의 온 회중에게 나아와 그들에게 보고하고 그 땅의 과일을 보이고 [27]모세에게 말하여 이르되 당신이 우
리를 보낸 땅에 간즉 과연 그 땅에 젖과 꿀이 흐르는데 이것은 그 땅의 과일이니이다

여호수아의 헤브론 점령

아모리족의 다섯 임금이 동맹을 맺고 기브온을 공격하였다. 기브온이 길갈에 있던 여호수아에게 전갈을 보내어 도움을 청하자 여호수아는 하나님께 아뢰어 해가 멈추고 달이 멈추게 한 후 아모리족의 연합군을 전멸했다.

여호수아 10장 12~13절

[12]여호와께서 아모리 사람을 이스라엘 자손에게 넘겨주시던 날에 여호수아가 여호와께 아뢰어 이스라
엘의 목전에서 이르되 태양아 너는 기브온 위에 머무르라 달아 너도 아얄론골짜기에서 그리할지어다
하매 [13]태양이 머물고 달이 멈추기를 백성이 그 대적에게 원수를 갚기까지 하였느니라

여호수아는 가나안 남부 성읍들을 점령하였고(수 10:36~37), 헤브론은 여분네의 아들 갈렙의 몫으로 주었다(수 15:13, 21:10~12).

여호수아 10장 36~37절

[36]여호수아가 또 온 이스라엘과 더불어 에글론에서 헤브론으로 올라가서 싸워 [37]그 성읍을 점령하고 그
것과 그 왕과 그 속한 성읍들과 그중의 모든 사람을 칼날로 쳐서 하나도 남기지 아니하였으니 그 성읍
들과 그중의 모든 사람을 진멸하여 바친 것이 에글론에 행한 것과 같았더라

여호수아 15장 13절

여호와께서 여호수아에게 명령하신 대로 여호수아가 기럇 아르바 곧 헤브론을 유다 자손 중에서 분깃으로 여분네의 아들 갈렙에게 주었으니 아르바는 아낙의 아버지였더라

여호수아 21장 10~12절

10레위 자손 중 그핫 가족들에 속한 아론 자손이 첫째로 제비 뽑혔으므로 11아낙의 아버지 아르바의 성
읍 유다 산지 기럇 아르바 곧 헤브론과 그 주위의 목초지를 그들에게 주었고 12그 성읍의 밭과 그 촌락
들은 여분네의 아들 갈렙에게 주어 소유가 되게 하였더라

도피성 가운데 하나였던 헤브론

헤브론은 유다 부족의 주요한 도시로, 살인자가 피할 수 있는 여섯 개의 도피성 중 한 곳이었다.

여호수아 20장 7~9절

7이에 그들이 납달리의 산지 갈릴리 게데스와 에브라임 산지의 세겜과 유다 산지의 기럇 아르바 곧 헤
브론과 8여리고 동쪽 요단 저쪽 르우벤 지파 중에서 평지 광야의 베셀과 갓 지파 중에서 길르앗 라못과
므낫세 지파 중에서 바산 골란을 구별하였으니 9이는 곧 이스라엘 모든 자손과 그들 중에 거류하는 거
류민을 위하여 선정된 성읍들로서 누구든지 부지중에 살인한 자가 그리로 도망하여 그가 회중 앞에 설
때까지 피의 보복자의 손에 죽지 아니하게 하기 위함이라

다윗과 헤브론

헤브론은 아브라함과 족장들뿐 아니라 다윗에게도 중요한 곳이다. 사울이 죽은 후 BC 1000년경 다윗은 헤브론에서 이스라엘의 모든 지파의 원로들과 계약을 맺었고, 원로들은 다윗에게 기름을 부어 이스라엘의 왕으로 세웠다(삼하 5:3; 대상 11:3).

사무엘하 5장 3절

이에 이스라엘 모든 장로가 헤브론에 이르러 왕에게 나아오매 다윗 왕이 헤브론에서 여호와 앞에 그들과 언약을 맺으매 그들이 다윗에게 기름을 부어 이스라엘 왕으로 삼으니라

역대상 11장 3절

이에 이스라엘의 모든 장로가 헤브론에 있는 왕에게로 나아가니 헤브론에서 다윗이 그들과 여호와 앞에 언약을 맺으매 그들이 다윗에게 기름을 부어 이스라엘의 왕으로 삼으니 여호와께서 사무엘을 통하여 전하신 말씀대로 되었더라

다윗은 헤브론에서 이렇게 유다의 왕이 되어 7년 6개월을 다스렸다. 그리고 왕국을 예루살렘의 다윗 도성으로 옮겨 33년 동안 다스렸다(삼하 5:5).

사무엘하 2장 11절

다윗이 헤브론에서 유다 족속의 왕이 된 날수는 칠 년 육 개월이더라

역대상 29장 27절

이스라엘을 다스린 기간은 사십 년이라 헤브론에서 칠 년간 다스렸고 예루살렘에서 삼십삼 년을 다스렸더라

사무엘하 5장 3~5절

3이에 이스라엘 모든 장로가 헤브론에 이르러 왕에게 나아오매 다윗 왕이 헤브론에서 여호와 앞에 그
들과 언약을 맺으매 그들이 다윗에게 기름을 부어 이스라엘 왕으로 삼으니라 4다윗이 나이가 삼십 세에
왕위에 올라 사십 년 동안 다스렸으되 5헤브론에서 칠 년 육 개월 동안 유다를 다스렸고 예루살렘에서
삼십삼 년 동안 온 이스라엘과 유다를 다스렸더라

헤브론은 다윗이 자신의 왕국을 건설한 곳이면서도 한편으론 뼈아픈 곳이었다. 그의 아들 압살롬은 헤브론에서 아버지에게 반기를 들었고(삼하 15:1~12), 다윗은 압살롬을 피해 요르단으로 피신해야 했다.

사무엘하 15장 10절

이에 압살롬이 정탐을 이스라엘 모든 지파 가운데에 두루 보내 이르기를 너희는 나팔 소리를 듣거든 곧 말하기를 압살롬이 헤브론에서 왕이 되었다 하라 하니라

르호보암 시대의 헤브론

솔로몬 이후 남과 북이 갈라진 다음 르호보암은 예루살렘에 살면서 헤브론을 포함하여 유다에 열다섯 개의 요새 성읍들을 세운 뒤 모든 성읍에 큰 방패와 창을 갖추어 놓고, 그곳들에 지휘관을 배치하고, 양식과 기름과 포도주를 저장해 두었다(대하 11:5~12).

역대하 11장 5~12절

5르호보암이 예루살렘에 살면서 유다 땅에 방비하는 성읍들을 건축하였으니 6곧 베들레헴과 에담과 드
고아와 7벧술과 소고와 아둘람과 8가드와 마레사와 십과 9아도라임과 라기스와 아세가와 10소라와 아얄
론과 헤브론이니 다 유다와 베냐민 땅에 있어 견고한 성읍들이라 11르호보암이 그 방비하는 성읍들을
더욱 견고하게 하고 지휘관들을 그 가운데에 두고 양식과 기름과 포도주를 저축하고 12모든 성읍에 방
패와 창을 두어 매우 강하게 하니라 유다와 베냐민이 르호보암에게 속하였더라

바벨론 유배에서 돌아온 후의 정착지

헤브론은 이스라엘이 바벨론 유배 후 귀환하여 정착한 곳이기도 하다(느 11:25-"유다 자손의 일부는 기럇 아르바와 그 주변 동네들과 디본과 그 주변 동네들과 여갑스엘과 그 마을들에 거주하며"). 이후 BC 166년경 예루살렘 성전이 이교 제사로 더럽혀지고 유다인들이 박해를 받기 시작하자 유다 마카베오가 항쟁을 계승하여 헤브론을 점령하고 파괴하였다.

신약시대의 헤브론

신약성경에는 헤브론에 관한 기록이 전혀 없다. 다만 헤롯 대왕(BC 37~4)이 막벨라 동굴 위에 거대한 성벽을 건축하여 오늘날에 이르고 있다. 성벽은 강하면서도 단순한 인상을 주는데 둘러싸인 건축물은 제2차 성전시대로 거슬러 올라가 2,000년 동안 파괴되지 않고 거의 원형대로 보존되고 있다. 성곽의 건축양식은 예루살렘 성전과 같다.

헤롯 대왕이 만든 장방형 성벽의 규모는 길이 59m, 넓이 34m, 높이 18~20m, 두께 2.65m이

고, 가장 큰 돌은 가로×세로가 7.5m×1.4m이다. 성벽의 아래층은 가장자리를 잘 다듬은 돌로 만들었고 그 위는 돌출되게 했다. 헤브론의 돌은 매우 튼튼하고 비에 내구성이 강한 것이 특징이다. 원래의 성벽 높이는 약 20m 정도였는데 맘루크 시대와 오스만 시대에 더 높여졌다.

헤롯이 세운 성벽으로 예루살렘 성벽과 동일하게 보인다.

비잔틴·아랍·십자군·오스만 시대의 헤브론

로마군에 파괴된 헤브론은 그 후 천천히 복구되기 시작하여 4세기에는 큰 도시가 되었다. 페르시아에 점령되었던 634년에는 전성기를 누렸으며, 900년경에는 '하나님의 친구인 아브라함의 고장'이라는 이름으로 불렸다. 이슬람이 헤브론을 점령하면서 한때 이 건물은 회교사원으로 변했고, 그 후 십자군이 점령하여 다시 성당으로 개조되었다. 1099년 헤브론을 점령한 십자군은 헤브론을 '아브라함의 성'으로 개명하였다.

1187년 다시 이슬람 살라딘에게 점령되어 1917년 12월 4일까지 이슬람의 수중에 놓이게 되었다. 1260년 헤브론을 점령한 맘루크는 성곽 안에 이슬람 사원을 지었고, 성벽 북동쪽과 북서쪽에 높은 이슬람 첨탑(minaret, 하루 다섯 번 이슬람 기도 시간을 알리는 곳)을 만들어 외부에서 볼 때 이슬람 사원처럼 보이게 했다. 그리고 이들은 유대인들에게 성곽 안으로 들어오지 못하게 하고 다만 성곽 동쪽 벽에 있는 입구 일곱 번째 계단까지만 올라가 기도할 수 있도록 했다. 그리고 이어지는 오스만과 영국, 요르단의 통치하에서 약 700년간 유대인들은 일곱 번째 계단에 서서 기도할 수밖에 없었다.

1967년에 헤브론을 점령한 장군인 랍비 슐로모 고렌(Shlomo Goren)은 유대인으로서는 처음으로 이 문을 넘어 들어가 기도한 사람이 되었으며, 그 후 1969년 이 계단은 파괴되었고 봉해졌다.

오스만 튀르크 제국 시기 동안 헤브론은 경제와 상업의 중심지로 발전했다.

현대의 헤브론

헤브론 전경

헤브론은 635년부터 제1차 세계대전이 끝날 때까지 1100~1260년에 잠시 십자군에게 정복된 것을 빼고는 계속 이슬람의 지배하에 있었다. 20세기 들어 영국의 위임 통치가 끝나고 1948년 요르단으로 편입되었다. 그리고 1967년 6일 전쟁 이후 이스라엘에 점령된 팔레스타인 요단강 서안(West Bank) 지역에 속하게 되었다. 작은 유대인 공동체가 이슬람 사회와 공존하고 있었으나 1929년부터 몇 차례 일어난 아랍인 폭동으로 대부분 학살되었고, 그 후 1968년 유대교 정통파들이 유입되면서 다시 유대인 사회가 형성되었다.

1967년 6일 전쟁 뒤 이 동굴 무덤들은 1267년 맘루크 술탄 바이바르스가 비이슬람교도에 대한 참배금지령을 내린 지 700년 만에 처음으로 모든 이들에게 공개되었다. 1972년 막벨라 동굴에서 북서쪽으로 약 1km 떨어진 곳에 유대인 정착촌을 건설하여 '키르얏 아르바'라고 부르고 있다.

헤브론은 팔레스타인 자치 정부가 수립되면서 1997년 1월부터 팔레스타인 관할로 이관되었다.

예루살렘을 놓고 팔레스타인과 이스라엘이 한 치의 양보도 없이 다투고 있듯이 헤브론 또한 마찬가지이다. 1994년 2월 25일 정통 유대인인 골드스타인이 막벨라 동굴의 이슬람 사원에 들어가 기도하고 있던 이슬람 신자들에게 총기를 난사하여 29명을 살해하고, 그 자신은 현장에서 구타당해 사망한 사건이 있었다. 그가 사람을 살리는 의사라는 직업을 가지고 있었음에도 가지고 있던 마지막 총알까지 아랍 사람들을 죽이기 위해 발사하고 그 자신은 맞아 죽었다는 것은 이슬람과 팔레스타인 사이의 풀 수 없는 애증의 관계를 대변하는 것이다.

'동료' '결합' '친구'라는 어원을 가진 헤브론은 아브라함이 헷 족속으로부터 땅을 구입하면서 이스라엘 족장들과 인연을 맺게 되었다. 그 첫 인연은 사라의 무덤, 즉 영원을 위한 것이었다. 오늘날도 죽음을 앞둔 영원을 향한 여정에서 서로 양보하며 평화롭게 공존할 수는 없을까?

헤브론과 막벨라 굴의 의미

헤브론은 성경적으로 중요한 사건들이 있었던 현장이다. 여호수아의 가나안 정복 작전 중 갈렙은 길갈에서 여호수아에게 헤브론 땅을 기업으로 달라고 요구한다. "이 산지를 지금 내게 주소서"(수 14:12). 헤브론은 이스라엘 중앙 산악지역 중에서도 금싸라기 땅으로, 유대광야 지역에서 흔히 볼 수 없는 물이 풍부하고 좋은 땅이었다. 헤롯 왕 당시에는 예루살렘의 물 부족을 해결하기 위해 헤브론에서 물을 끌어올 정도였다. 시간을 거슬러 올라가 헤브론은 아브라함이 그의 아내 사라가 죽었을 때 그녀를 장사 지내기 위해 헷 사람 에브론으로부터 막벨라 굴을 구입한 곳이다.

유대광야 지역에는 곳곳에 굴들이 있다. 따라서 아브라함은 사라를 장사 지내기 위해 굳이 막벨라 굴을 막대한 거금을 들여가면서까지 살 필요가 없었다. 그런데도 그는 에브론과의 협상을 통해 막벨라 굴을 은 사백 세겔을 주고 구입한다. 왜 그랬을까?

먼저 고대 이스라엘 백성들에게 매장지는 단순히 죽은 자를 장사 지내는 곳 이상의 의미를 지니고 있었다. 묘지는 그 매장지가 속한 땅의 소유권이 매장지의 주인에게 있음을 증거하는 상징적 의미가 있었다. 매장지는 매매할 수 있었지만 권장되지는 않았으며, 대를 이어서 사용하였고 중요한 유산 목록이었다.

아브라함의 막벨라 굴 매입은 언약의 땅과 직접적으로 관련이 있다. 앞서 말한 대로 매장지는 그 땅의 소유권이 매장지를 매입한 사람에게 있었다. 하나님께서 아브라함에게 땅을 약속해 주셨지만 실질적으로 그는 가나안 땅 전부를 받지는 못했고 막벨라 굴을 매입한 것이 전부였다. 그러나 막벨라 굴은 훗날 이스라엘 백성들이 가나안 땅의 주인이 될 것에 대한 상징적인 의미가 있었던 것이다.

아브라함의 무덤

레아의 무덤

야곱의 무덤

이삭과 리브가의 무덤

성경의 토지법을 통해서도 막벨라 굴 매입과 언약의 땅과의 관련성을 살펴볼 수 있다. 성경의 토지법은 두 종류 곧 '싸데 아후자'(a field of possession)와 '싸데 미크네'(a field which has been purchased)로 구분된다.

'싸데 아후자'는 희년이 되면 그 원주인에게 돌려주는 것이 법이었다. 레위기 25장 15~16절에서 "희년 후의 연수를 따라서 너는 이웃에게서 살 것이요 그도 소출을 얻을 연수를 따라서 네게 팔 것인즉 연수가 많으면 너는 그것의 값을 많이 매기고 연수가 적으면 너는 그것의 값을 적게 매길지니 곧 그가 소출의 다소를 따라서 네게 팔 것이라"라고 규정하고 있다. 싸데 아후자는 개인의 사정에 따라 팔 수 있었다. 그러나 희년이 되면 그 소유권이 원소유자에게 돌아간다. 다만, 원소유자는 연수에 따라서 그 땅을 샀던 사람에게 그 값을 치러야 했다.

'싸데 미크네'는 원소유자로부터 땅을 매입하여 희년이 될 때까지 한시적으로 소유할 수 있는 권리만 있는 것이다.

이제 아브라함이 에브론으로부터 땅을 매입한 이야기를 살펴보자.

아브라함은 헷 족속에게 '아후자트 케베르'(a burying place)를 요청한다(창 23:4-"내게 매장할 소유지를 주어 내가 나의 죽은 자를 내 앞에서 내어다가 장사하게 하시오"). 아후자트 케베르를 요청한 것은 그 매장지의 소유권이 아브라함 때뿐 아니라 그의 후손들에게도 보존되게 하려는 것이었다. 다시 말해 아브라함은 한시적으로 막벨라 굴을 매입하는 것이 아닌 영구적인 소유권을 위해 사고자 하였다.

창세기 23장에 기록된 아브라함과 소할의 아들 에브론의 땅 거래 이야기를 보면 마치 에브론이 막벨라 굴을 아브라함에게 공짜로 주는 것처럼 보인다. 헷 족속은 아브라함이 매장지 매입을 요청하였을 때 친절하게 어느 곳이든지 그가 원하는 곳에 죽은 자를 장사 지내라고 말한다. 그러자 아브라함은 막벨라 굴의 소유자인 에브론에게 그 굴을 팔라고 한다.

에브론은 11절에서 다음과 같이 말한다. "내 주여 그리 마시고 내 말을 들으소서 내가 그 밭을 당신에게 드리고 그 속의 굴도 내가 당신에게 드리되 내가 내 동족 앞에서 당신에게 드리오니 당신의 죽은 자를 장사하소서."

이 본문에서 마치 에브론이 공짜로 밭과 막벨라 굴을 아브라함에게 주려는 것처럼 보이지만, 사실은 완곡한 표현으로 아브라함에게 밭과 막벨라 굴을 팔 의사가 없다는 뜻을 전한 것이다. 다만 한시적으로 밭과 막벨라 굴을 사라의 매장지로 주겠다는 것이다. 그러면 아브라함의 세대가 지나면 그 소유권이 에브론에세로 돌아가게 되어 훗날 아브라함의 후손이 막벨라 굴을 열조의 매장지로 삼기 위해서는 또다시 거래를 해야 하는 것이다. 아브라함은 다시 한번 거래를 시도한다. 그러자 에브론은 땅값으로 은 사백 세겔을 말하고, 아브라함은 그 값을 치르고 밭과 막벨라 굴을 매입한다. 다시 말해 에브론으로부터 땅의 소유권을 정식으로 인수한 것이다.

창세기 23장 20절에서 아브라함이 에브론으로부터 매입한 막벨라 굴에 대한 결론 부분에 '라 아후자트 케베르'(a possession of a burying-place)라는 표현을 사용한다. 이는 훗날 아브라함의 시대가 지나더라도 헷 족속이 아닌 아브라함의 후손에게 법적 소유권이 있음을 알려주는 것이다.

헷 족속과 에브론

아브라함 시대에는 희년제도가 없었다. 그러나 아브라함 당시 가나안에서는 땅을 매매한 경우 그 땅을 산 사람에게 그 소유권이 영구적으로 넘어갔다. 예를 들어 창세기 33장 18절 이하에서 야곱이 세겜 족속에게 백 크시타를 주고 땅을 매입하였는데, 훗날 그는 애굽으로 내려가서 죽기 직전 요셉에게 자신이 세겜 족속으로부터 매입한 땅의 법적 소유권을 준다. 야곱과 그의 가족은 가나안을 떠났고, 실질적으로 이스라엘 백성들이 가나안 땅으로 돌아간 것은 400년 뒤였지만, 야곱이 살던 땅의 법적 소유권은 적어도 문서적으로는 야곱 가족, 그중에서도 그 땅을 유산으로 받은 요셉에게 있었다. 이는 당시 가나안의 토지 거래는, 성경의 토지 거래법이 희년제도라는 것을 통해 영구적인 소유권을 인정하는 것과 달리, 매매를 통해 영구적인 소유권이 이전될 수 있었다는 것을 보여준다. 따라서 아브라함의 막벨라 굴 매입은 그 소유권이 헷 족속에서 아브라함과 그의 후손에게로 영구적으로 넘어갔다는 데 중요한 의미를 부여할 수 있는 것이다. 막벨라 굴은 사라와 아브라함, 리브가와 이삭, 레아와 야곱이 장사된 곳이다(창 49:31).

요셉은 자신의 유골을 가나안 땅으로 가져다가 묻어달라는 유언을 남긴다. 그러나 그는 막벨라 굴이 아닌 세겜 땅에 장사되었다(수 24:32). 왜 막벨라 굴이 아닌 세겜 땅인가? 창세기 48장 22절을 보면 야곱이 요셉에게 아모리 족속으로부터 칼과 활로 빼앗은 땅을 유산으로 주는 장면이 나온다. 본 글의 주제에서 벗어난 이야기이긴 하나 이 구절은 역사적으로 문제가 되는 부분이다. 창세기 33장 18절 이하를 보면, 야곱은 세겜 땅에 거주하면서 세겜의 아비 하몰의 아들들에게 백 크시타를 주고 땅을 사고 단을 쌓은 후 그 땅을 '엘엘로헤이스라엘'이라고 불렀다(창 33:20). 여호수아 24장 32절에도 야곱이 세겜 땅을 매입하였다는 기사가 나온다. 한편 창세기 34장의 디나 사건을 보면, 세겜 땅을 시므온과 레위, 그 뒤를 따라 야곱의 아들들이 공격하여 세겜 사람들을 죽이고 물건들을 강탈하는 사건이 나오고, 야곱은 그들의 약탈을 꾸짖는다. 즉, 야곱이 직접적으로 칼과 활로 그 땅을 차지하지는 않았다. 물론 세겜 사람들은 히위 족속이고 야곱이 요셉에게 말한 사람들은 아모리 사람들이지만, 창세기 15장 16절에 의하면 아모리 사람들은 가나안 족속들을 대표하는 명칭이었으므로 야곱이 말한 아모리 사람들은 히위 족속으로 보아도 문제가 없다.

요셉이 막벨라 굴이 아닌 세겜 땅에 장사된 이유는 간단하다. 세겜 땅은 야곱이 요셉에게 물려준 유산이다. 세겜은 요셉의 아들들인 에브라임과 므낫세 지파 사이의 경계선에 있는 도시이다. 따라서 요셉이 세겜 땅에 장사된 것은 여호수아 24장 32절에서 말하는 것처럼 그 땅이 요셉 자손의 기업이 되었기 때문이다.

결론적으로, 고대 이스라엘 백성들에게 묘지는 죽은 이를 매장하는 장소 이상의 의미가 있었다. 개인 혹은 지파가 영구적으로 소유하는 땅이라는 상징적인 의미가 있었고, 같은 의미에서 아브라함이 막벨라 굴을 매입한 것 역시 언약의 땅의 상속이 그의 후손들에게 반드시 성취될 것임을 보여주기 위한 하나의 장치였다.

베들레헴(Bethlehem)

예수 그리스도께서 탄생하신

베들레헴(Bethlehem, 히브리어 'לחם בית')은 요단강 서안 지구에 있는 예루살렘에서 남쪽으로 약 10km 떨어져 있는 해발 770m의 언덕 위에 자리하고 있는 작은 도시이다.

예수 그리스도의 탄생지 베들레헴은 그 이름의 뜻이 '집'을 의미하는 'Beth' 혹은 'Beit'와 '고기', '빵'을 의미하는 'Lehem'이 합쳐진 말로서 그대로 풀이하면 '빵집'이 되고, 아랍어로는 '푸줏간'이라는 의미로도 해석이 된다. 이는 이곳에서 목축업이 활발했던 것과 양을 잡는 날에 행해지던 잔치(삼상 25:1~4)에 그 기원이 있다. 또한 성경에서 '에브라다'와 함께 사용되기도 하였고(미 5:2), '에브랏'(창 35:16, 19, 48:7)으로 언급되기도 하였다.

이곳은 다윗 왕의 고향(룻 1:1; 삼상 16:1)이기도 하며, 사무엘이 다윗에게 기름 부은 곳(삼상 16:1)이며, 다윗의 우물(삼하 23:13~17)이 있던 곳이다.

에브라임 산지에 살고 있던 미가의 개인 제사장 레위인의 고향이기도 하며(삿 17:7-13), 사무엘은 왕에게 베들레헴을 하나님께 제사를 올리는 성지로 삼을 것을 제안하였다. 르호보암 왕 때는 이곳에 요새가 세워졌고(대하 11:6), 한때 블레셋에 의해 점령되었다(삼하 23:14).

구약성경 미가서에서 메시아로 오실 예수 그리스도의 탄생지로 예언되었고, 그 예언이 성취된 곳이다(미 5:2; 눅 2:1~5; 마 2:1~18; 요 7:41~42).

미가 5장 2절

베들레헴 에브라다야 너는 유다 족속 중에 작을지라도 이스라엘을 다스릴 자가 네게서 내게로 나올 것이라 그의 근본은 상고에, 영원에 있느니라

콘크리트 펜스에 둘러싸인 현재 베들레헴 전경

베들레헴 들판 전경

예수탄생기념교회(Church of the Nativity)

베들레헴 예수탄생기념교회 전경

AD 135년 로마 황제 하드리안은 제2차 유대인 반란을 진압한 후 기독교 말살 정책의 하나로 예수 그리스도 탄생 동굴 위에 아도니스 신전을 만들어 세워놓는다.

콘스탄티누스 황제가 기독교를 로마 국교로 선언한 후 325년 예루살렘의 주교였던 성 마카리오가 황제에게 성지에 성당을 세워주기를 청했고, 황제의 어머니인 성녀 헬레나가 성지를 방문한 후 3개의 교회를 세웠다. 첫 번째는 예루살렘의 예수 무덤 위에 세웠고, 두 번째는 예수의 탄생지인 베들레헴에, 그리고 감람산에 세 번째 교회를 세웠다.

베들레헴의 예수탄생기념교회도 예수 그리스도 무덤교회과 감람산 위의 엘레오나교회와 함께 콘스탄티누스 황제의 어머니 헬레나의 청에 의하여 예수 그리스도 탄생 동굴 위에 339년 5월 31일에 세워진 교회이다. 이 첫 번째 교회를 콘스탄티누스교회라고 한다. 그러나 이 교회은 510~529년에 불타버렸다. 교회 중앙 통로 바닥에 보존된 모자이크는 콘스탄티누스교회의 중요한 유물이다.

지금의 예수탄생기념교회는 531년 유스티니아누스 황제(527~565 재위)가 완공한 것인데 거의 원형 그대로 보존되어 있다. 이 기념교회는 현재까지 남아 있는 가장 오래된 기독교 교회 중의 하나이다. 614년 페르시아 군대가 이 지역을 점령했을 때 거의 모든 교회와 수도원들이 파괴되었지만, 유스티니아누스가 세운 이 기념교회만은 남아 있을 수 있었던 것은 아기 예수를 경배하러 온 동방박사들의 모자이크가 자신들의 조상의 복장을 하고 있었기 때문이라고 하며, 이에 오히려 경배하고 돌아갔다고 한다.

현재의 건물은 십자군 시대 예배당 모양을 보존하여 수리한 것이다. 탄생 동굴은 예수탄생기념교회 내부 지하에 있다. 기념교회 예배당은 십자가 모양의 건물 구조로 되어 있다.

십자군 시대 당시 교회를 보수할 때 입구 문의 높이를 1.2m 정도로 낮추고 폭도 좁게 만들어 놓았다. 머리를 숙이고서야 교회에 출입할 수 있도록 만든 것이다.

약탈자들이 말이나 마차를 타고 교회에 출입하는 것을 막고자 한 방어적 성격을 지닌 것이다. 이로 인하여 이곳을 찾는 모든 사람은 자세를 낮추고 들어가서 아기 예수께서 탄생하신 곳을 볼 수 있게 되었다.

예수 그리스도가 탄생하신 구유의 자리를 다윗의 별로 장식했다.

AD 1100년 성탄절 날 볼드윈 1세는 십자군 시대의 예루살렘 왕으로서 그 즉위식을 이곳에서 가졌다. AD 386년 제롬은 이 교회 바로 옆에 있는 동굴에서 성경을 라틴어로 번역하였다. 이때 번역한 불가타(Vulgate) 성경이 지금까지 가톨릭 교회에서 공식적으로 사용하고 있는 성경이다.

제롬이 성경을 번역했던 지하 골방

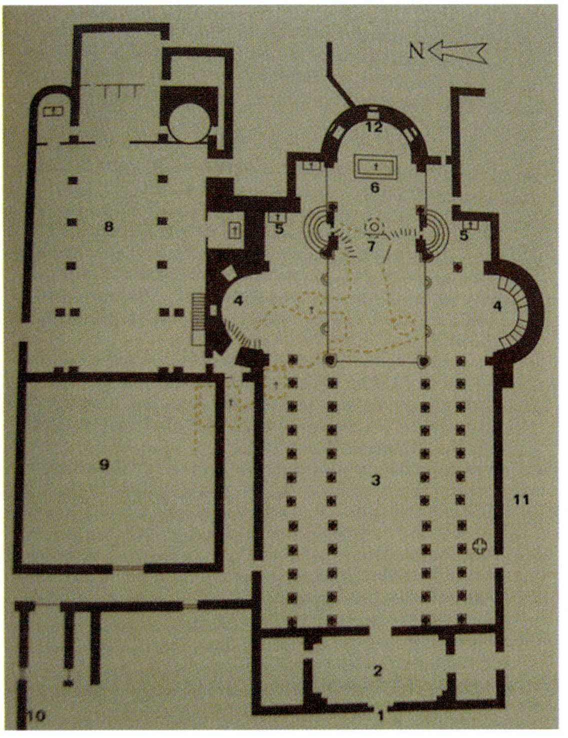

예수탄생기념교회 평면 구조 도면

위 도면에서 7번이 아기 예수 그리스도께서 태어나신 지하 동굴이 있는 곳이고, 그 위에 지어진 기념교회의 중앙 제대가 6번(그리스 정교회)이다. 7번 옆에 양쪽으로 둥글게 되어 있는 곳이 성탄 동굴로 들어가는 지하 계단이다. 7번 쪽에서 4번, 그리고 카타리나 성당(8번), 카타리나 성당의 작은 정원(9번)으로 이어지는 점선은 지하 동굴의 평면을 그린 것이다. 4번 쪽과 9번 쪽으로 보면 지하 도면에 십자가의 표시가 되어 있는 것이 있는데, 4번 쪽(오른쪽 위쪽) 위쪽에 있는 것이 무죄한 어린이들에게 봉헌된 제대 경당, 성 요셉에게 봉헌된 제대, 중간은 성녀 바울라와 에우스토키움에게 봉헌된 제대, 히에로니무스 무덤 제대, 그리고 왼쪽 아래가 히에로니무스 서재 경당이다.

신구약성경에 등장하는 베들레헴

베들레헴은 아주 오래된 도시로서 창세기에 야곱의 아내 라헬의 죽음과 관련해서 처음으로 등장한다.

창세기 35장 16~20절을 읽어보자.

창세기 35장 16~20절

[16]그들이 벧엘에서 길을 떠나 에브랏에 이르기까지 얼마간 거리를 둔 곳에서 라헬이 해산하게 되어 심
히 고생하여 [17]그가 난산할 즈음에 산파가 그에게 이르되 두려워하지 말라 지금 네가 또 득남하느니라
하매 [18]그가 죽게 되어 그의 혼이 떠나려 할 때에 아들의 이름을 베노니라 불렀으나 그의 아버지는 그를
베냐민이라 불렀더라 [19]라헬이 죽으매 에브랏 곧 베들레헴 길에 장사되었고 [20]야곱이 라헬의 묘에 비를
세웠더니 지금까지 라헬의 묘비라 일컫더라

베들레헴은 룻기의 배경으로도 등장한다.

룻기 1장 19~22절

[19]이에 그 두 사람이 베들레헴까지 갔더라 베들레헴에 이를 때에 온 성읍이 그들로 말미암아 떠들며 이
르기를 이이가 나오미냐 하는지라 [20]나오미가 그들에게 이르되 나를 나오미라 부르지 말고 나를 마라라
부르라 이는 전능자가 나를 심히 괴롭게 하셨음이니라 [21]내가 풍족하게 나갔더니 여호와께서 내게 비어
돌아오게 하셨느니라 여호와께서 나를 징벌하셨고 전능자가 나를 괴롭게 하셨거늘 너희가 어찌 나를
나오미라 부르느냐 하니라 [22]나오미가 모압 지방에서 그의 며느리 모압 여인 룻과 함께 돌아왔는데 그
들이 보리 추수 시작할 때에 베들레헴에 이르렀더라

나오미는 남편과 두 아들이 죽은 후 며느리 룻과 함께 베들레헴으로 돌아왔다. 거기서 룻은 보아스를 만나 결혼했다. "보아스는 룻에게서 오벳을 낳고 오벳은 이새를 낳고 이새는 다윗 왕을 낳으니라"(마 1:5~6). 이처럼 베들레헴은 이스라엘의 두 번째 왕 다윗(BC 1010~970 재위)이 태어나서 목동으로 자라고 사무엘에 의해 이스라엘을 다스릴 왕으로 기름 부음을 받은 곳이다(삼상 16:1~13).

예수 그리스도께서 베들레헴에서 탄생하시기 약 700년 전에 선지자 미가는 장차 베들레헴에서 있을 메시아 탄생에 대해 이렇게 말했다.

미가 5장 2절

베들레헴 에브라다야 너는 유다 족속 중에 작을지라도 이스라엘을 다스릴 자가 네게서 내게로 나올 것이라

마태복음 2장 6절

또 유대 땅 베들레헴아 너는 유대 고을 중에서 가장 작지 아니하도다 네게서 한 다스리는 자가 나와서 내 백성 이스라엘의 목자가 되리라 하였음이니이다

베들레헴은 미가 예언서와 마태복음에서 이야기하듯이 보잘것없는 작은 마을이었지만 다윗 왕의 고향이라는 사실만으로 이스라엘 백성들에게는 중요한 도시가 되었다. 그래서 장차 태평성대를 이룰 이상적인 왕 메시아가 다윗의 고향 베들레헴에서 탄생하리라고 기대하고 있었다. 이 예언은 아우구스투스 황제의 명에 따라 마리아와 요셉이 인구조사를 위해 나사렛에서 고향인 베들레헴으로 돌아옴으로써 이루어지게 되었다.

베들레헴 예수탄생기념교회의 종파 간 소유권과 사용권

하늘에서 바라본 예수탄생기념교회

성전 내부

예수 그리스도 탄생을 기념하는 교회도 가톨릭을 대표하는 프란치스코회와 그리스 정교회, 아르메니아 정교회 간의 현상 유지법(STATU QUO)이 적용되는 곳이다. 세 종파 간 교회의 소유

권과 사용권이 법으로 규정되어 있다. 예수탄생기념교회 대부분은 그리스 정교회의 소유이다. 단, 예수 탄생 동굴 위의 제대에서 왼쪽 부분은 아르메니아 정교회의 소유이고, 구유 동굴 부분인 구유 제단과 구유는 가톨릭 소유이다.

그리고 1881년 예수탄생기념교회 옆에 지어 카타리나 성녀에게 봉헌한 교회와 예수 성탄 동굴 옆에 있는 무죄한 어린이들을 위해 봉헌된 경당, 성 요셉에게 봉헌된 경당, 히에로니무스 성인 경당, 성녀 바울라와 에우스토키움 경당은 가톨릭 소유이다.

앞의 사진에서 지붕이 십자가 모양인 이 건물이 예수탄생기념교회로, 콘스탄티누스 시대에 지어진 건물이다. 십자가의 머리 쪽에 예수 탄생 동굴이 있다.

현대의 베들레헴

현대 베들레헴 도시 전경

1948년 제1차 중동 전쟁의 결과로 요르단이 점령하였으나, 1967년 6일 전쟁의 결과로 이스라엘이 점령하게 되었다. 오슬로 평화 협정에 따라 1995년 이스라엘은 팔레스타인 자치 정부에 도시의 통치권을 넘겨주고 그해 12월 21일에 군대를 철수하였다. 제2차 인티파다(intifada) 기간이었던 2000~2005년에 베들레헴의 인프라와 관광산업은 모두 파괴되었다.

현재의 베들레헴은 요단강 서안 지구에 위치하는 도시로, 인구는 34,521명이다(2020년 기준). 거주하는 주민들은 무슬림이 인구의 다수를 차지하고 있으며, 팔레스타인과 기독교도(주로 동

베들레헴 분리장벽 전경

방정교도이거나 가톨릭교도)들의 중요한 근거지이기도 하다. 1947년에는 기독교도가 베들레헴 인구의 85%였으나 1998년에는 40%로 감소하였다. 현재 시의 규칙에 따라서 베들레헴 시장과 부시장은 기독교 신자여야 한다. 또한 만약 시장이 가톨릭교도라면 부시장은 동방정교도여야 하며, 그 반대로 시장이 동방정교도라면 부시장은 가톨릭교도여야 한다. 참고로 2012년 10월 선거에서 승리한 파타당원 베라 바분(Vera Baboun)은 가톨릭 교도로서 베들레헴 최초의 여시장이다.

라헬의 무덤

이곳은 성경에서 '라마'로 언급되기도 하는데(렘 31:15-"여호와께서 이와 같이 말씀하시니라 라마에서 슬퍼하며 통곡하는 소리가 들리니 라헬이 그 자식 때문에 애곡하는 것이라 그가 자식이 없어져서 위로받기를 거절하는도다"), 무슬림과 기독교인, 특히 유대인들에게 매우 중요한 기념 장소이다. 야곱의 특별한 사랑을 받은 아내 라헬의 무덤(창 35:19, 48:7)은 헤브론 길에서 베들레헴 길로 꺾어지면서 곧바로 보이는 곳에 잘 보존되어 있어서 이곳을 찾는 유대인들을 쉽게 볼 수 있다. 이곳에 라헬의 무덤이 있게 된 구약성경의 배경은 창세기 35장 16~17절에 나온다.

창세기 35장 16~17절

16그들이 벧엘에서 길을 떠나 에브랏에 이르기까지 얼마간 거리를 둔 곳에서 라헬이 해산하게 되어 심
히 고생하여 17그가 난산할 즈음에 산파가 그에게 이르되 두려워하지 말라 지금 네가 또 득남하느니라
하매

유대인들의 안식일이나 중요한 절기 때 이곳에서 기도하는 유대인들을 많이 볼 수 있다. 라헬의 묘가 있는 외부 건물 구조물은 1860년에 새로 지어진 것이다.

이 라헬의 무덤에 와서 기도하면 번성하고 안전하게 출산할 수 있다는 소문을 믿고 많은 사람들이 이곳에서 기도하기도 한다. 간간이 세파르딤파에 해당하는 유대인 여성들이 이곳에서 울면서 기도하는 모습을 보게 된다.

라헬의 무덤 남자 입구

무덤 입구

라헬의 무덤

창세기 35장 19~20절

19라헬이 죽으매 에브랏 곧 베들레헴 길에 장사되었고 20야곱이 라헬의 묘에 비를 세웠더니 지금까지 라
헬의 묘비라 일컫더라

분리장벽 안에 그려진 1910년대 라헬의 무덤 그림

현재 라헬의 무덤 입구

라헬의 무덤 안내표지

헤로디온(Herodion)

베들레헴에 있는 헤롯 대왕의 요새

난공불락의 헤롯의 피난처인 베들레헴 근처 헤로디온 전경

베들레헴에서 멀리 떨어지지 않은 유대 지역에 헤롯 왕에 의해 지어진 헤로디온(Herodion)은 해발 830m의 산 정상에 세워진 요새이다. 이스라엘의 가장 웅장한 건물 중의 하나인 이 성채는 BC 1세기 중·후반에 지어졌다.

헤로디온을 오르면 유대광야, 사해, 베들레헴, 그리고 예루살렘까지 한눈에 볼 수 있다. 헤롯의 난공불락의 피난처 중 하나인 헤로디온은 성벽과 타워, 모자이크 조각들, 커다란 물 저장고, 목욕탕과 연회를 즐기기 위한 연회장 등으로 이루어져 있는데 건물의 웅장함이 상상을 초월한다. 훗날 전해지는 말에 의하면 이곳에 헤롯 왕이 묻혔다고 한다.

BC 37~4년에 유대 지역을 통치한 헤롯 왕은 자기 영토에 많은 요새와 화려한 도시들을 건설하였다. 특히 BC 20년에 시작하여 AD 64년에 완공된 제2성전 재건을 비롯해, 욥바와 하이파 사이의 해안에 있는 한때 로마령 팔레스타인의 수도가 되었던 항구도시 가이사랴와 고대 사마리아의 옛터에 세워진 세바스테를 건설하였다. 그리고 예루살렘에는 예수 그리스도께서 총독 빌라도에게 사형선고를 받은 안토니우스 요새와 웅장한 왕궁을 지었으며, 이외에도 수많은 성채, 수로, 극장 등 공공 건축물을 지었다.

헤롯은 유대 나라 왕의 탄생을 전해 듣고는 베들레헴과 그 일대에 사는 두 살 이하의 사내아이들을 모조리 죽였을 정도로 항상 모반을 두려워했기 때문에 유사시를 대비해 곳곳에 요새를 건설하였다. 사해 서남쪽 유대광야 끝자락 산 위에 마사다 요새를 건축했으며, 사해 동쪽의 마케루스 요새, 베들레헴 서남쪽에 헤로디온 요새 등 자신을 위한 성곽을 건축했다. 현재 요르단 쪽에 있는 마케루스 요새는 헤롯 안티파스가 27년경 침례 요한을 정치적인 위험인물로 간주하여 그를 가두었다가 참수한 곳이다.

베들레헴 헤로디온 복원도

헤로디온 상상도

AD 70년 9월 로마군이 예루살렘을 완전히 점령함으로써 제1차 유대 독립전쟁은 사실상 끝이 났으나 독립군의 일부는 3개 거점에서 항전을 계속했다. 72년 로마 장군 바소(Lucinius Basso)는 먼저 헤로디온 요새를 함락시킨 다음 마케루스 요새도 점령했다. 그러나 마사다 요새에서는 3년에 걸친 끈질긴 항전이 계속되었다.

헤롯은 BC 4년에 여리고의 궁전에서 사망하여 헤로디온에 묻혔다고 하는데 아직 정확한 위치는 발견되지 않았다.

헤로디온 모형(좌) · 기념우표(중) · 헤롯의 무덤(우)

예루살렘성(The Castle of Jerusalem)

감람산 히브리 대학 전망대에서 바라본 예루살렘성

감람산(Mount of Olives)에서 예루살렘 구도시(Old City)를 내려다보면 여호와 하나님의 성전은 간데없고 '바위사원'이라 불리는 '오마르 모스크'의 찬란한 황금빛 돔만 눈길을 사로잡는다. 예루살렘은 유대교와 기독교, 이슬람교가 탄생한 도시로 서구 역사에서 매우 중요하고 신성시되는 곳이다. 아라비아인은 이 도시를 '쿠드스'(신성한 도시)라고 부른다. 그만큼 세계의 이목이 쏠리고 분쟁이 끊이지 않는 곳이기도 하다.

현재 이스라엘의 행정수도는 텔아비브이다. 동부는 요르단령이며, 서쪽은 1948년부터 이스라엘령이 되었고 1950년에는 그 수도가 되었다. 1967년 6월 중동 전쟁 이후로 유대교도, 기독교도, 이슬람교도가 저마다 성지로 받들고 있는 동쪽 지역도 이스라엘의 점령지이다.

예루살렘은 사해로부터 서쪽으로 25km, 지중해 연안으로부터 동쪽으로 55km이며, 해발 790m의 성전산에 있다. 사마리아 산악지역과 유대 산악지대의 분수령에 있는 이곳은 지중해

성 기후와 사막 기후의 영향을 받기 때문에 북위 31.41도에 위치하지만 겨울에는 몹시 춥고 봄·가을에는 이따금 37℃의 무더위가 찾아온다.

동예루살렘에는 옛 역사가 숨 쉬는 많은 유적이 있다. 그 가운데서도 통곡의 벽(유대교), 성묘교회(기독교), 오마르 사원(이슬람교) 등이 특히 유명하다. 기독교도와 이슬람교도가 많으며, 해마다 전 세계에서 많은 순례자와 관광객이 이곳을 찾는다.

서예루살렘은 이스라엘의 정치·문화의 중심지이며 정부 청사와 히브리 대학교, 국립박물관, 미술관 등이 있다. 또 금속, 담배, 플라스틱, 신발, 전기기구 공장 등이 있다.

예루살렘성 역사

예루살렘성은 BC 3000년대 말경에 여부스라는 가나안인의 한 부족이 그 동부에 성을 지어 거주한 것이 기원이라고 한다. 이 도시는 '우루살림'이라고 불렸는데 '평화의 도시'라는 뜻이다. BC 2000년대 중엽부터 애굽 바로의 지배하에 들어갔으며, BC 1000년 무렵까지 계속되었다. 그 후 히브리인이 이곳을 점령하였고, 다윗 왕이 여부스인을 쫓이내어 이스라엘 왕국의 수도로 삼았다. 다음에는 솔로몬 왕이 현재 이슬람교 사원이 있는 지점에 성전을 지었고, 그 북쪽 지금의 바위사원이 있는 곳이며 일찍이 다윗이 건립한 이스라엘의 하나님의 제단 앞에 여호와의 성전을 건립하였다. 이 무렵에는 주민들도 늘어났고 도시 둘레에 성벽도 만들었다.

BC 935년 이스라엘 왕국이 북왕국 이스라엘과 남왕국 유다로 양분되자 예루살렘은 유다의 중심지가 되었다. BC 605년 바벨론의 느부갓네살 왕이 예루살렘을 세 차례 공격함으로 BC 586년 성전이 파괴되었으며, 이스라엘 백성들은 바벨론으로 끌려가서 BC 538년까지 포로생활을 하였다. 그 뒤 바사의 고레스 왕이 이스라엘 백성들을 고국으로 귀환하게 허락함으로 예루살렘으로 돌아와 여호와 하나님의 성전을 재건하였으나 옛날의 번영을 되찾을 수는 없었다. 그 뒤 여러 차례 파란을 겪은 끝에 BC 63년 폼페이우스가 거느린 로마군이 성벽을 파괴하고 이 도시를 점령하였다. 이때부터 예루살렘은 로마의 지배하에 들어갔으나, BC 37년부터 헤롯 왕이 이곳을 점령하고 유대인들의 환심을 사려고 여호와 하나님의 성전을 재건함으로써 솔로몬 왕 이후의 성전을 되찾았다.

그러나 예전과 달리 헬레니즘 문화의 색채가 농후해졌다. 예수 그리스도가 십자가에 못 박혔을 무렵인 AD 30년 4월에는 처형장인 골고다 언덕과 매장지가 북서부의 성벽 밖에 있었는데 10여 년 뒤에는 이 지역을 둘러싼 새 성벽이 만들어졌다. 로마 황제 베스파시아누스의 아들 티투스가 70~71년에 이 도시를 공격함으로써 헤롯 시대의 번영은 사라졌다. 유대교도들이 헤롯이 지은 성전의 벽, 곧 나중에는 '통곡의 벽'이라 이름 지은 이곳을 찾아가 통탄하는 풍습이 이때부터 시작되었다.

그 뒤에도 유대교도들의 반란이 거듭되었기 때문에 로마인들은 135년 여호와 하나님의 성전을 파괴했으며, 예루살렘을 '콜로니아 아이리아 카피토리나'라 부르고 직속지로 삼아 유대교도들을 몰아냈다. 로마가 기독교 국가가 되자 예루살렘은 기독교 성도들의 순례로 붐비게 되었으며, 콘스탄티누스 1세(306~337 재위)의 명령으로 예수 그리스도의 성묘 등에 최초의 교회가 건립되었다. 614년 사산 왕조 페르시아의 호스로 2세가 비잔틴 제국군을 격파하고 예루살렘을 함락시킨 뒤 많은 교회를 불사르고 다수의 시민을 끌고 갔다. 638년 이슬람교로 단결한 아랍인들이 이곳을 함락시켰으며, 팔레스타인과 시리아도 비잔틴 제국에서 이탈하여 이슬람교 국가의 일부가 되었다.

현재 성전산 정상 바위사원에 있는 큰 바위는 무함마드가 꿈에 대천사 가브리엘의 안내로 제7천에 있는 알라의 앞까지 갔다는 승천(미라지) 장소로서 신성시되고 있다. 아랍인들은 솔로몬의 성전이 있던 곳에 '회교사원'(아크사의 마스지드)을 지었으며, 우마이야 왕조의 칼리프, 압둘 말리크(685~705 재위) 때는 다윗이 제단을 마련한 곳에 바위사원을 건립하였다.

이때부터 이슬람교도와 기독교도는 서로 상대편의 성지를 존중하였다. 예외적으로 이집트의 파티마 왕조의 칼리프 하킴(996~1021 재위)이 예수 그리스도의 성묘를 비롯하여 기독교의 몇몇 성지를 파괴하는 사건이 일어났는데 이는 비잔틴 제국의 도전 때문이었다.

1099년에는 제1차 십자군이 예루살렘성을 침략하였으며, 이슬람교도와 유대교도의 대학살을 자행하고 이곳을 수도로 하는 예루살렘왕국을 건설하였다. 그러나 1187년 이집트에 아이유브 왕조를 건설한 살라딘이 이슬람 세력을 연합하여 이를 탈환하였다. 그 뒤 여러 차례에 걸친 십자군 원정이 있었으나 1229년 2월에서 1244년 8월까지 신성로마제국의 황제 프리드리히 2세가 이집트 맘루크 왕조와의 화의로 이 땅을 회복한 적이 있을 뿐 성지 탈환의 꿈은 이루어지지 않았다.

결국 이 땅은 맘루크 왕조의 지배하에 들어갔으며 다마스쿠스 총독이 이를 관할하였다. 그러나 1516년 12월 말에 오스만 튀르크 제국의 셀림 1세가 시리아에 있는 맘루크 왕조의 세력을 꺾고 예루살렘을 그 지배하에 두었다. 현존하는 성벽의 대부분은 튀르크령이 되고 난 뒤 슐레이만 1세(1520~1566 재위) 때 축조된 것인데, 튀르크령 시대에는 차차 쇠퇴하여 19세기 전반에는 인구가 11,000명 정도로 감소하였다.

한편 19세기 중엽부터는 영국·프랑스·독일·러시아 등이 튀르크에 압력을 가하여 이곳의 성지 보호에 주력하기 시작하였다. 제1차 세계대전 말기에 튀르크군이 패퇴하고 앨런비 장군이 거느리는 영국군이 이곳을 점령하였으며, 1920년부터 팔레스타인이 영국의 위임통치하에 들어가자 그 수도가 되었다. 그 뒤 제1차 세계대전 중의 밸푸어 선언에 따라 유대교도의 이민

이 격증하였으며 아랍족과 마찰을 일으키게 되었다.

1948년 팔레스타인의 유대교도와 아랍 각국 사이에 전쟁이 일어났으며, 그 이듬해 2월에 이스라엘국이 성립하였다. 이에 따라 예루살렘은 요르단과 이스라엘이 동서로 양분하여 각각 한 쪽을 영유하였는데, 1967년 6월의 제3차 중동 전쟁에서 이스라엘은 아랍국가들을 격파하고 예루살렘의 동부마저 점령하였다.

성경의 중심지인 예루살렘은 세 차례에 걸친 성전 건축과 파괴의 아픈 역사를 지니고 있다. 모세가 시내산에서 십계명이 적힌 돌판을 받을 때 하나님은 그에게 하늘에 있는 '성막'(tabernacle)을 보여주셨다. 시내산에서 내려온 모세는 하나님의 말씀에 순종하여 광야생활에 필요한 이동식 성전인 성막을 지어 지성소(The Most Holy Place)에 법궤(Ark of Covenant)를 안치했다.

법궤 안에는 돌판 십계명, 싹 난 지팡이, 만나 항아리가 있었다(히 9:4). 법궤는 하나님이 임재하시는 자리로 하나님은 사람을 만나실 때 법궤가 있는 곳에서 만나주셨다(출 25:21~22). 모세는 모든 계시를 법궤가 있는 곳에서 받았다(출 25:22). 백성들은 가나안 땅에 정착하게 되면서 성막이 아닌 성전(temple)의 필요성을 느끼게 되었다. 성전은 성막의 발전된 형태다.

예루살렘 성전은 세 번에 걸쳐 세워졌다

'솔로몬 성전'(BC 959, 왕상 6장), '스룹바벨 성전'(BC 516, 스 6:15~18), 그리고 신약시대의 '헤롯 성전'(BC 20~AD 64)이다.

이스라엘의 역사는 성전과 운명을 같이한다. 성전이 파괴되는 때가 곧 나라가 멸망하는 때이다.

예루살렘 대성전(Temple of Jerusalem)

다윗이 예루살렘을 수도로 정한 지 약 3,000년의 시간이 흘렀다. 그 역사의 중심에 있는 곳이 바로 예루살렘 성전이다. 우리는 이스라엘 3,000년의 역사에서 그 주인공이 유대인이라고 생각한다. 그러나 유대인이 지배한 시대는 약 550년뿐이며, 기독교가 약 400년, 그리고 그보다 훨씬 많은 약 1,200년 동안 이슬람이 통치했고, 나머지는 기타 외세에 의해 다스려졌다.

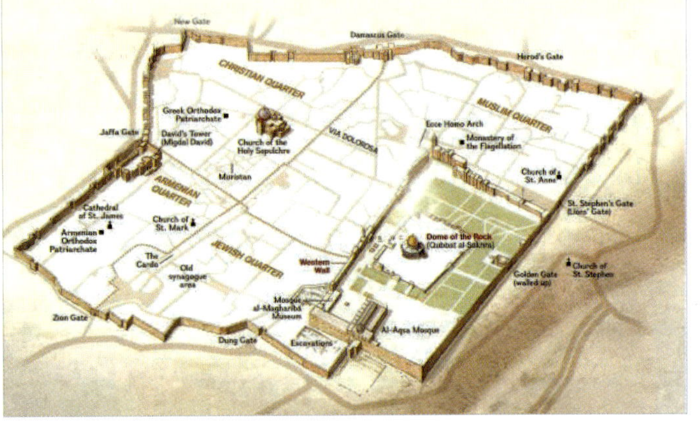

아브라함 시대에 예루살렘은 멜기세덱 왕이 다스렸다(창 14:18). 예루살렘의 본래 이

름은 '살렘'으로 이는 '평화'라는 뜻이며, 곧 예루살렘은 '평화의 도시'를 의미한다. 그러나 이스라엘만큼 평화가 간절한 곳은 없을 것이다. 세계 3대 종교의 각축장이었고 세계 열강들이 지나가야만 하는 길목에 놓여 있는 이 이스라엘의 중심에는 예루살렘이, 그리고 그 중심에는 예루살렘 대성전이 있었다.

예루살렘 성전은 유대인들에게 모든 시대를 통하여 삶의 중심이었다.

여호와 하나님의 임재를 상징하는 성전은 이스라엘 백성에게 예배와 기도의 중심지였고, 강력한 상징적 역할을 했다. 성전은 하나님이 현존하시는 곳으로 이스라엘 백성들이 희생 제사로 하나님께 나아가 만나며, 하나님은 용서와 계시로 기도에 응답하시는 곳이었기 때문이다(출 25:22; 대하 6장).

출애굽기 25장 22절

거기서 내가 너와 만나고 속죄소 위 곧 증거궤 위에 있는 두 그룹 사이에서 내가 이스라엘 자손을 위하여 네게 명령할 모든 일을 네게 이르리라

그러나 그 삶의 중심을 한때는 기독교인들이, 그리고 지금은 이슬람이 차지하고 있다. 예루살렘 구시가지의 1/6을 차지하고 있는 예루살렘 성전 터에는 이슬람의 바위 돔 사원이 자리하고 있다.

가나안과 애굽 땅 온 지방에 기근이 심하게 들었을 때 아브라함의 후손인 야곱의 가족들은 애굽으로 가서 살았다(창 41:53~50:26). 그 후 BC 1230년경 애굽의 고센 땅에서 종살이하던 야곱의 후손들은 하나님께서 아브라함과 이삭과 야곱에게 주기로 맹세한 땅으로 이주한다(출 33:1). 그러나 이스라엘은 약속된 땅으로 바로 들어가지 못하고 사십 년 동안 광야생활을 해야 했다(민 32:13; 신 29:5). 그리고 모세는 약속된 땅으로 들어가지 못하고 사해 근처 모압 땅 느보산에서 죽게 된다(신 34:1~8).

모세는 눈의 아들 여호수아에게 안수하여 후계자로 임명하였고(신 34:9), 여호와 하나님께서는 여호수아에게 통수권을 맡기셨다(수 1:1~9). 그는 요단강을 믿음으로 건너고(수 3~4장) 길갈에 진을 치고 가나안에서 첫 유월절 절기를 지낸다(수 5:10~12). 그리고 여리고(수 5:13~6:27)와 가나안을 점령한(수 11:16) 후 열두 지파에게 땅을 분배하고(수 12:7~19:51), 세겜에서 이스라엘의 모든 지파를 모아 백성과 계약을 맺고 그들을 위한 규정과 법규를 세운다(수 24:1~27). 그 후 여호수아가 죽고 가나안 땅에서 사사들의 시대가 시작된다(BC 1200~1000).

사무엘이 예언자이자 선지자로 백성을 다스릴 때 그의 나이가 많아지자 이스라엘 원로들은 사무엘을 찾아가 다른 민족들처럼 왕을 세워주기를 간청한다(삼상 8:5). 그리고 사무엘은 이스라엘의 초대 왕으로 사울(BC 1030~1010)의 머리에 기름을 붓고(삼상 10:1) 이스라엘의 왕으로 세운다.

사울은 그의 세 아들과 함께 길보아산에서 블레셋과 싸우다 모두 전사하였다(삼상 31:1~6).

사울이 죽은 뒤 다윗(BC 1000~961/1004~965 재위)이 헤브론에 자리를 잡고 있을 때 유다 사람들이 다윗에게 와서 기름을 붓고 그를 유다 지파의 왕으로 세웠다(삼하 2:3~4). 다윗이 헤브론에서 일곱 해를 다스린 후(대상 29:27; 삼하 5:5) 북쪽 10개 지파가 함께 다윗을 왕으로 세움으로 이스라엘 12지파를 통합하여 남쪽에 치우쳐 있던 수도를 예루살렘으로 삼은 것(삼하 5:4~5)이 지금으로부터 약 3,000년 전이다.

감람산에서 바라본 성전산과 예루살렘성 전경

다윗 시대의 예루살렘은 여부스족이 살면서 견고한 성을 구축했던 도시였으나(삼하 5:6) 다윗의 병사들은 기드론골짜기에 있는 기혼샘과 연결된 지하수로를 타고 올라가 여부스족의 성읍을 점령하고 '다윗 도성'(The City of David)이라 불렀다(삼하 5:7~9).

그리고 정치적인 수도였던 예루살렘은 당시까지 기럇 여아림에 있던 여호와의 언약궤를 다윗 도성에 옮겨 놓음으로써(삼하 6장) 명실상부한 여호와 하나님이 함께하시는 다윗 왕국의 중심이 되었다. 언약궤는 이스라엘 12지파를 통합할 수 있는 최고의 상징물이었으며 왕권과 직결된 것이었다.

사무엘하 5장 6절

왕과 그의 부하들이 예루살렘으로 가서 그 땅 주민 여부스 사람을 치려 하매 그 사람들이 다윗에게 이르되 네가 결코 이리로 들어오지 못하리라 맹인과 다리 저는 자라도 너를 물리치리라 하니 그들 생각에는 다윗이 이리로 들어오지 못하리라 함이나

사무엘하 5장 7~9절

[7]다윗이 시온 산성을 빼앗았으니 이는 다윗 성이더라 [8]그날에 다윗이 이르기를 누구든지 여부스 사람을 치거든 물 긷는 데로 올라가서 다윗의 마음에 미워하는 다리 저는 사람과 맹인을 치라 하였으므로 속담이 되어 이르기를 맹인과 다리 저는 사람은 집에 들어오지 못하리라 하더라 [9]다윗이 그 산성에 살면서 다윗 성이라 이름하고 다윗이 밀로에서부터 안으로 성을 둘러 쌓으니라

하늘에서 본 예루살렘 모습

예루살렘 성전 모습

솔로몬 성전(Solomon's Temple)

제1성전

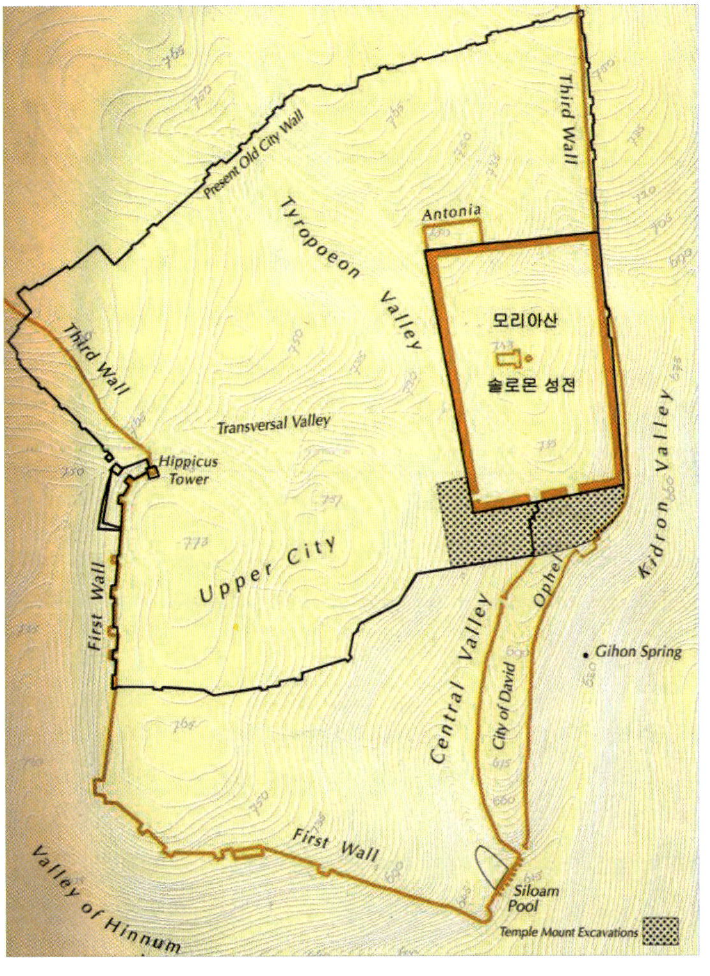

다윗 도성에 법궤를 옮기고 난 후 "나는 백향목 궁에 살거늘 하나님의 궤는 휘장 가운데에 있도다"라고 고백하며 안타까워한 다윗은 하나님이 머무실 집을 짓고자 하나 하나님은 다윗의 후손에게서 그 일이 이루어질 것이라고 나단의 예언을 통해 약속하셨다(삼하 7:1~13; 왕상 8:17~19; 대상 22:7~10).

사무엘하 7장 12~13절

12네 수한이 차서 네 조상들과 함께 누울 때에 내가 네 몸에서 날 네 씨를 네 뒤에 세워 그의 나라를 견고
하게 하리라 13그는 내 이름을 위하여 집을 건축할 것이요 나는 그의 나라 왕위를 영원히 견고하게 하리라

아브라함이 그의 아들 이삭을 번제물로 바치려고 했던(창 22:1~19) 모리아산은 여부스 사람 오르난의 타작마당(사무엘서에서는 '아라우나의 타작마당')이었는데 다윗이 집터로 잡아 놓았던 곳이다(대하 3:1).

역대하 3장 1절

솔로몬이 예루살렘 모리아산에 여호와의 전 건축하기를 시작하니 그곳은 전에 여호와께서 그의 아버지 다윗에게 나타나신 곳이요 여부스 사람 오르난의 타작마당에 다윗이 정한 곳이라

다윗은 이스라엘과 유다의 인구조사를 하여 하나님께 죄를 지었고, 하나님이 제시하신 세 가지 벌 중 사흘 동안 전염병이 퍼지는 것을 선택하였다. 단에서 브엘세바까지 치시고 여호와의 천사가 예루살렘을 파멸시키려고 그쪽으로 손을 뻗치자 여호와 하나님께서 재앙 내리신 것을 후회하시며 명을 거두셨다. 그때 여호와의 천사는 여부스 사람 아라우나의 타작마당에 서 있었다. 다윗이 아라우나에게 은 50세겔을 주고 타작마당과 소를 사서 여호와를 위한 제단을 쌓고 번제물과 화목 제물을 바치자 여호와 하나님께서 그의 간청을 들어주심으로 이스라엘에 내렸던 재난이 그쳤다(삼하 24:1~25 참조; 대상 21:1~22:1; 대하 3:1).

역대상 21장 15~28절

15하나님이 예루살렘을 멸하러 천사를 보내셨더니 천사가 멸하려 할 때에 여호와께서 보시고 이 재앙
내림을 뉘우치사 멸하는 천사에게 이르시되 족하다 이제는 네 손을 거두라 하시니 그때에 여호와의 천
사가 여부스 사람 오르난의 타작마당 곁에 선지라 16다윗이 눈을 들어 보매 여호와의 천사가 천지 사
이에 섰고 칼을 빼어 손에 들고 예루살렘 하늘을 향하여 편지라 다윗이 장로들과 더불어 굵은 베를 입
고 얼굴을 땅에 대고 엎드려 17하나님께 아뢰되 명령하여 백성을 계수하게 한 자가 내가 아니니이까 범
죄하고 악을 행한 자는 곧 나이니이다 이 양 떼는 무엇을 행하였나이까 청하건대 나의 하나님 여호와
여 주의 손으로 나와 내 아버지의 집을 치시고 주의 백성에게 재앙을 내리지 마옵소서 하니라 18여호와
의 천사가 갓에게 명령하여 다윗에게 이르시기를 다윗은 올라가서 여부스 사람 오르난의 타작마당에서
여호와를 위하여 제단을 쌓으라 하신지라 19이에 갓이 여호와의 이름으로 이른 말씀대로 다윗이 올라
가니라…25그리하여 다윗은 그 터 값으로 금 육백 세겔을 달아 오르난에게 주고 26다윗이 거기서 여호
와를 위하여 제단을 쌓고 번제와 화목제를 드려 여호와께 아뢰었더니 여호와께서 하늘에서부터 번제단
위에 불을 내려 응답하시고 27여호와께서 천사를 명령하시매 그가 칼을 칼집에 꽂았더라 28이때에 다윗
이 여호와께서 여부스 사람 오르난의 타작마당에서 응답하심을 보고 거기서 제사를 드렸으니

'평화'라는 뜻의 이름을 가진 솔로몬은 아버지 다윗 왕이 마련해 준 땅과 성전 재료(대상 22:2~19, 28:1~29:9 참조)를 토대로 대성전과 '레바논 수풀 궁'(왕상 7:2; 대하 9:16)이라는 화려한 왕궁을 지었다(왕상 5:15~7:51; 대하 3:1~5:1).

열왕기상 7장 2절

그가 레바논 나무로 왕궁을 지었으니 길이가 백 규빗이요 너비가 오십 규빗이요 높이가 삼십 규빗이라 백향목 기둥이 네 줄이요 기둥 위에 백향목 들보가 있으며

역대하 9장 16절

또 쳐서 늘인 금으로 작은 방패 삼백 개를 만들었으니 방패 하나에 든 금이 삼백 세겔이라 왕이 이것들을 레바논 나무 궁에 두었더라

솔로몬은 이스라엘을 다스린 지 4년째 되던 해인 BC 968년에 모리아산(해발 744m) 위에 여호와의 성전을 짓기 시작하여(왕상 6:1) 7년의 공사 기간을 거쳐 BC 961년에 완공하였다(왕상 6~8장; 대하 3~5장).

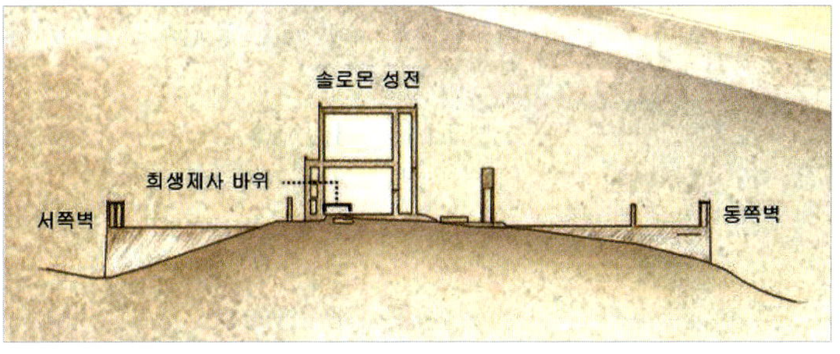

솔로몬 성전이 있는 모리아산의 단면도

솔로몬은 성전을 짓기 위해 모리아산 동쪽과 서쪽 언덕을 메웠다.

열왕기상 6장 1절

이스라엘 자손이 애굽 땅에서 나온 지 사백팔십 년이요 솔로몬이 이스라엘 왕이 된 지 사 년 시브월 곧 둘째 달에 솔로몬이 여호와를 위하여 성전 건축하기를 시작하였더라

열왕기상 6장 37~38절

37넷째 해 시브월에 여호와의 성전 기초를 쌓았고 38열한째 해 불월 곧 여덟째 달에 그 설계와 식양대로 성전 건축이 다 끝났으니 솔로몬이 칠 년 동안 성전을 건축하였더라

솔로몬이 두로의 왕 히람에게 부탁하여 레바논 백향목 기술자들의 도움을 받아(왕상 5장; 대하 2:1~16) 여호와 하나님께 지어 바친 성전은 길이가 60규빗[(약 28m, 규빗(cubit)은 고대 길이의 단위로, 1규빗은 성인의 팔꿈치에서 가운데 손가락 끝까지의 길이로 약 43~53cm이며 성경에서는 약 46cm이다)], 너비가 20규빗(약 9m), 높이가 30규빗(약 14m)이었다(왕상 6:2).

열왕기상 6장 2절

솔로몬 왕이 여호와를 위하여 건축한 성전은 길이가 육십 규빗이요 너비가 이십 규빗이요 높이가 삼십 규빗이며

여호와의 집 성소 앞에 있는 현관은 좌우 길이가 그 집의 너비와 똑같은 20규빗이고, 집 앞으로 나온 그 현관의 길이는 10규빗이었다(왕상 6:3). 성전 건물의 현관 쪽을 제외한 세 면에는 성전의 보물이나 제구 등을 보관하는 창고가 붙어 있었다(왕상 6:5, 7:51).

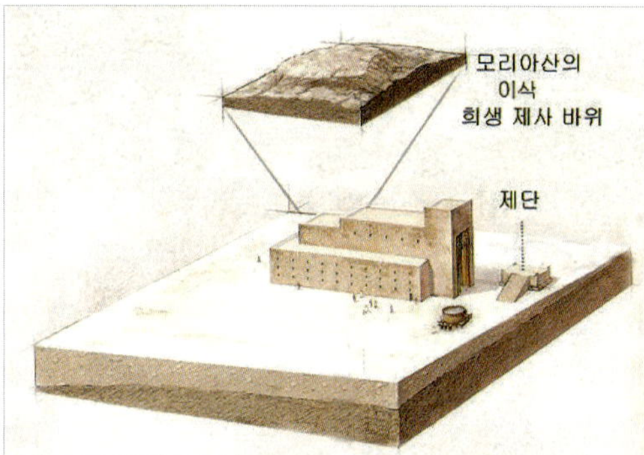

솔로몬 성전은 대략 넓이 9m, 길이 28m, 높이 14m의 장방형 구조로 성전 건물은 동쪽을 향했고, 동쪽 현관 쪽을 제외한 나머지는 곁방을 만든 구조였다.

집의 온 벽은 안팎으로 돌아가며 그룹과 야자나무와 활짝 핀 꽃을 새겨 넣고, 집의 안쪽 방과 바깥쪽 방바닥을 금으로 입혔다.

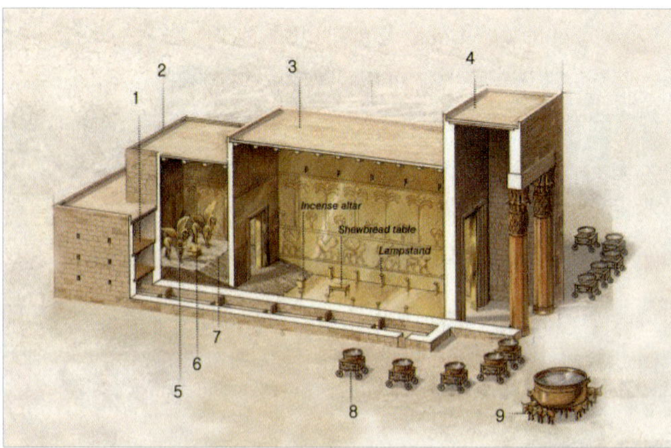

솔로몬 성전의 단면도

1. 곁방(창고) 2. 지성소 3. 성소(본관) 4. 현관방 5. 그룹 6. 법궤
7. 아브라함이 이삭을 제물로 바치려고 했던 바위 8. 물두멍(받침대) 9. 청동 바다

3번 성소(본관)

1. 분향 금 제단　2. 진설병을 차려 놓는 금 상　3. 양쪽에 다섯 개씩 열 개의 순금 등잔대

성전 오른편 남동쪽에는 청동 바다를 두었다(왕상 7:39; 대하 4:10). 지름이 10규빗으로 약 4.6m, 높이가 5규빗으로 약 2.3m, 둘레가 30규빗으로 약 14m가 되는 이 청동 바다는 물 이천 밧(1밧은 약 40리터)을 담을 수 있었다.

이 바다는 황소 열두 마리 위에 놓여 있었는데 동서남북으로 세 마리씩 모두 엉덩이를 안쪽으로 향하게 놓여 있었다(왕상 7:23~26). 바다에 담긴 물은 사제들이 몸을 씻는 데 사용하였다(대하 4:6).

또 청동으로 만든 물두멍(받침대)을 열 개 만들었는데 길이와 너비가 각각 4규빗으로 약 1.8m, 높이가 3규빗으로, 약 1.4m로 1규빗 반이나 되는 청동바퀴 네 개와 청동 바퀴 축이 있었다(왕상 7:27~35).

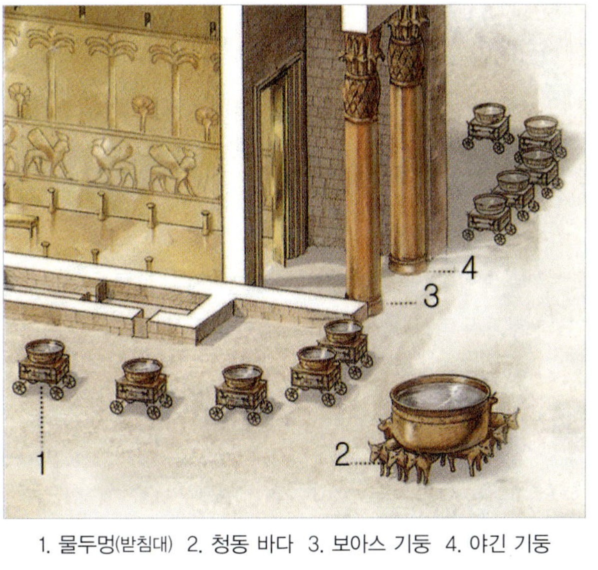

1. 물두멍(받침대)　2. 청동 바다　3. 보아스 기둥　4. 야긴 기둥

성전 동편 오른쪽에 다섯 개, 왼쪽에 다섯 개를 두었는데(왕상 7:39), 이 물두멍은 번제물로 바칠 것을 씻었다(대하 4:6).

현관(ulam)에는 두 기둥을 세웠는데 오른쪽에 세운 기둥의 이름은 야긴이라 하고, 왼쪽에 세운 기둥의 이름은 보아스라 하였다. 그리고 그 기둥 꼭대기에는 백합화 모양으로 만든 것을 얹었다(왕상 7:21~22; 대하 3:17). 중앙에 있는 성소(hekhal)에는 분향 금 제단과 제사 떡을 차려 놓는 금상, 안쪽 성소 앞 오른쪽에 다섯 개, 왼쪽에 다섯 개씩 두는 순금 등잔대들(왕상 7:48~49; 대하 4:8)이 있었다.

솔로몬은 성전의 가장 깊숙한 곳에 지성소(debir)를 마련하고 그곳에 여호와의 언약궤를 모셨다(왕상 6:19). 언약의 궤는 성전에서 가장 중요한 것으로서 하나님의 임재를 나타내고, 그분과 이스라엘이 맺은 언약 관계를 보여주는 것이었다. 그 안쪽 성소는 길이가 20규빗(약 9m), 너비가 20규빗, 높이가 20규빗인데 정금으로 입혔다(왕상 6:20). 솔로몬은 성전 전체를 온통 금으로 입히고, 안쪽 성소에 딸린 제단도 모두 금으로 입혔다(왕상 6:22). 그는 안쪽 성소에 감람나무로 높이가 10규빗(약 4.6m)이나 되는 금으로 입힌 그룹 둘을 만들어 놓았다(왕상 6:23~28). 그룹은 하나님의 임재의 위엄을 상징했다.

집의 온 벽은 안팎으로 돌아가며 그룹과 야자나무와 활짝 핀 꽃을 새겨 넣고, 집의 안쪽 방과 바깥쪽 방바닥을 금으로 입혔다(왕상 6:29~30). 이 그룹의 한쪽 날개는 아래로 언약궤(법궤)를 지켜주고, 다른 한쪽 날개는 하늘에 있는 하나님의 옥좌 역할을 하는 상징적인 의미가 있었다. 이 지성소는 대제사장만 일 년에 단 한 번 대속죄일에 들어가 자기와 백성이 모르고 지은 죄를 사함 받는 희생 제사를 봉헌할 수 있었다(레 16:32~34; 히 9:7).

히브리서 9장 7절

오직 둘째 장막은 대제사장이 홀로 일 년에 한 번 들어가되 자기와 백성의 허물을 위하여 드리는 피 없이는 아니하나니

성소에서 지성소로 통하는 문은 감람나무로 만들어 금을 입혔으며, 현관과 성소를 구분하는 문도 마찬가지였다(왕상 6:31~35; 대하 4:22). 성전 건물에는 제사장들만 접근할 수 있었고 일반 백성은 들어갈 수 없었다. 솔로몬은 언약궤를 다윗성에서 새로운 성전으로 옮겨 성대한 봉헌식을 올렸다(왕상 8장; 대하 5:2~7:10).

열왕기상 8장 1~6, 10~11, 15~16절

1이에 솔로몬이 여호와의 언약궤를 다윗성 곧 시온에서 메어 올리고자 하여 이스라엘 장로와 모든 지파
의 우두머리 곧 이스라엘 자손의 족장들을 예루살렘에 있는 자기에게로 소집하니 2이스라엘 모든 사람
이 다 에다님월 곧 일곱째 달 절기에 솔로몬 왕에게 모이고 3이스라엘 장로들이 다 이르매 제사장들이
궤를 메니라 4여호와의 궤와 회막과 성막 안의 모든 거룩한 기구들을 메고 올라가되 제사장과 레위 사
람이 그것들을 메고 올라가매 5솔로몬 왕과 그 앞에 모인 이스라엘 회중이 그와 함께 그 궤 앞에 있어
양과 소로 제사를 지냈으니 그 수가 많아 기록할 수도 없고 셀 수도 없었더라 6제사장들이 여호와의 언
약궤를 그 처소로 메어 들였으니 곧 성전의 내소인 지성소 그룹들의 날개 아래라…10제사장이 성소에서

나올 때에 구름이 여호와의 성전에 가득하매 [11]제사장이 그 구름으로 말미암아 능히 서서 섬기지 못하
였으니 이는 여호와의 영광이 여호와의 성전에 가득함이었더라…[15]왕이 이르되 이스라엘의 하나님 여
호와를 송축할지로다 여호와께서 그의 입으로 내 아버지 다윗에게 말씀하신 것을 이제 그의 손으로 이
루셨도다 이르시기를 [16]내가 내 백성 이스라엘을 애굽에서 인도하여 낸 날부터 내 이름을 둘 만한 집을
건축하기 위하여 이스라엘 모든 지파 가운데에서 아무 성읍도 택하지 아니하고 다만 다윗을 택하여 내
백성 이스라엘을 다스리게 하였노라 하신지라

제사장들이 여호와의 언약궤를 성전 안쪽 성소인 지성소에 놓았다(왕상 8:6). 언약궤 안에는 두 개의 돌판이 있었는데 이스라엘 자손들이 애굽에서 나올 때 여호와께서 그들과 언약을 맺으신 호렙에서 모세가 넣어둔 것이었다(왕상 8:9; 대하 5:10). 제사장들이 성소에서 나올 때 구름이 성전을 가득 채웠다. 여호와 하나님의 영광이 성전에 가득 찼던 것이다(왕상 8:10~11; 대하 5:13~14).

역대하 5장 13~14절

[13]나팔 부는 자와 노래하는 자들이 일제히 소리를 내어 여호와를 찬송하며 감사하는데 나팔 불고 제금
치고 모든 악기를 울리며 소리를 높여 여호와를 찬송하여 이르되 선하시도다 그의 자비하심이 영원히
있도다 하매 그때에 여호와의 전에 구름이 가득한지라 [14]제사장들이 그 구름으로 말미암아 능히 서서
섬기지 못하였으니 이는 여호와의 영광이 하나님의 전에 가득함이었더라

이제 솔로몬의 성전은 이스라엘 모든 남자들이 지켜야 하는 3대 절기, 즉 애굽 종살이에서 해방된 유월절·무교절(파스카)과 씨를 뿌려 얻은 노동의 맏물을 바치는 맥추절(오순절), 그리고 노동의 결실을 거두어들이는 연말에 드리는 수장절(초막)에 모이는 중심이 되었다(출 23:14~17, 34:18~23).

이스라엘 백성에게는 예루살렘을 향하여 하루에 세 번씩 기도하는(단 6:10) 풍습이 생겨났고, 유대교 회당의 주요 부분도 예루살렘 성전을 향하여 지어졌다. AD 2~3세기의 회당을 보면 회당 정면 입구가, 그리고 5세기경에는 설교단 부분이 예루살렘을 향하도록 만들어졌다.

다니엘 6장 11절에서 다니엘의 집 옥상 방 창문은 예루살렘 쪽으로 나 있었다. 그는 늘 이 창문을 열고 하루에 세 번 무릎을 꿇고 하나님께 기도하고 감사를 드렸다.

하나님의 집을 봉헌하면서 여호와의 제단 앞에 서서 하늘을 향하여 두 손을 펼치고 드리는 솔로몬의 기도는 한 편의 대서사시와 같이 장엄하며 중요한 의미를 가진다.

역대하 6장 12~42절

[12]솔로몬이 여호와의 제단 앞에서 이스라엘의 모든 회중과 마주 서서 그의 손을 펴니라…[18]하나님이 참

으로 사람과 함께 땅에 계시리이까 보소서 하늘과 하늘들의 하늘이라도 주를 용납하지 못하겠거든 하
물며 내가 건축한 이 성전이오리이까 19그러나 나의 하나님 여호와여 주의 종의 기도와 간구를 돌아보
시며 주의 종이 주 앞에서 부르짖는 것과 비는 기도를 들으시옵소서 20주께서 전에 말씀하시기를 내 이
름을 거기에 두리라 하신 곳 이 성전을 향하여 주의 눈이 주야로 보시오며 종이 이곳을 향하여 비는 기
도를 들으시옵소서 21주의 종과 주의 백성 이스라엘이 이곳을 향하여 기도할 때에 주는 그 간구함을 들
으시되 주께서 계신 곳 하늘에서 들으시고 들으시사 사하여 주옵소서…32주의 백성 이스라엘에 속하지
않은 이방인에게 대하여도 그들이 주의 큰 이름과 능한 손과 펴신 팔을 위하여 먼 지방에서 와서 이 성
전을 향하여 기도하거든 33주는 계신 곳 하늘에서 들으시고 모든 이방인이 주께 부르짖는 대로 이루사
땅의 만민이 주의 이름을 알고 주의 백성 이스라엘처럼 경외하게 하시오며 또 내가 건축한 이 성전을
주의 이름으로 일컫는 줄을 알게 하옵소서…42여호와 하나님이여 주의 기름 부음 받은 자에게서 얼굴
을 돌리지 마시옵고 주의 종 다윗에게 베푸신 은총을 기억하옵소서 하였더라

이스라엘의 하나님은 인간이 만든 성전에 머무실 하나님이 아니시다. 솔로몬은 여호와의 집인 성전을 짓고 혹시라도 있을 수 있는 우상숭배 문제를 해결하기 위하여 '주께서 자신의 이름을 두겠다고 하신 이곳'(왕상 8:27~29; 대하 6:18~20)이라는 말을 기도에서 언급하면서 논쟁을 피해갔다.

열왕기상 8장 41~43절

41또 주의 백성 이스라엘에 속하지 아니한 자 곧 주의 이름을 위하여 먼 지방에서 온 이방인이라도 42그
들이 주의 크신 이름과 주의 능한 손과 주의 펴신 팔의 소문을 듣고 와서 이 성전을 향하여 기도하거든
43주는 계신 곳 하늘에서 들으시고 이방인이 주께 부르짖는 대로 이루사 땅의 만민이 주의 이름을 알고
주의 백성 이스라엘처럼 경외하게 하시오며 또 내가 건축한 이 성전을 주의 이름으로 일컫는 줄을 알게
하옵소서

온 우주의 하나님은 솔로몬의 성전에 갇혀 계신 분이 아니라 그분이 이스라엘과 맺은 계약을 이루시려 현존하시는 것이다. 그리고 이스라엘의 하나님은 이스라엘만의 하나님이 아니라 그분을 경외하는 모든 이방인들의 하나님이기도 하다. 예루살렘의 하나님은 우주의 유일하신 하나님이시기에 이방인들까지 아우르는 보편적인 하나님이시라는 것이다.

솔로몬의 치세는 약 40년간 계속되었으나 솔로몬이 유지하려 했던 국가적 통합은 BC 931년 그의 죽음과 함께 끝나고 말았다. 다윗과 솔로몬의 지도 아래 약 80년간 통일왕국은 정치와 신앙을 하나로 통합할 수 있었다. 그러나 솔로몬 사후 약 350년은 정치적 분열의 역사요, 군사적 패배의 역사이며, 종교적 분쟁의 역사였다. 솔로몬은 여호와 하나님 대신 군사력에 의존하면서 외국의 많은 여자들을 후궁(왕족 출신 아내 700명과 후궁 300명)으로 맞아들였고, 이를 통해

그들의 이방신들을 허용하고(왕상 11:1~8) 모세의 법을 정면으로 위반하였다(신 17:3, 17, 18:9~14).

솔로몬이 죽자 왕국은 북왕국 이스라엘과 남왕국 유다로 나뉘게 되었다(왕상 12장). 북왕국 이스라엘은 앗수르에 의해 BC 722년에 멸망당하였고(왕하 17:6), 남왕국 유다는 히스기야 왕의 개혁(왕하 18:1~8; 대하 32:1~8 참조)과 요시야 왕의 개혁(왕하 22:1~2, 23장)과 노력이 있었지만, 므낫세 왕 시대(BC 697~642 재위)에 바벨론 왕 느부갓네살(BC 605~562 재위)에 의해 BC 586년에 역시 멸망을 당한다.

바벨론 군대에 의해 예루살렘의 성전과 왕궁은 모두 파괴되었고, 유다인들은 포로로 끌려가고 성전의 기물들은 전리품으로 빼앗겼다(왕하 25:1~21; 렘 52:13, 17~23). 이렇게 처녀 예루살렘은 철저하게 짓밟히고 말았다(애 1~4장).

예레미야애가 1장 1~3절

1슬프다 이 성이여 전에는 사람들이 많더니 이제는 어찌 그리 적막하게 앉았는고 전에는 열국 중에 크던 자가 이제는 과부같이 되었고 전에는 열방 중에 공주였던 자가 이제는 강제 노동을 하는 자가 되었도다
2밤에는 슬피 우니 눈물이 뺨에 흐름이여 사랑하던 자들 중에 그에게 위로하는 자가 없고 친구들도 다 배반하여 원수들이 되었도다
3유다는 환난과 많은 고난 가운데에 사로잡혀 갔도다 그가 열국 가운데에 거주하면서 쉴 곳을 얻지 못함이여 그를 핍박하는 모든 자들이 궁지에서 그를 뒤따라 잡았도다

스룹바벨 성전(Zerubbabel's Temple)

제2차 성전 시대(BC 515~AD 70)

바벨론 유배에서 귀환한 후의 성전

페르시아 아카이메니아 왕조의 창시자이자 바벨론을 무너뜨린 고레스 2세는 BC 538년 칙령을 내려 바벨론에 포로로 잡혀 온 유대인들이 예루살렘으로 돌아가 성전을 재건하도록 허락했다(대하 36:22~23).

역대하 36장 22~23절

22 바사의 고레스 왕 원년에 여호와께서 예레미야의 입으로 하신 말씀을 이루시려고 여호와께서 바사의 고레스 왕의 마음을 감동시키시매 그가 온 나라에 공포도 하고 조서도 내려 이르되 23 바사 왕 고레스가 이같이 말하노니 하늘의 신 여호와께서 세상 만국을 내게 주셨고 나에게 명령하여 유다 예루살렘에 성전을 건축하라 하셨나니 너희 중에 그의 백성 된 자는 다 올라갈지어다 너희 하나님 여호와께서 함께하시기를 원하노라 하였더라

유대인들이 바벨론 유배생활을 모면하고 새로운 세력으로 부상한 토착민들과의 갈등 속에서 스룹바벨에 의해서 어렵게 성전을 재건한 후 봉헌한 것은 BC 515년이었는데, 70여 년 만에 재건한 예루살렘에서 예전의 화려했던 면모는 찾아볼 수 없었다. 제1 성전에 비하면 규모도 작았고 볼품도 없었으며, 성벽은 여전히 허물어져 있었고 성문들은 불탄 채였으며, 귀향민과 토착민 간의 갈등은 여전했다(느 1:1~4). 그리고 성전에서 가장 중요한 언약궤가 안치되지 못했다. 예언자 예레미야가 성전이 파괴되기 전에 신탁을 받고 천막과 언약궤를 들고 모세가 죽어 묻힌 느보산 어느 동굴에 숨기고 입구를 막아 버렸는데 그 길을 찾을 수 없었기 때문이다.

이 스룹바벨 성전 시대에 예식이 의식화되고 희생 제사가 중시되면서 예루살렘은 잠시 평온을 되찾게 된다(느 3장). 그리고 BC 332년 그리스의 알렉산더 대왕의 침입으로 팔레스틴 전역은 헬레니즘 시대에 들어가게 된다(BC 332~167). 팔레스틴에는 그리스식 도시들, 극장과 목욕탕, 경기장들이 건설되었고, 시민들의 의식주뿐 아니라 정신문화까지 급속히 바뀌기 시작했다.

그리고 '신의 현현'이라고 불리는 시리아 왕 에피파네스 안티오쿠스 4세(BC 175~164 재위)는 BC 167년에 예루살렘 성전을 더럽히고 이교 제사를 거행하고 유대인을 박해하기 시작하였다. 그는 예루살렘에 제우스 신전을 짓고 숭배하도록 강요하였고, 더 나아가 율법에서 금지하고 있는 돼지고기를 먹도록 했으며, 안식일을 위반하도록 하고 할례를 금지했다.

이것이 계기가 되어 BC 167년에 마침내 마카베오 형제들이 이끄는 독립군이 3년 만에 예루살렘을 탈환하고 성전 제의를 회복하였으며 하스모니아 왕조를 세웠지만 이들은 왕가의 후손도, 제사장인 사독 가문 출신도 아니었기에 정통성이 결여되어 있었다. 결국 여러 종파 간의 갈등 속에 예루살렘은 BC 63년에 로마의 폼페이우스 장군(Pompeius Magnus, BC 106~48)에게 정복되고 로마의 지배하에 있게 된다.

헤롯 성전(Herod's Temple)

BC 37년, 이두매 출신 헤롯(BC 37~4 재위)이 로마 황제의 총애를 받아 유대 왕이 되었다. 헤롯은 비록 유대인 행세를 했으나 부계와 모계 모두 아랍 혈통이었으며, 정치적 목적으로 하스몬 왕가의 공주 마리암과 재혼하였다. 그리스-로마 문화의 예찬자였던 헤롯 대왕은 거대한 성전과 왕궁, 원형 경기장, 목욕탕, 도로, 광장과 요새들을 지어 위대한 건축가로서의 명성을 날렸다. 헤롯은 유대인들의 환심을 사기 위하여 제2 성전을 재건하고 부속 건물과 주변의 요새들을 건축하기 시작하였다. 사두개인(Sadducee, AD 70년 제2차 예루살렘 성전이 파괴당하기 전의 약 2세기 동안 번성했던 유대교 제사장 분파)들의 열렬한 지지를 얻은 성전 재건축은 BC 20년에 시작되었다.

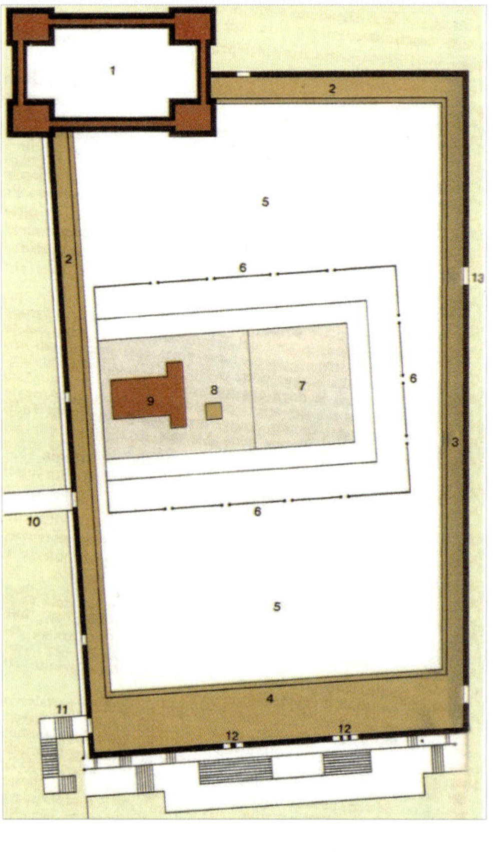

1. 안토니아 요새 2. 행각 3. 솔로몬의 행각 4. 왕실의 행각
5. 이방인의 뜰 6. 난간 7. 여인의 뜰 8. 사제들의 뜰
9. 성전 10. 윌슨의 아치 11. 로빈슨 아치 12. 훌다문
13. 수산문(오늘날 황금문)

헤롯은 스룹바벨이 지은 제2 성전을 부수지 않고 희생 제사나 제물 봉헌도 중단시키지 않으면서 새로운 성전을 만들었다. 성전 건물 자체는 1년 반 정도 걸려 완성되었다. 요한복음 2장 20절에 의하면 성전은 46년이나 걸려서 완성되었는데, 예수 그리스도께서 활동하실 당시에는 성전이 완성되지 않았다. 역사가들은 헤롯이 죽고 68년이 지난 뒤인 AD 64년 헤롯 아그립바 2세에 의해서 완성되었다고 말한다.

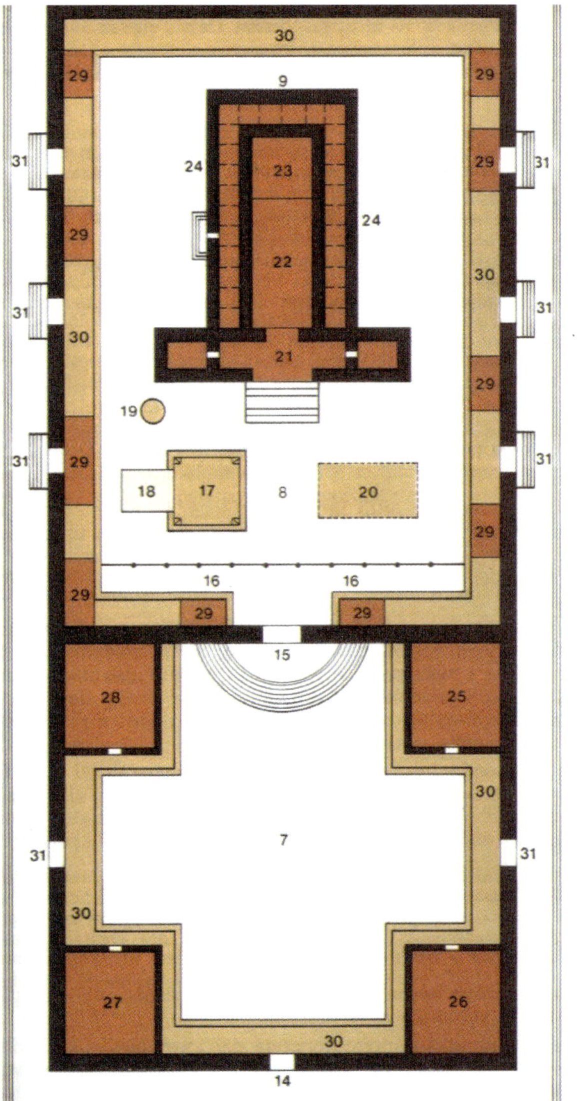

14. 미문 15. 니카노르(Nicanore)문 16. 이스라엘의 뜰 17. 분향제단 18. 분향제단으로 오르는 경사 19. 정결례 욕조 20. 희생제물을 잡는 곳 21. 현관 22. 성소 23. 지성소 24. 성소 방 25. 나병환자 창고 26. 장작 창고 27. 나사렛인 창고 28. 기름 창고 29. 기타 창고 30. 행각 31. 출입문

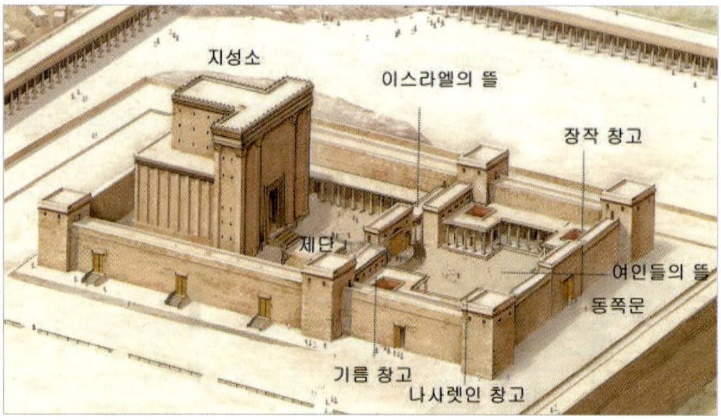

헤롯 대왕이 만든 성전

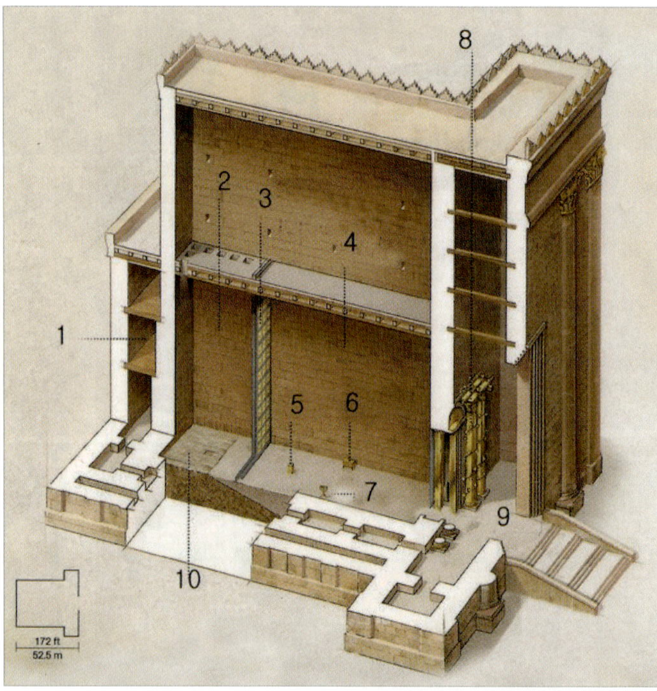

예루살렘 이스라엘 박물관 경내에 있는 성전 모형도

1. 창고 2. 지성소 3. 휘장 4. 성소(본관) 5. 향 제단 6. 진설병을 차려 놓는 제대 7. 일곱 촛대 8. 금 포도나무로 장식한 금을 입힌 기둥 9. 현관 10. 아브라함이 이삭을 재물로 바치려 했던 바위

새 성전은 고린도(Corinth) 건축 양식을 따라 하얀 대리석 기둥이 쭉 늘어서 있어, 역사가 요세푸스는 '먼 곳에서 보니 마치 눈 덮인 산 같았다'라고 했다. 헤롯 대왕은 성전을 더욱 큰 규모로 세우고 외벽을 흰 돌로 입혔다. 성전 본체 주변은 높은 돌담으로 성전 전체를 둘러쌌다. 일반인이 들어가지 못하는 성전의 가장 거룩한 부분을 건축하기 위해서 천여 명의 사제들이

벽돌공과 목수로 훈련을 받기도 했다고 한다. 성전 건물 자체는 벽이나 난간으로 둘러싸 거룩한 영역을 이방인의 뜰과 분리시켰다.

사방 벽에는 이방인들이 그곳에 들어올 경우 사형에 처할 것이라는 경고문이 붙어 있었다고 한다. 이방인들의 뜰은 이방인과 유다인 모두에게 개방된 커다란 뜰이었다. 성전 안에는 세 개의 뜰이 있었는데 바깥쪽에서부터 여인들의 뜰, 유다인 남자들만 들어갈 수 있는 이스라엘의 뜰, 사제들의 뜰이 차례로 있었다.

헤롯은 성전 뜰 남동쪽의 경사진 면과 현재의 오펠 쪽을 메우고 동과 서로 높은 돌담을 쌓아 성전 뜰의 넓이를 솔로몬 시대의 2배로 확장했다. 이로써 성전 북쪽 길이는 314m, 남쪽 길이는 280m, 동쪽 길이는 469m, 서쪽 길이는 485m로 불규칙한 장방형을 이루고 예루살렘 구시가의 약 6분의 1의 면적을 차지했다.

헤롯 대왕이 만든 제3차 성전의 모형

예수 그리스도께서 40일 밤낮으로 금식하신 후 사탄이 예수 그리스도를 데리고 거룩한 도성 성전 꼭대기에 세우고 뛰어내리라고 유혹했던(마 4:5~6; 눅 4:9~10) 장소라고 하는 성전 뜰 동남쪽의 거대한 돌담과 성전 서쪽의 통곡의 벽은 오늘날도 볼 수 있다. 통곡의 벽은 오늘날 유대인들에게 가장 중요한 순례지가 되고 있다. 성전 자체는 동쪽 가장자리에 있는 여인들의 뜰에서부터 시작되었는데, 이 뜰은 사방에 문이 하나씩 있고 각 모퉁이에는 방이 하나씩 딸려 있었다. 이 뜰에서 반원형 계단으로 이루어져 있는 서쪽 문을 지나면 이스라엘인들의 뜰이 나오는데, 이 뜰은 모든 유대인 남자들에게 개방된 사제들의 뜰의 일부였다.

성소 바깥을 둘러싼 사제들의 뜰에는 제단과 사제들의 정결의식을 위한 청동 대야가 있었고, 이 뜰의 가장자리는 문들과 방들로 담이 둘려 있었다. 성소에는 제단에 올리는 빵을 놓는 상, 등잔대, 향 제단이 있었다. 천장에서 바닥까지 쳐져 있는 휘장으로 성소와 지성소는 구분되어 있었다(마 27:51; 막 15:38; 눅 23:45). 성전 본당은 뒷면보다 앞면의 폭이 넓었다. 동쪽 정면에는 현관으로 통하는 문 양쪽에 기둥이 2개 서 있었다. 현관 안에는 다시 성소로 통하는 큰 문이 있었고, 성소 서쪽 끝은 지성소였다. 봉헌된 구역 가장자리에는 돌담과 성벽을 쌓아 이방인들의 접근을 막았다.

헤롯 성전은 다시 한번 이스라엘 민족의 생활의 중심이 되었다. 이곳은 종교의식의 중심지일 뿐 아니라 성경과 그 외 민족문학 자료들을 보관하는 곳이기도 했고, 로마시대에 유대인 최고 법정이었던 산헤드린의 집회소이기도 했다.

성전 밖으로는 주랑이 딸린 성벽을 쌓고 대문을 만들었다. 예수 그리스도와 율법학자들이 가르치거나 토론하고 상인들이 장사를 한 곳이 주로 이 주랑이었던 것으로 추정된다(막 11:15~17; 눅 2:46). 새 성전 광장은 집회 장소로 활용되었고, 상인들과 환전상들이 자리 잡았다.

신약시대에 와서 유대인들의 생활에서 회당의 역할이 커졌기 때문에 상대적으로 성전의 중요성은 구약시대에 비해 덜해졌지만, 그럼에도 예루살렘 성전은 예수 그리스도와 초대교회 역사에서 상당히 중요한 역할을 했다. 침례 요한의 탄생 예고와 아기 예수님의 봉헌, 소년 예수 그리스도와 학자들의 토론이 이루어졌던 곳이 바로 성전이었다(눅 1:9~23, 2:22~38, 46~49). 예수 그리스도께서는 공생애 중에 성전에서 사람들을 가르치고 토론하고 기적을 베푸셨다(마 21:14, 23, 26:55;막 12:35, 14:49; 눅 22:53; 요 7:14, 28, 8:20, 10:23~25, 18:20). 예수 그리스도께서는 경건한 유대인의 한 사람으로서 성전을 존중하셨는데 성전을 "하나님의 전"(마 12:4; 막 2:26; 눅 6:4), "내 아버지의 집"(눅 2:49; 요 2:16), "기도하는 집"(마 21:13; 막 11:17; 눅 19:46)이라고 부르셨다.

예수 그리스도께서는 성전에 대한 사랑과 열정 때문에 성전을 정화하셨다(마 21:12~13; 막 11:15~17; 눅 19:45~6; 요 2:14~17). 성전 정화와 성전 파괴의 예고를 통해 예수 그리스도께서는 자신이 하나님의 아들로서 성전보다 더 위대하시다는 사실을 말해주고 있다(마 12:6; 요 2:20~21). 성전과 관련된 예수 그리스도의 행위는 후에 죽음으로 내몰리는 주요한 죄목의 하나가 되었다(마 26:59~61, 27:40; 막 11:15~18, 14:55-58, 15:29). 초대교회의 사도들은 성전에서 예배를 드리고 복음을 전하며 기적을 베풀었다(눅 24:53, 행 2:46, 3:1~12, 5:12, 20~21, 25~42, 21:26, 24:12, 18).

예수 그리스도께서는 자신의 몸을 성전이라고 밝히고 있듯이(요 2:19~22) 자신의 죽음과 부활을 통해 새롭고 결정적인 성전이 되셨다. 예수 그리스도께서 십자가에서 숨을 거두는 순간 성전 휘장이 위에서부터 아래까지 찢어진 것은 이를 보여주는 것이다(마 27:51; 막 15:38; 눅 23:45). 이것으로 옛 유대교의 성전은 이제 하나님 현존의 상징의 기능을 상실하게 된 것이다.

이제 예루살렘 성전이 더는 하나님께 예배드리는 유일한 곳이 아니며, 이제부터 믿는 이들은 영과 진리 안에서 그분을 예배하게 되었다(요 4:21~24).

예수 그리스도께서 몸소 세우셨고(마 16:18), 그분을 모퉁잇돌로 하여 세워졌으며(엡 2:20), 예수 그리스도의 몸 자체인 교회는 하나님께서 현존하시는 장소이다. 교회뿐 아니라 우리 그리스도인 모두는 주님이 거하시는 살아 계신 하나님의 성전이다(고전 3:9, 16~17, 6:19; 고후 6:16; 엡 2:20~22).

그 후 바르 코크바(Bar Kokhba)가 이끄는 2차 유대 항전(132~135)이 일어나지만 실패하고 하드리아누스 황제(Hadrianus, 117~138 재위)의 군대에 의해 예루살렘은 완전히 파괴되었다. 2차 유대 항전을 진압한 하드리아누스는 티투스가 했던 것처럼 예루살렘에서 유대인들을 완전히 추방했고, 1년에 딱 한 번 히브리 달력으로 아브달 9일에 성전의 파괴를 애도한다는 목적으로만 입성을 허락했다. 이때부터 유대인들은 예루살렘 시가지 안에 얼씬도 하지 못하게 되었고, 1948년 이스라엘이 건국될 때까지 나라 잃은 민족이 되어야 했다.

하드리아누스는 할례와 유대인들의 명절을 지키는 것, 유대교로 개종하는 것, 토라 설교, 랍비의 임명을 금지했으며, 할례를 한 사람이 예루살렘 안에 들어오지 못하게 막았다. 예루살렘 시가지에는 로마의 신전과 광장들이 들어서고 점차 로마 양식으로 변모되었다. 성전 터에는 주피터 신전이 들어섰으며, 하드리아누스 황제의 가족 명인 엘리우스(Aclius)와 로마의 수호신 카피톨리누스(Capitolinus)의 이름을 따서 예루살렘은 이름마저 빼앗긴 로마의 식민지 도시 '엘리아 카피톨리나'(Aelia Capitolina)로 부르게 되었다.

그 후 콘스탄티누스 황제(306~337 재위)에 의해 예루살렘뿐 아니라 팔레스타인 전 지역이 새로운 전환기를 맞이하게 되었다(325). 로마 신전과 석상들은 허물어지고 예수 그리스도와 제자들의 발자취가 담긴 유서 깊은 곳에 기념교회들이 곳곳에 세워지게 되었다. 유대인들은 이때부터 예루살렘에 자유로이 드나들 수 있었다. 로마의 승리 이후 비잔틴 시대가 되면서 300년에 걸친 기독교 통치 시대가 이어졌다. 이 기간에 비잔틴 황제들은 예루살렘에 교회와 수도원을 수도 없이 지었다. 그러나 AD 614년 봄, 페르시아 사산 왕조 호스로우 2세(Khosroes II)가 파견한 페르시아군이 예루살렘을 함락시킴으로써 그 화려했던 비잔틴 시대는 기울기 시작하였다. 교회들은 털리고 불태워졌으며, 수도원들은 파괴되고 사제들과 신자들은 발견되는 대로 학살되었다.

특히 예수 그리스도께서 못 박혔던 십자가마저 빼앗기고 말았다. 조로아스터교를 믿는 페르시아군은 베들레헴에 있는 예수탄생기념교회(동방박사들이 예수 그리스도께 예물을 봉헌하는 벽화에서 동방박사들이 페르시아인들의 복장을 하고 있어서 화를 모면했다고 한다)를 제외하고는 골고다와 예수 그리스도의 무덤 위에 지어진 예수 그리스도 부활 기념교회를 포함하여 모든 교회들을 파괴하였다. 그러나 페르시아인들의 통치는 오래가지 않았다. 기독교인들에게 가장 소중한 예수 그리스도께서 지셨던 십자가를 되찾기 위해 비잔틴 황제 헤라클리우스는 AD 622년에 메소포타미아 깊숙한 곳까지 침공하는 데 성공하게 된다. 627년에는 페르시아의 수도 니네베를 정복하자 페르시아인들은 시리아와 팔레스타인, 이집트뿐 아니라 메소포타미아 일부까지도 다시 돌려주는 평화안을 받아들이게 된다.

그리고 비잔틴 제국은 AD 630년에 예루살렘을 회복하고 십자가도 되찾게 되었다. 그러나 불과 8년 만인 638년에 이슬람교도들이 10개월간의 공방 끝에 예루살렘을 점령하고 그 이후 십자군이 1099년에 예루살렘을 탈환할 때까지 460년 동안 예루살렘은 이슬람교도들의 수중에 놓이게 되었다. 638년 칼리프 우마르(Umar)가 예루살렘을 점령했다. 638년 이후 이제 예루살렘은 이슬람교도들의 도시로 변모되어 많은 기념교회들이 파괴되거나 이슬람 사원으로 바뀌게 되었다. 팔레스타인의 새 주인이 된 우마르는 기독교 총대주교와 함께 솔로몬의 성전과 헤롯 성전이 있었던 성전산을 방문하였는데, 페르시아인들이 파괴하여 무너진 돌들로 막혀 안으로 들어갈 수 없자 손수 앞에 있는 돌들을 치워가며 겨우 안으로 들어갔다. 그러나 그는 기독교인들이 유대교에 대한 경멸의 표시로 유대인들에게 가장 신성한 곳에 쓰레기를 쌓아 놓은 것을 보고 즉각 쓰레기들을 치우도록 했다고 한다.

헤롯 성전의 함락과 파괴

헤롯 대왕이 만들고 있던 성전은 복음서에서도 그 아름다움을 극찬할 정도로(눅 21:5) 빼어난 성전이었지만 46년간 정성 들여 지은(요 2:20) 이 성전은 완공된 지 겨우 6년 만에 최후를 맞이해야 했다. AD 66~70년에 일어난 유다 1차 항쟁을 진압한 로마의 티투스 황제(Titus, 79~81 재위)에 의해 예루살렘은 돌 위에 돌 하나 남지 않을(눅 21:6) 정도로 완전히 파괴되었다.

누가복음 21장 5~6절

5어떤 사람들이 성전을 가리켜 그 아름다운 돌과 헌물로 꾸민 것을 말하매 예수께서 이르시되 6너희 보는 이것들이 날이 이르면 돌 하나도 돌 위에 남지 않고 다 무너뜨려지리라

유대인들의 전승에 의하면 이날은 유대 달력으로 아브(Av, 8월)달의 9일째 되는 날로서, BC 586년에 솔로몬의 성전이 바벨론인들에 의해 불타 없어진 바로 그날이었다. 제1차 성전과 제2차 성전이 똑같이 파괴된 이 운명의 날, 유대인들은 성전이 파괴된 것을 슬퍼하며 통곡의 벽 앞에 모여 밤새도록 예레미야의 애가를 읽고 단식을 하며 지낸다.

그리고 예루살렘에서는 해가 진 후 예루살렘 구 성곽 밖을 행렬한다. 로마 콜로세움 옆에 있는 티투스 황제의 개선문에는 예루살렘 대성전에서 황금 제대, 은 나팔, 금으로 된 일곱 촛대(메노라)를 전리품으로 가져가는 장면이 부조되어 있다.

예루살렘을 빠져나간 일부 유대인들은 사해 남서쪽에 헤롯 대왕이 만든 천연 요새 마사다로 퇴각하여 최후까지 항쟁하다가 결전의 날에 모두 자결함으로써 비극적인 종말을 맞이한다.

로빈슨 아치

성전 동편에 나 있는 수산문(오늘날의 황금문 자리)

성전 서남쪽 모서리를 중심으로, 서남쪽 모서리에 나 있는 다리는 고고학자 로빈슨에 의하여 발견되어 '로빈슨 아치'라고 부른다. 그 왼쪽으로 있는 것이 통곡의 벽이다. 그리고 모서리에서 오른쪽 벽면의 두 개짜리 문은 예수 그리스도께서 활동하시던 때 출입문으로 사용되었던 이중문과 그 오른쪽으로 삼중문이다.

오늘날 예루살렘성과 황금문

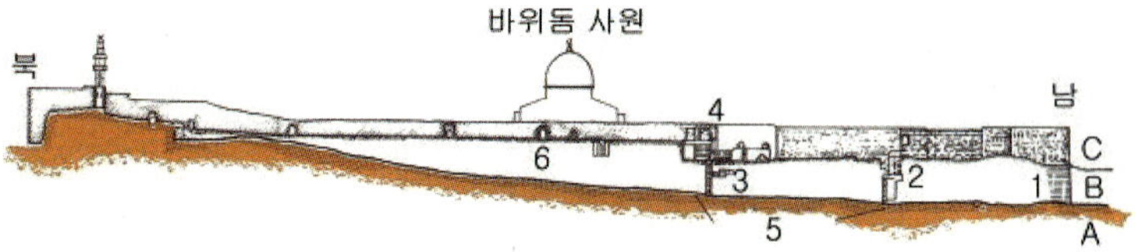

성전 서쪽에서 바라본 도면

A. 암반-원래 모리아산 B. 메워진 곳 C. 현재 드러난 부분

1. 로빈슨 아치 2. 바클레이 문 3. 윌슨 아치 4. 고리 문 5. 워렌 통로 6. 워렌 문

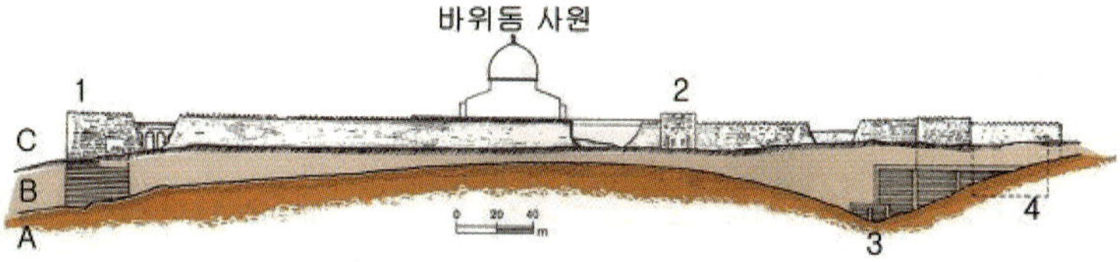

성전 동쪽에서 바라본 도면

A. 암반-원래 모리아산 B. 메워진 곳 C. 현재 드러난 부분

1. 성전 동남쪽 끝부분-예수님께서 마귀로부터 유혹을 받은 곳 2. 황금 성문 3. 벳자타 계곡 4. 이스라엘 연못

A는 성전 서남쪽 모퉁이, B는 동남쪽 모퉁이,

A와 B 사이에 A 쪽으로 조금 치우쳐 솟아 있는 것이 알 아크사 이슬람 사원,

A와 B 아래쪽에 둥글게 굵은 실선으로 나 있는 것이 원래 모리아산 언덕, B 오른쪽 부분은 성전 북동쪽

윌슨(Wilson) 아치. 지성소와 가장 가까이에 있는 다리로 곧바로 대사제의 집으로 연결된다.

로빈슨 아치

현재 로빈슨 아치 흔적

아치 다리가 파괴되어 성벽 벽면에 약간의 흔적만 남아 있었는데 이 돌출부를 이상하게 생각한 미국의 고고학자 로빈슨이 발견하여 아래 도시로 연결되는 아치가 있었음을 고고학 발굴 작업으로 밝혀냈다. 그 후 이 아치를 '로빈슨 아치'라고 부른다. 위의 오른쪽 아래 사진에서 벽면에 조금 튀어나온 흔적을 볼 수 있다.

예루살렘성의 문들

BC 6세기 초 당시 세계를 제패한 바벨론의 군대가 예루살렘을 침공했다. 세 차례에 걸친 포위 공격 끝에 예루살렘은 함락되었고, 정복자들은 불을 질러 예루살렘을 완전히 잿더미로 만들었다. 이렇게 해서 400년 동안 계속되었던 남왕국 유다는 막을 내렸다(BC 586). 이렇게 남왕국 유다가 몰락하는 와중에 예루살렘은 초토화되는 비운을 맞았다. 그러나 이것은 앞으로 전개될 예루살렘의 기나긴 수난의 역사의 시작일 뿐이었다.

예루살렘은 역사의 무대에 등장했던 제국들과 군왕들의 각축장이 되었고, 이곳을 지나는 수많은 군대의 말발굽에 짓밟히게 되었다. 바벨론, 페르시아, 희랍, 로마, 비잔틴, 이슬람, 십자군, 맘루크, 오스만 튀르크, 영국 등 세계를 주름잡던 세력들은 예루살렘에 군림하는 지배자가 되었고, 그들의 족적은 지금도 예루살렘 도처에 남아 있다.

예루살렘은 역사적으로 복잡한 과거를 지나온 것처럼 지리적으로도 그리 단순한 곳이 아니다. 우선 예루살렘은 지리적으로 크게 동쪽과 서쪽 지역으로 나뉜다. 즉 동예루살렘과 서예루살렘이다. 면적으로는 동예루살렘이 약 $70km^2$이며, 서예루살렘은 이보다 작은 $45km^2$ 정도이다. 1948년 이스라엘의 독립과 함께 일어났던 1차 중동 전쟁이 끝난 후 동예루살렘은 아랍 사람들이, 서예루살렘은 이스라엘 사람들이 관할하는 구역이 되었다. 정치적으로 동예루살렘은 소위 '요단강 서안지역'(West Bank)의 일부가 되었고, 서예루살렘은 이스라엘 국토에 속하게 된 것이다. 이렇게 예루살렘은 동서로 확연히 분할되고 서로 왕래조차 금지된 상태가 1967년까지 계속되었다. 동과 서로 구분된 예루살렘에는 제3의 구역인 '구 예루살렘'(Old Jerusalem)이 있었다.

구 예루살렘이야말로 예루살렘 전체에서 핵심이 되는 부분으로, 오랜 역사의 묵은 때가 겹겹이 쌓여 있는 곳이다. 구 예루살렘은 높이가 14m에 달하는 견고한 성벽으로 둘러싸여 있어 고도(古都) 예루살렘의 풍모를 엿보게 한다. 그러나 이 성벽은 3,000년의 역사를 간직하고 있는 예루살렘으로서는 그리 오래된 것도 아니다. 지금으로부터 약 460년 전이 되는 1540년 오스만 튀르크의 슐레이만 황제 때 축성된 것으로 성의 총길이는 4km 정도이다. 성벽으로 둘러싸인 구 예루살렘의 면적은 $1km^2$밖에 되지 않아 오늘날 예루살렘 전체 면적의 1%도 채 되지 않는다. 그러나 이곳이 바로 구약시대 다윗 왕이 이스라엘 왕국의 수도로 정했던 역사적 예루살렘으로, 그 후 파란만장한 역사가 펼쳐졌던 역사의 무대이다. 성전산도 구 예루살렘에 위치하고 있다. 그런데 구 예루살렘은 지리적으로 동예루살렘에 속해 있어 오늘날 정치적으로 민감한 문제를 야기하고 있다.

1948년 이스라엘이 독립하고 1차 중동 전쟁이 끝난 후 이스라엘은 예루살렘을 수도로 정했다. 그러나 당시 예루살렘은 동과 서로 분리되어 있어 이스라엘의 주권은 서예루살렘 지역에 제한될 수밖에 없었다. 따라서 이스라엘의 염원은 동서 예루살렘을 '통합'하는 것이었다.

예루살렘의 구시가(Old City)를 둘러싸고 있는 웅장한 성벽과 성문은 오스만 튀르크 제국의 슐레이만 대제가 예루살렘을 견고한 요새로 만들기 위해 1537년에서 1542년까지 5년여에 걸쳐 완성하였다. 북쪽 성벽이 먼저 완성되었고 뒤이어 동쪽과 서쪽, 남쪽 벽이 쌓아졌다. 성벽 둘레의 길이는 약 4,018km이다. 성벽을 따라 8개의 성문과 성 위의 34개의 탑과 24개의 망루가 있다. 성문 중 욥바 문, 다메섹 문, 시온 문은 원래 모습을 유지하고 있다. 이 성문들은 적의 침입 시 방어하기 좋게 하려고 'ㄴ'형으로 만들어졌다.

욥바 문(Jaffa Gate)-다윗의 문, 아브라함의 문, 헤브론 문

욥바 문은 성 서쪽에 있는 유일한 문이다. 이 성문은 십자군 문이 있던 자리에 슐레이만 대제가 세웠다. 욥바 문이라는 이름은 지중해 연안에 있는 욥바 항구에 이르는 길이 여기에서부터 시작되기 때문에 붙여졌다. 비잔틴과 십자군 시대에는 옆에 다윗 망대가 있었기 때문에 다윗 문이라고도 불렸다. 아랍어로는 '바브 엘 카릴'(헤브론 문)이라고 하는데 '엘 카릴'은 '하나님의 친구'란 뜻이다. 따라서 하나님의 친구인 아브라함을 의미해 '아브라함의 문'이라고도 한다.

문 정면에는 "슐레이만 대제가 1538년 이 문을 세웠다"라고 아랍어로 쓰여 있고, 그 밑에 최근의 문구로서 1970년에 보수를 마치고 나서 "예루살렘성이 보수됨"이라고 히브리어와 아랍어로 쓰여 있다. 1898년까지는 욥바 문과 다윗 망대 사이에 성벽이 있었으나, 독일 카이자르 빌헬름 2세가 이곳을 방문했을 때 마차가 들어오기 위해 이를 헐어내고 길을 만들어 현재의 도로가 생겼다. 1917년 영국 알렌비 장군이 영국군의 선두에 서서 이 욥바 문을 통해 걸어서 들어왔다. 이 욥바 문은 1948년에 봉쇄되고 그 옆에 방어벽이 세워졌다가, 1967년 6일 전쟁 때 회복되어 다시 사용되고 있다.

시온 문(Zion Gate)-예언자 다윗의 문

시온 문은 성의 남쪽 성벽 서쪽에 있다. 시온산으로 통하기 때문에 '시온 문'이라 부르고, 시온산에 있는 다윗 왕의 무덤으로 갈 때 이 문을 통해서 가기 때문에 아랍어로 '예언자 다윗의 문'이라고도 한다. 문의 바깥쪽에서 보면 많은 총알 자국이 있다. 이는 1948년 독립전쟁 당시 아랍인과 싸울 때 아랍군인들이 쏜 총탄 흔적이다. 시온 문은 1967년 6일 전쟁 후 회복되어 보수되었다. 입구 위쪽에 이 문을 세운 슐레이만 대제를 기념하는 터키어 문구가 있다.

오물 문-동문(Dung Gate)

오물 문은 남쪽 성벽 동쪽에 있으며, 예루살렘 성벽에 있는 문들 중에서 가장 낮은 곳에 있다. 예루살렘 성내의 오물들을 이 문을 통해 기드론계곡이나 티로포에온계곡에 버렸다 하여 '오물 문'이라 한다. 오물 문 맞은편에는 다윗이 초기 예루살렘에 정착했던 다윗성이 있다.

오물 문을 나와 계속해서 곧장 내려가면 실로암 연못에 다다른다. 1948년 욥바 문이 봉쇄되었을 때 이 문이 확장되어 사용되었다. 이 문을 통해 서쪽 벽과 유대인 지역으로 갈 수 있어 유대인들과 관광객이 많이 이용한다.

황금문(Golden Gate)-회개의 문, 자비의 문

황금문은 성벽과 성전의 동쪽에 있는 유일한 문으로 지금은 굳게 막혀 있다. 황금문이란 이름은 이 문이 호화롭게 꾸며져서 붙여졌다. 황금문은 두 개의 문으로 되어 있다. 하나는 '자비의 문'이라 하고, 다른 하나는 '회개의 문'이라 한다.

이 황금문에는 많은 전설이 있다. 유대인들은 에스겔 44장 1~3절의 언급과 같이 메시아가 올 때 이 문이 열린다고 믿고 있다. 또한 회교도들도 마지막 심판의 날이 이곳에서 이루어질 것이라고 믿고 있다. 따라서 마지막 날에는 이 황금문 가까이에 있는 무덤에서부터 죽었던 영혼이 다시 살아 부활한다고 믿고 있기 때문에 누구나 황금문 근처에 묻히기를 원한다. 현재 황금문 근처는 물론 건너편 감람산 기슭까지 묘지로 가득 차 있다.

예루살렘성 안에서 본 황금문 전경

스데반 문(Stephen's Gate)-양문, 여호사밧 문, 사자성문

이 성문은 감람산을 마주 보며 동쪽 성벽에 있다. 전설에 의하면 슐레이만 대제에 의해서 성문 양쪽에 한 쌍씩의 사자가 조각되었다고 한다. 어느 날 슐레이만 대제의 꿈에 4마리의 사자가 나타나 대제를 삼켜버리려 했고, 해몽가는 슐레이만 대제가 거룩한 성을 허술하고 퇴락한 채로 남겨두면 이 사자들에 의해 죽임을 당한다고 해석했다. 그래서 곧 성벽을 건축하고 이를 기념하여 꿈에 나타났던 사자들을 문 양쪽에 한 쌍씩 조각해 놓았다고 한다. 히브리어로는 '사자성문'이라고도 부른다.

양의 문 양편에 새겨진 사자상

양의 문을 들어서면 나타나는 광장

오늘날 기독교인들은 초대교회의 스데반 집사가 이 근처에서 돌에 맞아 순교했다고 하여 '스데반 문'이라고 부른다. 많은 사람이 자신의 죗값을 치르기 위해 이 문을 지나갔다. 이 문을 나오면 남쪽 기드론골짜기에 희랍 정교회 소속의 스테반교회가 있다.

이 문은 또 여호사밧 계곡으로 통한다고 해서 대부분의 유대인들이 '여호사밧 문'이라 부르고, 마리아의 무덤이 이 근처 어딘가에 있다고 해서 아랍인들은 '마리아 성문'이라고도 한다. 또한 매주 금요일에 이 문 근처에서 양(羊) 시장이 열려 오래전부터 '양문'이라고도 했다. 이 문을 통해 감람산, 베다니, 여리고, 그리고 요단강으로 간다. 1920년 영국군이 차량이 통행할 수 있게 입구를 확장했고, 1967년 6일 전쟁 때 이스라엘군은 이 문을 통해 예루살렘을 점령했다.

스데반순교기념교회

다메섹 문(Damascus Gate)-세겜 문

이 문은 동쪽이 헤롯 문과 서쪽의 새문 중앙에 있다. 성벽에 있는 문들 중에서 가장 크고 인상적인 문이다. 다메섹 문이란 이름은 세겜을 거쳐 다메섹 도시로 가는 길이 이곳에서 시작되기 때문에 붙여진 것이고, 히브리어로는 세겜 문, 아랍어로는 '바브 엘 아무드'(원주기둥성문)라고 부른다.

로마시대에 이 다메섹 문을 중심으로 두 개의 길이 뻗어 나갔는데 그 하나가 성전 서쪽 벽 앞으로 지나갔고, 다른 하나는 시온 문이 서쪽으로 좀 옮겨졌지만 시온 문으로 통했다. 이 문은 적의 갑작스러운 공격을 방지하기 위해서 이중각을 이루고 있고, 원래는 쇠가 덮여 있는 나무로 된 삼중 문이었으나 현재는 한 쌍의 문만 남아 있다. 문을 지키던 군인들의 방 두 개는 가게로 사용되고 있다. 문 위에는 1536년에서 1538년 사이에 이 문을 세운 슐레이만 대제를 기념하는 문구가 아랍어로 쓰여 있다. 다메섹 문 밑 계단을 따라 내려가면 서쪽으로는 십자군 시대의 교회를 볼 수 있고, 동쪽으로는 성안으로 통하던 옛 문이 있어 들어가 볼 수도 있다.

예루살렘 문들이 인용된 성경구절

1) 양문(Sheep Gate, 느 3:1, 32, 12:39; 요 5:2)

성전산 동북쪽에 있었다. 성전 희생 제사용 양들이 이 문을 통해서 예루살렘성으로 들어갔다. 베냐민 문으로도 불렸으며, 베데스다 연못 근처에 있다(요 5:2).

2) 어문(Fish Gate, 대하 33:14; 느 3:3, 12:39; 습 1:10)

성전산 서북쪽에 있었다. 예루살렘 제2구역에 있으며 므낫세가 세운 요새와 연관되어 있다(대하 33:14; 습 1:10). 느헤미야 시대에 재건되었으며, 아마도 문 근처에 어시장이 있었던 것으로 추정된다. 에브라임 문으로 불리기도 했으며, 해안 평야로 나가는 문이었다.

3) 옛문(Old Gate, 느 3:6, 12:39)

어문 남쪽에 있었다. 여사나(Jeshanah, '옛 도시'라는 뜻) 문이라고도 불렸으며, 아비야가 BC 910년 북왕국 이스라엘의 여로보암에게서 빼앗기도 했다(대하 13:19).

4) 골짜기문(Valley Gate, 대하 26:9; 느 2:13, 15, 3:13)

다윗성 서쪽에 있었으며, 예루살렘의 세 개의 골짜기 중 중앙 골짜기로 통하였다.

5) 동문(Dung Gate, 느 2:13, 3:13, 14, 12:31)

다윗성 남쪽에 있었으며, 힌놈골짜기와 연결되었다. 쓰레기를 내다 버려서 악취가 났을 것으로 추정된다. 오늘날의 분문과는 위치가 다르다.

6) 샘문(Fountain Gate, 느 2:14, 3:15, 12:37)

동남쪽에 있었으며, 분문과 별로 떨어져 있지 않았다. 기혼샘에서 물을 끌어온 실로암 연못과 연결되었던 것으로 보인다.

7) 수문(Water Gate, 느 3:26, 8:1, 3, 16, 12:37)

골짜기문 맞은편에 있었으며, 기드론골짜기에 있던 기혼샘으로 이어진 듯하다.

8) 마문(Horse Gate, 느 3:28; 렘 31:40)

성전 근처 예루살렘 성벽 동쪽에 있었다. 예레미야가 이곳의 재건을 예언했으며(렘 31:40), 느헤미야가 이 문을 재건했다. 기드론골짜기로 통하는 문이었다.

9) 동문(East Gate, 느 3:29)

예루살렘 성벽 동쪽 문으로 황금문을 가리킨다.

10) 함밉갓 문(Inspection Gate, 느 3:31)

히브리어 이름은 '미프카드'로서 문자적으로는 '지정된 곳'이라는 뜻이다. 일부는 예레미야 52장 11절의 '옥'과 연관 지어 근처에 감옥 망루(prison tower)가 있었다고 주장한다. 다른 성경은 이를 소집문(Muster Gate, NRSV, REB)이라고 보며, 여기서 병사들을 징집했다고 한다. 하지만 정확하게 알려진 것은 없다.

그 외의 문들

미문(행 3:10), 베냐민 문(렘 38:7; 슥 14:10), 모퉁이 문(왕하 14:13; 대하 25:23, 26:9; 렘 31:38; 수 14:10), 에브라임 문(왕하 14:13; 대하 25:23; 느 8:16, 12:39), 첫 문(First Gate, 슥 14:10), 기초문(대하 23:5), 여호수아의 대문(왕하 23:8), 왕의 문(대상 9:18), 중문(Middle Gate, 렘 39:3), 새 문(렘 36:10), 하시드 문(질그릇 조각의 문, 렘 19:2), 감옥 문(느 12:39), 살래겟 문(대상 26:16), 윗문(왕하 15:35; 대하 23:20, 27:3) 등이 있다. 정확히 알 수 없는 경우도 많고, 알지만 논쟁의 여지가 있는 문들도 있다.

복원된 예루살렘성 모형

십자가의 길(Via dolorosa-고난의 길)

예수님의 발자취를 따라서

예수 그리스도께서 십자가를 지시고 재판정에서부터 골고다 언덕까지 가신 고난의 길을 '십자가의 길' 또는 라틴어로 '비아 돌로로사'(Via dolorosa)라고 한다. 비아 돌로로사는 스데반 문에서 안쪽 270m 지점에 있는 회교인 학교에서 시작하여 예수 그리스도의 무덤교회에 이른다. 시기마다 조금씩 다른 비아 돌로로사의 경로가 있었으나, 현재의 경로는 13세기 십자군 시대 때부터 행해져, 16세기에 확정된 것이다.

'십자가의 길'은 온 인류의 죄를 대신 지신 예수 그리스도께서 사형 선고를 받으신 후 십자가를 지시고 골고다 언덕에 이르기까지 고난의 길을 걸으시면서 겪으셨던 14가지의 중요한 사건을 통해 예수 그리스도의 고난과 죽음을 묵상하는 길이다.

5~7세기엔 겟세마네에서 기드론계곡을 지나 대사제 가야바의 집을 거쳐 골고다로 이르는 길, 이후 이슬람이 통치하던 8~12세기에는 지리적이고 정치적인 제약을 받게 되자 시온산에서 골고다로 가는 길이 그 길에 해당되었고, 오늘날 순례자들이 걷고 있는 십자가의 길은 1294년 그 위치가 대충 설정되었다. 그 후 1540년경 작은형제회(프란치스코회) 수도자들에 의해 오늘날 십자가의 길이 확정되었다. 안토니아성(제1, 2처)에서부터 골고다(제10~14처)까지 그 사이에 일곱 개의 장소(제3~9처)를 적절하게 만들어 예수님의 수난을 묵상하게 했다.

십자가의 길 중에서 복음서에 근거를 둔 곳은 다음과 같다.

제1처(마 27:22~26), 제2처(요 19:16~17), 제5처(마 27:32), 제8처(눅 23:28~31), 제10처(요 19:23~24), 제11처(요 19:18), 제12처(마 27:50), 제14처(마 27:58~60).

십자가의 길을 알리는 벽의 안내판

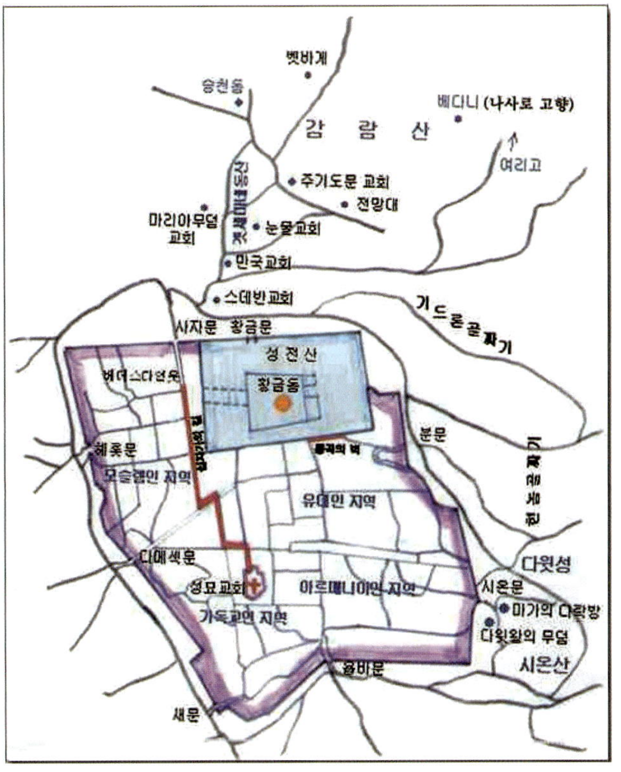

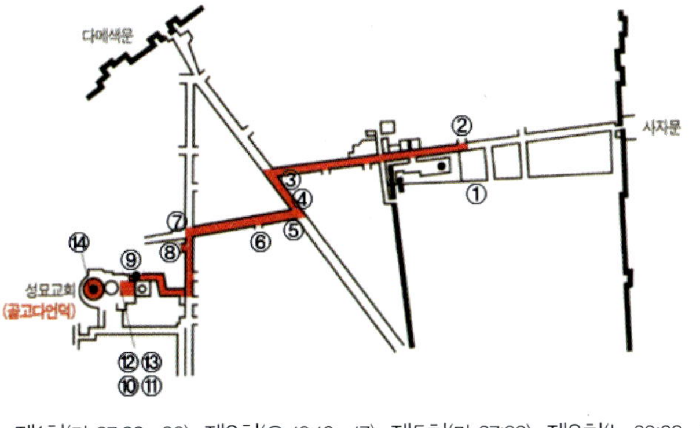

제1처(마 27:22~26), 제2처(요 19:16~17), 제5처(마 27:32), 제8처(눅 23:28~31),
제10처(요 19:23~24), 제11처(요 19:18), 제12처(마 27:50), 제14처(마 27:58~60)

십자가의 길이 시작되는, 예수님께서 채찍질당하신 곳에 세워진 성당(Flagellation, 현재 작은형제회 성서대학) 담에 "누구든지 나를 따라오려거든 자기를 부인하고 자기 십자가를 지고 나를 따를 것이니라"(마 16:24)라는 예수님의 말씀이 붙어 있다.

예수 그리스도께서 채찍질당하신 곳에 세워진 기념교회

예수 그리스도께서 채찍질당하신 곳에 세워진 성당 맞은편에서(현재는 아랍 학교) 매주 금요일 오후 3시 '십자가의 길' 행렬을 시작한다.

제1처: 예수 그리스도께서 사형선고를 받으심

마태복음 27장 22~26절

22빌라도가 이르되 그러면 그리스도라 하는 예수를 내가 어떻게 하랴 그들이 다 이르되 십자가에 못 박
혀야 하겠나이다 23빌라도가 이르되 어찜이냐 무슨 악한 일을 하였느냐 그들이 더욱 소리 질러 이르되
십자가에 못 박혀야 하겠나이다 하는지라 24빌라도가 아무 성과도 없이 도리어 민란이 나려는 것을 보
고 물을 가져다가 무리 앞에서 손을 씻으며 이르되 이 사람의 피에 대하여 나는 무죄하니 너희가 당하
라 25백성이 다 대답하여 이르되 그 피를 우리와 우리 자손에게 돌릴지어다 하거늘 26이에 바라바는 그
들에게 놓아주고 예수는 채찍질하고 십자가에 못 박히게 넘겨주니라

예수 그리스도께서 채찍 맞으신 곳에 세워진 채찍기념교회 내부(강단 천장에 가시 면류관이 묘사되어 있음)

제1지점은 빌라도의 법정이 있던 자리로서 빌라도가 예수 그리스도께 십자가 사형을 언도한 곳이다. 이곳은 헤롯 왕이 그의 친구 마가 안토니를 위해 지은 안토니아 성채 내에 있다. 예수 그리스도께서 활동하실 당시의 로마 총독부는 가이사랴에 있었으며, 당시 총독 빌라도는 유월절 기간에 자주 일어났던 반로마 시위를 진압하기 위하여 예루살렘에 와 있었던 것으로 보인다.

15세기에서 19세기까지 회교인 정부의 공공건물과 재판정으로 쓰였고, 지금은 회교인 학교로 사용되고 있다. 이 학교의 안쪽에서 성전산 전체가 보인다. 이 지점은 금요일 십자가의 행렬이 재현되는 금요일 오후에 개방된다. 이외의 다른 때에는 학교로부터 허가를 얻어야 들어갈 수 있다.

제2처: 예수 그리스도께서 십자가를 지심

요한복음 19장 16~17절

16이에 예수를 십자가에 못 박도록 그들에게 넘겨주니라 17그들이 예수를 맡으매 예수께서 자기의 십자
가를 지시고 해골(히브리 말로 골고다)이라 하는 곳에 나가시니

로마 군사들이 예수 그리스도께 가시관을 씌우고 홍포를 입혀 희롱한 곳이다. 이곳으로부터 도시의 거리를 지나 골고다로 향했으며, 수많은 군중이 예수 그리스도를 조롱하였다. 빌라도는 십자가를 메고 나오는 예수 그리스도를 보고 "자, 이 사람이오"라고 했다(요 19:5).

제2지점은 제1지점 맞은편에 있다. 입구 오른쪽에 채찍기념교회가 있다. 기독교 전통에 따르면, 예수 그리스도께서 사형 언도 후에 이곳에서 로마 군인들에 의해서 조롱을 당했다고 한다. 지금의 건물은 십자군 시대 교회의 폐허 위에 지어진 것이다.

이 교회 내에는 세 개의 색유리 그림이 있는데 하나는 바라바가 풀려나서 기뻐하는 장면이고, 또 하나는 채찍질당하시는 예수 그리스도의 모습, 그리고 세 번째 그림은 빌라도가 손을 씻는 모습이다. 천장에는 모자이크로 가시 면류관이 묘사되어 있다.

입구 왼쪽에는 선고교회가 있다. 이 건물은 비잔틴 양식으로 1903년에 재건축된 것이다. 교회 앞 제단에는 사형 언도를 받으시는 예수 그리스도와 슬퍼하는 그의 어머니, 요한의 모습이 그려져 있다. 창문의 주된 그림에는 손을 씻는 빌라도, 십자가를 지신 예수 그리스도, 그리고 트럼펫을 들고 있는 천사의 모습이 묘사되어 있다.

제2지점은 일요일을 제외하고 아침 8:30~12:00, 오후 2:00~6:00에 개방된다.

시온 수녀원

제2지점에서 제3지점 쪽으로 조금 걸어가다 보면 3층 건물의 수녀원이 보인다.

1층은 고고학적 유물, 안토니오성과 비아 돌로로사의 모형, 그리고 예수 그리스도께서 활동하시던 당시 예루살렘의 지도를 보관하고 있는 박물관이다. 맨 위층은 순례객과 여행객을 위한 호스텔로 사용되는데 호스텔의 발코니에서는 성전 지역 전체를 내다볼 수 있다. 이 수도원 밑에는 빗물을 모으는 큰 저수지가 있다. 저수지 위의 포장한 돌바닥에서 소위 '왕의 게임'이

라 하는 로마 군인들에 의해서 그려진 게임판을 볼 수 있다(마 27:27).

위의 왼쪽 사진을 보면, 저 멀리 성지관구 종탑이 보이는데 십자가의 길은 왼쪽으로 이어지고, 꺾이는 부분에 제3처가 있다. 그리고 오른쪽 사진은 리토스 트로토스, 즉 판으로 깔린 포장도로가 있는 수녀원이다.

왼쪽 사진 중간 부분에 보이는데 탑이 작은형제회 성지관구 관구본부 수도원 종탑이다.

제3처: 예수 그리스도께서 기력이 떨어져 넘어지심

예수 그리스도께서 십자가를 지고 가시다가 첫 번째로 넘어지신 곳이다.

이 장소는 1856년 아르메니안 교회가 터를 사들여 교회를 지은 것이다. 교회는 작은 박물관으로서, 이곳에 19세기에 발굴된 유물들이 보관되어 있다. 대부분이 제2 성전 때의 것이다.

제3처(좌)·제3처에서 제4처로 가는 길(우), 바로 왼쪽에 제4처가 있다.

제4처: 예수 그리스도께서 마리아를 만나심

십자가를 지고 가시던 예수 그리스도께서 어머니 마리아를 보고 멈추신 곳이다. 교회 지하당에 있는 모자이크에는 한 켤레의 신발 자국이 있다. 이곳이 바로 예수 그리스도의 어머니 마리아가 지나가는 자신의 아들을 바라보던 곳이라 한다.

교회 입구 위에는 예수 그리스도께서 어머니를 만나는 장면의 반신상이 조각되어 있다. 교회 바로 앞길에서는 하수도 공사 때 발견된 제2 성전 시대의 포장 돌판을 볼 수 있다.

제5처: 시몬이 예수 그리스도를 도와 십자가를 짐

마태복음 27장 32절

나가다가 시몬이란 구레네 사람을 만나매 그에게 예수의 십자가를 억지로 지워 가게 하였더라

제5지점은 학개 거리를 따라 내려오다 오른쪽으로 돌자마자 왼쪽에 있다. 예루살렘에 순례를 온 구레네 시몬이 로마 병정에 의해 강제로 예수님의 십자가를 대신 지게 된 지점이다. 교회문 오른쪽에는 움푹 파인 곳이 있는데 전해 내려오는 말에 의하면, 예수님이 쉬기 위해서 손바닥을 짚은 자국이라 한다. 교회 옆의 집은 '악한 부자'의 것(눅 16:19)이라 하고, 오스만 시대에는 군인 병원으로 사용되었다고 한다.

왼쪽 길로 곧장 가면 통곡의 벽이 나오

고, 십자가의 길은 오른쪽 길로 이어진다.

제5처에서 제6처로 향하는 언덕길

제6처: 베로니카가 수건으로 예수님의 얼굴을 닦아 드림

제5처에서 비아 돌로로사를 따라 올라가다 보면 왼쪽에 제6지점이 있다. 이곳은 성 베로니카의 집이 있던 곳이다. 복음서에는 언급이 없으나 전설에 의하면, 베로니카는 십자가를 지고 지나가시는 예수님을 보기 위해 길가에 서 있었던 여인들 중 하나로, 땀을 흘리시는 예수님께 손수건을 건네준 여인이다. 그런데 예수께서 땀을 닦고 돌려준 그 손수건에 예수님의 얼굴 모습이 찍혀 있었다고 한다.

후에 베로니카는 당시 로마 황제를 찾아가 빌라도 총독을 고발했고, 결국 빌라도는 예수님을 처형한 것 때문에 재판을 받게 되었다. 그런데 로마 황제가 그 손수건을 보았을 때 병이 나았다는 이야기도 전해져 온다.

베로니카의 '베로'는 라틴어 '베라'로 '참된, 진실한'이란 뜻이고, '이카'는 '아이콘'이라는 뜻이다. 즉, '성 화상'을 뜻하므로 그녀의 이름은 그 자체가 그리스도의 '참 모습'이란 뜻이 된다.

이 사건 이후 그녀의 운명은 여러 가지 서로 다른 설로 전해져 온다. 한 가지 전설에 의하면, 그 후 그녀는 로마로 가서 자신의 이 유품으로 티베리오 황제를 치유했고, 임종 때는 이 유물을 교황 클레멘스에게 바치라고 유언하였다고 한다.

또 다른 전승에 의하면, 그녀는 누가복음 19장 1~10절에 언급된 세리 삭개오의 부인인데, 남편과 함께 프랑스로 건너가 남부 프랑스인들의 개종을 위하여 헌신하였다고 한다. 또《빌라도의 술책》이란 책에서는 그녀가 마태복음 9장 20~22절에 언급된, 12년 동안이나 혈루병을 앓다가 예수님의 옷깃을 만짐으로써 치유된 여인이라고 말한다. 그러나 이 중 어느 것이 진실인지 분명히 규명할 만한 자료는 없는 실정이다.

이 베로니카의 손수건은 현재 로마 바티칸시에 있는 성베드로성당에 소장되어 있다.

제6처는 예수의 작은자매회에서 관리한다. 베로니카의 수건에 찍힌 예수님의 얼굴이 최초의 이콘(성화)이라고 하는데, 여기 수녀들이 이콘을 만들어 판매하고 있다.

제7처: 기력이 다하신 예수님께서 두 번째 넘어지심

제6처에서 쭉 올라가면 바로 T자형의 도로가 나오는데 올라가면서 바로 맞은편이 제7처이다.

제7처. 작은형제회에서 관리하는 작은 경당이 있다.

제8처: 예수님께서 예루살렘 여인들을 위로하심

누가복음 23장 28~31절을 읽어보자.

누가복음 23장 28~31절

28예수께서 돌이켜 그들을 향하여 이르시되 예루살렘의 딸
들아 나를 위하여 울지 말고 너희와 너희 자녀를 위하여 울
라 29보라 날이 이르면 사람이 말하기를 잉태하지 못하는 이
와 해산하지 못한 배와 먹이지 못한 젖이 복이 있다 하리라
30그때에 사람이 산들을 대하여 우리 위에 무너지라 하며
작은 산들을 대하여 우리를 덮으라 하리라 31푸른 나무에도
이같이 하거든 마른 나무에는 어떻게 되리요 하시니라

제7처에서 좀더 오르면 왼쪽 벽에 라틴식 십자가 모양이 새겨져 있는 돌과 그리스어인 "NIKA"(예수는 승리하셨다)라는 문구도 보게 되는데 이곳이 제8지점이다. 이곳에서 예수님은 울고 있는 예루살렘 여인들을 만나셨고 다음과 같이 말씀하셨다. "예루살렘의 딸들아 나를 위하여 울지 말고 너희와 너희 자녀를

제9처로 들어가는 길. 앞의 십자가가 있는 지붕은 무덤교회이다.

위하여 울라"(눅 23:28).

제7처에서 왼쪽 길로 향해서 바로 오른쪽 언덕길로 올라가면 제8처가 나오고, 제8처에서 쭉 올라가면 작은형제회 성지관구 관구본부가 나온다. 올라온 길을 다시 되돌아가서 제7처에서 왼쪽 길로 조금 더 가면 제9처로 가는 길이 나온다.

제9처: 예수 그리스도께서 세 번째 넘어지심

제8지점을 확인하고 좌측으로 돌아서면 무척이나 복잡하고 번잡한 시장 통로를 지나게 된다. 20여 미터를 지나 우측의 28개의 돌계단을 오르면 앞쪽 구석진 곳에 콥틱 정교회 입구가 보인다. 이곳이 예수님께서 세 번째 넘어지신 곳이다. 이곳을 통해서 성묘교회로 들어갈 수 있다. 이곳이 잠겨 있을 때는 계단을 내려와 돌아서 동쪽 입구를 통해 들어갈 수 있다. 나머지 비아 돌로로사의 5개 지점은 성묘교회 안에 있다.

제9처는 콥틱 정교회 앞에 있다. 콥틱 정교회 현판이 바라보이는 곳에서 왼쪽으로 들어가면 소박함이 물씬 풍기는 에티오피아 정교회 마당이 나온다.

콥틱 정교회 성당으로 들어가는 문

순례객들이 십자가의 길을 재현할 때 사용하는 십자가

이 마당에서 오른쪽으로 무덤교회로 이어지는 좁은 통로가 나오는데, 무덤교회 광장으로 나오는 출구와 에티오피아 정교회 성당으로 들어가는 문이 오른쪽에 있다.

제10처: 예수 그리스도께서 옷 벗김 당하심

요한복음 19장 23~24절

23군인들이 예수를 십자가에 못 박고 그의 옷을 취하여 네 깃에 나눠 각각 한 깃씩 얻고 속옷도 취하니
이 속옷은 호지 아니하고 위에서부터 통으로 짠 것이라 24군인들이 서로 말하되 이것을 찢지 말고 누가
얻나 제비 뽑자 하니 이는 성경에 그들이 내 옷을 나누고 내 옷을 제비 뽑나이다 한 것을 응하게 하려
함이러라 군인들은 이런 일을 하고

제10처부터 제14처까지는 성묘교회 안에 있다.

제11처: 예수 그리스도께서 십자가에 못 박히심

요한복음 19장 18절

그들이 거기서 예수를 십자가에 못 박을새 다른 두 사람도 그와 함께 좌우편에 못 박으니 예수는 가운데 있더라

제12처: 예수 그리스도께서 십자가 위에서 돌아가심

마태복음 27장 50절

예수께서 다시 크게 소리 지르시고 영혼이 떠나시니라

제13처: 제자들이 예수 그리스도의 시신을 십자가에서 내림

제자들이 예수 그리스도의 시신을 염한 곳

제14처: 예수 그리스도께서 무덤에 묻히심

마태복음 27장 58~59절

58빌라도에게 가서 예수의 시체를 달라 하
니 이에 빌라도가 내주라 명령하거늘 59요
셉이 시체를 가져다가 깨끗한 세마포로 싸
서

제15처: 예수 그리스도께서 부활하심

혹자는 인간은 버림받고 내던져진 존재라고 말한다. 짓눌려 오는 삶의 무게 속에서 좌절하고 있는 인간 실존을 표현한 말일 것이다. 그래서 그런지 예수님이 지고 가신 그 십자가의 길이 남의 이야기처럼 느껴지지 않는다.

그러나 비록 인간이 버림받고 내던져진 존재로 외롭고 고독한 인생길을 가야 한다 할지라도 예수 그리스도와 함께하는 십자가의 길은 외롭지만은 않다. 서로 위로하고 격려하며 살아가는 세상 속에서 우리는 이미 부활을 살아가고 있기 때문이다.

“다 이루었다”(요 19:30).

베데스다(Bethesda)

38년 된 병자를 고치신

예루살렘 양의 문 안쪽 옛 베데스다 발굴 현장

베데스다는 본래 BC 2세기 시몬이 대제사장으로 있던 때에 예루살렘성 안 양의 문에서 그리 멀지 않은 곳에 세워진 전체 길이 100~110m, 너비 62~80m, 깊이 7~8m의 두 개의 쌍둥이 연못으로, 성전에 물을 공급하기 위한 목적과 더불어 종교적, 의학적 치료를 목적으로 건설되었다.

이곳은 치료의 효과가 있다는 소문으로 곳곳에서 환자들이 모여든 장소였는데, 예수 그리스도께서 절기를 따라 예루살렘성에 오셔서 이곳에서 38년 된 병자를 고쳐주심으로 성지로 여겨져 오고 있다. 이 연못의 히브리어 이름인 '베데스다'는 번역하면 '자비의 집'(House of Mercy)이라는 뜻이다.

요한복음 5장 2~9절

2예루살렘에 있는 양문 곁에 히브리 말로 베데스다라 하는 못이 있는데 거기 행각 다섯이 있고 3그 안
에 많은 병자, 맹인, 다리 저는 사람, 혈기 마른 사람들이 누워 [물의 움직임을 기다리니 4이는 천사가

가끔 못에 내려와 물을 움직이게 하는데 움직인 후에 먼저 들어가는 자는 어떤 병에 걸렸든지 낫게 됨
이러라] 5거기 서른여덟 해 된 병자가 있더라 6예수께서 그 누운 것을 보시고 병이 벌써 오래된 줄 아시
고 이르시되 네가 낫고자 하느냐 7병자가 대답하되 주여 물이 움직일 때에 나를 못에 넣어주는 사람이
없어 내가 가는 동안에 다른 사람이 먼저 내려가나이다 8예수께서 이르시되 일어나 네 자리를 들고 걸
어가라 하시니 9그 사람이 곧 나아서 자리를 들고 걸어가니라 이날은 안식일이니

베데스다는 성전산보다 높은 곳에서 흘러 내려오는 골짜기 물을 모으던 저수지로, 이미 매우 오래전에 만들어진 것임을 알 수 있다. 처음에는 골짜기 물이 고여서 형성된 자연적인 웅덩이였다. 그곳에서 성전으로 연결되는 수로를 통해서 물이 운반되었다.

베데스다 연못은 수백 년 동안 흙으로 덮여 있다가 1888년에 비로소 발굴되었다. 이 연못은 직사각형 모양에 네 개의 회랑이 둘러싸고 있는 형태로서, 그 측면은 다섯 개의 회랑으로 나누어져 있다. 이로써 요한복음의 '다섯 개의 행각'(요 5:2)이라는 말이 입증되는 셈이다. 이 연못 중 하나가 성전에서 희생 제사를 드리기 위해 양을 깨끗이 씻던 곳이다.

또 오리겐(AD 231)도 두 개의 쌍둥이 연못에 관하여 언급하면서 "연못 가장자리에 4개, 중앙에 한 개의 기둥"이라고 말하고 있어, 사도 요한이 전하고 있는 '다섯 행각'에 관한 기록을 뒷받침한다.

이곳은 이사야가 아하스를 만나서 신탁을 전달해 주었던 '윗못'(the upper pool)일 수도 있으며, 앗수르 왕이 보낸 다르단과 랍사리스와 랍사게의 대군이 히스기야를 공격하기 위하여 예루살렘으로 올라와서 진을 쳤던 '윗못'(the upper pool)일 수도 있다(왕하 18:17).

이사야 7장 3절

그때에 여호와께서 이사야에게 이르시되 너와 네 아들 스알야숩은 윗못 수도 끝 세탁자의 밭 큰 길에 나가서 아하스를 만나

열왕기하 18장 17절

앗수르 왕이 다르단과 랍사리스와 랍사게로 하여금 대군을 거느리고 라기스에서부터 예루살렘으로 가서 히스기야 왕을 치게 하매 그들이 예루살렘으로 올라가니라 그들이 올라가서 윗못 수도 곁 곧 세탁자의 밭에 있는 큰 길에 이르러 서니라

BC 150년과 AD 70년 사이에 이 저수지의 동쪽에 병자들이 모이는 장소가 발달하게 된다. 주변 지역으로 물 저장소와 목욕시설, 그리고 동굴들이 치료와 제의를 위한 용도로 만들어졌다. 위 그림처럼 중심부에 ① 물탱크가 만들어졌고, ② 작은 수로들을 통해 ③ 목욕실로 물이

운반되었다. 그곳에서 성전에 들어갈 수 없었던 병자들이 병 낫기를 위해서 대기하였다. 이곳에 바로 양문(스데반 문)이 있었고, 예수 그리스도께서는 이곳에서 38년 된 병자를 고쳐주셨다.

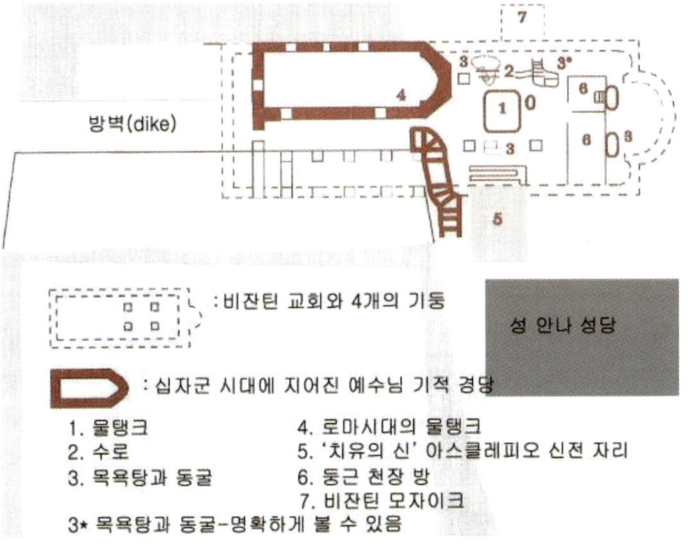

AD 1세기 무렵 성전 근처에 '비르카트 이스라엘'이라는 대형 저수지가 만들어지면서 베데스다 연못은 사용이 중단되어 메워졌다. AD 44년에 새로운 성벽이 헤롯 아그립바에 의해서 북쪽에 만들어졌고, 이것은 북쪽 골짜기에서 흘러들어오던 물의 흐름을 중단시켰다. 저수지를 메우기 전에 그 옆에 로마인들은 ④ 물 저장소를 하나 만들었다.

예루살렘이 '알리에 카피톨리나'라는 이름으로 불렸던 AD 200~400년에 이곳에 ⑤ 아스클레피오스(Asklepios) 신전과 세라피스(Serapis) 신전이 건설되었다. 그리고 목욕실들 앞으로 ⑥ 방들이 만들어졌다. 모자이크 바닥과 프레스코화, 그리고 헌물들과 동전들이 이 시대의 것들로 밝혀졌다.

또 대형 비잔틴 바실리카(45m×18m)가 건설되었는데, 이 건물의 본관은 옛날 연못과 저수지 위에 만들어졌다. 이 건물은 7개의 아치들로 지탱됐다. 그리고 이 건물의 제단을 만들면서 옛날 병자들을 치료하던 장소를 덮어버리게 되었는데, 그것은 이곳이 예수 그리스도께서 행했던 이적을 기념하는 곳인 동시에 마리아가 이 부근에서 출생했다는 전승 때문이었다. 비잔틴 시대 교회는 614년 페르시아의 침략에 의해 부분적으로 파괴되었고 불에 타버렸다. 이것을 모데스투스(Modestus) 수도사가 재건하였고, 샤를르망 대제 시대까지 수많은 사제와 수도사들에 의해서 번성하였다.

현재 베데스다기념교회는 1130년 무렵에 로마네스크 양식으로 크게 건설되었다. 이 교회는 마리아의 어머니, 안나에게 봉헌되었으며, 마리아의 출생 동굴이라는 전승이 있던 곳 위에 건설되었다. 그리고 베네딕트의 수녀들에 의해서 관리되고 있다. 1192년에 술탄 살라딘은 이곳을 정복하여 코란을 배우는 학교로 활용하였다. 오스만 튀르크가 예루살렘을 정복하고 난 이후에는 안나기념교회의 중요성이 무시되었지만 그럼에도 순례자들의 발길이 끊이지 않았다.

베데스다기념교회 전경

오스만 튀르크 정부는 크리미안 전쟁 때 원조해 주었던 호의에 감사하는 표시로 프랑스에 손상된 채 방치되어 있던 이 교회와 부지를 선물로 주었다. 마우쓰(Mauss)가 교회를 재건하고 처음으로 발굴을 실시하였다. 1878년에 교회는 라비제리에(Lavigerie) 추기경과 그의 아프리카 선교사들에게 위탁되었고, 선교 훈련을 계속하는 동안 발굴이 꾸준히 진행되어 연못과 저수지들이 발견되었다. 그리고 에콜 비블리크의 도미니카신부회에서 발굴을 계속하여 비잔틴 시대의 교회 유적과 목욕시설들과 병자들을 치료하던 장소들이 발견되었다.

설립자 라비제리에(Lavigerie) 추기경 동상

예루살렘의 동쪽 성문 중의 하나인 스데반 문(일명 사자문, 양의 문)에서 성 내부 쪽으로 가까운 곳에 있는 이 연못은 예수 그리스도께서 활동하시던 당시에는 성의 북쪽 벽 밖 가까운 곳이었고, 성전으로 들어가는 양의 문(Sheep Gate, 느 3:1; 요 5:2) 곁에 있었다.

느헤미야 3장 1절

그때에 대제사장 엘리아십이 그의 형제 제사장들과 함께 일어나 양문을 건축하여 성별하고 문짝을 달고 또 성벽을 건축하여 함메아 망대에서부터 하나넬 망대까지 성별하였고

38년 된 병자를 고치신 장소

요한복음 5장 2절

예루살렘에 있는 양문 곁에 히브리 말로 베데스다라 하는 못이 있는데 거기 행각 다섯이 있고

통곡의 벽(The Wailing Wall)

예루살렘 서쪽 통곡의 벽 전경

오랫동안 '통곡의 벽'(The Wailing Wall)이라 불리고 있는 이 성벽은 예루살렘을 둘러싸고 있는 성전 서쪽 벽을 일컫는다. 최고 14m의 길이와 400t이나 되는 돌을 비롯하여 평균 1~3t의 돌을 이용하여 쌓은 높이 16m의 이 성벽은 헤롯 대왕 때의 것으로, 그가 왕위에 오른 이후 건축이 시작되어 약 60여 년 동안 지은 것이다. 헤롯이 건축한 이 예루살렘성은 AD 70년 로마에 의해 멸망할 때 '돌 위에 돌 하나 남지 않을' 정도로 무너졌으나 지금까지 남아 있는 통곡의 벽 아래의 부분은 당시의 위용을 보여주고 있다.

본래 예루살렘 성전의 서쪽은 골짜기가 지나가고 있어 성전과 윗도시(Upper city)를 연결하기 위하여 헤롯은 골짜기 위를 지나는 다리를 설계하여 설치해 놓았다. 소위 '윌슨의 아치'(Wilson's arch)라 불리는 성전 서쪽 벽에서 지금까지 흔적을 찾아볼 수 있는 문은 제1차 유대 반란 기간에 로마에 의해 파괴되어 성전 안뜰을 외부로부터 고립시켜 버렸다.

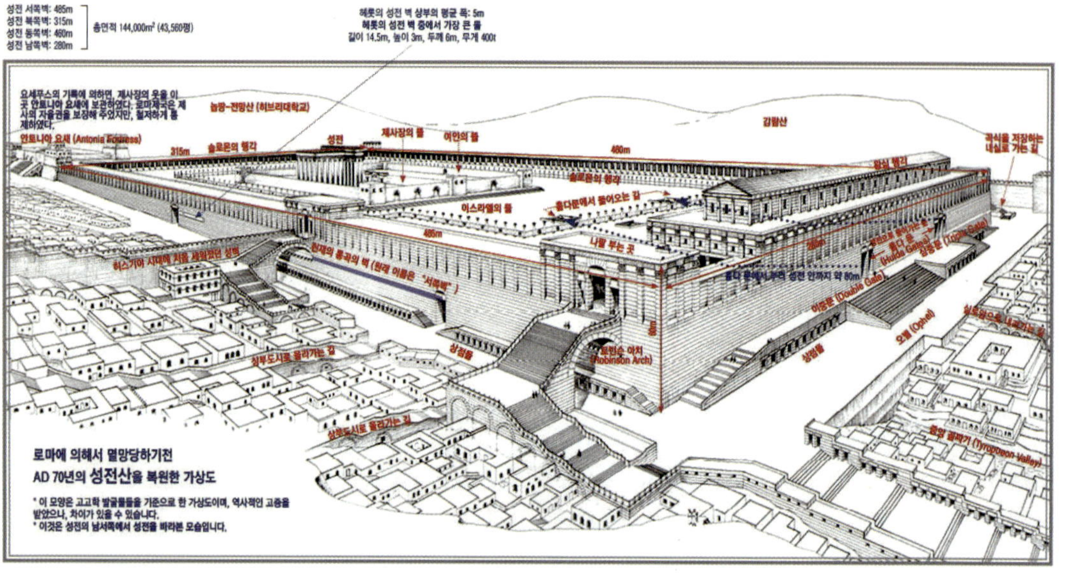

로마에 의해서 멸망당하기전
AD 70년의 **성전산**을 복원한 가상도

* 이 모형은 고고학 발굴물들을 기준으로 한 가상도이며, 역사학인 고증을 받았으나, 차이가 있을 수 있습니다.
* 이것은 성전의 남서쪽에서 성전을 바라본 모습입니다.

로마시대에는 유대인들이 들어오지 못하게 되어 있었으나, 비잔틴 시대에는 일 년에 단 한 번 성전 파괴 기념일에 방문할 수 있도록 허용되었다. 유대인들이 이날 이곳에 와서 그들 민족이 분산됨을 슬퍼하고 그들 성전이 폐허가 됨을 통곡하였기 때문에 이 벽을 통곡의 벽이라고

부르게 되었다. 이 벽은 헤롯이 BC 20년에 개축한 제2 성전 벽의 서쪽 부분이다. AD 70년쯤 로마의 티투스 장군이 제2 성전의 다른 부분은 모두 파괴하고 유독 이 벽만 남겨 놓은 이유는, 후세 사람들에게 성전을 파괴할 수 있었던 로마 군인들의 위대한 힘을 보여주기 위한 것이었다.

골짜기로부터 4m 넓이의 계단을 따라 올라가 성전으로 통하는 이 아름다운 문은 예수 그리스도께서 자주 드나드시던 문이 확실하다. 예수 그리스도께서 활동하시던 당시의 많은 유대인들이 절기 때마다 예루살렘을 찾아와 제사를 지내려 성전으로 올라갈 때 드나들던 문이었기 때문이다. 구약의 시편 120~134편에 기록된 15편의 시는 바로 '성전에 올라가는 순례자들이 부르던 노래'였다.

통곡의 벽에서 기도하는 전통 유대인들

지금까지 이곳은 유대인 최고의 기도처가 되고 있어 많은 유대인들이 기도하러 모여든다. 2천 년 동안의 방랑 생활 가운데서도 예루살렘으로의 귀향이라는 꿈을 결코 포기하지 않았던 이들의 신앙의 상징으로 남아 있다. 특히 안식일이나 절기 때가 되면 광장을 가득 메운 채 기도하는 사람들의 모습이 장관을 이룬다. 종종 성년식(Bar Mitzbah)을 행하는 춤을 추며 기도하는 소년과 그 가족들의 모습도 지켜볼 수 있다. 이곳은 다른 회당과 마찬가지로 남녀가 각각 칸막이로 나누어진 구역에서 기도한다.

1967년 6일 전쟁 때 이곳을 탈환한 유대 군인들의 감격은 2천 년 만에 예루살렘을 되찾은 유대인 전체의 감격이었다. 전 세계에 흩어져 살고 있던 이들은 2천 년 동안 예루살렘의 회복을 꿈꾸었으며, 그 2천 년 동안 행해 온 "내년에는 예루살렘에서"(Next year in Jerusalem)라는 기도가 이루어진 것이었다.

마가다락방

120명의 초대교회 성도들이 기도하다 성령 충만을 받은

예루살렘 마가다락방 내부 모습

마가의 다락방은 마가복음 14장 15절의 "그리하면 자리를 펴고 준비한 큰 다락방을 보이리니 거기서 우리를 위하여 준비하라"라는 예수님의 말씀 가운데 나오는 큰 다락방으로, 사도행전 1장 13~15절에서 "들어가 그들이 유하는 다락방으로 올라가니…모인 무리의 수가 약 백이십 명이나 되더라"라고 증거하여 120여 명이 모일 수 있는 방으로 기록되어 있다. 그리고 부활하신 예수 그리스도께서 약속하신 성령이 충만하게 임하였던 곳이다.

사도행전 2장 1~4절

1오순절 날이 이미 이르매 그들이 다 같이 한 곳에 모였더니 2홀연히 하늘로부터 급하고 강한 바람 같은
소리가 있어 그들이 앉은 온 집에 가득하며 3마치 불의 혀처럼 갈라지는 것들이 그들에게 보여 각 사람
위에 하나씩 임하여 있더니 4그들이 다 성령의 충만함을 받고 성령이 말하게 하심을 따라 다른 언어들로
말하기를 시작하니라

AD 70년에 예루살렘 성전이 무너지면서 다락방도 함께 파괴되었지만, AD 15세기에 유대인들이 다윗 왕의 무덤이 아래층에 있었기 때문에 이 건물을 매입하려고 하다 프란치스코 수도회와 분쟁이 생기면서 이슬람교도들이 양쪽 모두를 쫓아내고 다락방을 회교 사원으로 만들어 버렸다.

1571년 이후 회교 사원으로 사용되다가 현재는 이스라엘 정부에 의해 관리되고 있다. 프란치스코 수도회에서는 1936년에 이 건물 바로 옆에 교회와 수도원을 건축하여 다락방에서 일어난 일들을 기념하고 있다.

마가의 다락방은 사실은 다락방이 아니라 지붕 아래 만들어진 2층 공간이다. 아마 한국의 한옥 구조에서 이층집은 생소한 것이었기에 다락방 정도로 번역한 듯하다.

이 다락방은 예수 그리스도께서 잡히기 전 제자들과 함께 최후의 유월절 만찬을 나눈 장소로 2층의 큰 방이다(막 14:15; 행 12:12).

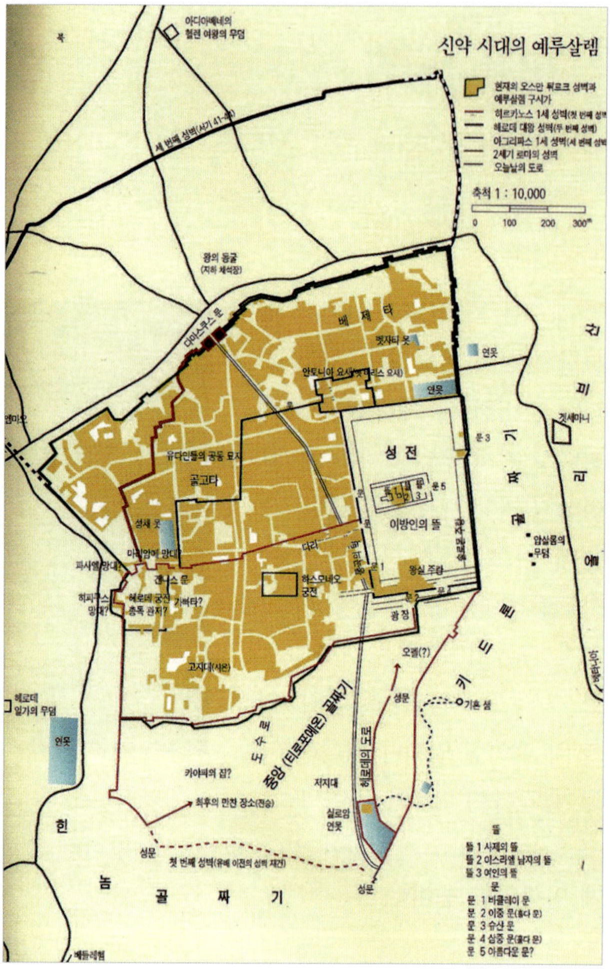

마가복음 14장 12~16절

12무교절의 첫날 곧 유월절 양 잡는 날에 제자들이 예수께 여짜오되 우리가 어디로 가서 선생님께서 유월절 음식을 잡수시게 준비하기를 원하시나이까 하매 13예수께서 제자 중의 둘을 보내시며 이르시되 성내로 들어가라 그리하면 물 한 동이를 가지고 가는 사람을 만나리니 그를 따라가서 14어디든지 그가 들어가는 그 집 주인에게 이르되 선생님의 말씀이 내가 내 제자들과 함께 유월절 음식을 먹을 나의 객실이 어디 있느냐 하시더라 하라 15그리하면 자리를 펴고 준비한 큰 다락방을 보이리니 거기서 우리를 위하여 준비하라 하시니 16제자들이 나가 성내로 들어가서 예수께서 하시던 말씀대로 만나 유월절 음식을 준비하니라

사도행전 12장 12절

깨닫고 마가라 하는 요한의 어머니 마리아의 집에 가니 여러 사람이 거기에 모여 기도하고 있더라

마가의 다락방 건물은 비잔틴 시대에 최후의 만찬을 기념하기 위해 세워졌다. 하지만 그때의 건물은 폐허가 되었고, 그 후 1333년 프란치스코 수도회에서 고딕식 건축양식을 한 기념건물을 지었는데 이 건물이 오늘날 우리가 방문하는 곳이다.

예수 그리스도께서는 이곳에서 저녁을 드시던 자리에서 일어나 겉옷을 벗고 수건을 가져다 허리에 두르고, 직접 대야에 물을 담아 제자의 발을 씻으시고 그 두르신 수건으로 발을 닦아주셨다.

요한복음 13장 4~15절

4저녁 잡수시던 자리에서 일어나 겉옷을 벗고 수건을 가져다가 허리에 두르시고 5이에 대야에 물을 떠
서 제자들의 발을 씻으시고 그 두르신 수건으로 닦기를 시작하여 6시몬 베드로에게 이르시니 베드로가
이르되 주여 주께서 내 발을 씻으시나이까 7예수께서 대답하여 이르시되 내가 하는 것을 네가 지금은
알지 못하나 이후에는 알리라 8베드로가 이르되 내 발을 절대로 씻지 못하시리이다 예수께서 대답하시
되 내가 너를 씻어주지 아니하면 네가 나와 상관이 없느니라 9시몬 베드로가 이르되 주여 내 발뿐 아니
라 손과 머리도 씻어주옵소서 10예수께서 이르시되 이미 목욕한 자는 발밖에 씻을 필요가 없느니라 온
몸이 깨끗하니라 너희가 깨끗하나 다는 아니니라 하시니 11이는 자기를 팔 자가 누구인지 아심이라 그러
므로 다는 깨끗하지 아니하다 하시니라 12그들의 발을 씻으신 후에 옷을 입으시고 다시 앉아 그들에게
이르시되 내가 너희에게 행한 것을 너희가 아느냐 13너희가 나를 선생이라 또는 주라 하니 너희 말이 옳
도다 내가 그러하다 14내가 주와 또는 선생이 되어 너희 발을 씻었으니 너희도 서로 발을 씻어주는 것이
옳으니라 15내가 너희에게 행한 것같이 너희도 행하게 하려 하여 본을 보였노라

그러면서 "내가 주가 되어 너희의 발을 씻어준 것처럼 너희 역시 본을 받아 그렇게 행하라" 하고 말씀하신 장소였다. 예수 그리스도께서 겸손과 제자들에 대한 지극한 사랑을 보여주셨던 곳이다.

마가다락방 내부 모습

기혼샘(The Spring of Gihon)

예루살렘성 기드론골짜기에 있는 기혼샘 입구

기혼샘은 다윗성, 곧 예루살렘의 주요 수원(water source)이었다. 이는 예루살렘의 동쪽, 곧 기드론골짜기에 있으며, 밀로 아래쪽이라고 보아도 무방할 것이다. 다윗이 예루살렘을 정복하기 전, 여부스 족속이 시온 산성에 있을 때도 기혼샘은 그들의 주요 수원이었다.

기혼샘은 간헐천이어서 건기인 여름에는 하루에 두 번 정도, 우기인 겨울에는 하루에 네댓 번 정도 솟아올라 물을 기드론골짜기로 흘려보내서 1년 내내 예루살렘에 신선한 물을 공급했다. 오늘날도 히스기야 수로를 통해서 흐르는 신선한 기혼샘의 물을 확인할 수 있다. 이에 예루살렘에 정착하는 족속들은 물을 안정적으로 공급받기 위해서 기혼샘에 수조처럼 물을 저장할 수 있는 시설을 마련했다.

성경은 다윗이 온 이스라엘의 왕으로 옹립된 후 여부스 족속이 정착하고 있던 예루살렘을 정복할 때 "물 긷는 데", 곧 수로를 이용해 산성 안으로 침입했다고 전한다(삼하 5:8). 여부스 족속은 기혼샘의 물이 모이는 수로에 물동이를 넣어서 물을 길었을 것이다. 이 수로는 아마도 수직 갱도로, 대부분의 학자들은 이 수직 갱도가 워렌의 수갱(Warren's Shaft)이라고 본다. 그러나 최근 라이흐(Reich)와 슈크론(Shukron)이란 학자는 다윗 시대에 워렌의 수갱이 물이 흘러가는 수로로 사용된 적이 없다고 주장한다. 이들은 1995년에 새로운 것들을 발굴하면서 BC 18세기의 가나안 족속들도 기혼샘 주변을 요새화하고 바위를 깎은 웅덩이를 만들었다고 말한다.

이스라엘이 예루살렘을 정복했던 초기에는 기혼샘에서 흘러나온 물이 예루살렘 성벽 바깥에 모였을 것이다. 성경은 이렇게 물이 모인 곳을 "윗못"(사 7:3)이라고 말한다. 이 윗못에서 수로를 통해서 예루살렘성 남쪽에 있는 "옛 못"(사 22:11), 곧 일종의 저수지로 물을 끌어왔다. 성경시대에는 이를 실로아 수로라고 불렀다(사 8:6).

제사장 사독과 선지자 나단은 이 기혼샘에서 솔로몬에게 기름을 부어 왕으로 세웠으며(왕상 1:38, 43), 유다 왕 히스기야는 앗수르 산헤립의 공격에 대비해 이 기혼샘에서 실로암 연못으로 이어지는 일명 '히스기야 수로'를 파서 안전하게 물을 확보함으로 장기전에 대비했다(대하 32:30).

역대하 32장 30절

이 히스기야가 또 기혼의 윗샘물을 막아 그 아래로부터 다윗성 서쪽으로 곧게 끌어들였으니 히스기야가 그의 모든 일에 형통하였더라

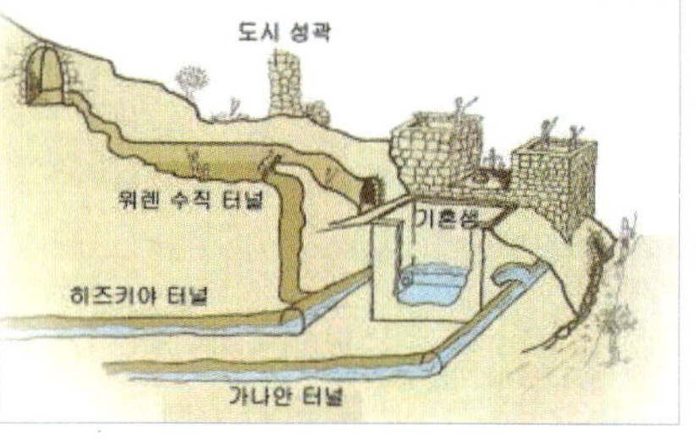

오늘날 기혼샘을 가려면 다윗성을 방문해서 먼저 밀로로 내려가야 한다. 가다 보면 '워렌의 수갱'이라는 이정표를 보게 되는데, 이 이정표를 따라가면 '워렌의 수갱' 입구 회전문을 만나게 된다. 그 문을 지나 지하 갱도를 내려가다 보면 '워렌의 수갱'을 만나게 되고, 기혼샘에 이르게 된다.

히스기야 왕이 기혼샘에서 물을 끌어들이는 히스기야 수로를 만든 것처럼, 고대 유내 왕들은 예루살렘의 주요 수원인 기혼샘을 안전하게 지키기 위해서 망루(guard tower)를 세웠다. 그래서 이곳에서 망루의 흔적을 볼 수 있다. 철제 계단 아래로 내려가면 히스기야의 수로에 이르게 되고, 533m쯤 가게 되면 예루살렘성 안에 있는 실로암 연못을 만나게 된다.

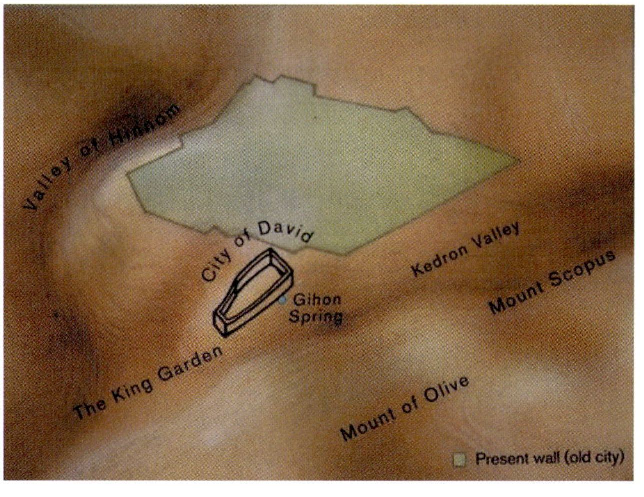

히스기야의 수로 터널 (Hezekiah's Water Tunnel)

히스기야는 BC 716년에 남왕국 유다의 제13대 왕에 올랐다. 당시는 앗수르 제국이 중근동을 장악하여 수탈과 침략으로 번영을 누렸다. 고대 시리아는 앗수르에게 BC 732년에, 북왕국 이스라엘은 BC 722년에 정복당했다. 히스기야 왕의 주된 관심사는 남왕국 유다가 악랄한 앗수르 제국과 맞서 생존할 수 있을지에 집중되었다.

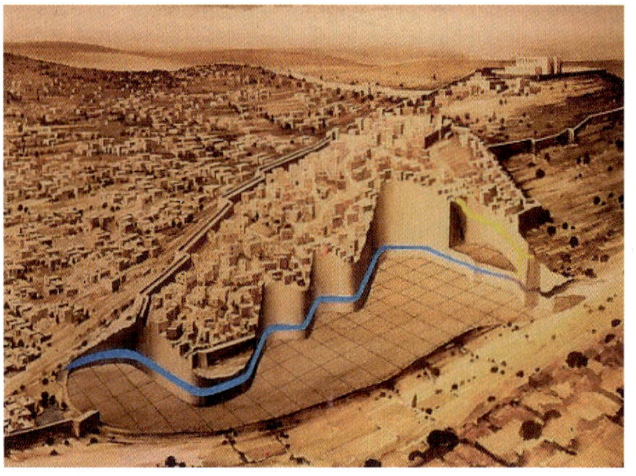
히스기야 터널 단면도

히스기야는 다윗 왕이 BC 1000년경에 수도로 정한 예루살렘에 거했다. 그 도시는 다윗이 점령하기 2천 년 전에 이미 시온산의 가파른 경사 위에 세워져 있었다. 시온산의 주위는 험난한 산과 언덕들로 둘러싸여 있으며 동, 남, 서 세 방향으로는 깊은 절벽으로 주위 계곡과 분리되어 있었다. 이런 험준한 지세 위에 견고한 성벽으로 지어진 예루살렘이었기에 가나안 족속이 "맹인과 다리 저는 자라도"(삼하 5:6) 외적을 방어할 수 있다고 큰소리칠 만했다. 이스라엘이 가나안 정복 시 이곳을 최후에 함락시켰다는 사실은 그것이 단순한 과장은 아니었음을 입증한다.

그러나 예루살렘이 결코 난공불락이 아닌 것은, 작은 약점 하나로 물 문제가 있었기 때문이다. 예루살렘성 밖은 시온산 동남쪽 자락에 있는 기혼에서 샘이 솟아 물이 풍부했다. 그러나 문제는 예루살렘성 안에는 물의 근원이 없다는 것이었다.

그래서 가나안 여부스 족속이 이 도시를 처음 지을 때 몹시 어려운 군사적 결정을 해야 했다. 성벽을 산꼭대기에 건설하여 침략군이 가파른 산턱을 올라올 때 수비군의 창과 화살 세례를 피할 수 없게 만드는 것이 최우선 방안이지만, 그러면 문제는 물의 공급처가 성벽 밖에 위치하게 된다는 것이었다. 반면에 만약 원활한 물 공급을 위해 성벽을 산 아래에 건설하면 적군의 침공이 쉬워질 수밖에 없었다.

그래서 결국 둘을 조화시키는 결론을 내렸다. 우선 성벽은 시온 산등성이에 짓기로 했다.

대신에 단단한 바위를 뚫어 기혼샘의 바로 윗부분까지 닿는 터널을 성벽에서부터 성 밖으로 약 30m 길이로 파기로 했다. 또 거기서 샘물까지 4층 건물 높이의 수직 갱도를 파 내려갔다. 이렇게 성안에서 수원을 확보하면서 성벽은 산꼭대기에 지었다. 이 터널과 수직 갱도를 찰스 워렌(Charles Warren)이 발견해 '워렌 갱도'(Warren Shaft)라고 부른다.

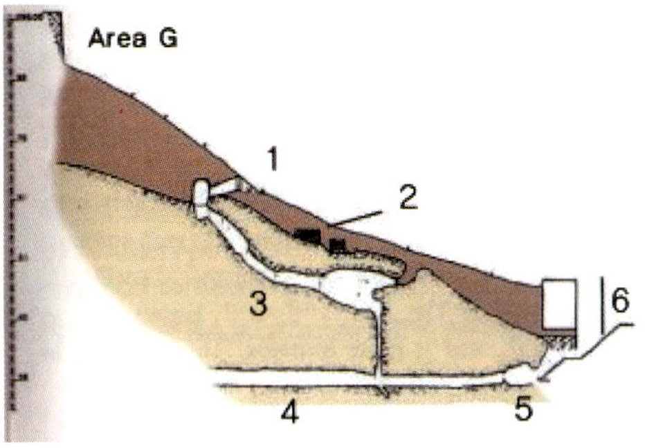

1. 입구 2. 기원전 18세기 도시 성곽 3. 워렌 수직 통로 4. 히스기야 터널 5. 가나안 터널 6. 기드론골짜기

그러나 여부스 족속은 이런 예루살렘 성채의 견고함을 너무 과신한 나머지 다윗과 그 부하 요압이 수구로 침공해 오리라 전혀 예상하지 못했다.

사무엘하 5장 8절("누구든지 여부스 사람을 치거든 물 긷는 데로 올라가서")에서 언급한 "물 긷는 데"란 바로 이 워렌 수직 갱도(높이 약 12m)를 의미하는 것으로 본다. 요압 군대는 여부스 족속의 수자원 보호 및 성벽 방어 비밀 시스템인 터널을 이용해 예루살렘을 정복한 셈이다.

다윗이 죽고 난 후 수백 년이 지나 히스기야 왕은 물 문제를 가지고 다시 씨름해야 했다. 우선 다윗 시절보다 도시가 많이 커졌다. 앗수르에게 북왕국 이스라엘이 멸망하는 바람에 피난민이 예루살렘으로 몰렸다. 산꼭대기 성벽에 싸인 도시로는 그 많은 사람을 다 수용할 수 없었다. 필연적으로 시온산 서쪽에 사람들이 거주하게 되었고, 점차 그곳마저 찰 정도로 인구가 불었다. 히스기야는 예상되는 앗수르의 공격으로부터 백성들을 보호하기 위해 성벽을 그곳까지 연장할 수밖에 없었다.

히스기야는 이 서쪽 계곡과 산 언덕 전체를 두르는 성벽을 약 5m 두께로 쌓았는데 후에 이 성벽의 일부가 발굴되었다. 따라서 예루살렘성은 두 언덕과 그것을 가로지르는 계곡으로 이뤄지게 되었다. 그러나 기혼샘이 동쪽 성벽의 외곽에 위치해 물 공급이 여전히 문젯거리였다.

이 물 문제를 해결하기 위해서 히스기야가 예루살렘에서 가장 야심 찬 토목공사를 시작한 것이 바로 역사에 길이 남은 '히스기야 수로'였다. 힌놈계곡 가운데 실로암 저수지를 만들고 기혼샘에서 예루살렘성 밑을 통과해 그 못에 이르는 백운석의 수로 터널을 뚫었다. 직선거리 약 320m, 수로 총길이 530m(1,200규빗)를 통해 성안으로 물을 안전하게 공급하였다.

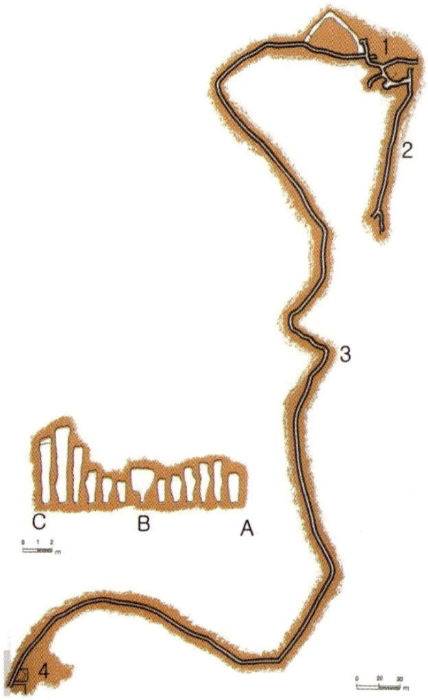

히스기야 터널 도면
1. 히스기야 터널 입구
2. 가나안 터널
3. 양쪽에서 터널을 파 나오다 중간에서 만난 지점
4. 실로암 연못

A, B, C는 히스기야 터널의 부분 단면도(입구 쪽에서부터 출구까지 여러 곳에서의 단면도를 보여준다. 입구 쪽보다 출구 쪽이 상당히 높음을 알 수 있다. A는 히스기야 터널의 입구 쪽인 북쪽이며, B는 중간에서 만난 지점, C는 실로암 연못 쪽인 남쪽 부분이다).

히스기야 터널 내부 모습

이와 관련된 기록이 성경 세 곳(왕하 20:20; 대하 32:2~4, 30)에 있다. 특별히 역대하 32장 30절의 내용은 실로암 터널 벽에 기록된 비문과 일치하고 있다. 그 비문은 인부들이 동서 양쪽에서 작업하여 터널 중앙에서 만나게 된 상황을, "인부들은 서로를(소리 나는 곳을) 향해 두드렸고 징이 쪼는 곳을 향해 쪼았다. 그러자 물이 관통했다"라고 기록하고 있다.

당시의 원시적 장비와 기술을 고려하면 히스기야의 수로는 고대 토목공사로선 괄목할 만한 것이었다. 시온산 밑의 매우 견고한 백운석 사이로 약 530m나 되는 긴 터널을 뚫었다. 수로 바닥은 평평하되 실로암못까지 거의 감지 못할 정도의 내리막 경사로 이어졌다. 터널의 넓이는 평균 약 1m, 높이는 적게는 1.5m에서 많게는 약 5m, 흐르는 물의 깊이는 약 1.2m였다. 터널은 한 사람이 횃불을 들고 충분히 통과할 정도의 크기였다. 약 2,700년이 지난 지금도 아무 문제

없이 기혼에서 실로암까지 물이 흐를 정도로 그 기술이 정교했다.

히스기야 터널 비문

예루살렘성이 그 후로 물이 부족하여 함락된 적이 없었다는 사실이 히스기야의 통찰력을 입증해 준다. 예루살렘성은 그 강력한 앗수르 군대의 총공세 앞에 함락되지 않은 몇 안 되는 도시 중의 하나였다(왕하 18:13~19:37; 사 36~37장). 그 후에 비록 바벨론(BC 587/586), 로마(AD 70), 십자군(AD 1099)에게 함락은 되었지만, 세 번 다 포위 전략(물이 부족하게 하는)은 번번이 실패했다. 예루살렘은 오로지 백병전에 의한 처참한 살육으로만 무너졌다.

히스기야는 예루살렘성에 영원히 마르지 않는 생명수의 전실을 세웠다.

히스기야 터널 발굴 역사

BC 701년 봄 앗수르의 산헤립 왕은 맹렬한 기세로 남왕국 유다를 공격했다. 이미 남왕국 유다의 남쪽 중요한 국경 요새 라기스를 함락시키고 유다의 수도인 예루살렘성으로 올라오고 있었다.

이런 다급한 상황을 구약성경 역대하 32장 2~3절에서는 다음과 같이 전하고 있다. "히스기야가 산헤립이 예루살렘을 치러 온 것을 보고 그의 방백들과 용사들과 더불어 의논하고 성 밖의 모든 물 근원을 막고자 하매 그들이 돕더라." 왕의 명령이 떨어지기가 무섭게 곧 유다의 공병대가 바위굴을 파기 시작했다.

앗수르 대군이 예루살렘을 포위하면 성 밖의 수원지인 기혼샘을 이용할 수 없어서 그곳에서부터 지하 터널을 파서 성안의 실로암못으로 물을 끌어들이기 위한 것이었다. 대규모 터널 공사는 오늘날과 마찬가지로 양쪽에서 뚫는 것으로 시작했다. 두 사람이 한꺼번에 작업하기도 힘든 폭 1m 정도의 좁은 공간에서 횃불의 그을음과 사방으로 튀는 돌가루를 뒤집어쓴 채 청동제 도끼로 바위를 쪼는 굴착작업은 예루살렘을 향해 치닫고 있는 앗수르 군대의 진격 속도와 겨루는 또 다른 전쟁이었다.

기혼샘에서부터 좁은 터널을 따라 실로암까지 탐사한 최초의 인물은 미국의 성서지리학자 로빈슨이었다. 그는 1838년에 이 터널을 발굴하고 탐사하였는데 2,500년의 세월 동안 퇴적된 바닥의 진흙층 때문에 거의 기다시피 하여 긴 터널을 빠져나올 수 있었다. 그로부터 약 30년 후 영국의 워렌도 '히스기야 터널'을 처음부터 끝까지 탐사하는 데 성공했다. 더욱이 그는 기혼샘 근처에서 수직으로 12m나 위로 올라가는 통로를 발견하고는 다윗의 부하인 요압이 몰래 성안으로 들어갔다는 "물 긷는 데"(삼하 5:8)로 해석하기도 했다.

히스기야 터널 발굴 현장에서 나온 유물들

그 후 히스기야 터널의 마지막 비밀은 1880년에야 밝혀졌다. 그해 여름 어느 날, 예루살렘 실로암 마을의 팔레스타인 아이들은 여느 때와 마찬가지로 실로암못에서 물놀이하면서 더위를 식히고 있었다. 그중 한 아이가 물이 흘러나오는 지하 터널 안으로 들어갔다. 6m 정도 들어갔을 때 그 아이는 터널 입구에서 들어오는 빛으로 벽의 글씨를 볼 수 있었다. 소문은 금방 퍼져나갔고, 당시 예루살렘에서 활동하던 영국의 콘더(C. R. Conder)와 세이스(A. H. Sayce), 독일의 구테(H. Guthe) 등 고고학자들은 모두 경쟁적으로 이 비문 해독에 매달렸다. 탁본조차 구하기 힘들었던 '메사 석비'와 비교해 볼 때 언제든지 현장에서 비문을 확인할 수 있었고, 고대 히브리어 비문이 예루살렘에서 역사상 처음으로 발견되었기 때문이다.

모두 여섯 줄로 200자가 기록된 실로암 비문은 마치 오늘날의 신문 기사처럼 지하 터널 개통 당시의 분위기를 생동감 있게 표현하고 있다. "3규빗(1.3m)쯤 남았을 때 반대편에서 상대방을 부르는 목소리가 들렸다. 터널이 뚫렸을 때 동료를 얼싸안고 도끼를 서로 부딪쳤다. 물은 샘으로부터 1천2백 규빗(530m)을 흘러나왔다."

히스기야 터널은 고대 이스라엘 토목공학의 진수를 보여주는 난공사였다. 길이 530m인 지하 터널의 기울기는 0.06%, 즉 양쪽의 고저 차이가 고작 32cm였다. 여기서 한 가지 의문이 생긴다. 기혼샘에서부터 실로암못까지는 직선거리로 320m이다. 그런데 왜 적이 쳐들어오는 긴박한 상황에서 당시 유대인들은 구불구불하게 530m나 되는 긴 터널을 팠을까? 지금까지 많은 고고학자가 이 문제를 풀어보려고 노력했다.

그중 가장 타당한 설명이 바로 터널의 지상 부분에 있을 것으로 짐작되는 유다 왕들의 무덤을 피하기 위해서라는 것이다. 하지만 1978년부터 다윗성에 대한 본격적인 발굴을 시도할 때, 지질학자인 단 길(Dan Gill)은 정밀 조사 끝에 이 터널 지역이 원래 4만 년 전부터 형성된 바위 틈새로 이어져 있었음을 밝혀냈다. 즉, 히스기야의 공병대원들은 단순히 물이 흐르는 기존의 바위 틈새를 따라 팠기 때문에 구불거리는 수로를 따라간 것이다. 그래서 당연히 양쪽이 도중에 만날 수밖에 없었다는 것이다. 예루살렘을 포위하였던 앗수르의 산헤립 왕은 쿠데타 소문을 듣고 급히 본국으로 군대를 철수하기 시작했고, 이사야의 예언(사 37:7)대로 칼에 맞아 죽고 말았다.

어떤 학자들은 6개월 동안 비가 오지 않는 건기에만 성을 포위하던 당시 전술에 비추어 볼 때 히스기야 터널 때문에 예루살렘이 충분히 버틸 수 있었다고 주장하기도 한다. 아무튼 성서고고학사에서 히스기야 터널과 실로암 비문의 발견은 성서학, 고고학, 비문학, 앗수르학, 지질학, 수리학, 토목공학 등의 전문적인 지식들이 총동원된 학계 간 연구의 좋은 본보기로 기록된다.

한편 실로암 비문이 발견된 지 10년이 지난 1890년, 예루살렘에 거주하던 한 그리스인이 어느 날 밤 아무도 몰래 혼자 연장을 갖고 히스기야 터널로 들어가 이 비문을 떼어냈다. 이 과정에서 비문의 작은 조각들이 바닥의 물속으로 사라졌다.

이 도굴꾼은 예루살렘의 한 골동품 상점에 비문 조각들을 팔아넘겼고, 소문을 접한 오스만 튀르크 당국은 이 유물을 압수했다. 스위스 출신으로 당시 예루살렘에서 탐사와 발굴 활동을 하던 콘라드 시크(Conrad Schick)는 곧바로 이 비문의 모형을 완성했지만, 비문 자체는 이스탄불의 제국박물관으로 운송됐다. 지난 1996년 '다윗의 예루살렘 정도 3천 주년'을 맞아 실로암 비문의 이스라엘 반환을 요구하는 목소리들이 커지기 시작했다.

BC 701년 기록된 구약시대의 고대 히브리어 기록 중 가장 긴 문장인 실로암 비문이 원래의 자리로 돌아와야 하는 것은 당연한 이치이다.

히스기야 터널에서 발견된 비문

예루살렘성과 실로암 연못

감람산(Mount of Olives)

예루살렘에서 바라본 감람산 주변 전경

감람산은 예루살렘 동쪽, 기드론골짜기 건너편에 있는 해발 830m의 산이다. 4km를 남북으로 가로지르는 감람산은 4개의 봉우리를 가진 산마루 지역이다. 예루살렘에서 감람산까지는 안식일에 다닐 만한 거리인 1km쯤 떨어져 있다(행 1:12). 이스라엘 백성들은 감람산을 '하르 하제팀'이라고 하는데 '올리브 나무들의 산'이란 뜻이다. 감람나무(Olive Tree)들이 많았기 때문에 감람산이란 이름이 붙여졌다. 예수 그리스도께서 활동하시던 당시에는 나무가 우거졌으나 AD 1세기경에 숲이 망가졌다고 한다.

이 산은 예루살렘성보다 약 90m 정도 높아서 예루살렘성 전체를 한눈에 내려다볼 수 있다. 지금도 감람산 전망대에서 예루살렘성을 바라보면 황금문과 이슬람 황금 돔 사원이 정면으로 내려다보인다. 감람산은 지리적으로 북쪽과 동쪽으로부터 예루살렘으로 불어오는 바람을 막아주기도 하고, 지중해의 바람과 광야의 뜨거운 바람이 만나 비나 이슬을 만들어주는 역할도 한다.

우리 문화와 달리 이들은 산마루에 건물을 짓고 살기 때문에 예루살렘이나 감람산도 언뜻 보기에는 산이라는 느낌보다는 그냥 시가지같이 보이지만 틀림없는 산등성이이다. 성전이 보이는 전망대 밑에는 여호사밧 언덕이 있는데 그곳에는 수많은 석관 무덤들이 안장되어 있다.

감람산에서 바라본 예루살렘성과 기드론골짜기

유대인들은 메시아가 재림하실 때 감람산으로 와서 기드론골짜기를 지나 예루살렘으로 입성하는 날 부활하여 의로운 자는 함께 성전으로 입성하고, 불의한 자는 기드론골짜기에 던짐을 받는다고 믿고 있으므로 성전 가까운 곳에 무덤을 만들어 온 것이다(겔 11:23).

감람산 동쪽으로는 베다니와 벳바게라는 동네가 있는데 지금은 아랍 사람들이 살고 있다. 베다니에는 나사로의 무덤이 있고, 벳바게는 예수 그리스도께서 어린 나귀를 타고 예루살렘에 입성하신 곳으로 기념교회가 세워져 있다. 그리고 감람산 북쪽 기드론골짜기 건너편에 겟세마네라고 하는 작은 동산이 있는데 예수 그리스도께서 제자들과 함께 가끔 들르시던 곳이며(눅 21:37), 예수 그리스도께서 십자가에 달리시기 전 땀방울이 핏방울 떨어지듯이 기도하신 후에 체포되셨던 곳이다.

1919년에 예수님이 기도하셨던 바위 위에 기념교회를 건립했는데, 그 옆 정원에는 수령이 2,000년 이상 된 늙은 감람나무들이 서 있다. 겟세마네 만국기념교회 뒤에는 막달라 마리아 기념교회가 러시아풍의 양파 모양의 황금색으로 세워져 있다. 이 교회는 19세기 말 제정 러시아 황제가 그의 모친을 추모하여 건축한 교회라고 한다.

감람산 중턱 예루살렘으로 내려가는 길목에는 물방울 형태의 눈물교회가 있는데, 예수 그리스도께서 예루살렘성을 바라보시면서 눈물을 흘리셨던 곳에 흘리신 눈물을 상징하여 눈물방울처럼 만들었다고 한다.

감람산 만국기념교회 전경

감람산 중턱에 세워진 눈물교회

누가복음 19장 41~42절

41가까이 오사 성을 보시고 우시며 42이르시되 너도 오늘 평화에 관한 일을 알았더라면 좋을 뻔하였거
니와 지금 네 눈에 숨겨졌도다

감람산 정상에는 예수 그리스도께서 승천하셨다고 하는 곳(눅 24:50~51; 행 1:9)에 팔각형의 기념교회가 있다. 지금은 아랍인들이 장악하고 있지만, 승천 기념일 하루만은 예배가 허락되고 있다.

승천기념교회에서 조금 내려오면 예수 그리스도께서 제자들에게 주기도문을 가르치시고 종말 설교를 하셨다는 곳(마 24장; 막 13장; 눅 21장)에 주기도문기념교회가 세워져 있다. 그 건물 벽에는 세계 80여 개 언어로 번역된 주기도문을 새겨 놓았는데 한국어 주기도문도 있다.

감람산은 다윗이 압살롬의 반역을 피하여 도망가다가 하나님께 경배했던 곳이기도 하며(삼하 15:30~32), 솔로몬의 산당이 있던 곳이기도 하다(왕상 11:7~8; 왕하 23:13, '멸망의 산').

겟세마네에서 바라본 기드론골짜기

예수 그리스도께서는 예루살렘 입성 후에 감람산을 자주 찾아와서 묵상하고 기도하셨다. 또 이곳에서 주기도문을 가르치셨으며, 예루살렘의 멸망과 종말을 예언하셨고, 부활 후에 이 산에서 승천하셨다(행 1:8~12). 이로써 예수 그리스도께서 요단강에서 침례 받으시고 갈릴리에서 시작하신 사역이 예루살렘 동편 감람산에서 마무리되었다.

주기도문교회

이 교회는 예수 그리스도께서 제자들에게 주기도문을 가르치시고, 예루살렘의 파괴를 예언하시고, 재림과 세상의 종말에 대해 말씀하셨던 장소에 세워졌다(마 24:1~3; 눅 21:5~7).

아름다운 건물로써 베들레헴의 예수 그리스도의 탄생 장소와 예루살렘의 예수 무덤을 기념했던 콘스탄틴 황제는 이 감람산 정상에 예수 그리스도의 예언과 재림에 관한 말씀을 기념하기 위하여 이 교회를 지었다. 그러나 614년에 페르시아군에 의해 파괴되고, 12세기에 다시 십자군에 의해 재건되었다가, 십자군 패배 후 교회는 다시 파괴되고 모슬렘들에게 점령되었다.

1868년에 아우렐리아(Aurelie de Bossi Princesse de la Tour d'Auvercne) 공주가 이 땅을 매입해서 프랑스에 기증했다. 1875년 공주는 갈멜(Garmel) 수녀들을 위한 수녀원을 지었다. 교회의 복도 벽에는 약 80개국의 언어로 주기도문이 새겨져 있다. 공주는 이곳에 묻혀 있다. 1910~1911년에 초대교회의 유적들이 발굴되었다.

초대교회 유적과 세계 각국의 주기도문들

벳바게

'벳바게'는 '무화과나무의 집' 또는 '무화과나무의 밭'이란 뜻이다. 현재 벳바게는 감람산 정상에서 동쪽 베다니 쪽으로 10분 정도 걷게 되면 닿을 수 있다. 벳바게에는 4세기와 십자군 시대 때 교회가 있었고, 현재의 교회는 1883년 프란치스칸 교회에서 건축한 것이다. 이곳 벳바게는 예수 그리스도께서 예루살렘성에 입성하실 때 나귀를 타고 출발하신 장소이며, 또한 나사로가 죽은 베다니로 가실 때 마르다와 마리아가 마중 나왔던 곳이다.

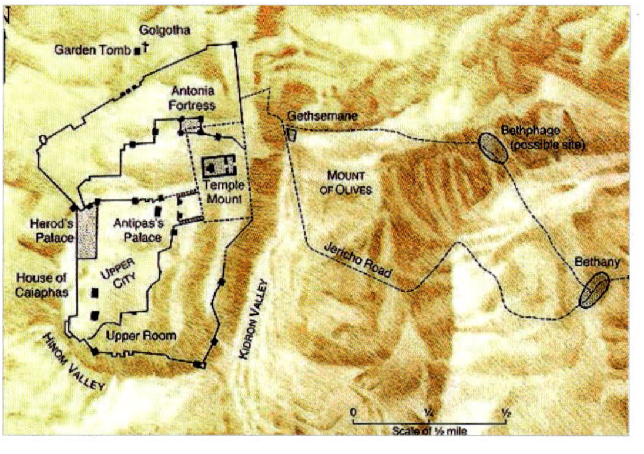

예루살렘과 베다니의 중간인 이곳 벳바게는 순례객들이 비교적 없어 매우 한산하며, 교회 문도 늘 잠겨 있다. 아랍인 지역에 있고, 담에는 낙서가 있어 지저분하고 문도 잠겨 있어 애써서 찾아온 것에 비해 다소 실망스럽더라도 일단 교회 안으로 들어서면 벽에 있는 나사로의 부활 모습, 예수 그리스도의 예루살렘 입성 모습, 그리고 입성 행렬의 그림이 꽤 흥미롭다. 교회 안 제단 옆에 크기가 1m 정도 되는 큰 바위가 있는데, 전해 내려오는 이야기에 의하면 예수 그리스도께서 나귀를 타실 때 디뎠던 바위라고 한다.

현재에도 종려주일이면 경찰들의 호위와 보호를 받으며 수천 명의 군중이 참여한 가운데 종려주일 행진이 이곳에서 시작된다. 이 행진은 일찍이 4세기 때부터 시작된 오래된 전통이다.

베다니(Bethany)

예루살렘에서 감람산을 넘어 감람산 동쪽 기슭에 있는 마을이다. 현재 베다니에 사는 사람들은 거의가 1948년 이후에 정착한 아랍 사람들이며, 대부분이 가까운 예루살렘에서 일하고 있다. 신약성경에 의하면 베다니는 침례 요한이 침례를 베풀던 요단강 건너편 지역으로 침례 요한이 예수 그리스도를 증거한 곳이며(요 1:28), 특히 예수 그리스도께 사랑받던 마리아와 마르다, 그리고 나사로의 고향으로서 이곳에서 예수 그리스도께서는 죽은 나사로를 살리는 이적을 행하셨다.

요한복음 11장 43~44절을 읽어보자.

요한복음 11장 43~44절

43 이 말씀을 하시고 큰 소리로 나사로야 나오라 부르시니 44 죽은 자가 수족을 베로 동인 채로 나오는데
그 얼굴은 수건에 싸였더라 예수께서 이르시되 풀어 놓아 다니게 하라 하시니라

나사로의 무덤을 중심으로 생긴 마을로서 아랍어로는 '엘 아자리에'(el-Azariye)라고 불리고 있다. 이는 곧 '나사로의 고향'이란 뜻을 지닌 라틴어 '라자리온'과 흡사한 호칭이라 할 수 있다.

베다니는 예루살렘에서 동쪽으로 2.6km 떨어져 있는 마을이자, 현재는 팔레스타인 지역 도시로 다음과 같은 성지가 있다.

곧, 이곳은 예수 그리스도의 숙박 장소이고(마 21:17), 예수 그리스도께서 예루살렘 입성을 시작하신 곳이며(막 11:1~11), 나사로가 죽었다가 다시 살아난 곳이다(요 11:1~44). 마르다와 마리아, 나사로가 살던 곳에 기념교회와 나사로의 무덤이 있다.

전에는 감람산에서 바로 갈 수 있었는데 지금은 장벽이 세워져서 한참을 돌아서 가야 한다. 그래서 예루살렘에서 여리고로 내려가는 길로 가다가 첫 번째 오른쪽으로 들어가는 길, 말레아두밈, 유대인 정착 도시로 가는 길로 들어서서 올라가다가, 말레아두밈 들어가는 길에서 오른쪽으로 다시 들어서 계속 가면 바로 아랍 지역인 아부디스 마을이 나오고, 거의 마지막 부분에 교회가 있다.

베다니 나사로 교회(Franciscan Church of St. Lazarus)

나사로의 무덤을 나와 밑으로 20m 정도 내려가면 은색 둥근 지붕의 프란치스칸 교회가 있다. 나사로 교회는 AD 4세기와 6세기에 있었으며, 이때의 유적을 교회 뜰과 교회 안의 모자이크 바닥에서 볼 수 있다. 지금의 교회는 1954년 이탈리아의 건축가 발루지(Barluzzi)에 의해서 세워졌는데, 발루지는 이 외에도 많은 교회를 성지에 건축한 유명한 건축가이다.

교회의 전체 구조는 가운데 둥근 지붕을 중심으로 십자가 모양을 하고 있다. 교회 앞 정면에는 장식된 모자이크가 있고, 좌측에 종탑이 있다. 둥근 지붕 안에는 비둘기를 모자이크한 48개의 금도금한 접시가 장식되어 있다. 교회 안에는 북쪽과 남쪽에 두 개의 제단이 있는데, 관의 모양을 한 돌에는 나사로의 죽음과 부활의 장면이 조각되어 있다.

그리고 윗벽에는 무덤에서 나오는 나사로의 모습, 예수 그리스도를 맞이하는 마리아와 마르다, 예수 그리스도의 발 아래서 말씀을 듣는 마리아, 그리고 예수 그리스도의 머리에 기름을 붓는 여자의 모습이 네 벽에 모자이크로 그려져 있다. 교회 앞 뜰에는 1964년에 이곳을 방문한 교황 피우스 6세(Pope Pius VI)를 기념해서 세운 동상이 있다. 교회를 나와서 다시 나사로 무덤을 지나 언덕으로 올라가면 좌측에 1965년에 십사군 시내의 교회터 위에 세워진 그리스 정교회 소속 나사로 교회가 있고, 골목을 끼고 맞은편에는 교회와 고아원이 있다. 그리고 골목을 따라 들어가면 우뚝 솟은 십자군 시대의 탑이 있다.

나사로의 무덤 위에 두 교회가 서 있다. 첫 번째 교회는 지진으로 무너지고, 두 번째 교회는 614년 페르시아군에 의해 파괴되었다. 12세기에 십자군들이 세 번째 교회를 세웠다. 라틴 왕국의 멸망 후 모슬렘들이 이 성소를 차지하였다. 19세기에 와서 겨우 프란치스칸들이 이 장소를 살 수 있었다. 1949년에 오래된 집들을 재건한 후 4세기 때의 아름다운 모자이크와 십자군 교회의 버팀벽을 앞마당에서 볼 수 있다. 현재의 교회는 1952년 이전 교회의 기초 위에 지어졌다.

나사로 무덤(St. Lazarus Tomb)

나사로가 묻혔던 무덤을 중심으로 교회가 처음 세워진 것은 비잔틴 시대였다. 그러나 4세기 말엽에 지진으로 무너졌고, 십자군 때 세워졌던 교회 역시 1187년 살라딘에 의해서 완전히 파괴되었으며, 14세기경에는 이 자리에 이슬람교 사원이 들어섰다.

그 후 이슬람교인들과 이곳을 찾는 순례객들 간의 잦은 마찰로 인해 16세기경 프란치스칸 교회에서 현재의 입구를 만들어 놓았다. 마치 지붕을 뚫듯이 무덤 위에 두껍게 덮여 있는 바위를 파내어 만든 통로이다. 좁고 급경사를 이루고 있으므로 옆에 부착된 손잡이를 잡고 27개의 계단을 조심스럽게 내려가야 한다. 내려가더라도 시신을 눕혔던 자리는 볼 수 없다. 그래서 다소나마 내려다볼 수 있게 위쪽에 조그마한 창구를 만들어 놓았다.

또한 밑에 포복 자세를 해야만 들어갈 수 있는 조그만 입구를 만들어 놓기는 했지만 체구가 작아야만 가능하다. 무덤 바로 옆에 이슬람교 사원과 첨탑이 있다. 원래의 입구는 교회와 무덤 사이에 지은 이슬람교 사원으로 인해 막혔다. 17세기에 프란치스칸들이 현재의 입구를 만들기 위한 허가를 받았다.

유대광야와 수도원

유대 산악지대에서 바라본 유대광야

침례 요한이 "회개하라 천국이 가까이 왔느니라"라고 외친 이 유대광야는 침례 요한이 활동했던 빈 들이요, 예수 그리스도께서 40일간 금식기도 하셨던 곳이자 시험을 당하신 곳이며, 여리고에서 예루살렘까지 오르내리던 길이었다. 다윗이 사울에게 쫓기며 이곳에 숨어들었고, 이후 은둔 수도사들의 수도 생활의 무대가 되었다.

유대광야는 비가 오지 않는 건기인 6~11월 약 6개월의 여름에는 푸른 풀을 찾아보기 어렵지만, 광야의 골짜기에는 물도 있고 나무도 자란다. 겨울에는 비가 내리는 우기가 되어 풀이 나는데 우리나라처럼 온통 초록색은 아니지만, 풀이 자라고 아름다운 들꽃도 볼 수 있다. 비가 드물어서 베두인들이 천막생활을 하면서 목자로서 우기인 겨울에 양과 염소를 이끌고 유대광야에 가서 먹이는 목축업을 하지만, 그 외에 다른 사람들은 살기 어렵다.

땅은 사막처럼 모래밭이 아니고 매우 딱딱해서('세노니아 백악질'이라고 부른다) 물이 흡수되지 않아 비가 오면 그대로 홍수가 나서 넘쳐흐르고, 비가 오지 않으면 완전히 바짝 말라버려 와디(Wadi-우기 때 물이 흐르는 강이었다가 건기가 되면 마른 계곡이 됨)를 형성한다. 그래서 유대광야는 고지, 둥근 언덕, 극적인 벼랑, 깊은 협곡, 낭떠러지 등이 많아 와디켈트라고도 한다.

유대광야의 서쪽 경계인 유대 산악지대의 높이는 대략 해발 750~900m에 달하지만, 동쪽 경계인 요단 협곡 중에서 가장 낮은 지역인 사해는 해수면 아래 해저 400m이므로 유대광야의 고도 차이는 약 1,100~1,300m에 이른다. 계곡을 따라 남북으로 약 길이 100km, 폭 16~35km로 형성된 V자 형태의 거대한 황무지인 유대 산지의 동쪽 경사지는 사해를 향하여 급경사를 이루고 있다.

즉, 유대 산악지대에서 사해까지의 직선거리가 25km인데 높이 차이가 1,200m나 된다. 이 경사는 점진적인 것이 아니라 여러 개의 단층을 거치며 내려오긴 하지만 대부분 급경사이다. 높이가 300m 이상 되는 단층이 5개나 존재하고 있다. 이러한 절벽형의 급경사지로 인하여 유대광야에 캐논 형태의 깊은 계곡들이 형성되어 있다. 고도와 강수량의 차이로 인해서 예루살렘과 유대광야의 분위기는 완전히 다르다.

유대광야 옛 여관 자리에서 내려다본 전경

예루살렘에서 여리고로 가기 위해서는 예루살렘 동쪽에 있는 감람산을 넘어가야 하는데, 감람산 정상을 넘어서 동쪽으로 향하면 고도와 강수량의 차이로 인해서 산 하나 사이인데도 지형의 분위기가 완전히 달라진다. 강수량을 비교하면 유대광야를 어느 정도 가늠할 수 있다. 유대 언덕의 강수량은 355~710mm인 반면, 열곡으로 내려가면서 서서히 줄어들어 사해의 강수량은 100mm도 채 되지 않는다. 유대광야의 절반이 넘는 지역의 연평균 강수량은 200mm를 넘지 않는다.

유대광야는 다른 광야나 사막과 달리 역사적으로도 독특한 면을 지니고 있다. 폭이 16~35km 정도로 좁아 인근의 유대 산지와 불과 수킬로미터밖에 떨어지지 않아서 사람들의 생활 중심지와 인접해 있으나, 이곳은 험준하고 다른 지역과 연결되는 통로가 발전되어 있지 않다. 이러한 지리적 특성 때문에 사회로부터 도피할 필요가 있는 사람들이나 삶의 중심지로부터 축출된 사람들, 그리고 종교적인 이유로 거주지역을 벗어나려는 사람들이 모여드는 지역이 되었다.

다윗이 사울을 피하여 이곳으로 도망하였고(삼상 22:1~27:6), 이곳에서 침례 요한이 "회개하라 천국이 가까이 왔느니라"라고 외쳤으며(마 3:1~2), 예수 그리스도께서 40일 금식기도를 하시고 시험을 받으셨다(마 4:1).

이스라엘이 역사적으로 위기를 만나게 될 때마다 유대광야는 마카비 전쟁이나 마사다의 항쟁 등과 같이 국가를 위하여 싸우는 애국자들의 마지막 저항지가 되었다.

유대광야는 "빈 들"(눅 1:80), "광야"(마 4:1) 등으로 표현되기도 한다.

사해사본으로 유명해진 에세네파는 유대교가 타락했다고 생각해서 유대광야, 특별히 사해 서북쪽에 있는 쿰란에서 은둔생활을 했는데, 매우 메마른 지역이기 때문에 양피지에 히브리어 성경을 기록한 사해사본이 수천 년의 세월 속에서 살아남을 수 있었다.

'광야'는 히브리어로 '미드바르'라고 하는데 '미'는 '어디서'라는 의미이고, '드바르'는 '말씀'이란 뜻이다. 즉, 뜨거운 태양과 바람 소리 외에는 아무것도 없고 아무것도 할 수 없는 곳, 나의 무기력함을 느끼는 곳, 그래서 온전히 하나님만 의지해야 하는 곳이 광야다.

유대광야에서 양을 치는 베두인 목동

유대광야 수도원 형성의 역사적 배경

285년 로마제국은 디오클레티안 황제(Diocletian, 284~305)에 의해 동로마와 서로마 제국으로 분열되었다. 동로마제국은 비잔틴 제국을 가리킨다. 서로마제국은 5세기에 멸망했지만, 동로마제국은 1453년 오스만 튀르크에 의해 멸망당하기까지 존속되었다. 그러나 팔레스타인에서 비잔틴 제국은 640년에 끝났다.

313년 동로마제국의 황제 콘스탄틴과 서로마제국의 황제 리시니우스(Licinius)는 밀라노에서 만나 여러 합의사항과 함께 기독교인을 관대하게 다룰 것에 대한 칙령을 공포하였다. 이 밀라노 칙령에 관한 내용은 가이사랴 출신 유세비우스의 《교회 역사》(*History of the Church*)에서 볼 수 있다.

밀라노 칙령으로 말미암아 그동안 극심한 박해를 받았던 기독교인들은 비로소 신앙의 자유를 갖게 되었다.

이제 기독교인들은 믿음을 지키기 위해 더는 사막이나 광야로 도피하지 않아도 되었다. 자유를 위해 지하로 들어가지 않아도 되었다. 믿음의 박해를 견뎌낸 순교자적 신앙을 가진 사람들은 이제 사막이나 광야, 지하로 숨어 들어가기보다는 성지를 순례하는 방향으로 자신들의 믿음의 열정을 불태웠다. 그래서 초기 수도원 운동의 선구자들은 모두 순교자적 신앙을 가진 성지 순례자들이었다.

비록 수도원은 이집트 기독교인들에 의해 시작되었지만, 교회 역사에서 수도원의 경건과 영성에 큰 영향을 끼친 것은 유대광야의 수도사들이었다.

유대광야 수도원의 역사는 크게 네 시기로 구분할 수 있다.

4세기의 수도원 형성기, 5세기의 수도원 확장기, 5세기 말에서 7세기 초까지의 수도원 전성기, 그리고 7세기의 수도원 쇠퇴기이다.

유대광야에는 두 가지 형태의 수도원이 존재한다.

유대광야 깊은 골짜기를 접한 절벽에 위치한 파란 수도원의 모습

라우라 수도원(Laura monastery)과 코

노비움 수도원(Coenobium monastery)이다. 라우라 수도원은 한 사람이 홀로 작은 굴에서 수도 생활을 하는 작은 공동체를 말하며, 코노비움 수도원은 공동으로 모여 수도 생활을 하는 큰 수도원을 말한다.

특히 라우라 수도원에서는 대부분의 시간을 작은 굴에서 개인의 경건과 영적 유익을 위해 고독하게 지내다가 주말에는 모여 기도(communal prayer)와 예배를 함께 드렸다. 라우라 수도원은 작은 굴에서 수도 생활을 하는 이들을 위한 물품(주로 물과 양식)과 영적 필요를 제공하였다. 라우라에 속한 수도사들은 주변으로부터 별 간섭을 받지 않고 주로 영적 훈련에 전념할 수 있었다.

'라우라'(laura)는 그리스어로 '작은 길'(lane)을 의미하는데, 이는 수도사들이 경건 생활을 하던 작은 굴과 공동 예배를 위한 교회를 연결했던 작은 길에서 유래되었다. 영적으로 매우 엄격한 자기 훈련을 원하는 사람들이 라우라 수도원에 자원하였다.

유대광야에 최초로 수도원을 세운 채리톤

채리톤은 소아시아의 남부 이고니온(Iconium)의 유력한 기독교 가정에서 태어났다. 이고니온은 바울과 바나바가 비시디아 안디옥을 떠난 후에 복음을 전했던 곳으로, 오늘날의 콘야(Konya)이다. 4세기 초, 기독교의 박해가 끝나자 박해 시대에 살아남은 채리톤은 팔레스타인으로 성지 순례를 떠났다. 채리톤의 자서전에 의하면, 팔레스타인에 도착한 채리톤은 강도에게 붙잡혔고 강도들은 그를 유대광야의 파란(Pharan)에 위치한 은신처인 굴에 가두었다. 파란은 에인 파라(Ein Fara)샘 근처이다. 이곳은 예루살렘의 북동쪽으로 약 9km 떨어진 곳이다. 그런데 굴에 갇혔던 채리톤은 기적적으로 구조되었고, 그 동굴을 자신의 수도 생활 처소로 삼았다.

채리톤이 수도 생활을 했던 이 동굴은 유대광야의 첫 수도원으로, 가장 오래된 수도원이다. 채리톤은 이후에 두 번째 수도원인 두카수도원을 여리고의 서쪽 카란탈(Qarantal)산 절벽에 세웠다. 채리톤의 세 번째 수도원은 수카수도원으로 '올드 라우라'(Old Laura), 또는 '채리톤의 수도원'으로 불린다. 수카수도원은 베들레헴의 남동쪽, 드고아의 북동쪽 깊은 골짜기에 세워졌다.

채리톤이 성지 순례자로서 유대광야로 들어온 사실은 매우 중요하다. 이는 유대광야의 수도원 운동과 성지 순례를 연결한 첫 번째 사건이다. 이후 대부분의 유대광야 수도사들은 처음에는 성지 순례자로서 예루살렘을 방문하고 성경의 여러 지역을 방문한 후에 유대광야에 정착하였다. 이런 유형에서 채리톤은 전형적인 유대광야의 수도사였다.

채리톤이 설립한 세 수도원은 수도원 생활을 위하여 필요한 것이 무엇인지를 잘 보여준다.

세 수도원은 모두 샘 근처, 절벽 가까이에 세워졌으며, 광야 인접한 마을에서 시작되었다. 급한 경사면의 작은 경작지에서는 수도사들에게 필요한 작물을 재배할 수 있었고, 자연적인 동굴은 광야의 거친 기후로부터의 쉼터이자 사막의 약탈자들로부터의 은신처, 바위는 묵상의 장소가 되었다. 또한 이런 장소는 일반인들의 접근이 쉽지 않아 고독과 경건 생활에 최적의 조건이 되었다. 지리적으로 이런 장소들은 지역 주민들과도 거의 마찰이 생기지 않는 이점이 있었다.

330년 채리톤에 의해 처음 파란수도원이 시작된 이후 유대광야의 수도원은 5세기 유티미우스(Euthymius)의 지도하에 크게 발전하였다. 채리톤이 사망한 약 350년에서 유티미우스가 사망한 473년 사이에 유대광야의 수도원 숫자는 3개에서 15개로 증가하였다. 수도원들은 북쪽 여리고에서 마사다까지 넓게 확장되었다.

이 기간의 사순절(Lent)에는 많은 그리스도인들이 유대광야로 들어가는 문화가 형성되었다. 이 같은 '광야로 들어가는 문화'는 특히 경건하고 존경받는 수도사들이 많이 실천했는데, 이는 수도원 운동에 깊은 영향을 미쳤다. 이런 문화로 말미암아 그리스도인들은 사막을 친숙하게 여겼고, 사막에서 생존하는 데 필요한 것들이 무엇인지를 구체적으로 알게 되었다.

이 기간에 유대광야의 새로운 지역들이 수도원에 적합한 장소들로 결정되었다. 이때 데옥티스투스수도원(Theoctistus monastery), 카스텔리온수도원(Castellion monastery), 스펠라이온수도원(Spelaion monastery)이 세워졌다.

사해(Dead Sea)

사해(Dead Sea)는 수면이 지중해 해수면보다 400m가량 낮아 지구에서 가장 낮은 해수면을 형성한다. 북반부는 요르단령, 남반부는 요르단령과 이스라엘령으로 나누어지나 1967년 아랍-이스라엘 전쟁 이후 이스라엘군이 서쪽 기슭 전체를 계속 점령하고 있다.

사해는 서쪽의 유대광야와 구릉지대(쉐펠라) 그리고 동쪽의 트랜스 요르단 고원 사이에 자리잡고 있다. 북쪽으로부터 요단강이 흘러든다. 길이 80km, 너비 18km, 면적 1,020km^2, 최대수심은 396m에 이른다. 그리고 알리산('혀'라는 뜻)반도를 경계로 크기가 다른 2개 수역으로 나뉜다.

북쪽의 수역이 더 커서 호수 전체 표면적의 약 4분의 3을 차지하고 수심도 396m에 달하나, 남쪽 수역은 수심이 평균 3m 미만이다. 성경시대와 그 후 8세기까지는 북쪽 수역 주변 지역에만 사람이 살았으며, 사해의 수면은 현재보다 35m 정도 낮았다. 사해 수면은 1896년에 해수면보다 더 낮은 약 389m로 높아져 최고 수위에 달했으나 1935년 이후 다시 낮아졌다.

사해라는 이름은 적어도 헬레니즘 시대(BC 323~30)까지 거슬러 올라갈 수 있다. 사해는 히브리인의 조상 아브라함 시대 및 고대 도시 소돔과 고모라가 멸망한 이후 성경의 역사와 관련되어 있다. 구약성경은 소돔과 고모라가 주민들의 부도덕으로 인해 하늘에서 내린 유황불로 멸망했다고 전하는데, 이 두 도시 터는 현재 사해의 남쪽 수역에 가라앉아 있는 것으로 추정된다.

호수로 유입되는 강들 주위의 황무지들은 이스라엘 왕 다윗과 훗날 유대 왕 헤롯 1세의 피난처가 되었다. 마사다는 AD 73년 로마에 반항하던 유대의 열심당원들이 3년간에 걸친 포위 공격을 받은 끝에 성채를 파괴하고 집단자살을 한 곳이기도 하다. 사해사본으로 알려진 성경 사본을 남긴 유대교 에세네파의 근거지인 사해 북서부의 쿰란 지역이 있다.

사해는 길이 560km의 요르단-사해 지구 최하부를 차지한다. 이 지구는 동아프리카 지구대의 북쪽 연장 부분으로, 사해는 이 가운데 지반이 함몰하면서 생긴 거의 평행한 두 단층 사이의 요지(凹地)에 자리 잡고 있다. 사해 쪽에서는 모압고원 가장자리를 따라 있는 동쪽 단층이 유대 지방의 좀더 완만한 융기 습곡을 알려주는 서쪽 단층보다 더 잘 보인다.

지구가 생기기 전인 백악기와 쥐라기(6,500만~1억 9,000만 년 전)에는 지중해의 물이 시리아와 팔레스타인까지 뒤덮고 있었으나, 마이오세(700만~2,600만 년 전)에 해저의 융기로 트랜스 요르단 고지대의 습곡구조와 팔레스타인 중앙부의 산맥이 형성되면서 지각 파열이 일어나 사해 지역이 침강했다.

그 당시 사해의 크기는 오늘날과 비슷했을 것으로 추측된다. 사해는 그 후 플라이오세(약 1만~250만 년 전)에 현재의 호면보다 약 215m 높은 고도까지 융기해 북쪽의 훌레계곡 지대로부터 현재의 남쪽 경계 너머 64km 지점까지 320km에 걸치는 광대한 내륙해를 이루었다. 사해지역의 융기에도 이곳의 물이 아카바만으로 넘쳐흐르지 않았던 것은, 네게브 중부 고지의 동쪽 연장부를 따라 흐르는 계절천인 와디 알아라바의 가장 높은 부분이 약 30m 정도 융기하여 사해를 가로막았기 때문이었다.

대략 250만 년 전쯤 사해로 유입된 대량의 하천수가 혈암(頁岩)·점토·사암·암염·석고 등 두꺼운 퇴적층들을 쌓았고, 나중에 점토·이회토(泥灰土)·연질백악(軟質白堊)·석고 등의 퇴적층이 모래와 자갈층 위로 내려 쌓였다. 사해는 지난 1만 년 동안 물이 강수에 의해 보충되는 것보다 빠른 속도로 증발함으로써 점차 현재의 크기로 줄어들었으며, 그 과정에서 사해 골짜기를 덮고 있는 퇴적층이 1.6~6.4km 두께까지 드러나게 되었다.

알리산반도와 세돔산(옛 이름은 소돔산)은 지각변동으로 이루어진 지형들이다. 세돔산의 가파른 절벽들이 사해의 남서쪽 연안에서부터 치솟아 있다. 알리산반도는 점토·이회토·연질백악·석고 등의 퇴적층에 모래와 자갈층이 사이사이에 끼어서 이루어졌다. 알리산반도와 사해 골짜기 서쪽의 비슷한 물질로 형성된 지층 모두 동쪽으로 경사져 있다. 사해의 남쪽 단애는 세돔산과 알리산반도의 융기 작용으로 인해 형성되었을 것으로 보인다. 훗날 바닷물이 이 단애의 서반부를 뚫고 현재의 수심이 얕은 사해 남단으로 넘쳐 흘렀다.

사해는 광야 한가운데 자리 잡고 있어 강우량이 적고 불규칙하다. 알리산에는 연간 65mm 정도, 세돔(고대 도시 소돔 근처)에는 50mm 정도의 비가 내린다. 한편 고도가 낮고 움푹 파여 있어 주변지역으로부터 보호를 받기 때문에 겨울에는 기후가 온화하고 쾌적하다. 1월 평균기온은 세돔이 있는 남단이 17℃, 북단이 14℃ 정도이며, 기온이 영하로 떨어지는 일이 거의 없다. 반면 여름은 매우 무더워 세돔의 8월 평균기온이 34℃에 달하며 최고 51℃까지 올라갈 때도 있다. 연평균 140cm 정도 높이의 호수의 물이 증발하며 호면 위에 짙은 안개가 자주 생긴다. 유입 하천들 위의 대기 습도는 5월의 45%에서 10월의 62% 정도로 분포한다. 비교적 흔히 볼 수 있는 호풍과 육풍은 낮에는 호수 바깥쪽을 향해 불어대지만, 야간에는 반대로 호수의 중심 쪽을 향해 분다. 요르단강으로부터 유입되는 수량은 겨울과 봄에 최고를 기록하며, 매년 평균 5억 4,000만m^3에 달한다.

동쪽의 요르단으로부터는 알우자이미·자르카마인·알마우지브·알하사 등 크지는 않지만 연중 물이 흐르는 4개의 하천이 깊은 협곡들을 통해 흘러내린다. 그 밖에도 수많은 와디들이 인접 고지대로부터 단기간 단속적으로 유입되며, 와디 알아라바의 함몰지로부터도 물이 들어온다. 유황 온천들도 흘러든다. 여름철에는 증발량이 많고 겨울과 봄철에는 하천수의 유입량이 많아서 호수의 수위는 30~61cm 사이에서 계절적 변화를 나타낸다.

사해의 물은 매우 많은 염분을 함유하고 있으며, 염분 농도는 바닥으로 내려갈수록 높아진다. 사실상 사해에는 성질이 다른 두 수괴(水塊)가 있다. 40m 깊이까지는 표층수로 분류되는 수괴가 존재하는데, 이 수역에서는 수온이 19~37℃로 변화하고 염도는 300‰이 채 안 되며, 수중에는 황산염과 중탄산염이 특히 풍부하다. 수심 40~100m의 천이지대를 지나 그 아래에 존재하는 저층수는 대략 섭씨 22℃의 일정한 수온과 약 332‰의 높은 염분농도를 유지한다. 황화수소와 고농도 마그네슘·칼륨·염소·브롬 등이 함유되어 있으며, 좀더 깊은 곳에서는 염화

나트륨이 포화상태에 이르러 바닥으로 침전된다.

저층수는 염분의 농도가 너무 높아 영구히 바닥에만 머물러 화석화되고 있다. 표층수는 성경시대로부터 2, 3세기가 지나면서부터 이루어졌다.

물놀이를 즐기는 사해 풍경

사해의 짠물은 밀도가 높아 사람의 몸이 물 위로 쉽게 떠오른다. 요르단강에서 흘러든 담수는 호면에 머무르는데, 봄철에는 요르단 강물이 사해로 흘러드는 지점에서부터 48km 남쪽까지 강물의 진흙 빛깔이 호수 수면에 떠 있는 것을 볼 수 있다. 고농도의 염분 때문에 세균을 제외하고는 어떤 생물도 살지 못한다.

홍수가 일어났을 때 요르단강이나 작은 하천을 통해 유입된 물고기들도 이곳에서는 금방 죽고 만다. 유입 하천 주변에 있는 식물들 외에 사해에서 볼 수 있는 식물이라고는 수명이 짧은 것들뿐이며, 주로 염생식물에 국한되어 있다.

사해는 거대한 소금 매장지로도 유명하다. 소금 광산들이 남서쪽 기슭의 세돔산 구조 지형에 자리 잡고 있다. 아득한 옛날부터 소규모로 채취되던 소금을 개발하기 위해 1929년 요르단강 어귀에서 가까운 칼리야에 칼륨 공장이 하나 세워졌고, 나중에 세돔에 부속 시설들이 들어섰다.

하늘에서 본 사해의 소금물 개발 현장 전경

사해에 떠 있는 소금 덩어리

칼리야의 공장은 1948~1949년 아랍-이스라엘 전쟁 중 파괴되었으나, 1955년 사해 조업회사(Dead Sea Works Ltd.)가 세돔에 공장을 세운 후 칼륨·마그네슘·염화칼슘 등이 생산되고 있다. 또 다른 공장에서는 브롬과 기타 화학제품들을 생산한다. 사해는 분쟁지역인 요르단-이스라엘 국경지대에 자리 잡고 있기 때문에 예로부터 항행에는 크게 이용되지 못했다. 연안지대는 방치되어 있어 영구적인 시설물들을 찾아보기 힘들다.

세돔의 공장, 칼리야에 있는 2~3개의 호텔과 온천장, 그리고 서쪽으로 엔게디 지방에 있는 이스라엘의 집단농장인 키부츠 정도가 들어서 있을 뿐이다. 이따금 호안(湖岸)에서 소규모의 경작지가 발견되기도 한다.

사해는 미네랄 등 고농도의 각종 성분을 함유해 몸의 뼈마디에 좋을 뿐 아니라 피부 미용에도 최고이다. 또한 사해의 온천수는 약수 중의 약수로 류머티즘과 관절염, 그리고 여러 피부병에 효과가 있다고 하여 성지 최고의 휴양지로 각광받고 있다.

사해의 또 하나의 가치는 산업 용도에 있다. 사해에는 비누나 비료의 재료가 되는 포타시움이 전 세계가 100년간 쓰고도 남을 만한 분량이 들어 있고, 가장 순도 높은 마그네슘의 생산지로 전 세계 소비량의 5%를 생산하고 있다. 살충제, 플라스틱, 페인트 등에 쓰이는 브로마인은 전 세계 생산량의 26%를 이곳이 차지한다.

이쯤 되면 사해는 더는 죽은 바다가 아니다. 사해는 물고기만 살 수 없을 뿐 연간 수백만 명이 다녀가는 성지 최고의 관광지요, 피부병과 각종 질병을 치료해 주는 생명의 물이요, 미네랄 등 각종 화학성분으로 산업에 활력을 주는 원동력의 현장이다. 비록 사해라는 부정적인 이름의 장소일지라도 인간에게 많은 혜택과 즐거움을 주는 보고인 셈이다. 세상이 아무리 부정적인 이미지를 붙이더라도 하나님이 보시는 시선은 다르다.

우리도 무한한 자연의 보물을 간직한 사해처럼 많은 이들에게 풍성한 하나님의 은혜를 나누어 줄 수 있는 일꾼이 되어야 할 것이다.

사해 전경 위성사진

키르베트 쿰란(Khirbet Qumran)

하늘에서 바라본 쿰란 공동체가 살았던 유적지 발굴 현장

여리고(Jericho)에서 남쪽 12km, 사해 서북 연안에서 1.3km, 사해 수면보다 약 300m 높이에 있는 쿰란(Qumran)은 1947년에 쿰란 제1 동굴이 발견되면서 그 부근 일대에 대한 탐사가 시작되었다. 이어 1951~1956년에 5차례에 걸쳐 '예루살렘 성서 및 고고학 연구소'와 '요르단 문화재 관리국'에 의해 대대적인 고고학적 발굴이 이루어졌다. 사해의 북서 연안에 있는 키르베트 쿰란(Khirbet Qumran) 부근의 200개 이상의 동굴 중 11개 동굴에서 '쿰란 문서'라고 불리는 '사해 두루마리'(Dead Sea Scrolls)가 발견되었다.

쿰란 발굴 현장에서는 BC 8세기부터 AD 2세기까지 사람이 살았던 흔적이 발견되었다. 이곳에 사람들이 다시 살기 시작한 것은 BC 150년경부터인데, BC 100~31년에 대규모 집단이 사용한 집회 장소와 식당, 약 1,000개의 식기류가 저장된 방, 토기 작업장, 사본의 제작과 필사를 위한 필사실, 물 저장소, 수로 등 다양한 건축물들이 발굴되었다.

이 시기의 건축물은 유대교 역사가인 요세푸스(F. Josephus, 37/38~100?)의 저서에 기록되어 있는 대로 BC 31년의 큰 화재와 지진으로 파괴되었고, BC 4년경 헤롯 대왕(BC 37~4)의 아들 헤롯 아르켈라오(BC 22~AD 18?)의 통치 기간에 다시 쿰란에 사람들이 살기 시작하여 AD 68년 로마군에 의해 다시 파괴되고 이후 로마군의 주둔지가 되었다.

쿰란에서는 200여 명이 넘는 사람들이 함께 사용할 수 있는 여러 개의 우물이 발굴되었다. 그리고 쿰란 거주지에서 동쪽으로 약 50m 떨어진 곳에서 1,100기 정도의 무덤이 발견되었는데, 이 공동묘지에서 발굴된 유해는 대부분 남자의 것이고, 머리가 남쪽을 향해 매장되어 있었다.

쿰란 주변의 동굴에서 발견된 토기와 같은 형태가 쿰란 거주지에서 발견되었고, 또한 쿰란 거주지에서 사람들이 공동체를 이루고 살았던 주된 시기는 사본의 제작 및 필사 시기와 거의 일치하는데, 이것은 BC 2세기 중반부터 AD 68년까지 쿰란에서 공동체를 이루며 살았던 사람들이 바로 쿰란 문서를 남긴 사람들이라는 증거이다.

쿰란 두루마리가 들어 있던 항아리 모형

쿰란 지역 제1 동굴에서 발견된 사해사본 두루마리가 보관되었던 항아리는 높이 65.7~75cm, 직경 25~26.5cm의 항아리이다. 1947~1956년에 사해 연안에 있는 유대광야의 여러 곳에서 발견된 고대 유대 문서들을 넓은 의미의 사해 두루마리(Dead Sea Scrolls)라고 하며, 특별히 사해 북서 연안에 위치한 키르베트 쿰란 주변의 11개 동굴에서 발견된 850여 종류의 문서를 좁은 의미의 사해 두루마리, 즉 쿰란 문서라고 한다.

쿰란 문서(사해 두루마리) 발굴 현장 재현

20세기 최대의 고고학적 발견이라 불리는 쿰란 문서의 발견은 1947년 봄 베두인 목동인 무하마드 아드-디브에 의해 우연히 이루어졌다. 그는 다른 동료들과 함께 쿰란 동굴 근처에서 가축 떼를 돌보던 중 잃어버린 염소를 찾다가 동굴을 발견하였는데 그곳에서 두루마리들이 발견되었다.

사해 북부 지역들의 지형도

이 쿰란 첫째 동굴에서는 이사야서, 공동체 규칙서, 전쟁 규칙서, 찬양시편, 하박국 주해, 창세기 외경 등 7개 문서가 발견되었는데, 이 문서들은 아마포에 싸여 항아리에 넣어졌기 때문에 보존 상태가 매우 양호하였다. 현재 예루살렘 히브리 대학에 소장되어 있고, 이 문서들의 연대는 대체로 BC 2~1세기로 보고 있다.

제4 동굴에서는 판독이 가능한 것만도 382개의 사본 군에 속하는 수천 개의 단편이 발견되었다. 예루살렘의 고고학 박물관에는 쿰란 동굴의 것만도 대소 400개 이상의 사본 또는 그 일부, 4만 개 이상의 사본 단편이 소장되어 있다.

쿰란의 11개 동굴은 발견된 순서대로 번호가 붙어졌고, 각 문서들이 발견된 동굴의 번호(1~11)와 동굴의 위치(Q), 문서 이름의 첫 글자가 붙여져 각 문서의 약호가 되었다.

쿰란 사해사본의 특징

쿰란에서 발굴되어 전시실에 전시된 사해사본

발굴된 대부분의 쿰란 문서들은 파피루스나 양피지에 히브리어나 아람어로 쓰였으며, 소수의 그리스어 문서도 있다. 그러나 대부분은 정방형의 히브리어로 쓰였고, 고대 히브리어로 쓰인 것들도 있다. 쿰란 문서는 제2차 성전시대에 유행하던 필사 규칙과 기법을 보여주는 중요한 자료이다.

대부분의 쿰란 문서는 BC 3세기 혹은 2세기 초에서 AD 1세기 초반 사이에 필사된 것임이 밝혀졌다. 쿰란 유적지에 대한 고고학적 연대 추정과 쿰란 문서의 연대 추정이 매우 근접하다는 사실은 쿰란 공동체가 이 문서들을 제작하고 필사하였다는 것을 확증한다.

한편 어떻게 사해사본의 기록연대를 알 수 있었을까?

사본과 함께 발견된 토기와 동전들을 비롯해 서체를 비교 연구하는 고문서학(팔레오그라피)이 사해사본의 기록연대를 결정하는 데 사용되었다.

올브라이트(W. F. Albright), 아비가드(N. Avigad), 번바움(S. A. Birnbaum), 크로스(F. M. Cross), 핸슨(R. S. Hanson), 밀리크(J. T. Milik) 등이 이 고문서학의 전문가들이다. 이들에 의해서 사해사본의 서체들이 4가지로 분류되었다. 즉, ① 고어체; BC 250~150, ② 하스모니안 서체; BC 150~30, ③ 헤롯 시대 서체; BC 30~AD 70, ④ 헤롯 시대 이후 또는 장식서체; AD 70~135로 구분하고 있다. 이러한 연대 구분 속에서 고딕체와 필기체 등으로 세분화되기도 한다.

고문서학의 고문서체 비교 연구 방식에 의해서 얻어지는 연대 결정은 +50년의 오차 범위 한도 내에서 비교적 정확한 것으로 인정받고 있다. 고문서체에 대한 비교 연구와 함께 방사성 탄소 연대 측정법을 이용하여 연대를 결정짓는다. 탄소의 방사성 동위원소(C14)를 이용하여 산화되고 남아 있는 방사능 물질에 대한 연구를 토대로 얻어지는 연대는 +200년 또는 +80년 정도의 오차를 보여 고문서체 연구와 함께 연대 결정의 중요한 방법으로 사용된다.

1951년 시카고 대학의 과학자 리비(W. F. Libby)는 쿰란 제1 동굴에서 발견된 사본을 둘러쌌던 천 조각에 대한 방사성 탄소 연대 측정 결과, BC 233년과 AD 168년 무렵이라고 결론을 내렸다(O. R. Sellers, BASOR 123[1951] 24-26 참조). 또한 1956년 런던의 한 연구소(Laboratory of the Royal Institution)에서 쿰란 지역에서 발견된 종려나무 조각에 대한 방사성 탄소 연대 측정 결과, 1940 +80년 즉 AD 16 +80년이라는 것을 증명했다.

쿰란 문서의 종류

1. 구약성경의 사본들

쿰란에서는 에스겔서를 제외한 모든 구약성경의 사본 200여 개가 발견되었다. 이 사본들은 레닌그라드 사본[Codex Leningradenis, 1008, 이 사본에 현대적 사료비판을 하여 만들어진 성경은 '키텔'(Kittel)의 '히브리어 성경'(Biblia Hebraica)이다.]이나 알렙포 사본[Aleppo Codex, 925/930, 쿰란 문서가 발견되기 전까지의 성경의 가장 오래되고 완벽한 텍스트로 알렙포의 회당에서 보존되어 오던 것이다. '히브리어 대학 성경'(Hebrew University Bible)은 이 사본을 토대로 한 것이다.]보다 1,000년 이상 오래된 것이다.

쿰란의 이 사본들은 구약성경 정경이 확정되기 이전의 본문으로서 마소라 본문[히브리어로 '전승'이라는 뜻을 가진 마소라('masoreth'에서 유래)는 AD 6세기부터 9세기 사이에 당시 구전되어 오거나 수사본으로 되어 있던 성경 텍스트를 문자 기록으로 확정하였다. 전통적으로 성경 사본에는 모음이 없었지만 마소라 사본은 올바른 발음을 낼 수 있도록 갈릴리 지방의 디베랴에서 유행하던 발성법 모음으로 표시를 해넣었다.], 70인역 본문[현존하는 구약성경의 가장 오래된 헬라어 번역본이며, 이 번역은 BC 3세기 중엽에 시작하여 2세기 말엽에 종료되었다. 전설에 의하면 이 번역자들은 성경의 열두 지파에서 각각 6명씩 차출된 헬라어에 정통한 72인의 유대인 학자들에 의해 알렉산드리아에서 번역되었다고 한다. 번역자들의 숫자가 70명이었다는 사실에서 유래하여 '70인역'(Septuaginta=LXX)이라고 부른다. 70인역은 오랜 세월 동안 헬라어를 쓰는 히브리인들의 공식 경전이었으며, 신약에 인용된 구약의 350여 인용구가 70인역에서 취해졌다는 사실로 그 중요성이 확인된다. 또한 초기 기독교는 70인역을 교회의 공식 구약성경으로 간주하였는데, 이는 무엇보다도 제2 경전이 포함되었기 때문이었다.], 사마리아 오경 본문 등과 함께 구약성경 본문 형성의 역사를 연구하는 데 매우 중요한 자료이다. 또한 제2 경전 중에 토빗기, 집회서, 예레미야의 편지 등도 발견되었다.

16세기 종교개혁자들은 70인역 대신 히브리어로 기록된 것만 성경으로 인정했다. 토빗기에서 비롯된 수호천사 교리와 같은 일부 가톨릭 교리들이 히브리말 성경에 없는 70인역 본문에 그 바탕을 두고 있었기 때문이었다.

쿰란에서 발견된 구약성경 각 권의 사본들을 정리하면 다음과 같다.

창세기(19), 출애굽기(17), 레위기(13), 민수기(7), 신명기(30), 여호수아기(2), 사사기(3), 사무엘상하(4), 열왕기상하(3), 이사야서(21), 예레미야서(6), 에제키엘서(6), 다니엘서(8), 열두 예언서(8), 욥기(4), 잠언(2), 룻기(4), 아가서(4), 전도서(2), 애가(4), 집회서(1), 토빗기(5), 예레미야의 편지(1) 등이다.

에스겔서 사본이 발견되지 않은 것은 쿰란 공동체에서 이 책이 받아들여지지 않아서인지, 아니면 단순한 우연인지는 알 수 없다. 특히 시편, 신명기, 이사야서 등의 사본이 많이 발견되었는데, 이것은 이 책들이 쿰란 공동체에서 매우 중요하게 여겨졌으며 또한 대중적이었다는 증거이다.

2. 외경 사본들

쿰란 문서의 발견 이전에는 전혀 알려지지 않았거나 헬라어, 에티오피아어, 라틴어 등 고대 언어의 번역으로만 알려졌던 구약성경 외경(apocrypha)의 히브리어, 아람어 원본들이 쿰란에서 발견되었다. 즉 희년서, 에녹서, 열두 족장의 유언, 레위의 유언, 납달리의 유언, 유다의 유언, 요셉의 유언, 야곱의 유언, 크핫의 유언, 아브람의 환시, 창세기 외경, 예레미야서 외경, 다니엘서 외경, 에제키엘서 외경, 모세 외경, 여호수아의 시편, 나보니두스의 기도, 거인들의 책, 노아의 탄생기 등이다.

3. 쿰란 공동체와 관련된 문서들

전체 쿰란 문서의 약 3분의 1은 쿰란 공동체의 조직, 생활, 사상을 반영하는 사본들이다. 공동체에 의해 저술된 문헌들은 대부분 히브리어로 쓰였고, 사용하는 용어, 문학양식, 문체뿐 아니라 종교적 사상에서도 구별되며, 공동체의 자기 이해를 잘 표현하고 있다.

쿰란에서 발견된 구약성경 사본들은 성경의 형성과 본문의 역사를 연구하는 데 매우 귀중한 자료들이다. 그리고 쿰란의 외경 사본뿐 아니라 공동체와 관련 있는 문서들은 신구약 중간 시대의 유대 문헌으로서 당시 유대교 연구를 위한 일차적인 사료이다. 이 쿰란 문서를 통해 에세네파와 쿰란 공동체의 조직, 생활, 사상에 대해 더 정확한 지식을 얻게 되었다. 또한 쿰란 문서는 침례 요한과 예수 그리스도, 초대 기독교 공동체와 신약성경의 연구를 위한 매우 귀중한 자료이다.

쿰란 공동체

쿰란 문서의 발견과 쿰란 유적지의 발굴 이후 쿰란 공동체의 정체에 대한 다양한 가설들이 제기되었다. 필로(Philo Judaeus, BC 15/10~AD 45/50), 요세푸스, 소 플리니우스(Plinius Minor, 61/62~113?) 등의 문헌에서 에세네파(Essene)를 언급하고 있는데, 이 고전적 사료들이 보도하는 에세네파에 관한 내용과 쿰란 문서에 묘사되어 있는 공동체의 조직, 생활, 사상 사이에 많은 공통점이 있기에, 쿰란 공동체에 대한 에세네파 가설이 지금까지 통설로 받아들여지고 있다.

1. 쿰란 공동체의 기원과 역사

에세네파의 기원은 구약성경에 등장하는 BC 2세기 초의 하시딤 운동이다. 하시딤은 마카베오 독립전쟁(BC 166~160) 시기에 마타디아와 유다 마카베오의 지휘하에 모인 다양한 여러 그룹들 중 하나이다. 이들은 율법의 이름으로 헬레니즘과 안티오쿠스 4세 에피파네스(BC 175~164)에 반대하였던 사람들이다. 하시딤은 마카베오 가문의 저항은 지지하였지만 그들의 정치형태에는 비판적이었고, 결국 요나단 마카베오(BC 160~143)의 통치 시기에 바리새파와 에세네파로 분열되었다.

BC 152년 셀레우코스 왕조의 알렉산더 발라스(BC 150~145)는 요나단 마카베오를 예루살렘 성전의 대사제로 임명하였다. 요나단은 정통 대사제 집안인 사독 집인 출신이 아니었음에도 당시의 정통 대사제를 쫓아내고 대사제직을 찬탈하였다. 이에 쫓겨난 정통 대사제가 바로 쿰란 공동체의 창시자인 '정의의 스승'이다. 정의의 스승은 그를 따르는 사람들과 함께 유대광야로 가서 공동체를 형성하였는데, 이것이 바로 에세네파의 쿰란 공동체의 시작이다. 이와 같이 쿰란 공동체는 정의의 스승이라는 카리스마적인 지도자와 그를 따르던 사람들에 의해 시작되었다.

2. 쿰란 공동체와 침례 요한

쿰란 공동체와 침례 요한 사이의 관계성은 중요한 의미가 있는데 이들 사이에는 많은 연결점들이 있다.

1) 침례 요한의 광야에서의 영적인 활동과 쿰란 공동체의 연속성이다.

무엇보다 요한은 광야에서 자랐다(눅 1:80-"이스라엘에게 나타나는 날까지 빈 들에 있으니라"). 이스라엘의 광야는 유대광야로 예루살렘-베들레헴-헤브론의 동쪽과 사해 사이에 위치한 메마른 지역이다. 이 광야의 삶의 장소 중 한 곳이 쿰란이기에 침례 요한이 쿰란에서 성장했다고 보는 것은 가능하다. 그런데 사복음서에서 침례 요한의 의상은 연속적이며, 모순적인 자료가 없다. 복음서에 나타난 침례 요한의 모습에서 볼 때 쿰란과의 차이점은 그의 옷이 쿰란의 흰 린넨이 아니었고, 그의 음식도 에세네파와 달랐다. 또한 침례 요한의 아버지 사가랴는 제사장 가문으로 예루살렘 성전에 속했던 점에 비추어 볼 때 반(反) 예루살렘적인 쿰란에 보냈을 리가 없다.

2) 침례 요한의 사명과 쿰란의 성전 회복 갈망 사이의 유사성으로, 동일하게 이사야 40장 3절을 인용한 것이다.

이들은 광야에서 길을 예비하는 사명으로 동일한 내용과 표현을 인용했다. 그런데 쿰란에서 '길을 예비하는 것'은 신비의 교훈을 받고 자신들을 불의한 자들로부터 분리시키기 위함이었고, '길'은 모세가 명령한 율법을 지키는 것이었다. 그리고 '나는 광야에서 외치는 자의 소리'라는 표현은 쿰란 문서에 나타나지 않는다. 한편 침례 요한에게 '길을 예비하는 것'은 광야의 은둔생활을 청산하고 회개의 복음 설교를 준비하는 것을 의미했고, '길'은 단순히 율법을 추구하는 것이 아니라 메시아를 위한 백성의 준비였다. 이 일을 위해 침례 요한은 광야에서 외치는 자의 소리였다(눅 3:3~17).

3) 침례 요한의 검소한 금욕생활은 쿰란의 생활과 일치되는 점이다.

쿰란에는 공동식사가 있었지만 궁핍했다는 기록은 없다. 또한 그들에게는 토라를 읽는 것이 경건한 삶의 훈련이었고, 나실인의 요소가 있었다고 볼 수는 없다.

4) 침례 요한은 물 침례를 준 자로 쿰란 공동체 안에서도 정결례로 침례를 베풀었다.

3. 쿰란 공동체의 조직과 생활

쿰란 공동체는 쿰란 문서에서 자신들을 '공동체' '다수' '회중' '빛의 자녀들' '정의의 자녀들' '충실한 자녀들' '경건한 사람들' '의로운 사람들' '영으로 가난한 사람들' 등으로 표현한다. 공동체는 출애굽 이후 광야에서 생활하였던 이스라엘 백성을 모델로 조직되었는데, '광야'라는 신학적 주제는 쿰란 공동체의 조직과 생활을 이해하는 데 매우 중요하다. 즉, 공동체는 율법 연구를 통해 주의 길을 준비하기 위해 광야로 가서 생활하였다.

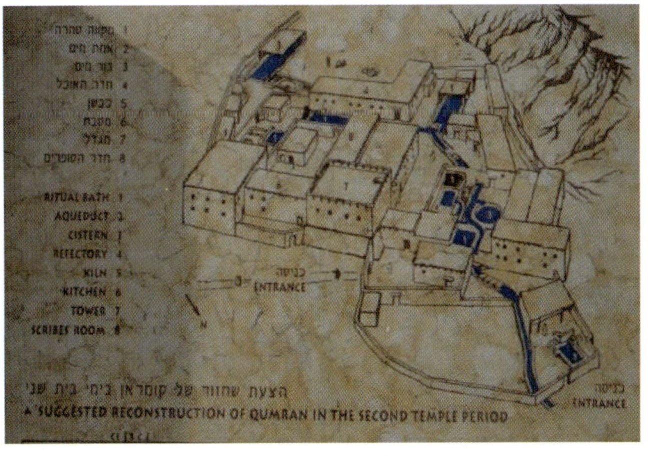

쿰란 공동체가 생활했던 곳 발굴 현장 복원도

쿰란 공동체의 규칙서는 재산을 공유하는 독신자들의 공동체를 묘사하고 있는데, 그들은 흰 옷을 입었고 공동식사를 하였다. 공동식사는 공동체의 생활에서 중요한 의미를 지닌다. 공동식사에 참여하는 것은 곧 성전의 구역 안으로 들어가는 것으로 간주되었다. 쿰란 공동체에서 공동식사의 중요한 두 구성 요소는 빵과 포도주이다. 따라서 성전에 들어가기 위해 요구되는 것과 동일한 정결의 수준이 공동체에 요구되었고, 공동체의 식사에는 높은 수준의 정결을 유지하는 정식 회원만 참석할 수 있었다. 쿰란 공동체는 정기적으로 정결례를 위한 침수 예식을 거행하였다. 공동체는 이 예식을 통해 자신의 정결과 거룩함을 유지하였다. 이것은 문헌적인 증거뿐 아니라 고고학적인 증거들로서도 입증된다. 즉, 쿰란 공동체의 유적지에서는 제의적 정결예식에 필요한 정교한 수리 시설과 정결예식을 위한 침례탕이 발견되었다. 쿰란 공동체에서는 정결례 예식이 강조되었는데, 이것은 신약의 침례 운동과 관련성이 있다. 침례탕은 내려가는 장소와 씻고 올라가는 장소가 나누어져 있다.

쿰란 공동체의 종교사상

쿰란 공동체는 유대 전통에 충실하고 율법에 철저하고자 하였던 유대인들의 공동체였다. 그들은 스스로를 참된 이스라엘, 남은 자, 새로운 계약의 공동체, 그리고 마지막 시대에 하나님의 선택을 받은 사람들로 이해하였다. 이들은 세계와 인간에 대한 예정론을 따랐다. 예정론적 사고는 이원론과도 관련이 있다. 쿰란 문서의 여러 사본들에서 선과 악, 빛과 어둠, 진리와 거짓, 정의와 불의 등의 이원론이 발견된다. 특히 선한 영과 악한 영에 대한 가르침이 대표적이다. 쿰란 공동체는 자신들을 빛의 자녀들로 여겼고, 악한 영이 지배하는 마지막 시대를 살고 있다고 생각하였다. 그리고 현재의 곤경과 박해에도 종말에 마지막 승리를 거둘 것이라고 믿었다. 쿰란 공동체는 예루살렘 성전에 대해 비판적이었고, 성전의 제사도 거부하였다. 이들은 자신들이 예루살렘의 성전을 대신한 것으로 여기며 기도와 거룩한 생활로 성전의 제사를 대신하였다.

공동체는 하루에 두 번씩 정해진 시간에 공동기도를 했는데, 이들은 공동체의 전례를 통해 천상의 천사들의 전례에 참여한다고 이해하였다. 이와 같이 쿰란 공동체의 중요한 종교사상인 새로운 계약 공동체, 예정론과 이원론, 성전 비판과 성전으로서의 공동체 이해, 제사를 대신하는 기도와 공동식사, 메시아 사상과 종말론 등은 고대 유대교뿐 아니라 초대 기독교 연구를 위해서도 매우 중요하다. 특히 쿰란 문서와 신약성경의 관계는 많은 관심의 대상이 되어 왔다. 신약성경의 인물들 즉 침례 요한, 예수 그리스도, 야고보 등이 쿰란 공동체와 어떤 관계가 있었는가에 대한 가설들이 제기되곤 하였지만, 가설을 입증할 어떤 증거들도 아직 찾지 못하고 있다.

쿰란공동체 주거 조감도

제1번 동굴에서 발견된 것은 무엇인가?

7개의 두루마리 사본이다. 곧 ① 이사야 두루마리A(1QIsaa) ② 이사야 두루마리 B(1QIsab) ③ 공동체 규칙서(1QS) ④ 전쟁사(1QM) ⑤ 감사 찬양시편(1QH) ⑥ 하박국 주석서(1QpHab) ⑦ 창세기 외경(1QapGen)이며, 이것들 외에도 72개의 조각난 텍스트들이 발견되었고, 그 가운데 15개가 성경 내용이다. 성경 내용이 아닌 것들 중에서 중요한 것은 미가, 스바냐, 시편의 주석서들과 2개의 공동체 규칙서의 부록이다(1QSa; 공동체의 메시아 규율, 1QSb; 축복문 모음집).

제2번 동굴에서 발견된 것은 무엇인가?

제2번 동굴에서는 18개의 구약성경 텍스트들이 발견되었다. 레위기 11장 22~29절의 내용을 담고 있는 2Q5 같은 문서는 고대 페니키아 문자들과 비슷한 고대 히브리어로 기록되어 있다. 또한 2Q18은 제2 경전 가운데 하나인 시라서(Sir 6:14~15, 20~31)의 내용을 보존하고 있으며, 이것은 히브리어로 기록된 것으로는 매우 초기에 해당하는 시라서 사본으로 알려져 있다. 10세기, 12세기 무렵에 만들어진 것으로 추정되는 카이로 그니자에서 발견된 것을 제외하고는 처음으로 발견된 것이기 때문이다. 지금은 영국 케임브리지 대학 박물관에 소장되어 있는데 히브리어로 기록된 시라서는 헬라어와 라틴어 사본만이 알려졌다.

제2번 동굴은 또 다른 히브리어로 기록된 제2 경전 사본 조각들도 제공한다. 그 밖에 15개의 성경 내용이 아닌 텍스트들도 발견되었다. 이 가운데는 히브리어로 기록된 2개의 '쥬빌리'(Jubeilees) 사본들(3Q19, 3Q20)과 아람어로 기록된 '새 예루살렘에 대한 서술문'(3Q24) 등이 있다.

제3번 동굴에서 발견된 것은 무엇인가?

제3번 동굴에서는 14개 조각의 텍스트들을 발견하였는데 3개가 성경(시 2:6~7; 애 1:10~12, 3:53~62; 겔 16:31~33) 내용이고, 11개는 성경 내용이 아니고, 그중 하나는 이사야 1장 1절에 대한 주석(3Q4)이다. 또한 유명한 '청동 플라크'(3Q15)도 이곳에서 발견되었는데, 12개의 칼럼에 보물들(돈, 금, 은, 기타 보석들)이 감춰진 장소들이 열거되어 있다. 감춰진 보물들의 수량은 가히 경이적이라 할 수 있다. 예를 들면, 4,600달란트의 은과 금 등이다. 그러나 아직까지 그 누구도 텍스트의 내용을 어떻게 해석해야 하는지 모르고 있다.

제4번 동굴에서 발견된 것은 무엇인가?

큼란 동굴들 가운데 제4번 동굴은 가장 중요한 동굴이라고 할 수 있다. 완전한 사본은 발견되지 않았지만, 최소한 15,000조각의 사본이 발견된 곳이다. '나훔의 주석서'(4QpNah)가 5개의 칼럼으로 기록된 가장 긴 사본이고, 나머지는 모두 끼워맞춰야 하는 조각들로 발견되었다.

1952년부터 1960년까지 끼워맞추기 퍼즐을 통하여 584개의 텍스트 종류가 확인되었는데 그

중 127개가 성경 내용이고, 나머지는 성경 내용이 아닌 것들이다. 성경 내용이 아닌 것들은 테필린, 메주자, 그리고 탈굼(4Q128-157)들인데 DJD 6으로 출판되었다. 그리고 주석들 및 구약성경과 관련된 시리즈들(4Q158-186)은 DJD 5에서 다루었다. 또한 여러 종류의 제1 에녹서가 1976년 밀리크(J. T. Milik)에 의하여 출판되었다. 그 외에도 10개 내지 11개의 공동체 규칙서와 1896년 카이로 그니자를 통해서만 알려졌던 다마스커스 사본이 8개 정도 발견되었다.

쿰란 공동체가 살았던 부근 제4번 동굴 전경

그리고 헬라어로만 알려져 왔던 'Testaments of the Twelve Patriarchs'의 일부도 발견되었고, Jubilees의 히브리어 원본의 일부도 알려졌다. 또한 토빗서의 사본(4개는 아람어, 1개는 히브리어-헬라어와 라틴어를 통해서만 알려진 제2 경전)과 제1번 동굴에서 발견된 감사 찬양시편 조각, 그리고 지금껏 알려지지 않았던 수많은 사본들이 발견된 곳이 제4번 동굴이다. '하나님의 아들'(4Q246), '축복문 모음집'(4Q525), '율법의 실천을 위한 모음집'으로 알려진 '4QMMT' 등, 이 동굴에서 발견된 문서들은 구약성경에 대한 본문비평 연구의 중요한 자료들일 뿐 아니라 신약성경 사상의 배경을 연구하는 데도 중요한 자료들로 알려졌다.

제5, 6번 동굴들에서 발견된 것은 무엇인가?

제5번 동굴에서는 정경화 이전의 성경 텍스트 8개(신 7:15~24, 8:5~9:2, 왕상 1:1, 16~17, 27~37, 사

40:16, 18~19, 암 1:3~5, 시 119:113~20, 138~42, 애 4:5~8, 11~15, 16, 18~19, 20~22, 5:1~3, 4~12, 13, 16~17, 애가 4:17~20과 개봉하기가 매우 어려운 테필린 한 개)와 17개의 성경 내용이 아닌 것들이 발견되었다.

성경 내용이 아닌 것들 중에는 1QS 2:4~7, 12~14와 병행구에 해당하는 '공동체 규칙서'(5Q11), 그리고 카이로 그니자 다마스커스 사본 9:7~10과 병행구인 '다마스커스 사본(DD)의 사본'(5Q12), '아람어로 기록된 새 예루살렘에 대한 서술문'(5Q15) 등이 있다.

이와는 대조적으로 6번 동굴에서는 비교적 덜 중요한 문서들이 발견되었는데, 7개의 성경 텍스트들이다. 이들 가운데 2개는 고대 히브리어로 기록되었다(6Q1 창 6:13~21과 6Q2 레 8:12~13 등의 기록이다). 나머지는 열왕기상 3:12~14, 12:28~31, 22:28~31, 열왕기하 5:26, 6:32, 7:8~10, 7:20~8:5, 9:1~2, 19~21, 시편 78:36~37 아가 1:1~6, 6~7, 다니엘 8:20~21, 10:8~16, 11:33~36, 38 등의 내용이다. 그 밖에 24개의 성경 내용이 아닌 것들도 발견되었다. 이것들은 중요성이 덜한 이야기체 문학들, 예언적·사법적·제의적 내용들과 찬양시들이다.

제7번 동굴에서 발견된 것은 무엇인가?

놀랍게도 19개의 문서 조각들이 전부 헬라어로 기록된 것들이 발견된 동굴이다. 이 중에서 2개가 확인되었는데, 7Q1은 출애굽기 28:4~7, 그리고 7Q2는 예레미야의 편지 43~44(바룩서 6:43~44)로 밝혀졌고, 다른 것들은 너무 조각이 작고 적힌 내용의 분량이 충분치 않아서 해독하기가 어려운 상태이다.

제8, 9, 10번 동굴들에서 발견된 것은 무엇인가?

제8번 동굴에서는 4개의 성경 텍스트들이 발견되었다. 그중 어떤 것은 테필린에서, 또 어떤 것은 메주자에서 나왔다. 또한 창세기 17:12~19, 18:20~25, 그리고 시편 17:5~9, 14, 18:6~9, 10~13 등의 문구들과 한 개의 비성경적 찬양 텍스트가 발견되었다. 제9번 동굴에서는 6개의 히브리어 문자가 새겨진 파피루스 조각 한 개만 발견되었고, 제10번 동굴에서는 2개의 히브리어 문자가 새겨진 오스트라카 한 개가 발견되었다.

제11번 동굴에서 발견된 것은 무엇인가?

제11번 동굴은 제1, 4번 동굴들처럼 중요하다. 고대 히브리어 문자로 기록된 레위기(11QpaleoLev)와 시편 두루마리(11QPsa), 욥의 탈굼역(11QtgJob), 거의 완전한 성전 두루마리(11QTemplea), 그리고 여러 개의 성경 내용이 아닌 문서들이 발견되었다.

마사다(Masada)

AD 64년 로마를 통치하고 있던 네로 황제는 헤롯의 손자였던 아그립바 2세를 이스라엘의 분봉왕으로 세웠고, 아그립바 2세는 플로루스를 유대 지역 총독으로 임명하였다. 플로루스는 유대인들을 학살하고 약탈을 일삼았다. 이에 반대한 유대인들이 AD 65~66년에 로마에 대항하는 대반란을 일으켰고, 로마는 베스파시안과 그 아들 디도 장군에게 반란의 진압을 명하였다.

네로는 "이스라엘을 삽으로 깊이 떠서 지중해에 던져 버리라"라고 명령하였다. 1948년과 1967년, 그리고 1973년 이스라엘과 아랍 세계의 전쟁이 있었을 때 아랍은 이스라엘을 삽으로 떠서 지중해로 던져 버리겠노라고 장담하였다. 결국 전쟁에서 이스라엘이 승리하였지만, 옛날부터 따라다녔던 치욕이 오늘날까지 재현되는 아픔을 겪게 된 것이다. 이즈음 네로는 로마의 대화재 사건 이후 자살하였고, 베스파시안이 황제가 되어 아들 디도 장군에게 반란 진압 총공격 명령을 내렸다. 70년 4월 유월절 즈음에 시작된 전투는 70년 8월 28일 예루살렘 멸망으로 종결되었다.

그러나 대학살에 살아남은 자 중 960명의 열심당원들은 엘리에젤 장군의 지휘로 결사항전을 위해 마사다로 피신하였다. 이들의 뒤를 쫓아 로마의 실바 장군의 지휘하에 10군단 1만 5천명이 마사다로 내려갔다.

이곳에서 73년 5월 2일 멸망당할 때까지 3년여를 자유를 향한 마지막 몸부림을 쳤다. 절벽 높이 450m, 둘레 1,280m, 길이 남북 800m, 동서 300m나 되는 천연 요새인 바위 암벽 마사다는 BC 167년에 하스모니안 왕가의 요나단에 의하여 에돔 지역에서 오는 적군을 방어하기 위한 목적으로 처음 요새화되었다.

BC 103~76년 알렉산더 야나이라에 의해 확장되었고, BC 30년 헤롯 대왕에 의해 지금도 볼 수 있는 대부분의 건물들이 건축되었다. 동서남북 절벽으로 이루어진 곳에 높이 3.5m의 성벽을 쌓았고, 38개의 망대를 설치하여 난공불락의 요새를 만들었던 것이다.

헤롯 별장을 복원한 조형물

로마 장군 실바는 군인들을 동원하여 포위 공격에 들어갔고, 지형적인 이유로 일시에 점령하지 못하자 서쪽 약간 낮은 지역에 토성을 쌓아 올려 마사다보다 높이를 더하려 하였다. 날마다 쌓여가는 토성을 보며 유대인들은 용기를 잃어갔을 것이다.

최후의 날이 다가왔을 때 엘리에젤은 용맹스러운 동료들과 모든 요새 안의 유대 형제들을 모아놓고 연설을 하였다.

"우리는 로마를 섬기지 않고 하나님 한 분만 섬겼소. 참되시고 의로우신 하나님의 은총으로 우리는 자유롭고 고귀하게 죽을 수 있게 되었소. 살아 노예가 되어 치욕을 당하는 것보다…(중략)…우리의 자유를 위한 고귀한 선택을 하도록 합시다."

간곡한 연설에 일부는 동조하였으나 가족들에 대한 연민의 정으로 일부가 망설이자 그는 재차 연설한다.

"세상에서의 자유를 추구하면서 영원한 자유를 꺼리는 것은 분명히 어리석은 일이 아니고 무엇이겠소."

결국 성경의 예언대로 모든 일이 이루어졌다. 이들이 최후로 읽은 성경은 에스겔 37장 1~6, 11~12, 21~22절이다.

로마 군대가 마사다 함락을 위해 쌓아 올린 토성

에스겔 37장 1~6, 11~12, 21~22절

1여호와께서 권능으로 내게 임재하시고 그의 영으로 나를 데리고 가서 골짜기 가운데 두셨는데 거기 뼈
가 가득하더라 2나를 그 뼈 사방으로 지나가게 하시기로 본즉 그 골짜기 지면에 뼈가 심히 많고 아주 말
랐더라 3그가 내게 이르시되 인자야 이 뼈들이 능히 살 수 있겠느냐 하시기로 내가 대답하되 주 여호와
여 주께서 아시나이다 4또 내게 이르시되 너는 이 모든 뼈에게 대언하여 이르기를 너희 마른 뼈들아 여
호와의 말씀을 들을지어다 5주 여호와께서 이 뼈들에게 이같이 말씀하시기를 내가 생기를 너희에게 들
어가게 하리니 너희가 살아나리라 6너희 위에 힘줄을 두고 살을 입히고 가죽으로 덮고 너희 속에 생기
를 넣으리니 너희가 살아나리라 또 내가 여호와인 줄 너희가 알리라 하셨다 하라…11또 내게 이르시되
인자야 이 뼈들은 이스라엘 온 족속이라 그들이 이르기를 우리의 뼈들이 말랐고 우리의 소망이 없어졌
으니 우리는 다 멸절되었다 하느니라 12그러므로 너는 대언하여 그들에게 이르기를 주 여호와께서 이같
이 말씀하시기를 내 백성들아 내가 너희 무덤을 열고 너희로 거기에서 나오게 하고 이스라엘 땅으로 들
어가게 하리라…21그들에게 이르기를 주 여호와께서 이같이 말씀하시기를 내가 이스라엘 자손을 잡혀
간 여러 나라에서 인도하며 그 사방에서 모아서 그 고국 땅으로 돌아가게 하고 22그 땅 이스라엘 모든
산에서 그들이 한 나라를 이루어서 한 임금이 모두 다스리게 하리니 그들이 다시는 두 민족이 되지 아
니하며 두 나라로 나누이지 아니할지라

자신들은 죽지만 이스라엘은 회복될 것이고 고국 땅은 반드시 부활할 것을 확신하면서 죽어갔던 것이다. 이곳에서 발견된 사본들은 시편 81, 85, 150편, 레위기 일부, 에스겔 37장, 신명기 33, 34장 등이다.

마사다는 시편 18편에 나오는 산성, 요새, 바위라는 뜻을 가지고 있다. 마사다는 실패한 땅이 아니라 결국 하나님의 섭리가 발견되는 성공의 땅이 된다. 여호와는 지금도 산성이 되셔서 믿는 자를 지켜주시니 비굴해지지 말고, 두려워하지 말고 믿음의 자유를 위해서라면 죽기까지 힘을 다해야 할 것이다.

오늘날 마사다는 이스라엘의 국립공원으로, 사해 쪽 아래에서 케이블카(84인승)를 타고 5분이면 정상으로 올라갈 수 있다. 케이블카에서 내리면 동쪽에 만들어진 거대한 물 저장고를 볼 수 있는데, 고대에 물을 저장하는 신기한 방법을 엿볼 수 있는 곳이기도 하다.

출입문으로 올라가면 마사다 요새 전체를 볼 수 있다. 곳곳마다 비치된 모형도를 놓고 안내인이 설명하는 모습들도 보이는데 발걸음을 옮겨 채석장을 지나면 요새의 창고 지역이 나타난다. 거대한 요새의 병사들과 관리들을 먹이기 위한 식량 창고와 무기 창고 등이 오늘날까지 잘 보존되어 있다.

케이블카를 타고 오르며 마사다에서 내려다본 사해

그리고 헤롯의 사우나탕은 전형적인 로마 스타일의 목욕문화를 보여준다. 이곳을 지나 북쪽 궁전으로 나아가면 발밑에 아스라이 보이는 로마군의 진지들과 방어선들이 눈에 들어온다. 3층 궁전에서 북쪽으로 눈을 돌리면 잡힐 듯 다가오는 엔게디의 모습이 보이고, 북서쪽으로 마온 황무지, 십광야, 유대광야 등이 보인다.

마사다 정상에 있는 물 저장고

길을 따라 서쪽으로 가보면 저수지와 회당이 있다. 최후의 연설이 있었던 곳이며, 요새의 거주민이 안식일을 지키고 절기를 지키며 기도하던 곳이다.

회당 옆 부속 건물을 따라 남쪽으로 가면 구멍 뚫린 집이 보이는데, 연락용으로 키웠을 것으로 짐작되는 비둘기집들이 있었던 곳이다. 마사다 중간부에 가면 서쪽 구릉이 보이고, 로마군 진지와 돌 포대도 보인다. 로마군들이 쏘아 올린 돌 포탄들을 지금도 이곳에서 볼 수 있다. 이곳에서 비잔틴 문을 통과하여 로마군 진지를 향하여 내려가는 길도 있다.

대부분 케이블을 타고 마사다에 오르지만, 가끔은 아라드 쪽에서 버스로 마사다로 와서 로마군 진지에서 출발하여 정상에 오르기도 한다. 곳곳에서 로마군이 쌓아 올린 경사로를 볼 수 있는 묘미가 있다.

서쪽 궁전은 천연돌로 만들어진 2,000년 된 모자이크를 볼 수 있고, 남쪽으로 계속 가면 거대한 저수지와 묘지, 비둘기집 등을 볼 수 있다.

시간 관계상 대부분 이 서쪽 궁전을 본 후 5세기에 지어진 비잔틴 수도원을 보고 다시 케이블카로 이동한다.

마사다 매표소는 현대식 건물로 냉난방이 잘 되어 있고, 영화를 보는 곳도 있으며, 유물들이 전시되어 있는 공간도 있다. 쇼핑센터와 조그만 가게가 내부에 있고, 외부에는 노천 카페에서 생과일 주스를 판다. 과일 주스를 마시면서 마사다를 배경으로 사진도 찍으며 역사를 음미해 볼 수도 있다.

마사다 정상에 있는 회당

로마 군사들이 쏜 돌들

헤롯 대왕이 만든 화려한 목욕탕

자유를 향한 몸부림을 배우려고 오늘날에도 많은 유대인들이 부지런히 마사다로 올라가고, 이방인 순례객들도 덩달아 올라가고 있다. 신앙의 자유가 얼마나 중요한가 하는 생각을 다시 한번 해보게 하는 곳이다.

엔게디(Ein Gedi)

엔게디는 예루살렘에서 동남쪽으로 56km, 마사다 북쪽으로 10km, 쿰란 남쪽으로 35km 지점으로 사해 서쪽에 위치해 있다. 이곳은 네게브 사막의 북쪽에 있으며, 여호사밧 왕 때 유대를 침공하는 동맹군이 진을 쳤던 곳이기도 하다. 또한 엔게디는 유대광야 남쪽에 있는 오아시스로, 로마군이 마사다를 포위하는 중에 여기까지 와서 여러 가지 물건을 사고 식량을 보급받기도 했다.

하늘에서 바라본 엔게디와 사해(좌)와 사해 주변 지도(우)

'엔게디'라는 말은 히브리어에서 '샘'을 가리키는 '에인'과 '새끼 염소'(ibex)를 가리키는 '게디'가 합쳐진 단어이다. 그러므로 '엔게디'는 '새끼 염소의 샘'이라는 뜻이다.

엔게디가 특별한 이유는 생명이 살지 못할 사해 주변에 아름다운 폭포와 오아시스를 만들어 내는 물이 흐르기 때문이다. 광야의 메마른 협곡 깊은 곳으로 흐르는 계곡의 맑은 물이 샘을 이루고 폭포를 만들면서 그 주변에 생명들이 살아갈 터전을 만들어 준다는 점에서 엔게디는 매력적인 장소이다.

엔게디 입구 주변 키부츠 전경

이곳은 아열대성 사막기후로 종려나무, 대추야자 나무, 포도, 고벨화가 유명하다. 또한 풍부한 샘물과 기름진 토양으로 고대부터 농경 집단이 정착했으며, 그때부터 대추야자, 바나나, 포도, 면, 장미 등 많은 작물 재배가 가능했다.

엔게디는 헤브론에서부터 예루살렘에 이르는 유대 중앙 산악지대에서 동편 사해 쪽으로 흘러내리는 많은 계곡들이 만들어 내는 샘 중 하나이다. 헤브론과 베들레헴 사이에 있는 수많은 지류들이 모여서 엔게디샘을 이루는 계곡들이 만들어진다. 그중 주류 계곡은 아르곳(Argot) 계곡으로 드고아 근처에서 시작된다. 그리고 이 아르곳 계곡의 중간쯤에 샘이 있는데 이 샘의 이름이 엔게디이다.

현재 이곳에는 엔게디샘을 중심으로 국립공원이 형성되어 있다. 이 공원에는 4개의 샘이 있는데 공원의 이름이 된 엔게디샘과 남쪽의 나할 아르고트샘, 에인 슈라미트샘, 그리고 나할 다비드샘이다.

18.5m의 매우 아름다운 다윗의 폭포수 아래 형성된 천연 풀장인 나할 다비드샘에서는 수영도 할 수 있다. 남부 지방의 유일한 폭포인 다윗의 폭포는 상부에 위치한 석회암 바위틈에서

나오는 물방울들이 한 방울씩 모여서 작은 물줄기를 이루고, 이것이 몇 개의 물웅덩이를 만들면서 마침내 폭포를 이루어 떨어진다. 엔게디 국립공원에는 전형적인 아열대식물이 무성히 자라고 있으며, 종려나무, 대추야자 나무, 포도 등 많은 작물을 볼 수 있다.

유대광야에서 시작되는 엔게디골짜기

엔게디 다윗의 폭포

성경에서는 엔게디 황무지(삼상 24:1) 또는 엔게디 요새(삼상 23:29)로 언급되고 있다.

엔게디는 구약성경에 총 5번 등장하는데, 두 번은 다윗이 사울 왕에게 쫓기던 시절 숨어든 광야로 나오고(삼상 23:29, 24:1), 한 번은 여호사밧 시대에 나오는데 다른 이름으로는 하사손다말이라고 불렀다(대하 20:2). 그리고 나머지 두 번은 아가서(1:14)와 에스겔서(47:10)에서 등장한다.

아브라함 때는 아모리 족속이 살았으며(창 14:7), 가나안 정복 때는 유다 지파의 기업으로 분배되었다(수 15:62).

이곳에서 가장 유명한 일화는 사울과 다윗 왕의 이야기이다.

사울이 다윗을 총사령관으로 하여(삼상 18:5) 블레셋과 싸우고 개선할 때, 이스라엘 여인들이 다윗을 환영하며 칭송하기를 "사울이 죽인 자는 천천이요 다윗은 만만이로다"(삼상 18:7)라고 하였다. 이때부터 사울 왕이 다윗을 시기하여 죽이려고 했다(삼상 18:9~11).

다윗은 사울 왕을 피해 다윗의 계곡에 위치한 엔게디 요새, 곧 엔게디 황무지에 숨었다(삼상 23:29-"다윗이 거기서 올라가서 엔게디 요새에 머무니라").

동굴에 숨어 지내던 다윗은 물을 마시러 온 사슴을 보고 "하나님이여 사슴이 시냇물을 찾기에 갈급함같이 내 영혼이 주를 찾기에 갈급하니이다"라고 노래했다(시 42:1). 그런데 누군가가 다윗의 위치를 보고해 사울이 군사 3천 명을 거느리고 엔게디로 내려왔다(삼상 24:1~2). 추적 중

길가 양의 우리에 이르러 굴이 있는 것을 보고 사울이 쉬러 들어갔는데, 바로 그 굴 깊숙이 다윗이 숨어 있었다(삼상 24:3). 엔게디 절벽 주위에는 많은 동굴이 있는데 어떤 동굴에 다윗과 그의 사람들이 숨었는지는 알 수 없다.

다윗의 사람들이 사울을 죽이고자 했으나 다윗은 여호와의 기름 부음을 받은 자를 죽이는 것을 원하지 않았으므로 일어나 사울의 겉옷 자락만 가만히 베었다. 그리고 굴에서 나와 땅에 엎드려 절하고 겉옷 자락을 보여주며 자신은 사울에게 범죄한 일이 없음을 호소하였다(삼상 24:9~11).

이에 사울이 소리를 높여 울며 다윗에게, "나는 너를 학대하되 너는 나를 선대하니 너는 나보다 의롭도다"(삼상 24:17)라고 말하며 다윗을 축복하고 헤어졌다(삼상 24:18~22).

그러나 사울은 다시 다윗을 죽이려고 하였고, 후에 블레셋과의 길보아산 전쟁에서 사울과 그 세 아들이 전사한 뒤(삼상 13:2-"블레셋 사람들이 사울과 그의 아들들을 추격하여 사울의 아들 요나단과 아비나답과 말기수아를 죽이니라") 다윗이 이스라엘의 왕으로 등극하였다.

모압과 암몬 자손들과 몇몇 마온 사람들이 유다의 임금 여호사밧을 치기 위해 집결하였던 곳이 하사손다말 곧 엔게디였다. 다윗의 폭포 북쪽이 시스 고개이며, 대적들은 그곳으로 올라왔다(대하 20:16).

유다 왕 여호사밧의 간절한 기도로 대적들은 자기들 스스로 피차 살육하였으므로 유다 사람들은 그들의 시체만 보았고 전리품을 3일 동안이나 거두어들였다(대하 20:1~30).

시원한 물이 쏟아지는 엔게디 폭포(38m)

나인성

나인성 과부의 아들을 살린 기념교회

나인성은 길보아와 다볼 사이에 있는 성이다. 구약에서 나인은 모레산으로 알려져 있다(삿 7:1).

사사기 7장 1절

여룹바알이라 하는 기드온과 그를 따르는 모든 백성이 일찍이 일어나 하롯샘 곁에 진을 쳤고 미디안의 진영은 그들의 북쪽이요 모레산 앞 골짜기에 있었더라

이곳은 나사렛 남동쪽 9.6km, 가버나움 남서쪽 40km 지점에 위치한 갈릴리 지방의 한 성읍이다. '나인'은 '아름답다' '사랑스럽다' '즐겁다'라는 뜻이다. 이곳은 평원을 볼 수 있는 전망이 좋은 곳이고, 봄에는 올리브나무와 무화과나무가 숲을 이루어 사람들을 매혹한다.

미드라쉬에서는 이곳을 창세기 49장 15절에 언급된 아름다운 토지라고 기술하고 있다.

창세기 49장 14~15절

[14]잇사갈은 양의 우리 사이에 꿇어앉은 건장한 나귀로다 [15]그는 쉴 곳을 보고 좋게 여기며 토지를 보고 아름답게 여기고 어깨를 내려 짐을 메고 압제 아래에서 섬기리로다

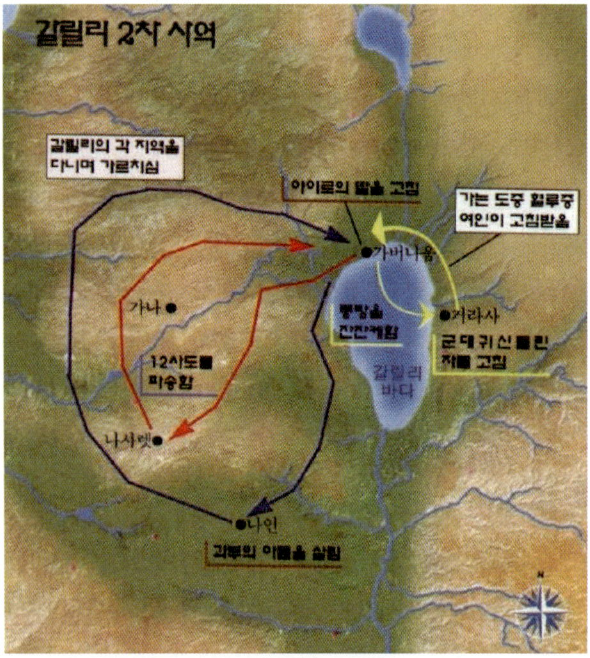

남아 있는 유적을 보면 한때 고대에는 상당히 중요한 성이었으나 지금은 작은 마을이 되었다. 이 부근에서는 이스라엘 시대와 로마시대의 토기가 출토되었다. 이 성을 빠져나와서 보이는 동남쪽 언덕에는 바위 안에 무덤과 동굴이 있다.

예수 그리스도께서 활동하시던 당시에 청년을 이곳에 장사 지내기 위하여 나갔던 것으로 보인다. 산 중턱에 마을이 있었기 때문에 전략적으로 사용되어 성이 건축되었을 것이다.

이곳의 땅들은 매우 비옥하다. 그리고 이 지역의 산에는 나무가 풍성하게 자라고 있다.

오늘날에는 중세시대에 교회가 세워졌던 자리에 조그마한 프란치스코회의 교회가 세워져 있다.

예수 그리스도께서 청년을 살리신 곳은 성문 근처였다(눅 7:11~16). 이 세상에서 죽음은 누구도 피할 수 없다. 남편을 먼저 보내고 혼자서 아들을 키웠던 어머니에게 독자가 먼저 죽게 되는 고통이 왔다. 그러나 예수 그리스도께서 가버나움에서 때를 맞추어서 이곳에 도착하셔서 이 슬픔을 당한 가정에 위로를 주셨다.

예수 그리스도께서 성문에서 나오는 행렬을 만나게 되었다. 일찍 이곳에 도착하셨다면 만날 수 없었을 것이며, 늦게 도착하셨다면 이미 무덤에 장사를 지냈을 것이다. 예수 그리스도의 계획 속에서 사망의 그늘에 앉은 사람들이

빛을 보게 되었다. 오늘도 예수 그리스도께서는 이 세상에 살면서 슬픔을 당한 사람들에게 오셔서 슬픔을 위로하신다.

그리고 예수 그리스도만이 이 가정에 참된 기쁨을 주실 수 있었다. 이 이적을 보고 모든 사람들이 놀라서 하나님께 영광을 돌렸다. 기념교회 예배당 안에 예수 그리스도께서 죽은 청년을 살리는 장면을 묘사한 성화가 있다.

누가복음 7장 15~17절

[15]죽었던 자가 일어나 앉고 말도 하거늘 예수께서 그를 어머니에게 주시니 [16]모든 사람이 두려워하며 하
나님께 영광을 돌려 이르되 큰 선지자가 우리 가운데 일어나셨다 하고 또 하나님께서 자기 백성을 돌보
셨다 하더라 [17]예수께 대한 이 소문이 온 유대와 사방에 두루 퍼지니라

오늘날도 하나님께서는 자기 백성들을 돌보신다. 부활하신 예수 그리스도께서 교회를 통하여 지금도 그의 백성을 돌보고 계신다는 소문이 널리 퍼져야 할 것이다.

마레사(Mareshah)

마레사(Mareshah)는 쉐펠라에 있는 성읍으로, 오른쪽(동쪽)으로는 헤브론이 자리 잡고 있고, 왼쪽(서쪽)으로는 블레셋 성읍 아스글론이 자리 잡고 있다. 즉, 마레사는 지중해에 있는 아스글론에서 동쪽의 헤브론으로 연결되는 동서 도로 위에 위치해 있다.

여호수아는 가나안을 정복하고 나서 마레사를 유다 지파에 할당했다(수 15:44). 마레사는 솔로몬의 아들이며 분열왕국 남왕국 유다의 초대 왕인 르호보암이 요새화한 성읍 중 하나이다(대하 11:8). 유다 왕 아사 때 구스(오늘날의 에티오피아)의 세라가 군사 백만 명과 병거 삼백 대를 이끌고 마레사로 쳐들어왔다. 아사가 하나님께 부르짖어 도움을 청하자 하나님이 구스 사람을 치셨다(대하 14:9~12).

마레사 출신 선지자 엘리에셀은 남왕국 유다 여호사밧 왕이 사악한 북왕국 이스라엘 아하시야 왕과 동맹을 맺은 것에 대해서 비난했다(대하 20:37).

또한 선지자 미가는 마레사의 파멸을 예언했다(미 1:15). 결국 BC 6세기 바벨론 느부갓네살 왕의 공격으로 마레사는 종말을 고했다.

이후에 남쪽 지역에 살던 에돔 사람들이 이곳으로 이주했으며, 바사(페르시아)와 헬라 시대 동안(BC 6~1세기) 마레사는 이두매 지역의 일부가 되었다. 하스모니안 왕조는 헬라의 셀레우코스 왕조(BC 2세기)에 대항해 반역을 일으켰으며, 하스모니안의 요한 힐카누스(John Hyrcanus)는

BC 112년에 이 성읍을 정복하고 주민들을 강제로 개종시켰다. BC 63년 로마의 폼페이(Pompey)는 마레사를 유대 지역과 나누어 다시 이두매에 돌려주었지만, BC 47년 율리우스 카이사르(Julius Caesar)는 마레사를 유대에 합병시켰다.

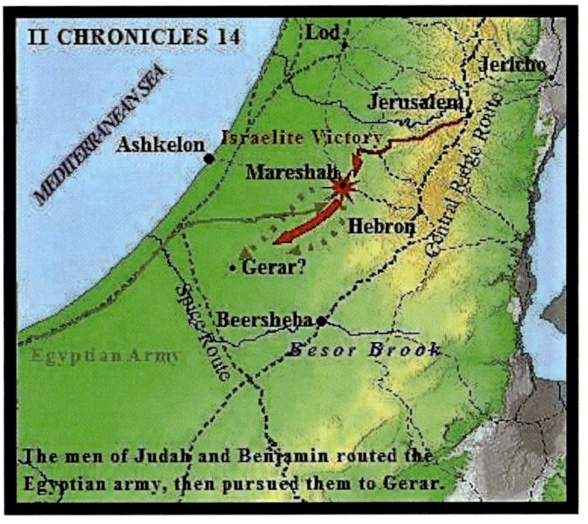

BC 40년 마레사는 하스모니안 왕조의 안티고누스(Antigonus)와 로마의 지원을 받았던 이두매인 안티파터(Antipater)의 아들 헤롯 대왕의 권력 싸움에 끼어들었던 파르티아인들에 의해 파괴되었으며 버려졌다.

오늘날 마레사는 동굴로 유명하다.

첫째, 비둘기장 동굴이다. 마레사는 식용과 제의용으로 비둘기를 키웠으며, 비둘기 똥은 비료로 이용했다. 동굴 안에 들어가면 동굴 벽에 수많은 구멍들(약 2,000개 정도)이 뚫려 있는데 그 구멍은 비둘기들이 머무는 집이었다.

둘째, 올리브 동굴이다. 마레사의 주 수입원은 올리브 작물이었다. 그래서 마레사에는 올리브기름을 짜는 틀이 보존되어 있다.

셋째, 벨 동굴인데 이 이름은 동굴 모양에서 비롯되었다. 이 동굴은 채석으로 인해서 생겨났다. 먼저 땅에 직경 0.9m 크기로 파고 들어가서 갱을 만들고 두께가 약 3m에 달하는 표면 암석을 잘라냈다. 그러고 나서 갱을 더 확대하고, 밧줄로 직사각형의 돌을 끌어올렸다. 이러한 채석은 비잔틴 시대(7세기 초)에 시작되었으며, 이슬람 시기(7~11세기)에 최고조에 달했다. 이렇게 얻은 돌은 건축과 석회 제조에 사용되었다. 이 벨 동굴에 들어가면 그저 탄성이 나올 뿐이다. 정말로 아름답다. 또한 벨 동굴 벽에는 십자가 표시가 있어서 이곳에서 비잔틴 시대에 예배가 드려졌음을 알 수 있다.

기드론골짜기(Kidron Valley)

유대 산악지대 골짜기들

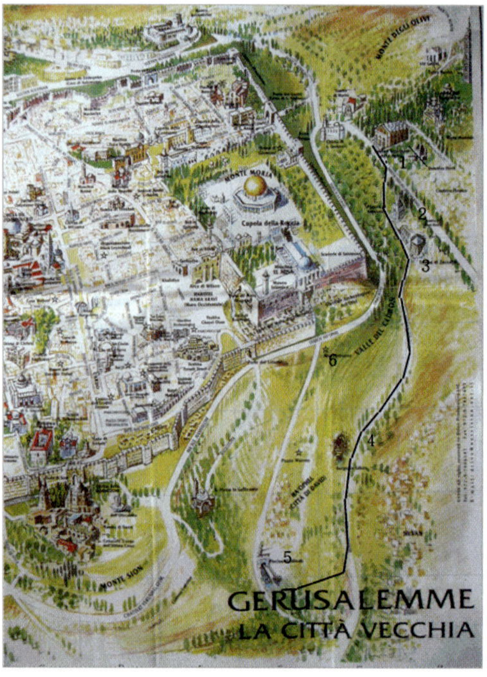

예루살렘성과 기드론골짜기 전경

예루살렘성은 해발 760m의 성전산 언덕에 자리 잡고 있다. 성의 서쪽과 남쪽으로는 힌놈의 골짜기로 내려가며, 동쪽은 기드론골짜기를 사이에 두고 감람산과 갈라져 있다.

예루살렘 동편 성곽과 감람산 사이의 계곡을 기드론골짜기라고 한다. 감람산이 예루살렘 성전산보다 약 80m 정도 더 높으므로 감람산에서 서쪽 예루살렘을 건너다볼 수 있는데, 그 감람산 전망대에서 아래로 내려다보이는 골짜기가 기드론골짜기이다.

오늘날에는 이곳이 '성마리아 계곡'(Wadi sitti Maryam)으로 알려져 있고, 아래 지역은 '와디 엔-나르'(Wadi en-Nar)라고 부른다. 와디라고 부른 이유는 겨울철 우기 때 비가 오면 물이 흐르다가, 건기가 되면 마른 시내가 되기 때문이다.

그 계곡 위쪽에는 감람나무(올리브나무)들이 많이 심어져 있고, 골짜기가 동남쪽으로 흐르다가 다윗성 끝자락에서 힌놈의 골짜기와 만나게 된다. 이 계곡은 예루살렘에서 출발해 유대광야를 지나서 사해까지 연결되어 있다. 동쪽 기드론골짜기는 좋은 의미로 많이 사용되었고, 서쪽의 힌놈골짜기는 쓰레기와 재, 오물을 처리하는 곳 등 좋지 않은 의미로 사용되기도 한다. '어두운', '혼탁한'이라는 의미를 지닌 '기드론'은 그 골짜기를 지나가는 시냇물이 흙빛이라서 '검은 시내'라고 불렀다고 한다.

'여호사밧의 골짜기'라고도 하는 기드론골짜기는 마지막 심판의 장소를 가리키는 말로 사용되기도 하였다. 성경에 의하면 이곳에 묘지가 있으며(왕하 23:6), 아사와 히스기야가 아세라상 등 우상과 그 제단을 내버린 곳이다(왕상 15:13; 대하 29:16, 30:14). 또 다윗이 압살롬으로부터 피신할 때 이곳 기드론골짜기를 건넜다(삼하 15:23).

실제로 기드론골짜기로부터 감람산 100m까지의 남쪽 산기슭에는 넓은 지역에 걸쳐 유대인 공동묘지가 조성되어 있다. 유대인들은 죽은 자들이 감람산 위에서 부활할 것이라고 믿고 있어 사후에 여기에 묻히기를 희망하기 때문에, 예부터 이곳 감람산 기슭 기드론골짜기는 공동묘지로 자리를 잡았다. 그래서 지금 기드론계곡에는 유대인을 비롯하여 모슬렘, 기독교인들의 큰 묘지가 형성되어 있다. 여기서 감람산까지는 걸어서 10~15분 정도 소요되는 가까운 거리이다.

기드론골짜기 상류에 왕들의 무덤이 있어 '왕들의 무덤 골짜기'로도 불린다. 기드론골짜기에는 네 개의 오래된 무덤이 있는데 압살롬, 여호사밧, 야고보, 스가랴의 것이다.

감람산은 예부터 감람나무가 많았던 곳이다. 해발 830m에 있으며, 다윗이 그의 아들 압살롬의 반란 때 감람산을 넘어갔다는 기사(삼하 15:30-"다윗이 감람산 길로 올라갈 때에 그의 머리를 그가 가리고 맨발로 울며 가고 그와 함께 가는 모든 백성들도 각각 자기의 머리를 가리고 울며 올라가니라")에서 처음으로 언급되었다.

그리고 솔로몬이 우상의 산당을 만들어 놓았던 곳이기 때문에 멸망산으로 불리기도 한다(왕하 23:13).

기드론골짜기에서 바라본 겟세마네동산

열왕기하 23장 13절

또 예루살렘 앞 멸망의 산 오른쪽에 세운 산당들을 왕이 더럽게 하였으니 이는 옛적에 이스라엘 왕 솔로몬이 시돈 사람의 가증한 아스다롯과 모압 사람의 가증한 그모스와 암몬 자손의 가증한 밀곰을 위하여 세웠던 것이며

예루살렘의 동쪽에 위치하여 동쪽으로는 유대광야의 모습을 잘 볼 수 있으며, 서쪽으로는 예루살렘의 전경을 한눈에 볼 수 있는 곳이다.

예수 그리스도께서도 겟세마네동산으로 올라가실 때 기드론골짜기를 지나셨다(요 18:1). 미문을 통해 성전에 올라가실 때, 겟세마네동산이나 나사로의 집 베다니에서 밤을 새우실 때, 혹은 감람산을 오르기 위하여 이 계곡을 건너셨다.

예수 그리스도와 관련된 많은 사건들이 감람산을 중심으로 행해졌는데 예루살렘성을 보고 우시고(눅 19:41-"가까이 오사 성을 보시고 우시며"), 제자들에게 기도에 대하여 가르치셨으며(눅 11:1~4), 최후의 만찬을 하시고 겟세마네로 가시기 위하여 이 계곡을 제자들과 함께 건너셨다. 또 겟세마네에서 피땀을 흘리시며 기도하셨고(눅 22:44), 감람산에서 승천하셨다(행 1:6~11).

여호와께서 황금문으로 들어오셨기 때문에(겔 44:1~3) 심판의 메시아도 황금문으로 들어오실 것이라 믿어, 기드론골짜기 주변과 감람산 서쪽 기슭은 부활의 소망을 가진 많은 사람들의 공동묘지가 되었다. 기드론골짜기에는 압살롬의 탑, 헤실 자손의 무덤, 스가랴의 무덤과 다윗성, 워렌의 수갱, 기혼샘, 히스기야 터널, 실로암 등이 있다.

힌놈의 골짜기(Hinnom Valley)

예루살렘을 향한 힌놈의 골짜기 전경

힌놈의 골짜기(게헨놈, Gehennom)는 '지옥의 형벌'의 이미지를 가지고 있고, 아켈다마(Akeldama)는 예수 그리스도를 판 가룟 유다가 목을 맨 곳이기에 그 이름을 듣는 것만으로도 기분이 별로 유쾌하지 않다. 그래서인지 관광객들은 먼발치에서 골짜기의 전체 풍경을 카메라에 담을 뿐 직접 안으로 들어가는 경우는 느물다.

전망대에서 힌놈의 골짜기를 바라보는 사람들에게 '왜 직접 들어가 보지 않느냐'고 물으면 시간이 없다고 하거나 별로 가보고 싶지 않다고 한다. 사람들의 대답 속에 '불길하다' 혹은 '기분 나쁘다'와 같은 느낌이 역력하다.

이 골짜기는 쓰레기 소각장이요 시체 매장지로, 예루살렘 남서쪽에 위치한다. 골짜기를 따라 계속 내려가면 기드론골짜기와 감람산의 겟세마네 지역과 만난다. 지금은 잔디와 나무를 심어서 경관이 괜찮지만, 옛날에는 정말 황량한 곳이었다고 한다.

우상숭배로 인한 저주의 골짜기

힌놈의 골짜기는 유다 아하스 왕 시대에 바알의 우상을 만들어 놓고 분향한 곳이며, 유다 사람들은 이곳에 암몬 족속의 신 몰렉을 위한 산당 '도벳'을 짓고 어린 자녀들을 산 채로 불살라 제물로 바치는 악을 행했다(대하 28:1~4; 렘 7:31~33; 겔 16:20~21).

남왕국 유다 왕 아하스가 행한 악이 열왕기하 16장 1~4절에 기록되어 있다.

열왕기하 16장 1~4절

1르말랴의 아들 베가 제십칠 년에 유다의 왕 요담의 아들 아하스가 왕이 되니 2아하스가 왕이 될 때에
나이가 이십 세라 예루살렘에서 십육 년간 다스렸으나 그의 조상 다윗과 같지 아니하여 그의 하나님 여
호와께서 보시기에 정직히 행하지 아니하고 3이스라엘의 여러 왕의 길로 행하며 또 여호와께서 이스라
엘 자손 앞에서 쫓아내신 이방 사람의 가증한 일을 따라 자기 아들을 불 가운데로 지나가게 하며 4또
산당들과 작은 산 위와 모든 푸른 나무 아래에서 제사를 드리며 분향하였더라

예레미야 7장 30~32절도 읽어보자.

예레미야 7장 30~32절

30여호와께서 말씀하시되 유다 자손이 나의 눈앞에 악을 행하여 내 이름으로 일컬음을 받는 집에 그들
의 가증한 것을 두어 집을 더럽혔으며 31힌놈의 아들 골짜기에 도벳 사당을 건축하고 그들의 자녀들을
불에 살랐나니 내가 명령하지 아니하였고 내 마음에 생각하지도 아니한 일이니라 32그러므로 여호와께
서 말씀하시니라 날이 이르면 이곳을 도벳이라 하거나 힌놈의 아들의 골짜기라 말하지 아니하고 죽임의
골짜기라 말하리니 이는 도벳에 자리가 없을 만큼 매장했기 때문이니라

그 후 요시야 왕이 몰렉에게 드리던 이방 제사를 파하고 골짜기와 도벳 산당 터를 더럽혀(왕하 23:10), 그때부터 이곳은 이방인의 무덤과 쓰레기 소각장으로 쓰였다. 예루살렘에서 나오는 쓰레기들을 다 모아 큰 불을 피워서 태워 없앴고 각종 오물을 버렸다.

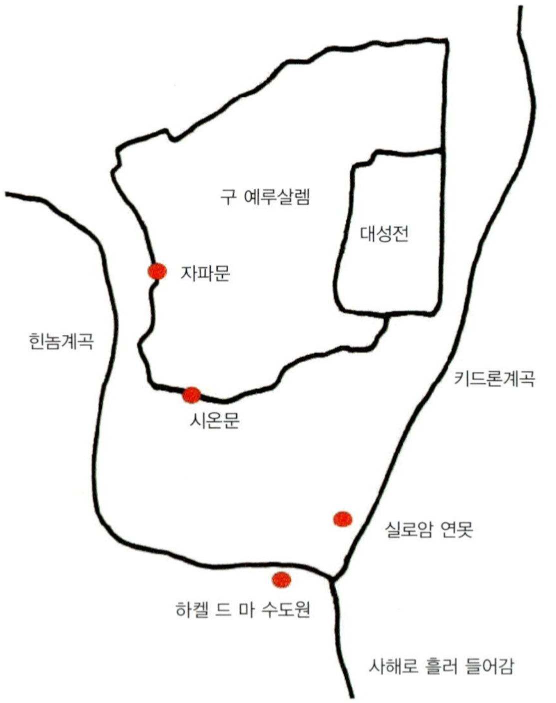

특히 율법을 어겨서 죽임을 당한 사람, 이방인, 반역자, 나병 등 부정한 질병으로 죽은 자, 오갈 데 없이 살다가 이름도 없이 죽은 거지나 유랑자들의 시체를 매장했다. 그런 까닭에 힌놈의 골짜기 주변에서는 쓰레기와 짐승의 사체와 사람의 시체에서 나는 심한 악취가 진동했다고 전해진다.

그리고 당시 예루살렘성의 쓰레기들과 오물들은 옛 성문 가운데 분문을 통해서 옮겨 힌놈의 골짜기로 실어 날랐는데, 온갖 더러운 것들과 오물들과 죄인들의 시체와 짐승의 사체가 나

가는 문이어서 '분문'(똥문)이라 이름 지어졌다고 한다.

지옥의 대명사 게헨놈

몰렉에게 바친 아이들을 불사른 강렬한 불과 타는 연기와 고통 소리, 그리고 온갖 쓰레기들을 태울 때 그 불이 꺼지지 않고 계속해서 피어오르는 것을 보고 유대인들은 '지옥'이라는 단어를 이 골짜기의 이름에서 따와 '게헨놈'이라고 했다. 그리하여 '게헨놈'은 원래 이 골짜기의 이름이지만 지옥이라는 특별한 대명사로도 사용된다.

예수 그리스도께서도 마가복음에서 지옥을 이야기하실 때 게헨놈이라는 단어를 직접 사용하셨다.

마가복음 9장 43~49절을 읽어보자.

마가복음 9장 43~49절

43 만일 네 손이 너를 범죄하게 하거든 찍어버리라 장애인으로 영생에 들어가는 것이 두 손을 가지고 지
옥 곧 꺼지지 않는 불에 들어가는 것보다 나으니라 44(없음) 45만일 네 발이 너를 범죄하게 하거든 찍어
버리라 다리 저는 자로 영생에 들어가는 것이 두 발을 가지고 지옥에 던져지는 것보다 나으니라 46(없
음) 47만일 네 눈이 너를 범죄하게 하거든 빼버리라 한 눈으로 하나님의 나라에 들어가는 것이 두 눈을
가지고 지옥에 던져지는 것보다 나으니라 48거기에서는 구더기도 죽지 않고 불도 꺼지지 아니하느니라
49사람마다 불로써 소금 치듯 함을 받으리라

여기서 한 가지 더 주목할 점은 힌놈의 골짜기 중심부에 '아켈다마'가 자리하고 있었다는 것이다. 성경에서 '하켈 드마-피밭'(신약성경), '아겔다마-피의 밭'(공동번역성경), '하켈다마하-피의 밭'(200주년 신약성경) 등으로 번역된, 예수 그리스도를 팔아넘긴 유다의 죽음을 전하는 장소는 힌놈의 골짜기가 끝나는 지점인 서남쪽에 있는 실로암 연못과 인접해 있다. 외국어식 표기는 'Haceldama' 'Hakel dema' 'Akeldama' 등이 사용되고 있다.

예수 그리스도께서 사형선고를 받으신 것을 보고 후회한 가룟 유다는 예수 그리스도를 배반하고 받은 은 삼십을 성전 안에 내던지고 물러가서 목을 매달아 죽었다. 이에 대제사장들이 그 돈으로 토기장이의 밭을 사서 나그네들의 묘지로 사용하여 '피밭'이라는 이름으로 부르게 되었다(마 27:3~10). '하켈 드마'(Hakel dema)는 아람어로 '피밭'(행 1:15~19)을 의미한다.

사도행전 1장 18~19절을 읽어보자.

사도행전 1장 18~19절

[18](이 사람이 불의의 삯으로 밭을 사고 후에 몸이 곤두박질하여 배가 터져 창자가 다 흘러 나온지라
[19]이 일이 예루살렘에 사는 모든 사람에게 알리어져 그들의 말로는 그 밭을 아겔다마라 하니 이는 피밭
이라는 뜻이라)

지금은 이곳이 옛날과 많이 달라져서 어느 곳이 아겔다마인지 정확히 말할 수는 없지만, 오랜 시간 사람들의 입에서 입으로 전해 내려온 '피밭'이라 불리는 장소가 힌놈의 골짜기 한쪽에 있고, 그곳 위에 지어진 수도원이 지금까지 자리하고 있다.

시온산에서 바라본 힌놈 계곡과 하켈드마수도원

예수 그리스도의 승천 이후 대략 200~300년을 사람들이 '피밭'이라 불렀다는 곳, 아겔다마. 가룟 유다의 죽음 이후 대제사장들이 그 밭을 사서 예루살렘의 멸망 전까지 외국인과 부정한 자들의 매장지로 사용했기에 이름이 알려진 곳이었다고 한다. 그리고 전해 내려오는 이야기를 토대로 그 후에 그곳 위에 수도원을 지었다고 한다. 여하튼 가룟 유다가 죽은 곳이 지옥을 의미하는 힌놈의 골짜기 안에 있다는 사실이 주의를 끈다. 이는 예루살렘 서쪽에서 남으로 둘러 있는 이 넓은 골짜기(수 15:8, 18:16)는 기드론골짜기와 만난다.

현재 이곳은 그리스 정교회의 수녀회가 자리 잡고 있는데, 수도원 안에서는 바위를 파서 만든 다양한 형태의 지하 무덤들을 볼 수 있다. 이 중 오래된 것은 고대 여부스 시대에서부터 헬레니즘 시대에 이르는 무덤 형태라고 한다.

십자군 시대에는 이곳에 성마리아성당이 지어졌고, 그 후 성지에서 병자와 순례자들을 돌보는 일에 종사했던 기사수도회에 양도되면서 성지 순례 도중 예루살렘에서 죽은 순례자들을 묻는 곳이 되었다.

힌놈골짜기 동굴들

4세기의 증언에 의하면, 비잔틴 시대에는 이 지하 동굴 무덤들이 수도자들과 은수자들의 기도처로 사용되기도 하였다. 그리스 정교회에서는 1874년 거룩한 은수자들을 공경하며 이집트의 은수자인 오누프리우스의 이름을 따서 이곳에 성오누프리우스(St. Onuphrius)수도원을 지었다.

바위 무덤 안에는 중세 순례자들의 해골과 뼈들이 남아 있으며, 현재 성당으로 사용되고 있는 곳은 전승에 의하면 유다의 배신으로 예수 그리스도께서 붙잡혀 가자 두려움에 떨던 제자들이 숨었던 곳이라 하여 '사도들의 동굴'이라고 부른다.

쉐펠라(Shephelah)

블레셋 평야와 유다 산지 사이의 구릉지대를 '쉐펠라'라고 한다.

쉐펠라의 어원은 '낮은 땅'이라는 뜻이다. 그러나 실제로는 낮은 땅이 아니다. 서부 블레셋 평야 방면에서 바라보면 상당히 높은 산지인 데 비해, 유다 산지에서 볼 때는 상대적으로 낮아서 쉐펠라라고 부르고 있다. 그리하여 성경에는 20번이나 평지라고 기록되어 있지만 평야와 구별해야 한다.

'저지대'(lowland)라는 뜻으로 개역개정에서는 "평지"(신 1:7; 수 9:1, 10:40, 11:2, 16, 12:8, 15:33; 삿 1:9; 왕상 10:27; 대하 1:15, 9:27, 26:10, 28:18; 렘 17:26, 33:13; 옵 1:19), "평야"(대상 27:28), "저지대"(렘 32:44), "평원"(슥 7:7) 등으로 번역되고 있지만, 일반 평야 지대와 구분하여 편의상 쉐펠라 구릉지대라 부르고 있다. 쉐펠라 구릉지대는 서부 평야와 동부 산간지 사이의 중간지대로서, 산지에 거주하는 유다인들은 이곳이 블레셋인에 대한 최전방 방어선이었고, 블레셋은 이곳이 유다인의 정복에서 제일선이었다. 그리하여 구릉지는 영속적으로 어느 한 편에 지배된 사실이 없고 양자 간의 유혈 전쟁터가 되었다.

쉐펠라 구릉지대는 남북 길이가 45km에 달하고, 동서 너비가 평균 6km이며, 높이는 해발

평균 150~300m(동부 300~600m, 북부 400m, 남부 500m)로서 북에서 남으로 유다 산지를 향하여 놓여 있다. 이 지대에는 계곡이 45개에 달한다. 그중 중요한 계곡은 북쪽부터 아얄론골짜기, 소렉골짜기, 엘라골짜기, 구부린골짜기, 라기스골짜기의 다섯 골짜기가 있다.

북쪽으로 게셀(Gezer) 오른쪽(동쪽) 옆 아얄론골짜기부터 남쪽 헤브론까지 이어진다. 쉐펠라 왼쪽(서쪽)으로는 가사(Gaza), 아스글론(Ashqelon), 아스돗(Ashdod) 등이 보이는데 이들은 블레셋 성읍들이다. 쉐펠라 오른쪽(동쪽)에는 예루살렘, 베들레헴, 헤브론 등이 있는데 이는 유다 지파 성읍으로 유다 산지에 있다. 성읍들의 위치를 볼 때 쉐펠라가 유다 지파와 블레셋 족속의 완충지대이며 접촉점임을 쉽게 알 수 있다.

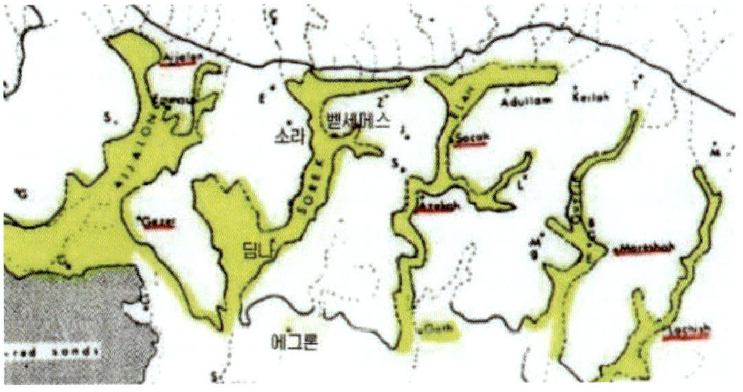

쉐펠라 지역 서쪽에서 유대 산악지대로 오르는 골짜기들

아얄론골짜기(Ajalon Valley)

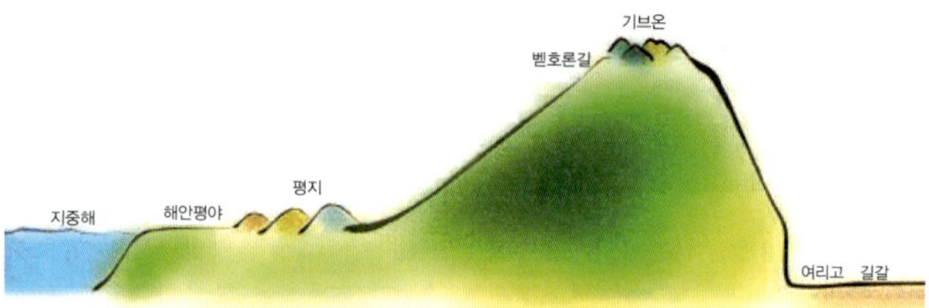

이스라엘을 동서로 자른 지형도

예루살렘은 해발 700~800m에 이르는 산악지역에 자리 잡고 있는 도시이다. 그곳에서 산봉우리 사이로 비탈길을 따라 서쪽 지중해 해변에 세워진 텔아비브로 내려가다 보면 마지막 가파른 내리막길을 지나게 된다. 이 가파른 내리막 골짜기 길을 통과하자마자 나지막한 산들을 만나게 되는데 이 지점이 산악지역 끝이요, 평지가 시작되는 지점이다.

평지는 평야와 같은 평평한 지형을 일컫는 말이지만 성경의 평지는 산들이다(대상 27:28; 대하 1:15). 곧 평지에 들어서는 순간 산들이 낮아졌을 뿐 아직도 산들이 멀쩡하게 눈앞에 보인다.

한글 성경에서는 이 평지를 '쉐펠라'라고 불렀다.

쉐펠라는 '겸손' 또는 '낮은'을 의미하는 히브리어이다. 그래서 '쉐펠라'가 어느 장소나 지역을 나타내는 단어로 사용될 때 이는 낮은 지역(Lower Land) 또는 낮은 장소(Lower Place)를 의미하게 된다. 성경에서 쉐펠라로 불린 지역은 대략 동서로 15km, 남북으로 60km 넓이에, 100~500m에 이르는 산들과 골짜기들로 구성된 특정 지역이다.

대부분 600~1,000m 산악지역에 살았던 이스라엘 백성들에게 이 지역은 쉐펠라 즉 낮은 지역일 뿐이었다. 아마도 그 땅에 대하여 조금이라도 관심을 가지고 성경을 번역했다면 지금까지 이어져 온 수많은 기독교인들의 오해를 미연에 막을 수 있었을 것이다. 평지에서 서쪽 지중해 방향으로 가면 갈수록 양옆의 산들은 점점 낮아지며 시야에서 멀어지고 평야와 같이 넓은 계곡을 지나게 된다. 평야와 같이 드넓은 이곳을 성경은 골짜기라고 부른다.

아얄론골짜기는 그중 첫 번째로 만나는 곳이다.

평지에 있는 다섯 개의 골짜기 가운데 가장 북쪽에 자리 잡고 있으며, 가장 넓은 골짜기이다. 평지의 골짜기들은 지중해 해안에서 산악지역으로 올라가는 도로 역할을 해왔다. 그중에서도 아얄론골짜기는 벧호론 능선 길로 연결되어 예루살렘의 북쪽 기브온과 사무엘 선지자의 고향 라마와 연결되는데, 고대로부터 이 골짜기와 비탈길은 산지로 올라가는 고속도로의 역할을 했다. 아얄론 골짜기는 평지에 있는 골짜기 가운데 가장 넓은 골짜기인 동시에 이 골짜기와 연결되는 벧호론 비탈길은 산악지역에 펼쳐진 해발 650m의 고원지대와 연결되는 가장 짧은 길이기 때문이다.

지혜의 왕 솔로몬은 이 중요성을 간과하지 않고 이 골짜기와 비탈길에 요새를 구축하였다(왕상 9:17; 대하 8:5).

열왕기상 9장 15~17절을 읽어보자.

열왕기상 9장 15~17절

15솔로몬 왕이 역군을 일으킨 까닭은 이러하니 여호와의 성전과 자기 왕궁과 밀로와 예루살렘성과 하솔과 므깃도와 게셀을 건축하려 하였음이라 16전에 애굽 왕 바로가 올라와서 게셀을 탈취하여 불사르고 그 성읍에 사는 가나안 사람을 죽이고 그 성읍을 자기 딸 솔로몬의 아내에게 예물로 주었더니 17솔로몬이 게셀과 아래 벧호론을 건축하고

그 결과 이 골짜기와 비탈길에서는 역사의 고비마다 크고 작은 전쟁이 끊이지 않았다. 전쟁을 위해서 산지로 올라가는 군인들이나 전쟁에서 패하여 도주하는 군인들도 이 골짜기와 비탈길을 이용했다. 애굽 바로의 군인, 앗수르 군인, 바벨론 군인, 바사 군인, 알렉산더 군인, 로마의 군인 모두가 이 길을 통과하여 예루살렘을 포위했다.

사무엘과 사울, 그리고 다윗에게 쫓기던 블레셋 군인들도 이 비탈길과 골짜기로 도주했다(삼상 7:5~12, 13:15~18, 14:31; 대상 14:8~17).

초기 이스라엘 백성들은 가나안 땅에 정착하기 위해서 그 땅의 가나안 거민들과 격렬한 전쟁을 벌여야만 했다. 그 가운데 잊을 수 없는 전쟁이 여호수아 9~10장에 기록되었다. 야간 행군까지 강행하면서 길갈에서 900m 고지의 가파른 산길을 단숨에 올라가야 했던 여호수아, 그리고 기브온 거민과 여호수아의 화친 소식을 접한 예루살렘 왕 아도니세덱이 그와 싸우고자 헤브론, 야르뭇, 라기스, 에글론 왕과 연합군을 형성하여 기브온을 공격했던 이 전쟁은 고도의

전략과 전술이 숨어 있는 전쟁이었다. 여호수아 10장에 요약된 이 전쟁은 이스라엘 백성들이 일방적으로 승리를 거두었다. 그러나 벧호론 비탈길 저 꼭대기 기브온 고원에서 벌어진 그 날의 전쟁은 전무후무한 기록을 남긴 치열한 전쟁이었다. 여호수아나 아모리 사람들에게는 한 치도 양보할 수 없는 전쟁이었으며, 여호수아에게는 가나안 정복의 대사명을 이루기 위해 반드시 끝을 보아야만 했던 전쟁이었다.

전쟁이 극에 달했을 때 해가 저물어가기 시작했다. 그때 여호수아가 "태양아 너는 기브온 위에 머무르라 달아 너도 아얄론골짜기에 그리할지어다"(수 10:12)라고 명령했다. 여호와 하나님의 도우심으로 이스라엘 백성들은 기적적으로 승리를 거둔다.

여호수아 10장 6~15절을 읽어보자.

여호수아 10장 6~15절

6기브온 사람들이 길갈 진영에 사람을 보내어 여호수아에게 전하되 당신의 종들 돕기를 더디게 하지 마
시고 속히 우리에게 올라와 우리를 구하소서 산지에 거주하는 아모리 사람의 왕들이 다 모여 우리를 치
나이다 하매 7여호수아가 모든 군사와 용사와 더불어 길갈에서 올라가니라 8그때에 여호와께서 여호수
아에게 이르시되 그들을 두려워하지 말라 내가 그들을 네 손에 넘겨주었으니 그들 중에서 한 사람도 너
를 당할 자 없으리라 하신지라 9여호수아가 길갈에서 밤새도록 올라가 갑자기 그들에게 이르니 10여호
와께서 그들을 이스라엘 앞에서 패하게 하시므로 여호수아가 그들을 기브온에서 크게 살륙하고 벧호론
에 올라가는 비탈에서 추격하여 아세가와 막게다까지 이르니라 11그들이 이스라엘 앞에서 도망하여 벧
호론의 비탈에서 내려갈 때에 여호와께서 하늘에서 큰 우박 덩이를 아세가에 이르기까지 내리시매 그
들이 죽었으니 이스라엘 자손의 칼에 죽은 자보다 우박에 죽은 자가 더 많았더라 12여호와께서 아모리
사람을 이스라엘 자손에게 넘겨주시던 날에 여호수아가 여호와께 아뢰어 이스라엘의 목전에서 이르되
태양아 너는 기브온 위에 머무르라 달아 너도 아얄론골짜기에서 그리할지어다 하매 13태양이 머물고 달
이 멈추기를 백성이 그 대적에게 원수를 갚기까지 하였느니라 야살의 책에 태양이 중천에 머물러서 거
의 종일토록 속히 내려가지 아니하였다고 기록되지 아니하였느냐 14여호와께서 사람의 목소리를 들으신
이 같은 날은 전에도 없었고 후에도 없었나니 이는 여호와께서 이스라엘을 위하여 싸우셨음이니라 15여
호수아가 온 이스라엘과 더불어 길갈 진영으로 돌아왔더라

소렉골짜기(Sorek Valley)

벧세메스에서 수넴을 등지고 펼쳐진 소렉골짜기 전경

소렉골짜기는 '좋은 포도 골짜기'라는 뜻의 유다 평지로 아얄론골짜기의 남쪽, 동서로 뻗은 엘라 골짜기의 북쪽에 있다. 현재는 예루살렘 남서쪽 약 21km 지점의 '와디 에스 사라르'(Wd. es Sarar)로 텔아비브와 예루살렘을 연결하는 기차가 다니는 길이다.

이 골짜기는 예루살렘의 북서쪽에서 시작하여 쉐펠라를 거쳐 지중해로 이어지며, 사사기에서 삼손과 관련된 곳이다. 삼손은 이 골짜기의 북동쪽 소라에서 태어났고, 삼손의 사랑했던 들릴라가 살던 골짜기(딤나, 소라 인근)가 이곳이며, 블레셋 사람들에게 빼앗긴 여호와의 법궤가 돌아온 벧세메스가 있는 곳도 이곳이다.

여호와의 궤를 빼앗아 간 블레셋 백성들은 궤 때문에 엄청난 재앙을 받게 되자 블레셋의 중요한 도시의 수만큼 금으로 종기 다섯 개와 쥐 다섯 마리를 만들어 멍에를 메어본 적이 없는 어미 소 두 마리에 실어 보냈는데, 두 소는 곧바로 벧세메스 쪽으로 올라갔다(삼상 6장). 이러한 일이 있고 난 뒤 삼손은 소렉골짜기에 사는 한 여자를 사랑하게 되었다. 그 여자의 이름은 들릴라였다.

단 지파의 분깃

여호수아 19장 40~43절을 읽어보자.

여호수아 19장 40~43절

40일곱째로 단 자손의 지파를 위하여 그들의 가족대로 제비를 뽑았으니 41그들의 기업의 지역은 소라와
에스다올과 이르세메스와 42사알랍빈과 아얄론과 이들라와 43엘론과 딤나와 에그론과

삼손의 출생지와 활동무대

사사기 13장 1절~16장 31절을 읽어보라.

사사기 13장 1~25절

1이스라엘 자손이 다시 여호와의 목전에 악을 행하였으므로 여호와께서 그들을 사십 년 동안 블레셋
사람의 손에 넘겨주시니라 2소라 땅에 단 지파의 가족 중에 마노아라 이름하는 자가 있더라 그의 아내
가 임신하지 못하므로 출산하지 못하더니 3여호와의 사자가 그 여인에게 나타나서 그에게 이르시되 보
라 네가 본래 임신하지 못하므로 출산하지 못하였으나 이제 임신하여 아들을 낳으리니 4그러므로 너는
삼가 포도주와 독주를 마시지 말며 어떤 부정한 것도 먹지 말지니라 5보라 네가 임신하여 아들을 낳으
리니 그의 머리 위에 삭도를 대지 말라 이 아이는 태에서 나옴으로부터 하나님께 바쳐진 나실인이 됨이
라 그가 블레셋 사람의 손에서 이스라엘을 구원하기 시작하리라 하시니…24그 여인이 아들을 낳으매 그
의 이름을 삼손이라 하니라 그 아이가 자라매 여호와께서 그에게 복을 주시더니 25소라와 에스다올 사
이 마하네단에서 여호와의 영이 그를 움직이기 시작하셨더라

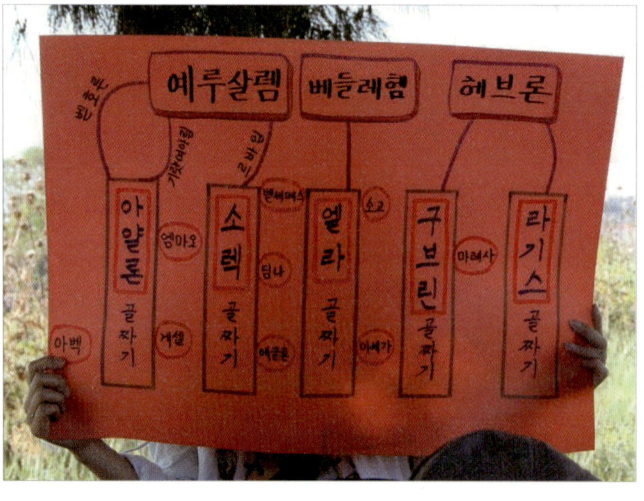

들릴라의 마을인 딤나가 소렉 골짜기 근방에 있다(삿 14:1).

삼손이 사랑한 들릴라의 집의 위치(삿 16:4).

블레셋으로부터의 언약궤의 귀환(삼상 6장).

유다 왕 아마샤와 이스라엘 왕 요아스의 접전(왕하 14:8~14; 대하 25:17~24).

유다 왕 아하스 때 블레셋이

쉐펠라 성읍들을 점령(대하 28:16~21).

평균 해발 700~800m의 유다 산악지역에서 서쪽의 지중해 연안으로 고도 차이를 따라 만들어진 여러 개의 골짜기 가운데 소렉골짜기가 있다. 이 소렉골짜기를 따라 내려오다 벧세메스 못 미친 곳에 경관이 아름다운 석회암 동굴이 있는데 이곳이 바로 종유석 동굴이다.

1968년 5월 이 부근의 채석장에서 진행한 발파작업을 통해 동굴의 입구가 드러났고, 몇 년 후인 1975년 3월에 일반인에게 공개되었다. 동굴의 평균 길이는 80m, 가장 긴 곳도 90m에 불과하지만, 현지 가이드와 동행해야만 하기에 전체 관람을 위해 40~50분 정도가 소요된다. 동굴 입구의 높이는 해발 385m이고, 동굴 내 평균 높이는 5.5m, 평균 온도는 22도, 습도는 90~100%이다. 동굴 입장 전에 5분 정도 길이의 영화를 먼저 상영하는데 유다 산악지형과 석회동굴의 생성 과정을 설명해 준다.

엘라골짜기(Elah Valley)

엘라골짜기는 블레셋 지역에서 산악지역으로 올라가는 세 번째 통로로서, 그 전략적 중요성이 매우 높은 골짜기이다. 이스라엘을 남과 북으로 갈라놓을 수 있는 전략적인 접근로이기 때문이다. 엘라골짜기를 통과하여 산 능선 길을 따라 해발 700~900m 산악지역으로 올라가면 곧바로 베들레헴에 도착한다. 이곳에서 남쪽으로 가면 다윗이 왕이 되어 수도로 삼았던 헤브론에 이르고, 북쪽으로 가면 남왕국 유다의 수도 예루살렘과 이스라엘의 초대 왕 사울의 고향이며 첫 수도였던 기브아에 이르게 된다. 그러므로 이곳은 예루살렘과 헤브론을 차단하거나 동시에 공략할 수 있는 전략적 도로이다.

또 블레셋과 이스라엘이 40여 일간 항오를 벌였던 장소요, 그 유명한 다윗과 골리앗이 싸웠던 장소이다(삼상 17장). 사무엘상 17장 1~3절을 읽어보자.

사무엘상 17장 1~3절

1블레셋 사람들이 그들의 군대를 모으고 싸우고자 하여 유다에 속한 소고에 모여 소고와 아세가 사이
의 에베스담밈에 진 치매 2사울과 이스라엘 사람들이 모여서 엘라골짜기에 진 치고 블레셋 사람들을 대
하여 전열을 벌였으니 3블레셋 사람들은 이쪽 산에 섰고 이스라엘은 저쪽 산에 섰고 그 사이에는 골짜
기가 있었더라

다윗과 엘라골짜기의 인연은 여기서 끝나지 않는다. 엘라골짜기에서의 첫 승리로 다윗은 역사의 무대에 화려하게 등장했지만, 역시 이 엘라골짜기에서의 승리로 인해 다윗은 도피자가 되었다.

사울 왕을 피해 첫 도피처로 삼은 곳이 공교롭게도 엘라골짜기에 위치한 골리앗의 고향 가드가 아니던가? 가드에서 다윗은 대문짝에 그적거리며 침을 수염에 흘리며 미친 체하여 살아남았다. 골리앗을 넘어뜨린 다윗이 골리앗의 고향에서 미친 사람 행세를 해야만 했다. 이후 다윗은 엘라골짜기의 아둘람 동굴로 피신한다. 이스라엘 군사들과 함께했던 엘라골짜기에서 이제는 환난을 당하고 빚진 자들이며 마음이 원통한 자들과 함께한다. 엘라골짜기의 지형은 전술적인 측면에서 접근해 본다면 매복 전술을 펼치기에 최적의 장소이며 이스라엘 군대의 최후의 방어진지이다.

블레셋 다섯 방백 중의 하나인 골리앗의 고향 가드에서 엘라골짜기를 따라 산악지역을 향해 걸어가다 보면 오른쪽으로 우뚝 솟은 이스라엘 성 '텔 아세가'를 만나게 된다.

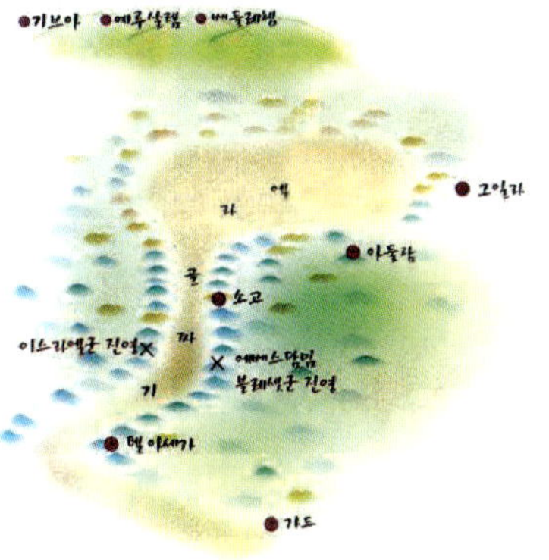

텔 아세가에서 바라본 엘라골짜기 전경

아세가는 이 골짜기를 타고 이스라엘 진영으로 올라오는 블레셋군을 저지하기 위한 이스라엘의 1차 주요 방어성인 셈이다. 텔 아세가에 이르러 엘라골짜기는 좁아지며 오른쪽으로 급하게 방향을 바꾼 다음 몇백 미터를 채 못 가서 다시 왼쪽으로 90도 급선회한다. 골짜기는 이곳에서 산악지역으로 향하여 약 1.5km 정도 들어가는데, 이쪽 산과 저쪽 산이 멀지 않아 이쪽 편에서 저쪽 편에 서 있는 사람을 식별할 수 있을 정도이며, 그 중간에 작은 시내가 흐른다(삼상 17장).

이곳에 엘라골짜기를 지키는 이스라엘의 2차 방어성 소고가 자리 잡고 있다. 소고에서 다시 산악지역을 향해 올라가면 골짜기가 마치 잎을 벌리듯 넓은 평지가 펼쳐진다. 이 평지의 산기슭에 아둘람과 그일라가 자리 잡고 있다. 만약 이 골짜기 주변 산기슭에 매복하고 적을 골짜기 내부로 깊숙이 유인해 들인다면 순식간에 퇴각로를 차단하고 일거에 적을 물리칠 수 있었다.

아세가(Azekah)

아세가는 쉐펠라의 다섯 골짜기 중 하나인 엘라골짜기와 쉐펠라 서쪽에 자리 잡고 있는 성읍이다. 출애굽한 여호수아와 이스라엘은 조약을 맺은 기브온 성읍 사람들을 구하기 위해 아모리 족속 연합군을 공격하면서 아세가와 막게다까지 추격했다. 이때 아모리 족속 연합군은 여호수아와 이스라엘의 공격을 피해 벧호론에서 쉐펠라의 아얄론골짜기를 거쳐서 남하하고 있었다. 아얄론골짜기에서 소렉골짜기를 거쳐 엘라골짜기 근처 아세가로 가는 그 길은 아모리 족속 연합군의 일원이었던 라기스의 땅으로 이어진다(수 10:10~11). 출애굽한 이스라엘이 약속의 땅 가나안을 정복한 후 아세가는 유다 지파에게 할당되었다(수 15:35).

텔 아세가 전경

또한 아세가는 소년 다윗이 블레셋 족속 골리앗을 죽인 곳에서 매우 가깝다. 그래서 성경은 블레셋 족속이 "소고와 아세가 사이의 에베스담밈"에 진을 쳤다고 전한다(삼상 17:1). 솔로몬이 죽고 분열되면서 남왕국 유다의 초대 왕이 된 솔로몬의 아들 르호보암은 아세가를 방비해서 요새화했다(대하 11:9). BC 586년, 남왕국 유다가 멸망하기 직전 바벨론 왕 느부갓네살은 아세가를 함락시켰다(렘 34:7). 바벨론 포로생활을 마치고 돌아온 유다인들은 이곳에도 정착했다 (느 11:30).

오늘날 텔 아세가를 방문하면 엘라골짜기를 한눈에 볼 수 있다. 고대 성읍들이 그랬듯이 아세가 역시 높은 언덕(tell)에 자리 잡고 있는데 그 언덕 꼭대기에 올라가면 이정표가 있다. 그 이정표에는 '다윗-골리앗 조망대'(David & Goliath Lookout)라고 기록되어 있다.

에베스담밈

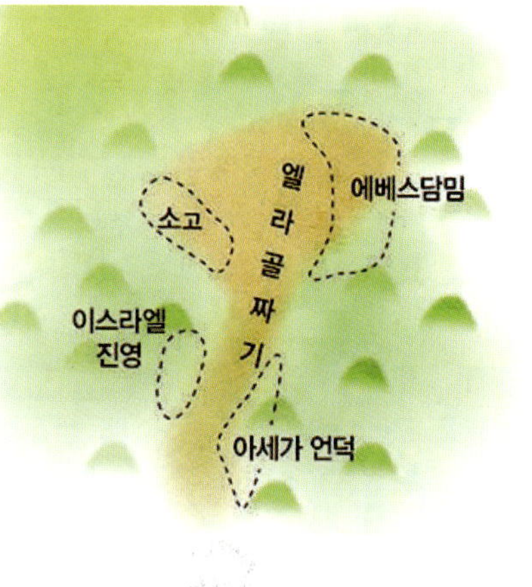

아세가 언덕과 소고 언덕 사이에서 아세가 쪽과 가까운 지역을 에베스담밈이라 부르는데 여기에는 몇 가지 영적 의미가 담겨 있다.

'에베스'는 히브리 발음으로 '에페스'로 숫자 '0', 즉 '없음'을 나타낸다. '담밈'은 '피'라는 뜻이다. 그러므로 '에베스담밈'은 '피가 없다', '더는 피 흘리기를 원치 않는다'는 의미로 붙여진 지명인 것이다.

한편으로는 '하나님과 그의 종이 우리 대신 싸워 대적을 물리쳐서 우리는 피 한 방울 흘리지 않고 승리를 거두었다'는 의미도 지니고 있다.

마지막으로 피는 가끔 죄를 상징하는데, '구원자가 와서 우리 죄를 가져가 죄가 없다'는 뜻으로 메시아를 바라는 이름이기도 하다. 이러한 이유들로 그 지역을 '에베스담밈'이라 불렀다고 한다.

구브린골짜기(Gubrin Valley)

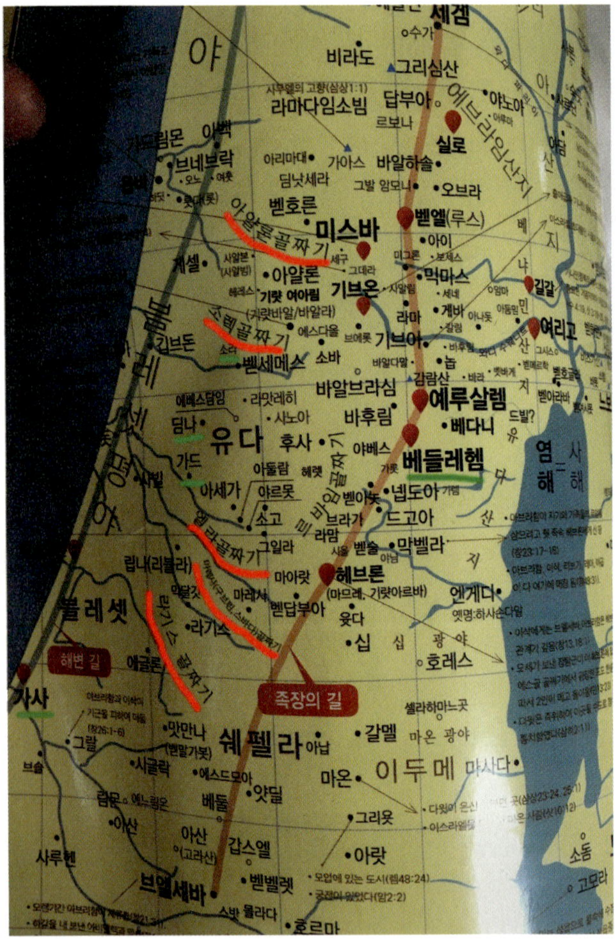

구브린골짜기(Gubrin Valley)는 쉐펠라의 골짜기 중에서 남쪽으로 네 번째에 있는 골짜기로, 역대하 14장 10절에서는 스바다골짜기로 부르고 있다. 해안 평야에서 헤브론으로 갈 수 있는 지름길이다. 로마시대에는 쉐펠라의 중심도시가 벧 구브린(Bet Gubrin)이었다. 탈무드에 의하면 '벧 구브린'은 히브리어로 '자유인들의 도시'(City of Free Men)라는 뜻이다.

벧 구브린에서 남쪽으로 1.5km 떨어진 곳에 마레사가 위치한다. 현재는 벧 구브린과 마레사 지역을 합하여 벧 구브린-마레사 국립공원이 위치한다. 마레사는 유다 지파의 영토였으며(수 15:44), 르호보암이 요새 성을 만든 곳이다(대하 11:8). 선지자 엘리에셀의 고향이기도 한데(대하 20:37), 그는 유다 왕 여호사밧이 악한 이스라엘 왕 아하시야와 동맹한 것을 책망한 선지자이다.

또한 구스(에티오피아) 사람 세라가 남유다의 아사 왕을 치려 군사 백만 명과 병거 삼백 승을 거느리고 마레사에 이르렀다. 아사 왕이 마주 나가 마레사의 스바다(구브린)골짜기에 진을 치고 전쟁을 벌이게 된다. 아사의 군대는 유다 중에서 삼십만 명이 있었고 베냐민 중에서 이십팔만 명의 군사가 있었다.

이때 아사는 여호와께 간절히 부르짖어 구하였다.

역대하 14장 11절

아사가 그의 하나님 여호와께 부르짖어 이르되 여호와여 힘이 강한 자와 약한 자 사이에는 주밖에 도와줄 이가 없사오니 우리 하나님 여호와여 우리를 도우소서 우리가 주를 의지하오며 주의 이름을 의탁하옵고 이 많은 무리를 치러 왔나이다 여호와여 주는 우리 하나님이시오니 원하건대 사람이 주를 이기지 못하게 하옵소서 하였더니

아사는 남왕국 유다 왕들 가운데 선한 왕에 속하여, 여호와 보시기에 선과 정의를 행하며 이방 제단과 산당을 없이하고 주상을 훼파하며 아세라상을 찍고 백성들이 하나님의 율법과 명령을 행하게 하였다. 이렇게 선을 행하며 율법과 명령을 지킴으로 여호와께서 아사의 기도를 들어주셔서 구스 사람을 아사와 유다 사람 앞에서 패하게 하시므로 적들이 도망을 치게 된다. 이에 유다 군사들이 추격하여 그랄까지 이르렀고, 구스 사람 중에 살아남은 자가 없었으며 심히 많은 물건을 노략하였다(대하 14:8~15).

남왕국 유다가 바벨론에 패해 포로로 잡혀간 후에 에돔(이두메아) 사람들이 마레사와 남부 온 유다 지역에 정착하여 살았으며, 특히 마레사는 에돔의 중심지였다.

BC 3세기 프톨레미 왕조는 마레사를 시돈의 식민지로 삼았고, 시돈 사람들과 그리스 사람들이 헬라 문화를 가지고 이곳에 와서 살았다. 이곳은 중요한 경제의 중심지였으며, 이집드와의 무역센터가 되었다.

여호수아의 공격을 피해 도망쳤던 다섯 명의 아모리 족속 왕들이 숨었던 막게다 굴이 구브린골짜기 북쪽에 있다(수 10장).

라기스골짜기

하늘에서 내려다본 텔 라기스

라기스골짜기는 이름에서 알 수 있듯이 중요한 라기스 성읍과 연결된다. 라기스는 여호수아와 그 군대를 공격했던 아모리 족속의 다섯 성읍 중 하나이며(수 10장), 앗수르는 히스기야 때 라기스를 정복하고 예루살렘을 위협했다(왕하 18~19장). 라기스골짜기는 동쪽 헤브론 성읍과 연결된다.

쉐펠라에 있는 골짜기들과 관련된 성경의 역사에서 알 수 있듯이, 쉐펠라는 무엇보다 유다 지파와 블레셋 족속의 관계에서 매우 중요한 지역이었다. 쉐펠라를 빼앗기면 유다 지파는 매우 어려운 지경에 처하게 되기 때문에 무슨 일이 있어도 이 지역을 고수해야만 했다. 또한 다섯 개의 골짜기는 서쪽(지중해 쪽)에서 동쪽(예루살렘과 요단강과 사해와 요단강 동편)으로 이어지는 중요한 길목들이었기에, 이 지역을 장악하게 되면 무역을 통한 이익을 확보할 수 있었다. 비옥한 땅, 유다 지파와 블레셋 족속의 완충지대, 서쪽에서 동쪽으로 이어지는 무역로와 그 이익 등의 측면에서 볼 때 쉐펠라는 시대를 불문하고 이스라엘 역사에서 매우 중요했다.

라기스골짜기는 쉐펠라에 있는 다섯 개의 골짜기 가운데 가장 남쪽에 자리 잡고 있다. 드넓은 남방지역과 해안 평야가 만나는 지점에 있는 라기스골짜기는 완만한 경사지를 이루며 산악 지역으로 올라간다.

이 골짜기를 따라 올라가면 해발 1,000m의 헤브론 산지에 이른다. 라기스골짜기 또한 산악 지역으로 올라가는 중요한 통로였던 것으로 보인다. 골짜기에 들어선 후 얼마 가지 않아서 골짜기 한가운데를 가로막고 우뚝 서 있는 산과 같이 거대한 '텔 라기스'가 있다.

유다의 가장 큰 병거성이자 남쪽 쉐펠라 입구에 위치하여 유다 산지로 들어가기 위해서는 꼭 거쳐야 하는 성읍이다. 그리고 이 성은 가나안 시대에도, 그리고 유다의 열왕들 시대에도 이스라엘 남쪽의 중심지적 도시였다. 이 텔 라기스 가까운 곳에서 신석기 시대와 초기 철기시대의 잔해들이 발견되었다. 중기 청동기 후반(BC 2000년기)에는 라기스가 이스라엘에서 가장 중요한 가나안 도시들 중 하나였다.

텔 라기스

텔 라기스 입구에서 성문을 바라본 전경

라기스에 관한 고고학적 연구는 1932년에 시작이 되어 오늘날까지 계속되고 있다. 성경은 라기스에 관하여 10차례 이상 언급한다. 이러한 성경의 라기스에 관한 기록이 역사적 사실에 근거한 것인가 아니면 단순한 이야기인가와 텔 라기스의 정확한 위치에 대한 학자들의 견해는 다소 차이가 있다.

먼저 1878년 콘도르(Conder)라는 학자는 고대 라기스가 텔 엘헤시(Tell el-Hesi)라고 주장했다. 이러한 그의 주장은 라기스에서 보낸 텔 아마르나 시대의 쐐기문자를 발굴함으로 지지되었다.

텔 라기스의 위치에 대한 또 다른 견해는 1929년 올브라이트(Albright)에 의해서 제안되었는데, 그는 고대 라기스가 텔 에드-두에이르(Tell ed-Duweir)라고 주장했다. 그의 이러한 주장은 유세비우스의 언급에 근거한 것이다. 유세비우스는 라기스가 엘류테로폴리스(Eleutheropolis, 벧 구브린)에서 가사를 향하는 도로 11.2km 지점에 있었다고 언급하였다.

텔 라기스를 발굴한 모든 고고학 자료는 올브라이트의 제안을 지지하며, 오늘날 이 주장이 일반적으로 받아들여지고 있다.

라기스는 성경에 언급된 쉐펠라의 중심도시이다.

라기스성의 북동쪽에는 우물이 있어서 사람들에게 물을 제공할 수 있었다. 라기스성을 중심으로 한 지형을 살펴보면 다음과 같다. 그 성 자체는 깊은 골짜기들로 둘러싸여 있었다. 남서쪽의 성벽은 높이가 23~24m 정도, 규모는 북동쪽으로 36m, 남동쪽으로 40m, 북서쪽으로 약 42m 정도로 본다. 즉, 라기스성은 남서쪽 비탈이 가장 낮은 지역이라 방어에 취약해 남서쪽에 있는 언덕과 함께 그 성을 축조했다고 보고 있다. 남서쪽 모서리에 있는 성벽 맞은편 언덕은 해발 260~270m 정도가 된다. 이러한 지형학적 조건은 외부에서 공격해 올 때 공격의 지점을 어디서부터 해야 할 것인가를 쉽게 결정하도록 만들어 준다. 이처럼 라기스성은 전략적으로 중요한 위치에 있었으므로 BC 701년 앗수르의 산헤립에 의해 멸망되기 전까지 라기스는 남부 유다에서 예루살렘 다음으로 중요한 군사 방어도시였다고 한다.

1) 유다 지파의 성읍(수 15:1~62)

여호수아 15장에는 유다 지파에게 분배된 땅에 대해 기록되어 있다. 유다 지파는 예루살렘을 중심으로 남쪽을 분배받았는데 쉐펠라 지역과 유다 산지, 그리고 사해에 이르기까지 넓은 지역이었다. 라기스는 쉐펠라에 분배된 14성읍 중 하나였다(수 15:39). 그러나 유다 자손이 쫓아내지 못하였으므로 여부스 사람이 유다 자손과 함께 예루살렘에 거주하였다. 여부스 족속이 거하던 예루살렘은 후에 다윗 시대에 이르러 다윗에 의해 점령되어 다윗성이라 명명되었다(삼하 5:7-"다윗이 시온 산성을 빼앗았으니 이는 다윗성이더라").

2) 기브온을 치기 위한 동맹에 가담함(수 10:3~5)

여호수아와 이스라엘 백성들이 요단강을 건너 여리고와 아이성을 점령한 후 기브온 백성과 화친하였다. 이때 기브온을 치기 위한 다섯 부족 동맹국이 형성되는데 라기스 왕 야비아는 그 중 하나였다. 이 다섯 동맹국을 형성한 사람은 예루살렘 왕 아도니세덱으로, 이로 보건대 당시 예루살렘은 세력이 강했으며 라기스도 예루살렘 못지않은 강한 성읍이었음을 알 수 있다.

3) 여호수아가 진멸함(수 10:6~33, 12:11)

예루살렘 왕 아도니세덱과 연합하여 이스라엘 백성을 치려 했던 라기스 왕은 후에 막게다 굴에 숨었다가 여호수아에 의해서 죽임을 당하고 나무에 달렸다. 그 후 여호수아의 군대는 라기스 성읍을 취하고 칼날로 그 성읍과 그중의 모든 사람을 쳐서 멸하였다. 그때 게셀 왕 호람이 라기스를 도우려고 올라왔으나 그는 라기스 백성과 함께 그곳에서 죽임을 당하였다.

4) 르호보암에 의해 견고한 성읍으로 건축됨(대하 11:5, 9)

여호수아에 의해 멸망한 라기스성은 르호보암(BC 928~911)이 그곳을 요새로 만들기까지 폐허로 남아 있었다. 르호보암은 유다 왕국의 서쪽 지역을 방어하기 위하여 이곳에 튼튼한 요새를 구축하였다.

역대하 11장 11~12절

[11]르호보암이 그 방비하는 성읍들을 더욱 견고하게 하고 지휘관들을 그 가운데에 두고 양식과 기름과 포도주를 저축하고 [12]모든 성읍에 방패와 창을 두어 매우 강하게 하니라 유다와 베냐민이 르호보암에게 속하였더라

5) 죄의 도성(미 1:13)

선지자 미가는 라기스 거민의 죄를 꾸짖었는데, 라기스는 딸 시온의 죄의 근본이며 이스라엘의 허물이 그 성에서 보였다고 언급하고 있다. 특히 "준마에 병거를 메울지어다"(미 1:13)라는 표현은 이미 라기스성에 병거가 있었음을 시사해 주며, 이는 고고학적으로도 관심의 대상이 되는 부분이다.

6) 아마샤가 살해당한 곳(왕하 14:19; 대하 25:27)

유다 왕 아마샤(BC 798~769)가 반역자들을 피하여 예루살렘에서 라기스로 도망하였지만 그곳에서 반역자들에 의해 살해되었다. 이것은 당시 라기스가 예루살렘 다음으로 중요한 도시였음을 시사해 주는 기록으로 볼 수 있다.

7) 히스기야 왕 때 산헤립이 취한 곳(왕하 18:13~17; 대하 32:9; 사 36:1~3, 37:8)

히스기야 왕 제14년에 앗수르 왕 산헤립이 유다의 모든 견고한 성읍들을 쳐서 취하였는데 라기스도 그중 하나이다. 산헤립이 유다를 공격하였을 때 라기스성을 포위하여 히스기야에게 랍사게를 보내어 항복하도록 위협했다. 산헤립은 후에 니느웨에 있는 그의 궁전에 있는 한 왕실에 라기스성 공격 장면을 포함하는 부조를 벽화로 남겨 라기스성 정복을 기념하였다.

8) 느부갓네살의 공격을 받음(렘 34:1, 7)

바벨론 왕 느부갓네살이 예루살렘을 점령하기 전 유다의 모든 성읍을 쳤는데 유다의 견고한 성읍 중에 마지막까지 남아 있었던 성읍이 라기스와 아세가였다.

9) 바벨론 유수 후 유다 사람의 거주지(느 11:30)

느헤미야의 기록에 의하면 바벨론에서 유다 백성들이 돌아온 후 여러 지역에 정착하였는데 라기스성은 특히 멸망 전과 마찬가지로 유다 백성들의 거주지였다.

텔 라기스의 고고학적 접근

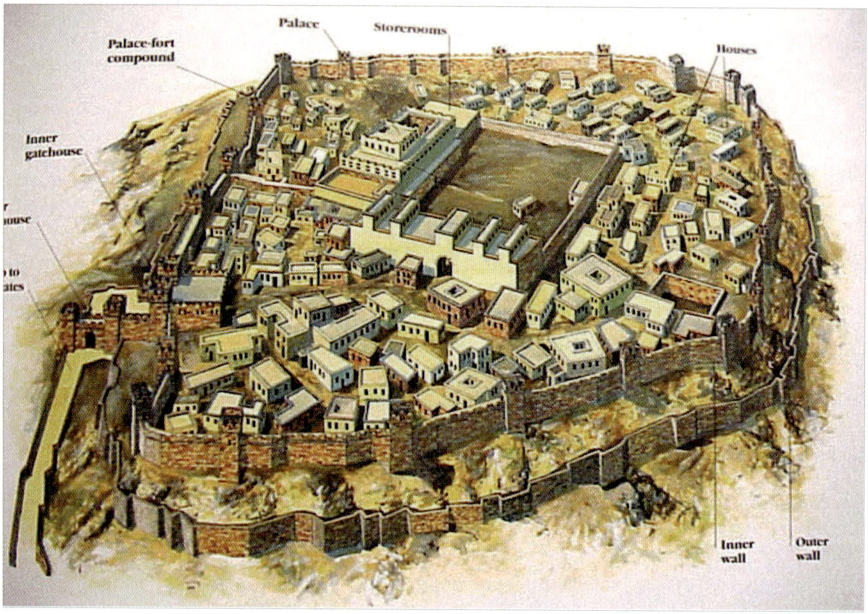

텔 라기스 주거 조감도

텔 라기스 발굴은 스타키(Starkey) 감독이 하딩(L. Harding)과 투프넬(O. Tufnell)의 협조를 얻은 영국 원정단에 의해 1932년 시작되어 스타키가 산적에게 살해됨으로 1938년에 끝이 났다. 이 발굴은 주로 북서쪽 모서리에서 실행되었으며, 성문들과 외부 지탱 벽, 주거지 및 태양 신전, 거대한 수갱, 유다 궁전 요새, 그리고 북서쪽 바닥에서 발견된 해자 신전 등은 중요한 유적들이다.

특히 1935년 성문에서 발견된 '라기스 편지'는 그 발견물 중 가장 중요한 것이었다. 외부에서는 청동기시대의 것을 포함한 여러 시대의 수많은 무덤이 발견되었다. 그의 발굴은 고고학자들의 인정을 받을 만큼 뛰어난 것이었다고 평가된다.

그리고 1966~1968년에 태양 신전이 아하로니에 의해서 발굴되었다. 그 당시 아하로니는 아라드를 발굴하고 있었는데, 아라드에서 발견된 유다 신전의 기본 구조가 라기스의 태양 신전과 흡사할 것으로 믿고 이러한 목적으로 라기스를 발굴한 것이다.

1973년 우시쉬킨 감독의 조직적이고도 장기적인 연구를 위한 발굴이 스타키의 발굴지 부근에서 시도되었다. 이 발굴은 히브리 대학의 대표적인 고고학자인 이갈 야딘과 함께 진행되었는데, 그는 발굴 처음부터 앗수르에 의한 공격의 가능성을 생각했다. 이 발굴에서 발견된 것은 유다 궁전 요새 및 청동기시대의 기념건물, 유다 성문, 앗수르 군대가 BC 701년 그 성으로 접근하려고 만들었던 참호 등이다.

1983~1985년에 계속된 발굴(남서쪽)은 R 지역에서 이루어졌다. 이곳은 앗수르 군대가 라기스 성벽을 뚫기 위해 진흙과 돌들로 쌓아 올린 벽이다. 결국 BC 701년에 이곳을 뚫었다. 이곳은 지금까지 알려진 중동에서 가장 오래된 흙벽이다. 1932~1938년에 영국 원정대가 이곳에서 행한 발굴에서 화살촉들과 불에 탄 흔적을 발견하였다. 이것은 이곳에서 성을 부순 큰 전투가 있었음을 증명해 준다. 이 성의 배수로의 잔해가 성문 입구 쪽으로 계속 나 있다.

성문은 외문과 내문으로 구성되어 있었다. 외문은 성의 내리막에 세워져 경사면 능선에서 돌출된 모습으로 축조되었고, 내문은 텔의 주변에 세워졌다. 라기스 성문은 지금까지 알려진 바 중에서는 이 시대 이스라엘에서 그 규모가 보기 드문 매우 거대한 문루인 것으로 짐작된다. 이 성문은 성벽 끝에 있는 두 개의 타워를 지나간다. 그리고 양쪽 편에는 길다란 세 개의 방이 각각 있다.

이 성문의 방들 중 하나에서 '라기스의 편지들'이 발견되었다. 이것은 이스라엘에서 발견된 중요한 문서 중 하나로 모두 도기 편들(אוסטרקונים)로 되어 있었다. 그 도기 편들 위에 고대 히브리어로 쓰여 있었는데, 이 편지들은 '호세아'(הושעיה)라는 이름을 가진 사람이 '예우쉬'(יאוש)라는 이름의 상관이나 군대 사령관에게 쓴 것으로 추측한다. 이 편지의 정체에 대해서는 두 가지 견해가 있다. 하나는 아세가와 라기스 사이의 한 요새에 살던 호세아가 라기스 사령관에게 보낸 본래의 편지라는 견해이고, 다른 하나는 이 도기 편의 편지들은 원래의 파피루스 원본을 복사한 복사본이며 라기스에 살고 있던 호세아가 예루살렘에 있던 예우쉬에게 보낸 편지라는 것이다. 오늘날 이 편지들은 대부분 대영제국 박물관에 소장되어 있고, 소수만 이스라엘 박물관에 전시되어 있다.

성문을 지나 나오는 길은 성문에서 성 내부와 궁전으로 인도하는 길이다. 길 양쪽에서 작은 주거용 주택들과 상가의 잔해가 발견되었고, 많은 조리 기구, 항아리, 등잔, 돌 그릇, 도기 그릇들과 철재와 나무로 된 물건들도 함께 출토되었다.

헤브론 산지 쪽으로는 쉐펠라 남쪽, 그리고 시리욘 언덕이 보이고, 그 요새의 언덕과 그 반대쪽을 모두 조망할 수 있다.

궁전으로 들어가는 중앙 입구에 흰색 점토 마루가 있는 큰 마당이 있다. 거기서 궁전 입구 쪽으로 화려한 계단이 있다. 이 잔해는 발굴 후에 만들어진 계단 아래에 있다.

유다 왕의 편에서 이 성을 다스리던 자에게 이 궁전은 해안 평야와 헤브론 산지까지 넓은 지역을 통치하는 데 꼭 필요한 군사적 요충지였다. 이 시대의 이스라엘에서 가장 크고 넓은 성으로 이곳에는 허물어진 곳 위에 다시 세워진 세 개의 궁전 잔해가 있다. 북쪽에 궁전 쪽을 향하여 창고들이 세워졌고, 남서쪽 구석과 성벽 사이에서 두꺼운 벽이 발굴되었는데 이는 궁전을 보호하기 위해 세운 부가적인 장벽인 것으로 보인다.

여기서 두 개의 페르시아 시대의 궁전 기둥 터를 볼 수 있다. 즉, 훨씬 후대에 만들어진 것이다. 이 신전은 청동기 후기에 처음 세워졌다. 그 후 두 번에 걸쳐 새롭게 다시 세워졌다가 13세기에 마지막으로 무너졌다. 이 신전은 홀과 몇 개의 방들로 구성되어 제단이 홀에 만들어졌고 제단 쪽으로 제물을 놓기 위한 긴 의자 같은 것이 있었다. 또 많은 그릇이 영국 원정대에 의해서 발견되었다. 그 가운데는 장식된 도기 그릇들, 컵들, 제기들, 석고와 유리로 만들어진 그릇들, 작은 조상들, 그리고 상아 제품들이 있었다.

라기스성은 철저하게 요새화된 성벽으로 둘러싸여 있었다. 외부 지지벽은 경사지의 중간 높이로 둘러쌓았다. 그리고 그 외벽은 경사지의 가장 높은 부분을 덮고 있던 곳을 지지하였다. 이 성을 둘러싸고 있었던 원래의 성벽은 그 위에 있었다. 이 성벽은 돌로 만들어진 기초 위에 세워졌고, 그 두께는 약 6m에 달하였다.

텔 위에 황갈색 나무가 남아 있다. 이 나무는 1948년까지 텔 가까운 곳에 살았던 아랍 마을 코비바 주민들에게 성스러운 나무였던 것으로 보인다. 영국 정부 요인들에 의하면, 그 주변에 많은 나무가 있었는데 그들이 땔감으로 사용했다는 것이다.

외부 지지벽 가까운 곳에서 영국 원정대에 의해 우물이 발굴되었는데 우물의 깊이는 약 44m 정도이다. 이 우물은 이 성의 주된 물 공급원이었던 것으로 보인다. 그 덕분에 이 성의 주민들은 이 성을 요새화하는 기간에 입지를 견고히 할 수 있었다. 물은 나할 라키쉬에서 이 우물로 들어왔다. 과수원 안에는 자연보호당국에서 복원한 올리브나무, 살구나무, 선인장이 있다.

앗수르 왕 산헤립이 점령했던 라기스

산헤립 궁전 벽 부조(산헤립 왕의 라기스 전투)

앗수르 왕 산헤립이 라기스성을 공격한 사건이 역대하 32장 9절에 이렇게 기록되어 있다.

역대하 32장 9절

그 후에 앗수르 왕 산헤립이 그의 온 군대를 거느리고 라기스를 치며 그의 신하들을 예루살렘에 보내어 유다 왕 히스기야와 예루살렘에 있는 유다 무리에게 말하여 이르기를

오늘날 라기스는 남부 이스라엘의 발전 지역이 되었고, 모샤브가 건설되었다. 라기스의 언덕은 다른 지역의 텔보다 매우 높게 유지되고 있으며 성벽의 흔적 또한 상당히 남아 있어 요새로서의 라기스가 어떠했는지를 알려주고 있다. 주위에는 풍부한 물이 있어 많은 지역에서 포도가 재배되고 있다.

아골골짜기(Valley of Achor)

아골골짜기(Valley of Achor)는 여리고 남쪽에 위치한 골짜기로 유다의 북쪽, 베냐민의 남쪽 땅이 맞닿는 경계에 있다. 이곳은 여리고성을 함락시킬 때 여호와 하나님의 명령에 불순종하여 전리품을 감춘 죄로 돌에 맞아 죽은 아간이 묻힌 장소이다(수 7:24~26).

아골골짜기는 많은 사람들의 시체가 묻힌 곳이었는데(수 7:24~26; 겔 37:1), 이사야는 이스라엘의 회복과 함께 소 떼가 눕는 풍요한 곳이 된다고 했다(사 65:10).

또한 호세아는 이스라엘이 회개하면 하나님께서 농업을 회복시키시고 물질적인 축복도 주신다는 약속을 전하면서 '괴로운 골짜기'인 아골골짜기가 소망의 문이 된다고 예언했다(호 2:15).

유다 지파에 분배된 유대광야 성읍

여호수아 15장 61~62절을 읽어보자.

여호수아 15장 61~62절

61광야에는 벧 아라바와 밋딘과 스가가와 62닙산과 소금 성읍과 엔 게디니 여섯 성읍과 그 마을들이었더라

이스라엘 백성들이 여호수아의 인도로 가나안 땅에 들어와 점령한 후 유다 지파에 분배한 지역에 속한 곳이 바로 아골골짜기이다.

'아골'은 히브리어로 '번뇌' 또는 '괴로운'의 뜻이 있다. 아골골짜기는 현재 '베카 호르카니아'

라고 불리며, 여리고와 베들레헴을 잇는 광야길이다. 골짜기 동쪽으로는 사해를 따라 산지를 형성하고 있고, 서쪽으로는 높은 유다 산지가 펼쳐져 있다. '호르카니아골짜기'라고 부르는 것은 골짜기 바로 서쪽에 호르카니아 봉우리가 있기 때문이다. 호르카니아 봉우리 바로 뒤쪽에는 '하르 몬다르'라는 일명 '아사셀산'이 있다. 매년 대속죄일에 온 이스라엘의 죄를 담당한 아사셀 염소가 이곳 산까지 끌려와 광야로 나가 죽임을 당했다. 몬다르 산기슭은 한 번 굴러 떨어뜨리면 반드시 죽을 수밖에 없는 험하고 가파른 바위 지대이다. 아골골짜기가 훤히 내려다 보이는 힐카누스 봉우리는 원래 유다 산지를 방어하는 요새로 건설되었으나, 후에 죄수들의 수용소로 사용되다가 방치되었는데, 이 요새가 새로운 활력을 찾은 것은 이곳이 수도사들의 은둔 기도처가 되면서부터이다.

호르카니아 정상에는 아직도 옛 수도사들의 삶의 흔적이 남아 있다. 베들레헴에서 여리고로 연결되는 이 도로는 2,000여 년 전 여리고에서 죽은 헤롯을 베들레헴 헤로디움에 장사지내기 위해 장례 행렬이 지나간 길이기도 하다.

아골골짜기에는 흥미를 갖고 찾아볼 만한 고대 유다 성읍 3개가 있다. 곧 스가가, 밋딘, 닙산으로 이들 성읍은 사해 근처의 벧 아라바, 염성, 엔게디와 함께 고대 여섯 성읍 중에 들어 있다.

여호수아 15장 61~62절

61광야에는 벧 아라바와 밋딘과 스가가와 62닙산과 소금 성읍과 엔게디니 여섯 성읍과 그 마을들이었더라

그러나 이 고대 성읍들은 바벨론의 느부갓네살 왕이 예루살렘을 점령하면서 아골골짜기에 폐허로 방치되었고, 철을 따라 이동하는 목자들의 거주지 또는 도망자의 은신처와 도적들의 거주지가 되어 왔었다.

아골골짜기에 들어서면 맨처음 나타나는 곳이 나비무사이다. 이곳은 아랍인들의 전통에 모세의 무덤으로 여기는 성지이다. 예루살렘 동쪽 20km, 예루살렘에서 여리고로 가는 도로에서 유대광야 남쪽으로 1km 지점에 있다. 회교 전통에 따르면, 이곳의 모세의 무덤이라고 하는 사원은 1269년 마멜루크 술탄에 의해 세워진 것이다.

'나비무사'란 아랍어로 '예언자 모세'라는 뜻으로, 핍박받는 유대 민족을 이끌고 출애굽을

했으나 여호와의 말씀대로 약속의 땅을 밟지 못했던 모세의 두 개의 가상 무덤 중 하나이다. 이는 모세의 무덤이라고 주장하는 장소 위에 지어진 회교 사원이다.

밋딘

스가가, 닙산과 함께 유대광야의 부케아(아골골짜기)에 있는 3개의 요새 중 하나이다. 사해 북부 서쪽 해안으로부터 7km 정도 떨어진 오늘날 키르벳 아부 타바크(Khirbet Abu Tabaq)와 동일시된다. 유다 지파에게 할당된 성읍으로 70인역에서는 '마돈'으로 번역했다.

닙산

스가가와 같이 유대광야에 있는 6개의 성읍 가운데 하나이다. 정확한 위치는 확정되지 않았으나 대체로 스가가 남쪽, 사해 서쪽 해안에 있는 오늘날 키르벳 엘 마카리(Khirbet el-Maqari)로 추정된다.

닙산 역시 스가가처럼 유다 지파에게 할당된 곳으로(수 15:20, 62), 이름의 뜻은 '부뚜막', '아궁이'이다. 이름의 뜻이 암시하는 것처럼 이 지역은 다른 유대광야 지역에 비해 상대적으로 비옥한 곳이며, 모세가 점령하기 전에는 옥(Ok)의 땅이었다.

스가가

'스가가'(secacah)란 '닫힌 곳', '덮개'라는 의미이다. 유다 지파의 성읍으로 사해에서 가까운 광야에 있던 성읍이다(수 15:61).

믹마스골짜기(Valley of Michmash)

믹마스(Michmash)는 벧엘 동남쪽 약 9.6km 지점으로, 와디 수웨이니(Wadi Suweini)의 북쪽에 위치해 있다. 성경 지명은 믹마스(Michmash)이고, 과거에는 '묵마스'(Mukhmas)라고 불리기도 하였다(사 10:28). 예루살렘 북쪽 11km 지점에 있는 현재의 묵마스 와디에 있는 도시이다.

골짜기 건너로 남쪽 언덕 위에 있는 베냐민의 게바(Geba)를 볼 수 있다. 사울이 이곳에 진을 쳤으나 블레셋 사람에게 패전하였다.

사무엘상 13장 23절

블레셋 사람들의 부대가 나와서 믹마스 어귀에 이르렀더라

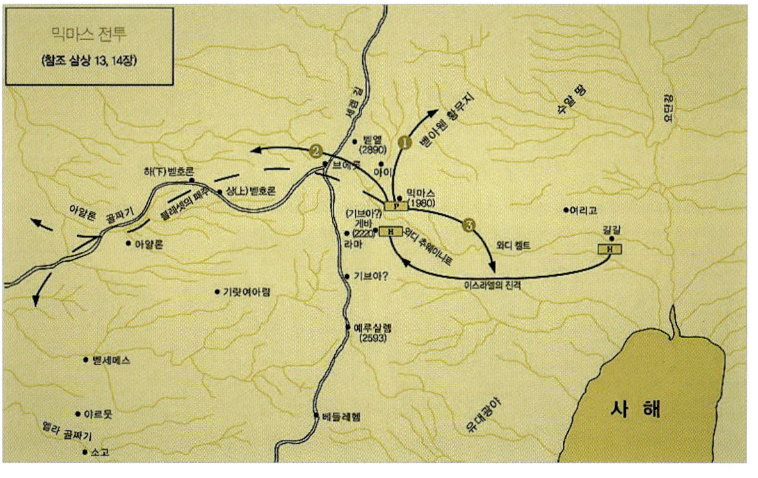

게바는 믹마스의 남서쪽에 있는 오늘날 아랍 마을 자바(Jaba)로, 이곳을 성경 지명으로 '게바'라고 한다. 와디 수웨이니의 남쪽이다. 와디는 계절천으로 우기에 비가 오면 물이 흐르고,

건기에 비가 오지 않으면 물이 흐르지 않는 골짜기를 말한다. 기브아 북동쪽에 위치한 베냐민 지파의 한 성읍이다.

사무엘상 14장 4~5절을 읽어보자.

사무엘상 14장 4~5절

4요나단이 블레셋 사람들에게로 건너가려 하는 어귀 사이 이쪽에는 험한 바위가 있고 저쪽에도 험한 바
위가 있는데 하나의 이름은 보세스요 하나의 이름은 세네라 5한 바위는 북쪽에서 믹마스 앞에 일어섰
고 하나는 남쪽에서 게바 앞에 일어섰더라

세네(Seneh)는 와디 수웨이니의 남쪽에 위치한 바위이고, 보세스(Bozez)는 와디 수웨이니의 북쪽에 위치한 바위이다.

사무엘상 14장 13~14절

13요나단이 손발로 기어 올라갔고 그 무기를 든 자도 따랐더라 블레셋 사람들이 요나단 앞에서 엎드러
지매 무기를 든 자가 따라가며 죽였으니 14요나단과 그 무기를 든 자가 반나절 갈이 땅 안에서 처음으로
쳐 죽인 자가 이십 명가량이라

믹마스, 게바, 세네 지형 전경

HOLY LAND BIBLE STUDY

제 3 부

사마리아에서 헬몬산까지

므깃도(Megiddo)

풍요를 지키는 요새 중의 요새

하늘에서 바라본 텔 므깃도 전경

텔 므깃도(Tell Megiddo)

텔 므깃도는 BC 4000년부터 BC 6세기에 이르기까지 이스라엘에서 가장 많은 전쟁을 치렀던 최고의 요새이다. 이집트와 다메섹을 거쳐 메소포타미아에 이르는 '해변 길'(Via Maris)의 가장 중요한 통로이자 동서남북으로 사통팔달할 수 있는 곳으로 20회 이상의 국제 전쟁을 치렀던 것이다.

신약성경의 요한계시록에 이 도시가 헬라어로 음역되어 '아마겟돈'(Armageddon)으로 등장하는데 종말에 가장 치열한 전투가 벌어지는 곳으로 표현된 것(계 16:16)은 우연이 아니다.

이 도시에 관한 최초의 기록은 이집트 카르낙 신전 벽면에 부조된 투트모스 3세의 승전 기록인데, 그는 자신이 BC 1468년 므깃도에서의 전투를 승리로 이끈 왕이었음을 자랑하고 있다.

성경에서도 이 도시는 여호수아에 의해 점령되지 못할 만큼 강한 가나안의 요새였으며(삿 1:27~28), 아마도 다윗 왕 때 정복된 것으로 보인다.

솔로몬에 이르러 므깃도는 견고하게 수축되어 가장 강력한 북방 요새가 되었다(왕상 9:15~19). 특히 솔로몬이 세운 '솔로몬의 마병장'(Solomon's Stables)과 기병대는 당시의 이스라엘의 군사적 상황을 반영해 주고 있으며, 국제로를 장악하여 국제적 지위를 확고히 하고 있었음을 보여주는 중요한 근거가 된다.

므깃도는 BC 923년에 이집트의 시삭에 의해 파괴되었다가 아합 왕에 의해 재건되었다. BC 609년에 요시야 왕은 이집트의 느고 왕과 전투를 벌이다가 이곳에서 전사했다(왕하 23:28~30). 그 후 이곳은 폐허로 남아 있게 되었다.

므깃도의 전략적 중요성은 제1차 세계대전 당시에도 마찬가지였다. 영국군의 알렌비 장군은 이곳에서의 전투를 승리로 이끌어 '므깃도의 영웅 알렌비'로 불리기도 했다. 더욱 최근인 1948년 이스라엘 독립전쟁 당시 이스라엘군과 아랍인들의 치열한 전투가 이곳에서 있었다.

텔 므깃도 입구 건물 안에 박물관이 있다.

이곳에는 솔로몬 당시의 므깃도성의 모형이 있어 역사와 구조를 이해하고 연구하는 데 도움이 된다.

텔 므깃도의 고고학적 발굴은 1925~1939년에 시카고 대학의 동양 연구소(Oriental Institute)에 의해 시작되었고, 1960년 이가엘 야딘(Yigael Yadin)도 발굴에 참여하였다.

이곳의 흥미로운 고고학적 발굴 중 하나는 바로 성 밖의 물의 근원으로부터 물을 성안으로 끌어들인 수로이다. 이 수로는 수직으로 25m를 파 내려가서 다시 수평으로 성 밖까지 약 70m를 파 나가 물을 얻은 구조이다. 이는 예루살렘의 워렌 쉬프트와 히스기야 터널, 그리고 하솔의 물 저장시설과 같은 방법으로 만든 수로로, 고대 이스라엘이 물을 얻었던 독특한 기술을 잘 보여주고 있다.

지하 수로를 통한 물 저장고 발굴 현장

이곳은 BC 3000년부터 큰 도시가 형성되었다. 이곳에서 가나안 원주민들이 만들었던 산당(High Place)식 신전이 발굴되었고, 또한 솔로몬 때 건설한 성벽, 성문, 관저들도 발굴되었다.

솔로몬의 마병장 발굴 현장

므깃도에서 중요한 것은 '솔로몬의 마병장'(Solomon's Stables)이다. 솔로몬은 그 당시 군사력의 상징인 기병대를 육성하여 '병거성'(City of Chariots)과 '마병의 성'(City of Horsemen)들을 건설하였다. 므깃도는 이러한 병거성, 마병성 중의 하나였다.

이곳에서 발굴된 솔로몬 시대의 성문은 그 이전의 구조와 다른 구조로 설계되어 있으며, 이는 말을 사용하기 시작하면서 이에 맞는 성문을 고안해 낸 것으로 보인다. 발굴된 마병장에서는 말들의 고삐를 매어 놓았던 구멍이 뚫린 돌들이 말구유와 함께 늘어서 있는 큰 장소도 발굴되었다.

솔로몬 시대 텔 므깃도 성문 앞 전경

약 450마리 정도의 말과 150대의 병거를 수용할 수 있는 큰 규모이며, 중앙에는 말에게 물을 먹이던 큰 물통도 있었다. 그래서 일반적으로 이것을 '솔로몬의 마병장'이라고 부르지만, 실제로 발굴된 지층은 솔로몬 왕 때의 주거층이 아니라 이보다 약 100년 후 아합 왕 때의 것이다(BC 869~850). 므깃도는 시삭에게 파괴되었다가 아합 때 복구되었다. 그러나 아합 왕 때의 마병장은 그 이전 솔로몬 때의 것 위에 건설된 것으로 추정할 수 있으며, 규모도 비슷했을 것으로 보인다.

텔 므깃도 박물관

텔 므깃도 전시관에 있는 므깃도성 모형

텔 므깃도는 고대 근동 세계에서 이집트와 메소포타미아 두 제국 사이의 대치점이라 할 수 있다. 므깃도는 수천 년 동안 공포와 두려움의 이름으로 사람들의 머리에 각인되었다. 지중해 해변에서 이즈르엘평원으로 접근하는 좁은 길에 걸터앉아 있는 므깃도성은 그 성의 주권자에게 나일과 유프라테스를 잇는 국제해안도로(Via Maris)의 자유로운 통행권을 주었다. 국제해안도로는 대상들이 오가는 무역로였는데 므깃도는 그 중심적인 위치에 있었다.

므깃도에 처음으로 정착한 사람들은 BC 6000년경에 도착하여 신석기시대를 이루며 살았다. 이 시기에 바위 위에 긁어서 그린 인간의 모습은 이 첫 번째 정착민들의 작품일 가능성이 높으며, 제의적 혹은 주술적 의미를 지닐 가능성이 있다. 금석 병용기 시대의 초기인 BC 4000년까지는 므깃도의 주민들이 정치적이고 문화적인 실체 속으로 병합되기 시작했다. 좀더 후기인 초기 청동기시대의 출발점(약 BC 3300년)에서 므깃도의 신전들로 알려진 것 중에서 가장 이른 신전이 이곳에 세워졌다. 이 시기가 보여주는 것은 므깃도가 처음으로 국제적인 접촉을 시도했다는 것이다. 원통형 도장이 인쇄된 도자기 파편이 발견되었는데 이는 시리아, 메소포타미아, 그리고 이집트와 관련이 있음을 보여준다. BC 3000년 시기의 끝은 정착을 위한 건설의 시대였다. 거대한 성벽이 이때 세워졌다.

텔 므깃도에서 발굴된 유명한 제단이 있는데 높이 1.5m의 원형 돌 구조로 되어 있다. 아마도 이것은 희생 제사 때 사용되던 단이었을 것이다. 이어지는 시대에 적어도 세 개의 신전이 제단으로 신성시된 지역과 확장된 지역에 더 세워졌다.

므깃도에서 발굴된 가나안 시대 제단 터

곡물 저장소

므깃도에서 발굴된 유적들

므깃도 옛 성터에서 발굴된 유적들에서는 그곳을 정복했던 여러 제국의 흔적도 볼 수 있지만, 특별히 솔로몬 시대와 아합 시대의 유적들이 중요하게 평가된다. 솔로몬 시대의 성벽 터와 성문, 그리고 관저로 사용되었던 곳으로 추정되는 터 등이 발굴되었다. 옛 므깃도 요새로 들어가는 곳에는 솔로몬 시대에 서 있었을 큰 돌로 만들어진 성문의 흔적이 아직도 남아 있다. 솔로몬 시대에 이 장소에 성으로 들어가는 문이 있었을 것은 분명하나, 현재 남아 있는 성문의 유적이 솔로몬 시대의 것인지에 대해서는 여러 의견이 있다. 그러나 많은 학자들이 솔로몬 시대의 유적으로 보고 있다.

첫 번째 문을 통과하면 또 하나의 성문이 나온다. 이것은 사람이 출입하는 문과 마병 및 병거들이 출입하는 문을 구분해서 사용하기 위함이었으며, 또한 적의 침입을 받았을 때 첫 번째 문이 열리면 다음 문에서 2차 방어를 할 수 있는 효과도 동시에 갖도록 만들어진 것이었다.

므깃도 요새 곳곳에는 말을 묶어 두는 돌기둥, 수백 마리의 말이 쓸 수 있는 돌로 만든 구유 등 말과 관련된 유적들이 많이 발굴되었는데, 이는 므깃도가 '마병의 성'(City of Horsemen)이었음을 증명한다. 솔로몬 시대에 마병성이었던 이곳의 유적들은 아합 왕 때 다시 건설되어 대대적으로 사용되었기에 현재의 유적들은 모두 아합 왕 시대의 유적이라 함이 더 맞을 것이다.

주목할 만한 것은, 유적 중에 여호수아 시대와 사사 시대에 가나안 족속이 사용했을 것으로 추정되는 산당 터가 발굴되었다는 것이다. 이 산당은 돌로 둥글게 쌓아 만들었는데 가나안 족속이 자신들의 신을 섬기며 희생을 드린 장소로 보인다. 성경에 나오는 이방 신을 섬기는 산당의 모양이 어떠한지 추측해 볼 수 있는 좋은 자료가 되고 있다.

텔 므깃도 발굴 현장

신구약 성경에 등장하는 길들

다볼산(Mount Tabor)

나사렛 언덕에서 바라본 다볼산과 이즈르엘평야 전경

아풀라에서 갈릴리 디베랴로 가는 길을 따라 약 20km를 달리면 좌측 이즈르엘 골짜기에 어디서든지 보이는 해발 588m인 둥근 모양의 아름다운 산 하나가 우뚝 솟아 있다. 이 산을 히브리어로 '하르 타볼'이라고 하는데 '높은 산'이란 뜻이다.

다볼산이 성경에서 처음 언급된 곳은 사사기 4장인데, BC 1125년 사사 드보라와 바락이 가나안의 하솔 왕 야빈의 군대와 싸워 승리를 거둔 역사적 현장으로 등장한다.

사사기 4장 6~7절

6드보라가 사람을 보내어 아비노암의 아들 바락을 납달리 게데스에서 불러다가 그에게 이르되 이스라엘의 하나님 여호와께서 이같이 명령하지 아니하셨느냐 너는 납달리 자손과 스불론 자손 만 명을 거느리고 다볼산으로 가라 7내가 야빈의 군대 장관 시스라와 그의 병거들과 그의 무리를 기손강으로 이끌어 네게 이르게 하고 그를 네 손에 넘겨주리라 하셨느니라 예레미야서에는 다볼산을 산들 중의 산으로 묘사했고, 느부갓네살 왕의 군대의 위력을 다볼산에 비유했다(렘 46:18). BC 218년에 시리아 군대 안토니쿠스는 다볼산 정상에 진을 치고 있던 애굽 군대를 계곡으로 유인하여 격추시켰다.

예수 그리스도께서 활동하실 때 이곳에 사람들이 살고 있었던 것으로 알려진다. 특별히 예수 그리스도께서 베드로와 요한, 야고보를 데리고 가셔서 변화된 모습을 보이신 변화산으로 헬몬산과 감람산, 그리고 다볼산이 후보지였으나, AD 4세기부터 다볼산이 예수 그리스도께서 변모하신 산으로 알려지기 시작했고, 순례객들이 점차 늘어나면서 다볼산이 중요한 성지 가운데 하나가 되었다.

그 후 6세기경에는 베드로가 말한 초막 셋을 뜻하는 커다란 교회 3개가 나란히 세워졌다. 그러나 614년 페르시아군에 의해서 파괴되었다.

1099년 십자군의 점령과 함께 다시 기독교인들이 상주했다가 1113년 십자군의 패배로 인해 살라딘에 의해 완전히 폐허가 되었고, 많은 기독교인들이 순교를 당했다. 그리고 모슬렘들은 변모교회가 있던 자리에 그들의 요새를 건축하였다.

1217년 비록 십자군의 재점령은 실패하였지만, 모슬렘들은 이것이 끊임없는 분쟁을 초래할 것을 우려해 요새를 철거하였고, 이후 1229년 독일 황제와 다메섹 황제 사이의 우호조약으로 순례객들이 다시 찾을 수 있게 되었다. 그러나 얼마 지나지 않아 1263년 비이비르스 황제는 다볼산에 있는 기독교인 건물을 모두 철거하고 기독교인들을 쫓아내었다. 그 후 400년이 지난 1631년이 되어서야 프란치스코 교회가 수도원을 세우고 상주하기 시작했다.

변모기념교회(Church of Transfiguration)

다볼산 정상에 세워진 변모기념교회 전경

다볼산의 정상에 오르면 예수 그리스도께서 베드로와 요한, 야고보와 함께 올라 변모하신 사건을 기념하여 '변화산'(Mount of Transfiguration)의 4세기 비잔틴 시대의 교회 터 위에 1921년 프란치스코 수도회가 세운 변화산기념교회(변모기념교회)가 있다(마 17:1~13; 막 9:2~13; 눅 9:28~36).

이탈리아 건축가 발루치(Barluzzi)가 설계한 이 기념교회에는 세 개의 지붕이 있는데 각각 모세, 예수님, 엘리야 기념 예배당의 지붕이다. 그리고 교회 앞 마당에는 십자군 시대 수도원과 성벽 유적이 있다.

교회 내부에 들어서면 비잔틴 시대 교회의 모자이크 바닥과 세 개의 예배당이 보인다. 왼쪽 예배당에는 십계명 돌판을 든 모세의 성화가, 오른쪽 예배당에는 회오리 바람과 번제단이 있는 엘리야 선지자의 성화가 있다. 가운데 큰 예배당 전면 위쪽에 빛나는 모습으로 변화하신 예수님의 성화 주위로 모세와 엘리야 그리고 베드로, 야고보, 요한 사도의 모습이 있다.

십자군 시대 성벽과 수도원

교회 강단 위 예수님과 세 제자의 성화

다볼산 정상의 변모기념교회로 들어가는 정문은 모슬렘의 요새가 건축되었을 때 요새 입구로 쓰이던 것을 1897년에 복구한 문이다. 당시 12개의 탑을 포함하여 방어벽이 다볼산 정상을 둘러 덮고 있다. 입구에서 약 150m를 들어가면 오른쪽에 조그마한 예배실이 있다. 이 예배실은 비잔틴 시대의 교회 터에 세운 것으로, 예수 그리스도께서 변모하신 후 제자들과 함께 이야기를 나누신 곳이라고 전해진다(막 9:9~13). 조금 북쪽으로 있는 묘지는 중세 때의 것이고, 남쪽에 있는 한 무덤은 1세기 때의 것으로 판명되었다.

변모교회는 성지에 있는 가장 아름다운 교회 중 하나이다. 변모교회에서 가장 두드러지는 것은 예수 그리스도의 탄생을 묘사한 모자이크이다.

그리심산과 에발산
(Mount Gerizim and Mount Ebal)

그리심산 정상 옛 교회 터를 배경으로

사마리아 산악지대 가운데 세겜의 남북에 자리 잡은 산들로서 그리심산은 세겜의 남서에, 에발산은 세겜의 동쪽에 있으며, 그리심산과 에발산 사이를 세겜골짜기라 부른다. '그리심'은 '잘라낸 것'이라는 의미이고, '에발'은 '벌거벗은 것', '대머리'라는 뜻이다.

그리심산의 높이는 해발 870m이며, 골짜기에서 약 213m 정도이다. 그리심산 건너편에 있는 에발산의 높이는 지중해 해발 920m 정도다. 또한 그리심산의 정상과 에발산의 정상 사이의 거리는 대략 3km 정도밖에 되지 않는다.

세겜에서 바라본 그리심산(좌)과 에발산(우) 전경

구약성경에서 그리심산과 에발산이 제일 먼저 등장하는 것은 신명기이다. 모세는 이스라엘이 가나안에 진입했을 때 율법을 기록한 돌을 에발산에 세우고(신 27:4), 그리심산에서 축복을 선언하고 에발산에서 저주를 선포하라고 명령했다.

신명기 11장 29절

네 하나님 여호와께서 네가 가서 차지할 땅으로 너를 인도하여 들이실 때에 너는 그리심산에서 축복을 선포하고 에발산에서 저주를 선포하라

신명기 27장 12~13절

12너희가 요단을 건넌 후에 시므온과 레위와 유다와 잇사갈과 요셉과 베냐민은 백성을 축복하기 위하여
그리심산에 서고 13르우벤과 갓과 아셀과 스불론과 단과 납달리는 저주하기 위하여 에발산에 서고

여호수아는 가나안에 진입해서 여리고성과 아이성을 정복하고 나서 세겜으로 나아갔으며, 모세의 명령대로 에발산에 제단을 쌓았다(수 8:30). 그리고 이스라엘의 절반 곧 시므온과 레위와 유다와 잇사갈과 요셉과 베냐민을 그리심산에 세우고, 나머지 절반 곧 르우벤과 갓과 아셀과 스불론과 단과 납달리를 에발산에 세우고 나서, 그리심산을 향해서는 축복을, 에발산을 향해서는 저주를 선언했다. 성경에서 에발산에 대한 언급은 이것으로 끝이다.

여호수아 8장 33절

온 이스라엘과 그 장로들과 관리들과 재판장들과 본토인뿐 아니라 이방인까지 여호와의 언약궤를 멘 레위 사람 제사장들 앞에서 궤의 좌우에 서되 절반은 그리심산 앞에, 절반은 에발산 앞에 섰으니 이는 전에 여호와의 종 모세가 이스라엘 백성에게 축복하라고 명령한 대로 함이라

하지만 그리심산은 한 번 더 언급된다. 사사 시대 기드온의 아들 아비멜렉이 요담을 제외한 다른 형제들을 모두 죽인 사건에서다(삿 9장). 아비멜렉은 어머니의 형제들을 동원해서 자기 형제들을 모두 죽이고 세겜과 밀로 사람들에게서 왕으로 추대되었다. 이 비극에서 유일하게 한 사람만 살아남았는데 그가 바로 여룹바알, 곧 기드온의 막내아들 요담이다.

요담은 그리심산에 올라가서 큰 소리로 우화를 이야기해 아비멜렉과 세겜 사람들의 악행을 고발하고 저주했다(삿 9:8~16). 이 우화는 3년 정도 지나서 세겜 사람들이 아비멜렉에게 반역을 꾀했다가 아비멜렉의 보복으로 파괴됨으로써 성취되었다.

사사기 9장 7절

사람들이 요담에게 그 일을 알리매 요담이 그리심산 꼭대기로 가서 서서 그의 목소리를 높여 그들에게 외쳐 이르되 세겜 사람들아 내 말을 들으라 그리하여야 하나님이 너희의 말을 들으시리라

에발산에서 바라본 그리심산 전경

이런 역사를 안고 있는 그리심산과 에발산은 훗날 사마리아인들에게 중요한 의미를 지녔다. 여기서 '사마리아인들'이란 표현을 주목할 필요가 있다. 그리심산과 에발산 사이에 있는 세겜은 솔로몬 사후 분열된 이스라엘 중에서 북쪽 지파에 속한 이들이 세운 나라, 곧 북이스라엘의 초대 왕 여로보암의 수도가 되었다. 북이스라엘의 수도는 그 후 디르사로, 다시 오므리 왕 때 사마리아로 옮겨졌다.

북왕국 이스라엘은 훗날 앗수르에게 멸망했는데, 앗수르가 이주 정책을 사용함으로 이방 민족이 북왕국 이스라엘 사람들 사이에 살게 되었고, 그 결과 북왕국 이스라엘 사람들은 율법에서 금지된 이방인과 통혼을 하게 되었다. '사마리아인들'이란 사마리아를 수도로 삼았던 북이스라엘 사람들을 가리키는 동시에 이방인과 통혼한 부정한 사람들이라는 종교 문화적 의미를 함축하고 있다.

남왕국 유다는 바벨론에게 멸망해서 70년간 바벨론 포로생활을 하다가 바사(페르시아) 고레스의 칙령으로 돌아와서 예루살렘 성전과 성벽을 재건하게 되는데, 이때 사마리아인들은 바벨론에서 귀환한 유다 사람들을 돕기 원했지만 귀환한 이스라엘 사람들은 사마리아인들의 도움을 거부했다(스 4:1~4; 느 2:19~20, 13:28). 그들이 이방인들과 통혼해서 부정하다고 여겼기 때문이다. 예수 그리스도께서 활동하시던 시대에 유대인들이 사마리아인들을 경멸했던 것은 바로 이런 역사적 배경을 갖고 있다.

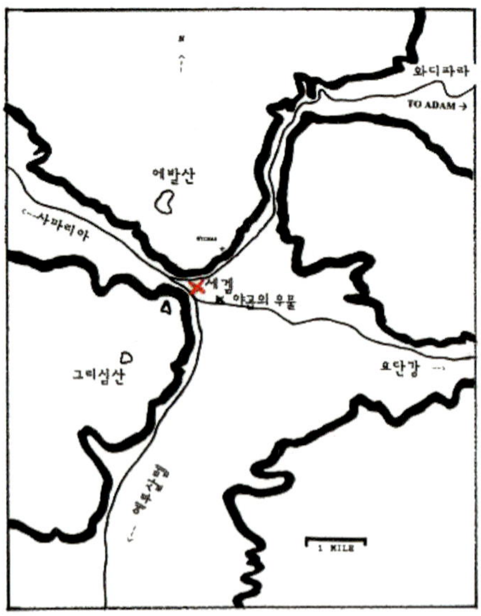

그리심산과 에발산 위치도

바사 제국을 무너뜨렸던 알렉산더 대왕 시대에 사마리아인들은 그리심산에 자기들만의 성전을 세웠다. 이 성전은 BC 128년 하스모니안 왕조의 요한 힐카누스(John Hyrcanus)에 의해 파괴되었지만, 예수 그리스도께서 활동하실 때도 사마리아인들은 여전히 그리심산에서 예배를 드렸다. 그래서 예수 그리스도께서 사마리아 수가성 우물에서 사마리아 여인을 만났을 때 여인은 "우리 조상들은 이 산에서 예배하였는데 당신들의 말은 예배할 곳이 예루살렘에 있다 하더이다" (요 4:20)라고 말했다. 여기서 '우리 조상들'은 사마리아인들을 말하며, '당신들의 말'은 유대인들의 생각을 가리킨다.

오늘날 세겜을 방문하면 그리심산과 에발산을 한눈에 알아볼 수 있다. 여호수아가 축복을 했던 그리심산은 나무가 많지만, 저주했던 에발산은 나무가 거의 없다. 마치 여호수아의 축복과 저주 때문인 것처럼 말이다. 같은 돌산임에도 오늘날까지 그렇게 확연하게 차이가 드러난다는 것이 참으로 흥미롭다.

그리심산(좌), 에발산(우) 전경

그리심산에 대한 성경 말씀

그리심산에서 바라본 주변 전경

신명기 11장 29절

네 하나님 여호와께서 네가 가서 차지할 땅으로 너를 인도하여 들이실 때에 너는 그리심산에서 축복을 선포하고 에발산에서 저주를 선포하라

신명기 27장 12절

너희가 요단을 건넌 후에 시므온과 레위와 유다와 잇사갈과 요셉과 베냐민은 백성을 축복하기 위하여 그리심산에 서고

여호수아 8장 33절

온 이스라엘과 그 장로들과 관리들과 재판장들과 본토인뿐 아니라 이방인까지 여호와의 언약궤를 멘 레위 사람 제사장들 앞에서 궤의 좌우에 서되 절반은 그리심산 앞에, 절반은 에발산 앞에 섰으니 이는 전에 여호와의 종 모세가 이스라엘 백성에게 축복하라고 명령한 대로 함이라

사사기 9장 7절

사람들이 요담에게 그 일을 알리매 요담이 그리심산 꼭대기로 가서 서서 그의 목소리를 높여 그들에게 외쳐 이르되 세겜 사람들아 내 말을 들으라 그리하여야 하나님이 너희의 말을 들으시리라

에발산에 대한 성경 말씀

신명기 11장 29절

네 하나님 여호와께서 네가 가서 차지할 땅으로 너를 인도하여 들이실 때에 너는 그리심산에서 축복을 선포하고 에발산에서 저주를 선포하라

신명기 27장 13절

르우벤과 갓과 아셀과 스불론과 단과 납달리는 저주하기 위하여 에발산에 서고

여호수아 8장 30~33절

30 그때에 여호수아가 이스라엘의 하나님 여호와를 위하여 에발산에 한 제단을 쌓았으니 31 이는 여호와
의 종 모세가 이스라엘 자손에게 명령한 것과 모세의 율법책에 기록된 대로 쇠 연장으로 다듬지 아니
한 새 돌로 만든 제단이라 무리가 여호와께 번제물과 화목제물을 그 위에 드렸으며 32 여호수아가 거기
서 모세가 기록한 율법을 이스라엘 자손의 목전에서 그 돌에 기록하매 33 온 이스라엘과 그 장로들과 관
리들과 재판장들과 본토인뿐 아니라 이방인까지 여호와의 언약궤를 멘 레위 사람 제사장들 앞에서 궤의
좌우에 서되 절반은 그리심산 앞에, 절반은 에발산 앞에 섰으니 이는 전에 여호와의 종 모세가 이스라엘
백성에게 축복하라고 명령한 대로 함이라

세겜(Shechem)

결단의 도시

그리심산에서 바라본 세겜과 평야

예루살렘에서 북쪽으로 족장 길을 따라가면 약 60km 지점에 잘 알려진 세겜이 있다. '세겜'은 '어깨'란 뜻으로, 세겜은 에발산과 그리심산을 양쪽 어깨에 메고 있는 듯이 두 산 사이에 위치하여 붙여진 이름이다. 성경의 세겜을 지금은 '나블루스'라고 부른다. '나블루스'라는 이름은 로마시대부터 쓰인 것으로 '새로운 도시'라는 뜻이다.

세겜은 가나안 중앙산지 사마리아 산악지대의 남북을 잇는 족장로에 자리 잡고 있다. 이 족장로에 자리 잡은 성읍들을 남쪽에서부터 나열하면 브엘세바-헤브론-베들레헴-예루살렘-기브아-라마-미스바-벧엘-실로-세겜으로 아브라함, 이삭, 야곱이 주로 이 길을 따라 움직였으며, 교통의 요지이다.

족장로 이외에도 세겜은 두 개의 도로와 연결된다. 하나는 서북쪽으로 올라가 소고에 이르는 길인데 이는 해변길(Via Maris)로 연결된다. 이 도로는 남쪽의 애굽과 북쪽의 메소포타미아를 연결해 주는 국제도로였다. 다른 하나는 동북쪽으로 올라가 디르사(Tirzah)를 거쳐 벧산(Bethshan)으로 연결되며 결국 트랜스 요르단(Transjordan), 즉 요단강 동편으로 이어진다. 이처럼 세겜은 세 개의 중요한 도로가 만나는 지점에 자리 잡고 있어서 자연스럽게 고대 사람들의 주목을 받았으며, 많은 상업의 중심지는 물론 정치와 종교의 중심지로 발전했다.

오늘날 세겜은 요르단 서안(West Bank)의 팔레스타인 지역으로, 가장 큰 아랍인 도시이자 아랍민족주의의 중심지이다. 따라서 유대인과 아랍인의 갈등이 가장 심하게 대두되고 있는 점령지이며, 시내 곳곳에 이스라엘군의 삼엄한 경계가 이루어지고 있다.

일찍이 BC 1850년경에 아브라함은 갈대아 우르를 떠나 하란에서 여호와 하나님의 말씀을 좇아 이곳 세겜에 이주해 왔고(창 12:6~7), 그의 손자 야곱은 육신의 욕심으로 눈앞에 벧엘을 두고 자신의 거처와 짐승들을 위한 축사를 짓기 위해 이곳 땅을 매입하고 제단을 쌓았다(창 33:18~19).

야곱은 머물지 말았어야 했던 세겜에 터를 잡았다가 그의 딸 디나가 세겜 성주 하몰의 아들 세겜에게 강간을 당하였다. 이에 야곱의 아들로서 디나의 오라비인 시므온과 레위는 세겜 거민들을 살육함으로써 디나에 대한 보복을 하였다(창 34장).

요셉은 아버지 야곱의 말에 순종하여 세겜에서 양 떼를 치는 형들을 찾아갔다가 형들을 만나지 못해 도단으로 갔다가 형들에 의해 애굽으로 팔려갔다(창 37:12~36). 기근을 피해 애굽으로 내려갔던 야곱은 임종 직전에 요셉을 만나 그의 아들 에브라임과 므낫세에게 축복하면서 요셉에게 세겜 땅을 더 주었다(창 48:22). 요셉의 유언대로 출애굽할 때 가져온 요셉의 시신을 이 세겜에 매장하였다(수 24:32).

여호수아는 가나안 땅에 정착하고 나서 세겜을 에브라임에게 주었으며, 므낫세는 에브라임과 경계에 있는 세겜 근처 땅을 받았다(수 17:7; 대상 7:28). 세겜은 도피성이 되었으며(수 20:7; 대상 6:67), 레위인의 성읍이 되었다(수 21:21). 여호수아는 이스라엘의 모든 지파들을 세겜에 모아 마지막 고별 설교를 하였다(수 24장).

공중에서 본 세겜 들판과 그리심산과 에발산 전경

사사 시대에 기드온은 세겜 출신의 첩에게서 아비멜렉을 얻었다. 아비멜렉은 세겜에 사는 어머니 형제들의 도움을 받아 자기 형제들을 모두 죽였으며, 세겜과 밀로 사람들은 아비멜렉을 세겜에 있는 상수리나무 기둥 옆에서 왕으로 삼았다(삿 9:1~6). 참화에서 유일하게 피한 기드온의 아들 요담은 세겜의 남쪽에 있는 그리심산에 올라가서 아비멜렉의 처사에 대해서 비유로 비난했다. 3년 후 세겜 사람들은 아비멜렉에 대해 반역을 일으켰으며, 아비멜렉은 세겜과 성소를 파괴함으로 보복했다(삿 9:22-49). 이것은 요담의 저주의 성취였다(삿 9:57).

그리심산 정상의 비잔틴 시대에 세워졌던 교회 터

예레미야 49장 19절

보라 사자가 요단강의 깊은 숲에서 나타나듯이 그가 와서 견고한 처소를 칠 것이라 내가 즉시 그들을 거기에서 쫓아내고 택한 자를 내가 그 위에 세우리니 나와 같은 자 누구며 나와 더불어 다툴 자 누구며 내 앞에 설 목자가 누구냐

왕정시대에 들어서 사울과 다윗과 솔로몬 왕 때는 세겜에 대한 언급이 나타나지 않는다. 그렇다고 해서 세겜의 정치적 중요성이 사라진 것은 아니다. 솔로몬이 죽고 나서 왕위에 오른 솔로몬의 아들 르호보암은 세겜으로 갔다. 온 이스라엘이 르호보암을 왕으로 삼기 위해서 세겜에 모였기 때문이다(왕상 12:1; 대하 10:1). 북쪽 열 지파들은 르호보암이 멍에를 가볍게 해달라는 자신들의 요구를 거부하자 여로보암을 왕으로 세우고 남왕국 유다로부터 분리되어 북왕국 이스라엘을 세웠다.

BC 9세기에 북왕국 이스라엘의 오므리 왕이 수도를 세겜에서 사마리아로 옮김으로 세겜은 더는 발전하지 못했다.

BC 722년 앗수르가 이스라엘을 점령한 다음 세겜에 앗수르인들이 대거 이주해 왔다. 시간이 흐르면서 세겜 사람들은 이민족들과 피가 섞이게 되었고, 이로 인해 남왕국 유다 사람들은 혼종이 된 사마리아인들을 죄악시하고 만남을 꺼렸다. 이때부터 사마리아인들은 그리심산에서 독자적인 종교생활을 하기 시작하였고, 모세오경과 여호수아서만 성경으로 받아들였다. 유대인과 사마리아인들은 종교뿐 아니라 정치적으로도 적대시하게 되었다. 신약시대에 빌립, 요한, 그리고 베드로가 세겜 지역에서 복음을 전파하였다(행 8:4~5).

비잔틴 시대에 세겜과 그리심산에 교회가 세워졌다. 1948년 독립 당시 세겜은 요르단에 속해 있었으나, 1967년 6일 전쟁 이후 이스라엘의 점령지가 되어 오늘에 이르고 있다.

북왕국 이스라엘의 초대 왕 여로보암은 세겜을 요새화하고 수도로 삼았다(왕상 12:25). 북왕국 이스라엘의 수도는 훗날 세겜에서 디르사로, 디르사에서 사마리아로 옮겨졌다. 북왕국 이스라엘의 수도가 사마리아로 옮겨진 후에도 세겜은 종교의 중심지로서의 명성을 잃지 않았다. 그래서 호세아는 북왕국 이스라엘의 죄악상을 고발하면서 제사장의 무리가 세겜 길에서 살인했다고 비난했다(호 6:9).

이처럼 종교 중심지로서의 세겜의 중요성은 이스라엘의 선조에서 기원된 것이다. 족장들은 세겜에 제단을 쌓고 희생 제사를 드렸다. 그래서 훗날 북왕국 이스라엘이 앗수르에게 멸망당하고 남왕국 유다까지 바벨론에게 멸망당하고 나서, 사마리아인들은 이렇게 역사적 의미를 갖고 있는 그리심산과 에발산을 종교의 중심지요 거룩한 장소로 여겼다. 그들은 유다인들이 예루살렘을 중요하게 여겼던 것처럼 에발산을 하나님의 산으로 여겼으며, 알렉산더 대왕 시대에 그리심산에 사마리아인의 성전을 지었다. 그래서 예수 그리스도를 만난 사마리아 수가성 여인은 예수 그리스도께 "우리 조상들은 이 산에서 예배하였는데 당신들의 말은 예배할 곳이 예루살렘에 있다 하더이다"(요 4:20)라고 말했다.

유대인들이 로마인들에게 반역했던 제1차 유대인 반란 때 세겜은 완전히 파괴되었으나, AD 72년에 베스파시아누스가 세겜을 재건하고 '네아폴리스'(Neapolis), 즉 '새 도시'라는 이름을 붙였다. 이 이름이 아랍어로 '나블루스'(Nablus)가 되었다.

오늘날 세겜에 가면 그리심산과 에발산 사이에 세겜 성읍이 자리 잡고 있었음을 확연하게 알 수 있다. 세겜은 고대의 다른 성읍들과 달리 방어하기 힘든 그리심산과 에발산 사이의 계곡 평지에 자리 잡고 있었다. 세겜에 가면 두 산은 물론 가나안 족속의 성전 터를 확인할 수 있다.

야곱의 우물(Jacob's well)

영원히 마르지 않는 샘

세겜에 있는 옛 야곱의 우물

요한복음 4장 13~14절

13예수께서 대답하여 이르시되 이 물을 마시는 자마다 다시 목마르려니와 14내가 주는 물을 마시는 자
는 영원히 목마르지 아니하리니 내가 주는 물은 그 속에서 영생하도록 솟아나는 샘물이 되리라

그리심산과 에발산 기슭에 위치한 세겜에 있는 텔 발라타에서 동쪽으로 약 500m 지점에 야곱의 우물이 있다.

AD 380년 비잔틴 시대에 야곱의 우물이 있던 곳에 처음 교회가 있었으나 529년 파괴되었다. 그 후 AD 1187년 십자군에 의해서 다시 교회가 세워지고, 이 기초 위에 1914년에 러시아 정교회에서 교회를 확장해 짓기 시작했다. 그러나 제1차 세계대전으로 공사가 중단되었다. 이후 그리스 정교회에서 공사를 인수해 재개했으나 이것도 재정난으로 인해 더는 진척을 보이지 못하다가 현재는 완공하여 매우 아름답게 단장했다.

세겜에 있는 그리스 정교회가 건축한 야곱의 우물 기념교회

야곱의 우물 기념교회 내부

옛 야곱의 우물은 이 아름다운 성전 지하에 자리 잡고 있다.

야곱의 우물이 있는 지하로 내려가면 깊이가 약 50m나 되는 우물이 있다. 깊이가 32m라고 알려졌었으나 이는 최근 실제로 측량해 본 결과 얻은 깊이이고, 지금도 시원한 1급수 물을 얻을 수 있다.

구약성경에는 언급이 없지만 신약성경에서는 야곱이 자기 후손들을 위하여 파 놓은 우물로 언급되고 있다(요 4:12-"우리 조상 야곱이 이 우물을 우리에게 주셨고").

예수 그리스도께서 사마리아 여인을 만나 자신을 계시하신 장소이다(요 4:26-"예수께서 이르시되 네게 말하는 내가 그라 하시니라"). 세겜의 아랍인들은 이곳을 '비르 야곱'이라고 부른다.

사마리아(Samaria)

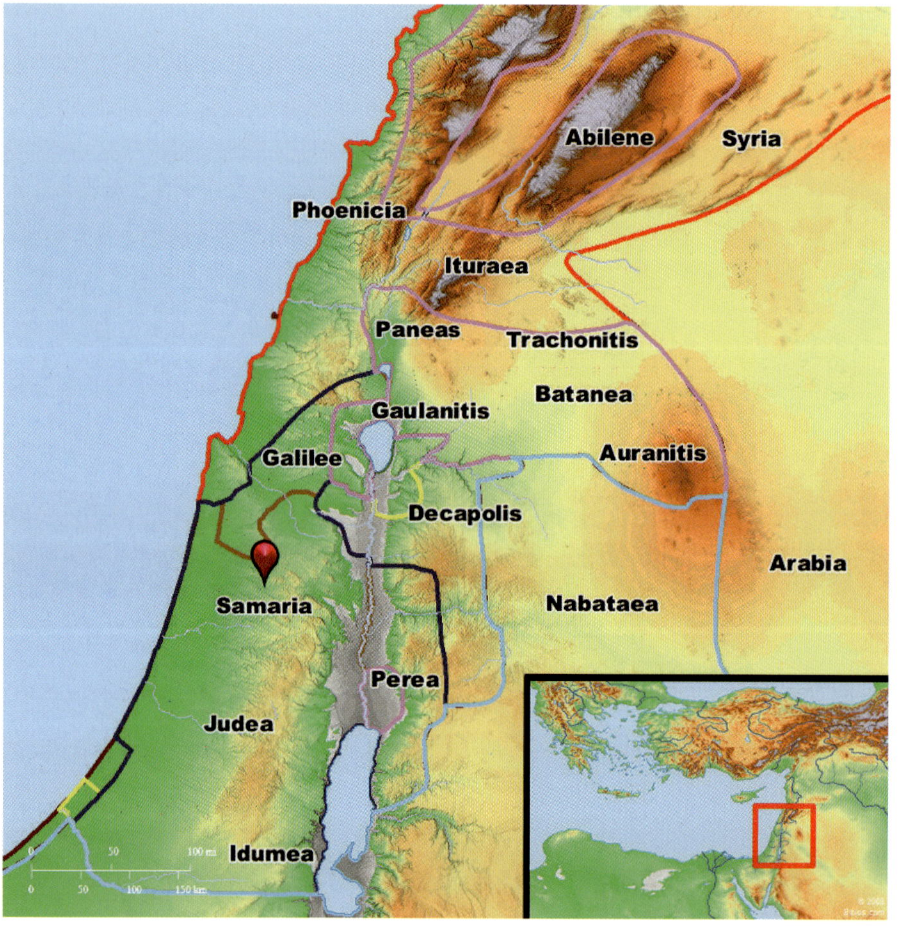

북왕국 이스라엘 멸망 이후부터는 여러 가지 역사적 배경으로 인해 북왕국 이스라엘의 거주민들은 온통 혼혈족이 될 수밖에 없었다. 이로 인해 이들은 남왕국 유다 사람들로부터 계속해서 소외당하고 멸시를 당하게 되었다. 이러한 강제 이주가 북부지방 사람들에 대한 부정적인 감정의 기원이 된 것은 사실이다. 그러나 이들에 대해 '사마리아인'이라는 표현을 사용하는 것에 대해 좀더 구체적으로 정의할 필요가 있다.

첫째, 지리적인 의미에서 사마리아는 '사마리아 지역'을 의미한다.

사마리아성의 역사를 보면 오므리 왕조 이후부터는 사마리아성이 북왕국 이스라엘의 핵심적인 역할을 했다. 앗수르 압제 이후에는 이곳이 속주의 수도로 사용되었다. 그러므로 지리적인 의미에서 사마리아 지역이란 사마리아성의 행정적 통치의 영향을 받는 북부지역 전체를 가리키는 말이 된다.

둘째, 구체적 장소의 의미에서 사마리아는 '사마리아성'을 의미한다.

사마리아성에는 한 번도 사마리아인들의 성전이 있지 않았다. 오히려 정치, 경제의 중심지이면서 풍요의 상징이었고, 더 나아가서는 이방 문화와 이교도의 우상숭배의 상징이었다.

셋째, 성경에서 '사마리아인'이라고 했을 때는 사마리아 지역에 사는 거민이라는 의미보다는, 그리심산을 자신들의 성지로 여기며 모세오경만을 정경으로 받아들이는 특수 종교집단을 의미하는 것이다.

이러한 종교적 의미에서의 사마리아인은 'Samaritans'로 표현하고, 사마리아성 혹은 사마리아 지역에 사는 사람을 말할 때는 'Samarians'라고 표현한다. 실제 'Samarians'들은 강제 이주된 사람들과 퇴역군인 등이기에 이에 이방인이거나 혼혈족들이다. 그러나 반대로 'Samaritans'들은 족외혼을 엄격히 금하고 있어 오히려 혈통의 순수성을 지키고 있기에 근본적으로 서로 다른 사람들이다.

사마리아성으로 들어가는 입구

사마리아성 옛 신전 터 발굴 현장

사마리아성에 대한 언급은 구약성경에 100번 이상 언급될 만큼 자주 등장하지만, 솔로몬왕이 죽고 난 후 50년이 될 때까지는 건설되지 않았다. 이 도시가 건설된 것은 BC 875년 오므리 왕 때의 일이다.

열왕기상 16장 24절의 "그가 은 두 달란트로 세멜에게서 사마리아산을 사고 그 산 위에 성읍을 건축하고 그 건축한 성읍 이름을 그 산 주인이었던 세멜의 이름을 따라 사마리아라 일컬었더라"라는 말씀에 그 이름의 기원이 있다. 그러나 오므리는 이 도성을 완성하지 못했고 그의 아들 아합에 의해 완성되었다.

이 새로운 수도는 옛 수도 디르사보다 훨씬 진일보한 것이었다. 아합 왕은 두로 왕의 딸과 결혼할 만큼 이방 문물을 받아들였는데, 이 성읍은 페니키아의 숙련된 장인들에 의해 건축되어 상아궁(왕상 22:39; 암 3:15)이라고 불릴 정도였다. 실제 이곳에 복층 구조물이 있었음이 열왕기하 1장 2~17절에서 확인되고 있다. 아합의 아들 아하시야가 다락 난간에서 떨어져서 치명상을 입었는데 이를 통해 이 건물이 높았음을 능히 짐작할 수 있다. 그 후 여로보암 2세(BC 793~782) 때 사마리아성은 최대의 번영을 누렸으나, 선지자 아모스와 호세아의 사마리아성에 대한 종말 예언처럼 여로보암 2세 사후 얼마 되지 않은 BC 722년에 앗수르의 살만에셀 5세에 의해 멸망하고 말았다.

앗수르의 왕조실록에 의하면, 살만에셀의 뒤를 이은 사르곤 2세가 BC 721년에 사마리아 거민 27,290명을 사로잡아 갔다고 한다. 그래서 이때를 사마리아의 실제적인 멸망으로 보는 학자도 있다. 이 사건은 구약성경 열왕기하 17장 23~24절에 기록되어 있으며, 동일한 앗수르 왕(아마도 사르곤 2세)이 다른 정복지로부터 사람들을 옮겨다가 사마리아 여러 성읍들을 재건하게 했다고 말하고 있다. 또한 에살핫돈(스 4:2), 앗술바니팔(스 4:10, 우리말 성경에서는 '오스납발')에 의해서도 이러한 점령지에 대한 강제 이주 정책은 계속되었다. 앗수르 왕들에 의해 재건된 사마리아가 오므리가 건설한 것과 동일한 성인지 아니면 인근 지역을 의미하는지는 분명하지 않지만, 북왕국 이스라엘의 중심 지역이었음은 확실하다. 이렇게 해서 재건된 사마리아는 앗수르 속주의 수도 역할을 했다.

느헤미야 4장 7절에 따르면 산발랏이 사마리아의 총독으로 상당한 영향력을 행사했던 것으로 보인다.

알렉산더의 팔레스타인 지역 원정 후인 BC 331년에 사마리아성은 헬라의 직접적인 식민지가 됨으로 새로운 전기를 맞게 되었다. 알렉산더 사후 BC 198년까지는 애굽의 톨레미 왕조에 속했다가, 그 후부터는 시리아의 셀레우코스 왕조의 지배를 받았다.

BC 55~57년에 로마의 수리아 총독 가비니우스가 사마리아의 복원을 명령해서(《유대고대사》 14권 pp. 86~88) 재건축이 시작되었지만 이를 완성한 사람은 헤롯 대왕이다. BC 30년부터 시작해서 무려 10년에 걸쳐 이 사업을 진행했다. 이때 그의 후견자인 로마 황제 아우구스투스의 헬라식 이름인 '세바스테'라는 이름으로 도시의 이름을 바꾸었다. 오므리 왕의 궁전이 있던 그 자리에 헤롯은 아우구스투스를 위한 신전까지 세우게 되었다.

또한 헤롯 대왕도 이곳에 알렉산더 대왕처럼 퇴역군인들을 거주시켰다. 연금을 받았던 사람은 무려 6,000명이나 되고 이들에게 특권을 부여했다. 이들은 갈라디아인, 드라기아인, 게르만인 등 외국인 용병들이었다. 그래서 이 도시는 더욱더 국제도시화되었다. 헤롯 대왕 사후에는 아켈라오의 영지였으나 학정으로 실각한 후 로마 총독의 직접 통치 지역이 되었다. 예수님 당시에도 여전히 총독이 직접 통치하고 있었다. 사도행전 8장 5~13절에는 마술사 시몬의 본거지로 언급되었다. 오늘날 남아 있는 대부분의 유적은 로마 통치 시기인 AD 180~230년경에 만들어진 것들이다.

하늘에서 내려다본 사마리아성

북왕국 이스라엘의 왕 아합은 그의 부인 이세벨과 함께 이스라엘 왕 가운데 가장 악한 일을 행한 왕이나. 이세벨은 시돈 왕 엣바알의 딸로서 시집올 때 가져온 바알과 아세라를 이스라엘에 퍼뜨리고, 바알과 아세라 선지자 850명을 두고 하나님의 선지자들을 거의 죽였던 악독한 왕비였다. 영국의 동양연구소 주관으로 시행된 사마리아 부근의 므깃도 발굴 도중 아합 시대의 지층에서 당대의 아스다롯 신전이 발굴되었는데, 그 부근에서는 이 신전에서 제물로 바쳐져 죽임을 당한 어린아이들의 뼈가 담긴 많은 항아리도 발견되었다. 바알과 아세라 숭배가 얼마나 끔찍하였는가를 보여주는 생생한 증거이다.

옛 아우구스투스 신전 터

사마리아성 아합의 상아궁 발굴 현장

열왕기상 22장 39절

아합의 남은 행적과 그가 행한 모든 일과 그가 건축한 상아궁과 그가 건축한 모든 성읍은 이스라엘 왕 역대지략에 기록되지 아니하였느냐

1908~1910년에 하버드 대학, 예루살렘의 히브리 대학, 영국 고고학회 등의 주관하에 사마리아가 발굴되었다. 이때 아합의 아버지 오므리가 처음 쌓은 왕궁의 기초(왕상 22:39)가 발굴되었고, 아합과 여로보암 2세가 확장한 궁전과 아합이 병거를 타고 아람 군대와 싸우다가 전사한 후 그의 피 묻은 병거를 씻었다는 사마리아 연못도 발견되었다(왕상 22:38).

아합의 상아궁의 진상이 1931~1933년, 그리고 1935년 이후 계속된 사마리아 발굴에서 밝혀졌는데(왕상 22:39), 이 상아궁은 상아를 조각해서 벽장식의 타일처럼 벽에 붙인 것이었다. 그런데 아합의 상아궁에서 발굴된 깨진 상아 조각품이, 1845년 레이어드가 파내고 최근인 1957년 전후해서 말라완(M. E. L. Malawan) 교수가 팠던 니므롯(성경의 '갈라'로 앗시리아의 초기 수도)의 앗수르 궁전에서 나온 것과 매우 흡사했다. 이는 한때 아합의 상아궁 벽에 붙어 있던 상아 조각품을 BC 722년 이스라엘이 망할 때 앗수르가 떼내어 부서진 것들은 그냥 버리고 가치 있는 것은 가지고 갔기에, 그곳에서 최초의 발굴 때 그 조각들이 나온 것이다. 한편 완전한 것은 니므롯에 있는 앗수르 왕궁의 벽에 붙인 것이다. 앗수르가 망할 때 정복한 국가에서 다시 떼어갔을 것이다.

아합의 상아궁 발굴 때 화장품과 화장품을 배합할 때 썼던 접시와 조그마한 석함도 나왔다(왕하 9:30). 거기에는 검정색, 초록색, 빨강색 화장 재료를 담을 수 있는 작은 홈이 있고, 가운데에는 이것들을 배합하는 움푹 파인 곳도 있었다. 아직도 불그스름한 색깔이 거기에 남아 있어 당시의 화려했던 화장술을 상상할 수 있다.

사마리아 궁전 발굴에서는 이스라엘 왕 여로보암 2세(BC 793~753) 때부터 백성들이 왕궁 곳간에 세금으로 바친 기름과 포도주의 납세 지불 문서가 10여 개의 히브리 도기 파편으로 발굴되기도 했다. 이 납세 문서에 쓰인 인명 중 바알의 이름이 섞여 있었다. 즉 아비바알, 바알사알, 바알라, 바알므오, 바알사갈, 메리바알 등이다. 또 다른 문서에서는 '에겔리오'(Egeliou)라는 이름도 나왔는데, 이는 '여호와는 송아지'라는 우스운 뜻이다. 이 이름들은 벧엘과 단에서 애굽의 신인 송아지를 섬긴 것을 말해주고 있는 것이다(왕상 12:25~33, 15:34). 이것이 바로 '여로보암의 죄'(왕상 13:34)였다.

1845년 영국인 레이어드(Henry Layard)가 니므롯을 발굴하다 앗수르 왕 살만에셀 3세(BC 859~824)의 궁전을 발견했다. 그는 이곳에서 흑색 방첨비를 발견했는데, 살만에셀 3세는 이 방첨 비석에 시리아와 이스라엘 등 팔레스타인 나라들을 정복하고 조공을 받는 일 등 그의 승리를 기록하고 그림으로 남겼다. 그런데 이곳에 예후가 두 번째 단에 엎드려 조공을 바치는 모습이 선명하게 부조되어 있고, 바친 물건과 상황 설명이 쐐기문자로 쓰여 있다. 예후는 열왕기의 주요 인물이다(왕상 19:16; 왕하 9:1~26, 30~37, 10:11~31).

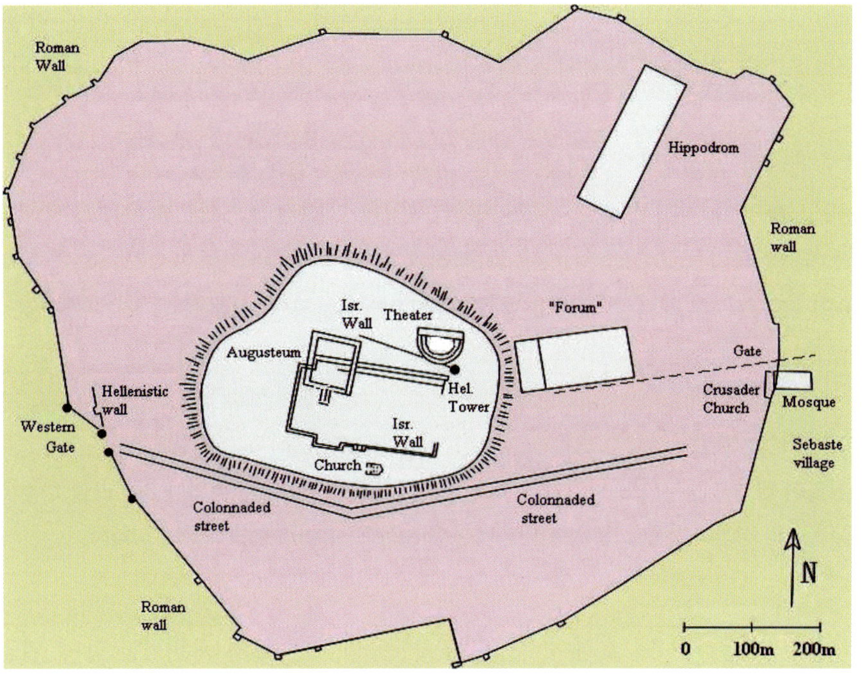

사마리아성 발굴 현장 건물 배치 조감도

이 방첨비의 맨 아랫부분에는 앗수르가 BC 841년 아람 왕 하사엘을 정복하고 중한 벌과 무거운 조공을 물렸다는 기사가 쓰여 있다. 하사엘은 엘리야와 엘리사에 의해 아람 왕이 될 것을 통지받은 벤하닷 2세의 고급 궁중관리(왕하 8:7~13; 왕상 19:15)로서 후에 왕이 된(왕하 8:14~15) 그 하사엘이다(BC 842~805). 그는 성경에 계속 나올뿐더러 한때 유다를 침공하여 예루살렘까지 위협하였다(왕하 12:17~18).

북왕국 이스라엘의 수도 사마리아는 살만에셀 5세에게 포위된 후 찬탈자로 앗수르 왕위에 오른 사르곤 2세(사 20:1)에게 결국 함락되었다. 백성은 가장 잔인하게 살해당하든지 포로가 되어 잡혀갔다.

사마리아성에서 발굴된 신전 터

역사에서 실제 인물로 취급받지 못하고 오직 구약성경 이사야 20장 1절에만 등장하는 사르곤 2세의 궁전이 1843년 프랑스 사람 보타(P. E. Botta)에 의하여 코르사밧에서 발굴되었다. 그곳에서 그의 석고로 된 부조와 많은 다른 기록들이 나왔는데, 그의 업적을 쓴 비문 가운데 "나의 통치의 시작, 다스린 첫해에…거기에 살던 사마리아 사람 27,290명을 데리고 떠났다"라고 기록되어 있다.

또 코르사밧에서 발굴된 '전시비문'(Display Inscription)이라고 불리는 기록에는 "나는 사마리아를 에워싸고 빼앗아 거기서 살던 27,290명의 거민을 데려갔다. 그들 가운데서 50대의 병거를 모아들였고, 다른 사람들로 그들의 땅을 차지하게 하고 나의 관리들을 그들 위에 두어 그들에게 이전 왕의 조공을 부과시켰다"라고 기록되어 있어, 성경의 기록들이 역사적으로 일어났던 일임을 밝혀주고 있다(왕하 17:5, 24).

열왕기하 17장 24절

앗수르 왕이 바벨론과 구다와 아와와 하맛과 스발와임에서 사람을 옮겨다가 이스라엘 자손을 대신하여 사마리아 여러 성읍에 두매 그들이 사마리아를 차지하고 그 여러 성읍에 거주하니라

북왕국 이스라엘은 제19대 호세아 왕 9년(왕하 17:1~6) 앗수르의 포위 3년 만에 멸망했다. 북왕국 이스라엘의 파멸은 우상숭배와 불순종의 죄로 인하여 여호와 하나님께서 직접 내리신 심판이었다. 앗수르 사람들은 단순히 하나님께서 그의 목적을 이루시는 데 사용하신 악한 도구였다.

사마리아성 교회 터(좌)와 원형극장(우)

알렉산더 대왕이 BC 332년에 사마리아를 공격해서 파괴하고 지도자들을 모조리 죽였을 때 사마리아 사람들은 세겜으로 도망쳤다. 그래서 신약시대에 세겜과 그 남쪽에 있던 그리심산이 사마리아 사람들의 중요 성읍과 성지가 되었다(요 4장). 알렉산더는 사마리아를 재건하고 그리스 사람들을 포함해서 사람들이 다시 거주하게 했으며, 그리스 도시(polis)이자 헬레니즘의 중

심지로 만들었다. 헬레니즘 도시인 사마리아는 이후 2세기 동안 번성했다. 그러다가 하스모니안 왕조 요한 힐카누스(John Hyrcanus)가 헬레니즘 문화를 파괴하기 위해서 사마리아를 거의 1년 동안 포위했다가 BC 107년에 정복했으며, 사마리아를 파괴했다. 그 이후 한동안 사마리아는 버려진 채로 있었다.

이후 사마리아는 로마의 시리아 속주의 일부가 되었으며, BC 57년 로마 총독 가비니우스(Gabinius)가 사마리아를 재건했다. 이때 사마리아 도시 시민들은 사마리아를 가비니우스 도시로 불렀다. 후에 사마리아는 헤롯 대왕의 정치적 기반이 되었고, 그 가족에게 중요한 안식처가 되었다. 헤롯 대왕은 이 사마리아에서 마리암네(Mariamne)와 결혼했다.

BC 30년에 로마 황제 아우구스투스는 사마리아를 헤롯 대왕에게 주었다. 헤롯 대왕은 사마리아를 확장하고 새로운 성벽과 망대를 재건해 황제 아우구스투스의 이름을 따 '세바스테'(Sebaste)라 불렀다. 또한 헤롯은 이 세바스테에 거대한 신전을 세우고 아우구스투스에게 바쳤으며, 약 6천 명의 용병군대가 머무는 요새로 만들었다. 훗날 로마에 반역을 일으켰을 때 유대인들은 세바스테, 곧 사마리아를 불태웠다.

신약성경에서는 사마리아가 그렇게 많이 언급되지 않는다. 예수 그리스도께서 공생애 동안 갈릴리를 중심으로 사역을 하셨기 때문일 것이다. 그러나 당시 유대인들이 사마리아를 지나가기를 꺼렸음에도 예수 그리스도께서는 사마리아에 가셔서 복음을 전하셨다(눅 9:52, 17:11; 요 4장). 초대교회 빌립 집사도 사마리아에 가서 복음을 전했다.

사도행전 8장 5~17절

5빌립이 사마리아성에 내려가 그리스도를 백성에게 전파하니 6무리가 빌립의 말도 듣고 행하는 표적도
보고 한마음으로 그가 하는 말을 따르더라 7많은 사람에게 붙었던 더러운 귀신들이 크게 소리를 지르
며 나가고 또 많은 중풍병자와 못 걷는 사람이 나으니 8그 성에 큰 기쁨이 있더라 9그 성에 시몬이라 하
는 사람이 전부터 있어 마술을 행하여 사마리아 백성을 놀라게 하며 자칭 큰 자라 하니 10낮은 사람부
터 높은 사람까지 다 따르며 이르되 이 사람은 크다 일컫는 하나님의 능력이라 하더라 11오랫동안 그 마
술에 놀랐으므로 그들이 따르더니 12빌립이 하나님 나라와 및 예수 그리스도의 이름에 관하여 전도함을
그들이 믿고 남녀가 다 세례(침례)를 받으니 13시몬도 믿고 침례를 받은 후에 전심으로 빌립을 따라다니
며 그 나타나는 표적과 큰 능력을 보고 놀라니라 14예루살렘에 있는 사도들이 사마리아도 하나님의 말
씀을 받았다 함을 듣고 베드로와 요한을 보내매 15그들이 내려가서 그들을 위하여 성령 받기를 기도하
니 16이는 아직 한 사람에게도 성령 내리신 일이 없고 오직 주 예수의 이름으로 세례(침례)만 받을 뿐이더
라 17이에 두 사도가 그들에게 안수하매 성령을 받는지라

도단(Dothan)

텔 도단(Tell Dothan)은 해발 269m인 도단평야에서 약 40m 높은 해발 309m의 언덕으로 형성되어 있으며, 예루살렘 북쪽 96km, 세겜 북쪽 24km 지점으로 현재 '텔 도다'(Tell Dotha)로 알려진 언덕이다. 1851년 반 데 벨드(Van de Velde)에 의해서 발굴되었다. 텔 도단은 이즈르엘 골짜기-도단('우물'이란 뜻)-사마리아-세겜-실로-벧엘-예루살렘-베들레헴-헤브론-브엘세바로 통하는 남북을 관통하는 중앙산지 길인 족장로와 연결되며, 요단 동편의 길르앗과 서쪽의 해변길을 따라 애굽까지 이어지는 중요한 동서 횡단로가 지나가고 있으므로 교통의 요충지였다.

요셉이 아버지 야곱의 심부름으로 형들을 찾아 헤브론 골짜기에서 출발하여 세겜에 이르렀으나 만나지 못하고 그들이 양을 치고 있던 도단에서 만나게 된다. 헤브론에서 도단까지 약 250km 먼 길을 찾아왔건만 형들은 요셉을 시기하여 죽이기로 계획하고 옷을 벗겨 물이 없는 물웅덩이에 던졌다.

이 사건을 창세기 37장 16~28절에 자세히 기록하고 있다. "내가 그들의 말을 들으니 도단으로 가자 하더라…요셉이 형들에게 이르매 그의 형들이 요셉의 옷 곧 그가 입은 채색옷을 벗기고 그를 잡아 구덩이에 던지니 그 구덩이는 빈 것이라 그 속에 물이 없었더라."

그러다 유다의 제안으로 때마침 지나가는 이스마엘 상인들에게 은 이십을 받고 요셉을 팔게 된다. 미디안 사람들은 요셉을 애굽으로 데려가서 바로의 친위대장 보디발에게 판다. 후에 요셉은 애굽 총리가 되며, 야곱의 모든 가족을 기근에서 구해낸다. 즉, 도단은 요셉이 형들에게 팔렸던 곳이다(창 37:12~36).

아람 왕이 이스라엘과 싸울 때 엘리사로

인하여 번번이 전략이 실패하였으므로, 엘리사 선지자가 도단에 있을 때 말과 병거와 많은 군사를 보내 밤에 도단 성읍을 에워쌌다. 엘리사의 사환이 아침에 일찍 일어나서 보고, 성읍이 아람 군사들에게 에워싸였다고 엘리사에게 말할 때 엘리사가 기도하자, 여호와께서 청년의 눈을 여사 불말과 불병거가 산에 가득하여 엘리사를 두르고 있는 것을 보게 하셨다. 엘리사의 기도로 아람 군사들의 눈을 어둡게 하셔서 엘리사가 그들을 24km 떨어진 사마리아성 가운데로 데리고 가서 다시 그들의 눈을 뜨게 하였다. 엘리사의 말대로 이스라엘 왕은 아람 군사들을 죽이지 않고 떡과 물을 주어 먹게 하고 평안히 아람 나라로 돌려보낸다(왕하 6:8~23).

도단은 높이 60m의 둥근 언덕이며, 총면적은 3만 평(25에이커) 정도이다. 천혜의 요새로서 정상에는 많은 주거 유적이 있고, 성 입구는 가파르다. 언덕 아래에 아랍 민가들이 있고, 삼면은 산들로 둘러싸여 있다. 요셉의 형들은 성 밖에서 양을 치다가 때로는 필요한 물자를 구하기 위해 성안에 출입하였을 것이다.

요셉을 던져넣었던 성 밖의 구덩이는 빗물을 저장하는 곳으로, 물이 없었다는 것은 우기를 앞둔 가을이었기 때문이다. 물 저장고는 보통 석회암을 지름 90cm, 깊이 1m로 파낸 후, 거기서부터 다시 어른 키 2배 정도를 종(鍾) 모양으로 파낸 구덩이이다. 석회암에서는 빗물이 썩지 않으므로 성지에는 많은 물 저장고가 있다. 요셉이 도단에 온 시기는 풀을 구하기 힘든 건기였기에 물구덩이는 말라 있었고, 풀을 따라 도단까지 올라와 양들을 먹이다가 우기가 시작되면 목동들은 양 떼를 몰고 서서히 남하하기 시작하였다.

넓은 도단 들 전경

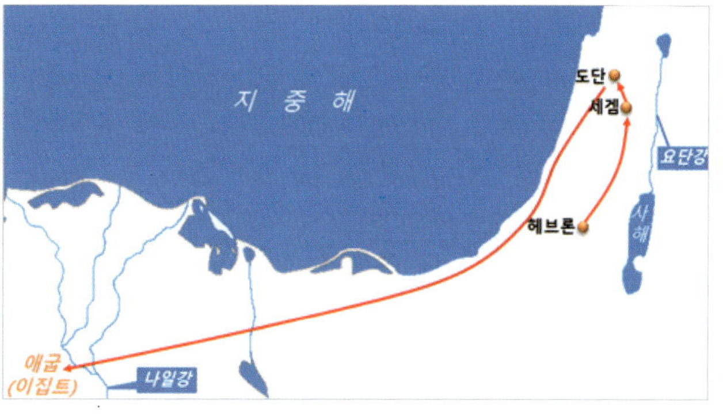

애굽으로 팔려간 요셉의 행적

실로(Shiloh)

실로의 성전이 있던 곳

실로의 위치에 대해 구약성경 사사기 21장 19절은 "또 이르되 보라 벧엘 북쪽 르보나 남쪽 벧엘에서 세겜으로 올라가는 큰길 동쪽 실로에 매년 여호와의 명절이 있도다"라고 말한다. 실로는 세겜과 벧엘 중간에 자리 잡은 성읍으로서 여호수아 시대에 에브라임 지파에게 할당되었다(수 16:6). 여호수아는 가나안 땅에 들어간 후 40년 동안의 광야생활 중 사용하던 회막, 곧 성막을 실로에 세웠다(수 18:1). 또한 미리 땅을 분배받았던 요단강 동쪽의 르우벤, 갓, 므낫세 반 지파와 요단강 서쪽의 유다, 에브라임, 므낫세 반 지파를 제외한 나머지 일곱 지파, 즉 베냐민, 시므온, 스불론, 잇사갈, 아셀, 납달리, 단 지파는 이곳 실로에서 제비를 뽑아 땅을 할당받았다(수 18:2-10, 19:51, 21:2). 실로는 이스라엘 백성이 가나안 땅을 정복하고 정착할 때 신앙과 행정의 중심지가 되었다(수 22:9, 12).

사사 시대에도 여호와 하나님의 집으로 여기던 언약궤가 있는 성막이 그때까지 실로에 있었다(삿 18:31). 사사 시대 말 한 레위인이 베냐민의 기브아에 머물렀는데 불량배들이 찾아와 성관계를 맺기 원하자 레위인은 자기 첩을 불량배들에게 내주었다. 레위인은 아침에 첩이 죽은 것을 알고 그 시신을 가져다가 열두 덩이로 나누어서 이스라엘의 온 지파에게 보내어 베냐민 기브아 불량배의 죄악을 고발했다. 이로 인해 베냐민 지파와 다른 지파들 사이에 내전이 벌어졌고, 그 결과 베냐민 지파의 용사는 겨우 600명만 살아남았다. 열두 지파 공동체였던 이스라엘은 한 지파가 멸절당하게 된 잘못된 사태를 깨닫고 회개하지만, 스스로 자기들의 딸들을 베냐민 지파에게 주지 않겠다고 맹세하였기에, 어쩔 수 없이 살아남은 베냐민 지파 남자들은 길르앗 야베스 처녀 400명을 실로로 데려오고, 부족한 처녀는 실로에서 행해진 축제 때 춤추러 나온 여자들 중에서 얻었다(삿 19~21장).

언약궤를 모신 여호와 하나님의 성막은 사무엘의 어린 시절까지 실로에 있었다. 사무엘의 어머니 한나는 여호와 하나님의 언약궤와 성막이 있는 실로에 가서 아들을 구하며 금식하며 간구하여 응답으로 아들 사무엘을 얻자 젖을 뗀 후 실로에 있던 대제사장 엘리에게 고하고 여호와 하나님께 드렸다(삼상 1:24).

실로에서 발굴된 성막 터

엘리 대제사장의 아들들은 실로에서 드려지는 제사 때 악행을 행했기에 버림받았던 반면(삼상 2:12~17), 어린 사무엘은 실로에서 여호와 하나님의 부름을 받았다(삼상 3장). 이때 블레셋 족속과 이스라엘 사이에 전쟁이 벌어져 이스라엘은 에벤에셀에, 블레셋은 아벡에 진을 쳤다.

엘리의 두 아들 홉니와 비느하스는 이 전쟁에 여호와 하나님의 언약궤까지 가지고 출전했지만 블레셋에게 패하여 둘 다 그 자리에서 죽고, 언약궤는 블레셋 사람들에게 빼앗기고 말았다(삼상 4:1~11).

어리석은 블레셋 사람들은 이스라엘 백성들에게서 빼앗은 언약궤를 자기들이 섬기는 다곤 신전에 모셨다가 큰 낭패를 당하자 아스돗에서 가드로, 가드에서 에그론으로 옮기다가 결국 벧세메스로 돌려보냈으며(삼상 6:1~18), 벧세메스에 있던 언약궤는 기럇여아림으로 옮겨졌다(삼상 6:19~21).

여호와 하나님의 임재의 상징인 언약궤가 블레셋 족속에게서 이스라엘로 되돌아왔지만, 더는 실로에 모시지 못했다. 이는 성경에는 나오지 않지만 실로가 블레셋과의 전투에서 파멸되었기 때문으로 보인다. 그런 가운데도 실로에 실로 사람 선지자 아히야가 있었다. 그래서 솔로몬이 죽은 후 세워진 북왕국 이스라엘의 여로보암은 아들 아비야가 병들자 실로에 있는 선지자 아히야에게 아내를 보내 아들이 나을 수 있는지 물었다(왕상 14장). 실로 사람 아히야는 여로보암 집에 속한 사람들이 모두 죽게 될 것이라고 예언했으며, 이후 그대로 실현되었다(왕상 14:10, 15:29; 대하 10:15).

세월이 지난 후 예레미야 선지자는 실로와 언약궤를 예로 들어 하나님의 집 성전이 있어서 안전하다고 믿는 예루살렘에 경고하였다(렘 7:12, 14). 계속되는 심판의 메시지를 들은 예루살렘의 제사장들과 선지자들과 백성들은 선지자 예레미야를 죽이려 했다(렘 26:6~9). 이후에도 실로에 사람들이 거주한 흔적이 보이는 것은 선지자 예레미야가 실로 출신의 사람들을 언급하고 있기 때문이다(렘 41:5).

실로와 관련해서 한 가지 더 살펴볼 것이 있다. 그것은 야곱이 죽기 전 유다에 대해 축복하는 내용에서 나온다. "규가 유다를 떠나지 아니하며 통치자의 지팡이가 그 발 사이에서 떠나지 아니하기를 실로가 오시기까지 이르리니 그에게 모든 백성이 복종하리로다"(창 49:10). 여기서 해석하는 데 어려움을 주는 표현은 "실로가 오시기까지"라는 구절이다. 실로가 분명히 지명임에도 여기서는 마치 사람처럼 사용되고 있기 때문이다. 그래서 이 부분은 "실로가 오시기까지", "그가 실로에 오시기까지", "그가 통치 지팡이를 쥔 자에게 오기까지"(시리아역), "권능으로 그 자리에 앉을 분이 오시면"(새번역), "참으로 그 자리를 차지할 분이 와서"(공동번역 개정판), "공물이 그에게 올 때까지"(until tribute is brought to him, NEB, JPS, NRSV)처럼 매우 다양하게 번역된다. 일부는 실로를 지명으로 보기도 하지만, 대부분은 '규'와 '통치자의 지팡이'와 연결된 통치자로 해석하며, 또 일부는 이 통치자를 메시아로 이해한다.

오늘날 실로에 가면 성막이 있던 터를 볼 수 있다. 실로에 세워진 성막은 이스라엘 백성들이 출애굽 후 광야생활에 사용했던 이동용 성막과는 조금 달랐던 것을 알 수 있다. 어린 사무엘이 아침까지 누웠다가 '여호와의 집의 문'을 열었다고 말하고 있기 때문이다(삼상 3:15). 문이 있다는 것으로 보아 솔로몬 성전이 세워지기 전에 집의 문과 같은 형태를 이룬 것으로 보인다.

그 외 실로에서는 비잔틴 시대의 교회 터, 성막 모형 등을 볼 수 있다.

실로 싱막 모형

실로 성막 자리 발굴 현장

벧엘(Bethel)

야곱이 하나님을 만난 벧엘

AD 70년 로마가 예루살렘 성전을 파괴하고 이스라엘이 멸망한 이후 이스라엘 사람들은 오랜 세월 동안 그들의 땅을 떠나 있어야만 했다. 다른 언어를 가진 많은 강대국들이 이스라엘을 통치하였기 때문에 누가 통치하느냐에 따라 성경의 지명이 바뀌곤 했다.

현재 우리가 알고 있는 성경의 지명을 밝혀낸 것은 미국인 에드워드 로빈슨(Edward Robinson)이다. 1838~1852년에 그는 신구약성경과 주후 1세기 유대 역사가 요세푸스의 서적, 주후 4~6세기 유세비우스, 제롬 등 수많은 교부들의 기록을 토대로 성경의 장소들을 찾아다녔다.

로빈슨은 우선 폐허의 뜻을 가진 아랍어 '텔'(Tell)과 '키르벳'(Khirbet)의 호칭이 붙은 장소에는 성경에 등장할 법한 고대 흔적이 있다고 보았다. 그리고 이러한 폐허 언덕의 이름은 비록 수천 년이 지났지만 히브리어의 어원이나 발음을 담고 있다는 것을 밝혀냈다. 이런 방법으로 많은 유적지가 발굴되고 그 위치가 확고히 되어 오늘날에는 지도에도 표시가 되었다.

그러나 그가 밝혀낸 몇몇 장소들은 성경적 시대와 일치하는 유적이 발견되지 않아 아직도 논란이 있다. 이는 성경 사건의 진위에 위협이 되기도 한다. 이러한 예들 중에 자주 거론되는 장소가 벧엘과 아이다.

벧엘 주변 전경

성경 기록에 의하면 벧엘과 아이는 상당히 가까운 위치에 있다. 창세기 12장 8절에서 아브라함은 서쪽은 벧엘이며 동쪽은 아이인 언덕에 장막을 치고 거기서 여호와께 제단을 쌓고 여호와의 이름을 불렀다. 여호수아가 여리고에서 사람을 보내 아이를 정탐할 때도 아이는 벧엘 동쪽 벧아웬 곁에 있다고 기록하고 있다(수 7:2).

이 두 장소가 가까이 있었기 때문에 하나를 찾으면 다른 하나를 찾는 것은 상당히 쉬운 작업이었을 것이다. 사사기 21장 19절은 실로가 벧엘 북쪽 르보나 남쪽 벧엘에서 세겜으로 올라가는 큰길 동쪽에 위치해 있다고 말하였고, 제롬은 AD 4세기 예루살렘 북쪽으로 19km 떨어진 지점에 벧엘이라 불리는 작은 마을이 있었다고 말하였다. 이를 토대로 로빈슨은 아랍어로 '베이틴'(Beitin)이라 불리는 장소를 벧엘, 이 장소의 동쪽에 위치한 '에트-텔'(et-Tell)이라 불리는 장소를 아이라고 주장했다.

벧엘은 야곱의 이야기와 관련된 너무나 유명한 장소이다. 아버지 이삭의 임종을 앞두고 야곱은 형 에서의 축복을 가로채 장자가 받아야 할 유산을 자신이 받았다. 형의 보복이 두려워 어머니의 고향인 하란으로 피신하면서 한 장소에 이르러 돌을 베고 잠이 들었다. 꿈속에서 그는 하늘로 향하는 사다리를 타고 오르락내리락하는 천사들을 보았다. 잠에서 깨어 베고 있던 돌을 세우고 당시 루스라 불리던 이 장소를 벧엘 즉 '하나님(엘-El)의 집(벧-Beth)'이라 불렀다(창 28장).

벧엘은 야곱과 여호와의 사이에서 중요한 장소가 되었다. 여호와는 야곱에게 나타나실 때 "벧엘의 하나님"이라 스스로 칭하셨다(창 31:13). 아브라함과 이삭에게 약속하셨던 계약 백성의 조건은 이제 야곱에게로 넘어갔고, 하나님은 야곱을 벧엘로 불러 제단을 쌓고 그의 하나님이 될 것을 약속하셨다(창 35:1).

여호수아와 이스라엘 사람들의 가나안 정복 당시 요셉 자손이 벧엘을 분배받아(수 16:1) 정복했다(삿 1:22). 요셉 자손의 땅은 에브라임 산지와 베냐민 지파 사이의 땅이었기에 이스라엘 왕국이 남북으로 갈라질 때 벧엘은 두 나라 사이의 경계지역이 될 수밖에 없었다. 솔로몬 이후 북왕국 이스라엘의 여로보암은 벧엘의 종교적, 지형적 입지를 이용하여 자신의 왕권을 강화하고자 했다.

야곱이 돌베개를 하고 자다 하나님을 만난 장소

베냐민 지파와 유다 지파의 땅으로만 구성된 남왕국 유다의 르호보암과는 달리 여로보암은 나머지 10지파의 후원을 받았지만 여전히 성전이 있는 예루살렘으로 매년 제사를 드리러 가는 이들을 막아야만 했다. 결국 그는 벧엘이 이스라엘 사람들의 조상 야곱에 의해 하나님의 집이라는 뜻으로 불렸다는 종교적 입지와 더불어 북왕국 이스라엘의 마지막 도시라는 지형적 입지를 사용하여 이곳에 금송아지를 만들고 제사를 지내도록 종용하였다(왕상 12장). 후에 벧엘은 하나님의 거룩한 장소에서 범죄의 장소로 저주받은 곳이 되었다(암 3:14, 4:4, 5:5). 요시야의 종교개혁 당시 벧엘의 제단은 산산이 부서졌고(왕하 23:15) 더는 역사 속에 등장하지 않았다.

로빈슨은 아랍어 '베이틴'(Beitin)의 마지막 '-인'(in)이 히브리어 '엘'이라고 판단해 벧엘의 어원이 남아 있다고 보았다. '엘'이 '인'으로 바뀌는 것은 자주 목격되는 바였기에 대부분의 학자들은 그의 의견을 받아들였다. 그러나 고고학적 발굴의 결과는 전혀 달랐다. 베이틴에서는 십자군 시대에 세워진 교회의 흔적은 발견되었지만, 구약시대의 어떤 흔적도 아직까지 발견된 바가 없다. 학자들은 아직 벧엘의 위치가 밝혀진 것이 아니라고 보고 있다.

베이틴보다는 베이틴에서 그리 멀지 않은 '엘-비레'(El-Bireh)라 불리는 언덕이 오히려 벧엘일 확률이 높다고 보고 있다. 엘-비레 역시 어원상 벧엘과 유사하다. 안타까운 것은 벧엘이 현재 팔레스타인 자치구역(West Bank)에 속해 있어 발굴이 활발히 이루어질 수 없다는 점이다. 이에 그 위치를 밝히는 데 어려움이 따르고 있다.

비잔틴 시대 교회터

야곱이 돌베개를 하고 잠들었다가 하나님을 만난 벧엘과 비잔틴 시대 교회

아이(Khirbet el-Maqatir)

'아이'는 아브라함이 가나안 땅에 들어와서 벧엘과의 사이에 단을 쌓고 여호와의 이름을 부른 장소이다(창 12:8). 또한 여호수아가 여리고성에 이어 두 번째로 함락하려다가 처음에 실패하고(수 7장) 아간의 범죄를 징벌한 후에 정복한 성읍이다(수 8:28). 바벨론에 포로로 있다가 스룹바벨과 같이 귀환한 사람들 중에 벧엘과 아이 사람도 있었다(스 2:28).

전통적으로 성경의 아이는 '에트 텔'과 동일시되었다. 하지만 고고학적 발굴에 의하면 에트 텔은 BC 3000~2400년, 그리고 BC 1200년 이후에 사람이 거주한 것으로 드러났다. 즉, 여호수아의 가나안 정복 시기(BC 1400)에는 사람이 거주한 흔적이 없다.

그리고 에트-텔은 초기 청동기시대(BC 3000~2300)에 매우 크고(27에이커) 두드러진 도시였다. 텔의 정상에는 크고 넓은 집 형태의 건물(아마도 신전이나 궁전)이 위치했다. 지붕을 지탱하는 네 개의 커다란 돌기둥 기초들이 발견되었다.

베델(Bethel)은 베이틴(Beitin)과 동일한 지역으로 인식되어 왔으나, 오늘날의 엘-비레(El-Bireh)로 보는 것이 더 적합하다.

고고학적으로 '키르벳 엘-마콰티르'가 아이라는 것이 증명된다면, 그곳은 성경의 기록과 일치한다. 서쪽으로 향하는 깊은 와디 쉐반(Sheban)은 이스라엘 군대가 숲속에 몸을 숨기기에 완벽한 장소이다. 여호수아의 명령 지점은 오늘날 도로의 동쪽(왼쪽) 언덕 위가 되고, 그는 숨어서 공격하기 위하여 와디로부터 떨어져서 동쪽으로 도망쳤다.

키르벳 엘-마콰티르는 깊은 계곡에 의해 북쪽과 분리되어 있다. 여호수아가 이 도시를 공격하기 전에 그의 진영에서 볼 때 이 장면이 더 적합하다. 도시 요새들, 문, 전투의 증거와 불에 의한 파괴 등 많은 증거를 통해 볼 때 키르벳 엘-마콰티르를 아이로 보는 것이 더 적합하다.

비잔틴 수도사들이 4세기에 이곳에 큰 수도원을 지었는데 그것이 이곳을 '아이'로 보는 데 도움을 준다. 1838년 에드워드 로빈슨의 최초 보고서는 지역 주민들이 이곳을 '아이'로 생각하고 있다고 전한다. 그리고 이 교회가 이러한 장소에 대한 기억을 보존했다고 보는 것은 가능하다.

갈멜산(Mt. Carmel)

선지자 엘리야가 하늘의 불을 내려 하늘 문을 열었던

갈멜산의 이름은 '포도원'이라는 의미를 지닌 히브리어 '케렘'과 하나님을 의미하는 '엘'이 결합된 단어이다. '케렘'은 포도원이라는 의미 이외에도 비유적으로는 땅의 '비옥함'을 나타내기도 하고, 또한 포도원 자체의 '소산'이나 '포도 열매'를 의미하기도 한다. 따라서 '갈멜'이라는 단어는 하나님의 포도원처럼 잘 가꾸어진 '비옥한 땅'이라는 어원적 의미가 있으며, 우리말 성경에서는 "좋은 밭"(대하 26:10-"여러 산과 좋은 밭에") 혹은 "기름진 땅"(렘 2:7)이라고 번역이 되기도 하였다. 갈멜산이라는 이름 자체가 이미 그 산이 가진 비옥한 모습을 대변해 주고 있는 셈이다.

갈멜산은 오늘날의 하이파 항구가 위치한 지중해에서 시작되어 사마리아 지방의 시작 부분이 되는 도단평야까지 약 45km나 남동쪽으로 길게 늘어져 있는 산맥 형태의 산지이다.

성경에서는 갈멜산이 아셀 지파의 경계지역(수 19:26-"알람멜렉과 아맛과 미살이며 그 경계의 서쪽은 갈멜을 만나 시홀 림낫에 이르고")을 형성하기도 하였지만, 실제로 이스라엘에서 가장 비옥한 북부 해안지역의 세 평야를 구분하는 자연 경계가 되고 있다.

북쪽으로는 스불론평야가 있고 동쪽으로는 '이스라엘의 빵 바구니'라고 별칭이 되기도 하는 이즈르엘평야, 그리고 서쪽으로는 지중해 해변의 샤론평야가 각각 자리를 잡고 있다. 갈멜산은 지형적 위치로 볼 때 이스라엘이 가장 자랑하는 비옥한 평야들을 삼면에 두고 있는 비옥한 지역의 중심 역할을 하고 있다.

갈멜산과 성경의 비유적 표현들

갈멜산 자체는 대단히 높은 산이 아니지만, 최고봉의 높이는 해발 530m 정도 된다. 그러나 지중해성 기후의 영향으로 이스라엘 지역에서 비교적 비가 많이 오는 편으로 연간 평균 800mm 정도의 비가 내리고 있다. 따라서 갈멜산은 비가 적게 내리는 이스라엘의 다른 곳보다 자연적 조건이 좋은 곳으로서 아름다운 숲이 울창하다.

갈멜산의 이러한 자연적인 여건과 관련하여 땅의 비옥함이나 아름다움을 표현할 때 갈멜산을 대표적인 장소로 언급하고 있다(사 33:9; 나 1:4). 아가서 7장 5절에서는 사랑하는 자의 자태 중 머리가 갈멜산 같다고 노래함으로써 여인의 아름다운 머리카락을 갈멜산의 울창한 삼림으로 비유하기도 했다.

갈멜산 정상에서 내려다본 비옥한 이즈르엘평야

아모스 선지자는 하나님의 진노를 피하지 못할 것이라는 예언을 이스라엘 백성에게 선포하면서 갈멜산 꼭대기에 숨을지라도 그곳에서 그들을 찾아낼 것이라고 표현하고 있다.

아모스 9장 3절

갈멜산 꼭대기에 숨을지라도 내가 거기에서 찾아낼 것이요 내 눈을 피하여 바다 밑에 숨을지라도 내가 거기에서 뱀을 명령하여 물게 할 것이요 여러 가지 측면으로 갈멜산은 피신처로 적합한 곳으로 여겨졌다. 평야 지대에 비해 갈멜산은 높은 산지로 주변을 뒤덮고 있는 울창한 삼림은 은신처로서 적합한 여건을 제공해 주었고, 갈멜산에 산재해 있는 많은 자연 동굴 역시 좋은 피신처가 될 수 있었다. 갈멜산의 이런 많은 동굴에서 구석기와 신석기시대 원시 동굴 생활을 하던 고대 사람들의 유적이 발견되기도 하였다. 하이파 근처의 갈멜산 기슭에는 엘리야가 아합과 이세벨을 피해 숨어 지냈던 곳이라고 전해오는 동굴이 있어 유대인들뿐 아니라 기독교인들도 자주 찾는 유적이 되고 있다.

갈멜산과 이스라엘 역사

역사적인 면에서 볼 때, 구약성경 시대의 가장 중요한 국제도로였던 해변길(Via Maris)은 당시 세계의 두 강대 세력이었던 바벨론과 애굽을 연결해 주는 대로였는데, 갈멜산은 이 도로 중에서 특히 이즈르엘평야를 지나 샤론평야로 넘어가는 중요한 통과 지점 역할을 하였다. 따라서 갈멜산은 전략적으로 요충지가 되지 않을 수 없었다. 갈멜산 위에는 이즈르엘평야에서 샤론평야로 넘어가는 고갯길이 적어도 세 군데가 있었다. 가장 북쪽에 있는 '욕느암계곡'(수 12:22), 남쪽으로 조금 내려온 곳에 있는 '이론계곡', 그리고 가장 남쪽에 있는 '다아낙계곡'(수 12:21)이 그것이다. 그중에서 가운데에 있는 '이론계곡'은 해변길이 통과하는 국제도로상에 있었으며, 이 길과 갈멜산이 마주치는 이즈르엘평야 쪽의 산기슭에는 이스라엘의 역사에서 가장 중요한 전략적 요충지였던 므깃도성이 자리하고 있다.

갈멜산과 엘리야의 제단

갈멜산과 관련하여 성경에 나오는 가장 중요한 사건은 선지자 엘리야가 바알과 아세라를 섬기던 거짓 선지자들과 영적 대결을 벌였던 일이다.

열왕기상 18장 18~20절

18그가 대답하되 내가 이스라엘을 괴롭게 한 것이 아니라 당신과 당신의 아버지의 집이 괴롭게 하였으
니 이는 여호와의 명령을 버렸고 당신이 바알들을 따랐음이라 19그런즉 사람을 보내 온 이스라엘과 이
세벨의 상에서 먹는 바알의 선지자 사백오십 명과 아세라의 선지자 사백 명을 갈멜산으로 모아 내게로

나아오게 하소서 [20]아합이 이에 이스라엘의 모든 자손에게로 사람을 보내 선지자들을 갈멜산으로 모으니라

갈멜산에서 내려다본 이즈르엘 평야

갈멜산의 영적 대결을 여러 관점에서 연구할 수 있겠지만, 여기서는 성경 지리적인 주제에 초점을 맞추어 선지자 엘리야가 바알과 아세라를 섬기던 거짓 선지자들과의 영적 결전 장소로서 왜 갈멜산을 선택하였는가 그 이유를 찾아보자.

먼저 바알과 아세라를 섬기던 선지자들과의 영적 대결과 갈멜산의 관련성을 살펴보기 전에 먼저 바알 신앙의 내용을 간략하게 파악해 볼 필요가 있다.

'바알'은 '주인' '소유주' '남편'을 의미하는 히브리어 단어이지만, 구약성경에서는 가나안 신들 중에서 중요한 위치를 차지하고 있었던 폭풍우의 신 '하다드'를 지칭하는 이름이었다.

여기서 바알은 인간의 생존과 밀접히 관련된 비옥과 풍요 곧 다산의 신으로 숭배되었다. 그리고 아세라는 바다의 여신으로서 바알의 아내인 여신으로 숭배되었다. 우가릿 문서에서는 아세라가 가나안의 주신인 '엘'의 배우자 여신으로 등장하기도 하지만, 구약에서는 바알의 여신으로만 언급되고 있다(삿 3:7-"이스라엘 자손이 여호와의 목전에 악을 행하여 자기들의 하나님 여호와를 잊어버리고 바알들과 아세라들을 섬긴지라"). 바알과 아세라 우상숭배 신앙은 이스라엘의 여러 산당에서 성행하였는데, 이스라엘 민족이 가나안 땅에 정착한 이후 바알 숭배 신앙은 끊임없이 여호와 하나님과 적대적 위치에서 이스라엘 백성들을 오도하는 우상숭배가 되었다.

이와 같은 바알 우상숭배와 선지자 엘리야 시대의 역사적 배경을 상기시켜 볼 때, 갈멜산이 바알 우상숭배의 핵심적 위치에 있었다고 하는 관련성은 쉽게 유추해 낼 수 있다. 이에 대한 성경 외의 역사적 근거들을 다음의 네 가지 면에서 찾아볼 수 있다.

첫째, 갈멜산 이름 자체가 의미하고 있을 뿐 아니라, 실제로 갈멜산이 보여주고 있는 풍요로운 자연의 모습은 바알이 비옥함과 풍요로움의 신이라는 점과 일치한다.

더구나 갈멜산을 정점으로 삼면에 펼쳐져 있는 이스라엘의 기름진 세 평야와 아름다운 지중해의 푸른빛 물결들은 가히 그것들이 바알이 내린 축복의 가시적 모습이라는 오도된 신앙을 대변해 주기에 충분했을 것이다. 갈멜산은 바알을 숭배하기에 가장 적합한 자연환경을 갖추고 있는 셈이라 볼 수 있다.

둘째, 갈멜산의 지정학적인 위치에서 볼 때 갈멜산은 당시 바알 신앙의 가장 큰 중심지였던 두로와 시돈 지방과 접경지역을 이루고 있던 곳이었다.

특히 그 당시 바알 우상숭배를 적극적으로 후원하며 도왔던 아합 왕의 아내 이세벨은 시돈 왕의 딸로서 갈멜산은 그의 출신 지역에 인접해 있었다. 갈멜산에서 북쪽 편에 있는 두로까지는 낮은 해안지역으로 연결되어 있으므로, 날씨가 맑은 날에는 갈멜산 위에서 맨눈으로 바라볼 수 있는 위치에 있었다. 엘리야 시대에 이세벨이 이스라엘 백성들에게 강요했던 바알 숭배가 두로와 시돈 지역에 근거를 두고 있었다는 점을 고려할 때, 이세벨이 갈멜산을 바알 숭배의 중심지로 삼는 것은 지극히 자연스러운 일이었을 것이며, 출신지로부터의 직간접적인 신앙적 지원과 영향을 받아들이기에 적합한 곳이었음이 분명하다.

셋째, 갈멜산과 인접한 이즈르엘평야 한가운데는 '이스르엘'이라는 도시가 있었는데, 이곳은 아합의 아버지였던 오므리 왕 시대 때부터 이스라엘 왕국의 겨울 수도 역할을 하였던 도시이다.

선지자 엘리야 시대에 아합과 이세벨은 겨울 동안 이 지역에 상주했다고 볼 수 있다. 그리고 갈멜산 가까이에 자리 잡은 므깃도성은 아합의 철병거가 주둔한 지역으로서 아합의 정치·군사적 힘을 과시할 수 있는 곳이기도 하였다. 이런 면에서 갈멜산은 바알과 아세라 거짓 선지자들이 이세벨로부터 행정 및 재정적 지원을 받기에 쉬운 지역이었다. 그뿐 아니라 강력한 아합의 정치적 힘이 미치는 영역 내에서 자유스럽게 바알 신앙을 강요할 수 있었을 것이다.

넷째, 갈멜산이 바알 숭배의 중심지였다는 역사적 증거는 성경 외의 고대 역사서에서도 찾아볼 수 있다.

고대 역사서의 기록들은 BC 3세기 헬라시대 이후 AD 2세기 말경까지 갈멜산에서 '갈멜의 제우스'라는 이름으로 바알 숭배가 성행했다는 근거들을 제시해 주고 있다.

이상에서 살펴본 것처럼 갈멜산은 당시 이세벨이 적극적으로 후원하던 바알 신앙의 중심지 역할을 하였음이 분명하다. 이런 배경을 놓고 볼 때 엘리야 선지자가 바알과 아세라를 섬기던 거짓 선지자들과의 영적 대결 장소로 갈멜산을 선택한 데는 엘리야 자신의 신앙적 결단과 신앙

대결의 내용을 이해하게 해주는 주요 사실들이 더불어 포함되었음을 쉽게 발견할 수 있다.

선지자 엘리야는 바알과 아세라를 섬기던 우상숭배의 현장 깊숙이 뛰어 들어가 싸운 셈이 된다.

수적으로도 바알과 아세라 선지자들의 수는 850명에 이르렀지만, 엘리야는 단신이었다. 엘리야는 무너진 여호와의 제단을 수축해야 했지만, 바알 선지자들은 아합 왕궁의 후원을 받는 위엄 있는 자신들의 제단에서 기도했을 것이다. 선지자 엘리야가 수적으로 열세이고 장소적으로도 불리한 조건들이었음에도 살아 계신 여호와 하나님을 믿는 담대한 믿음으로 바알 선지자들을 대항했을 때, 엘리야의 제단은 불로 응답을 받았고 여호와 하나님의 결정적인 승리가 드러나게 하였다.

열왕기상 18장 36~39절

36저녁 소제 드릴 때에 이르러 선지자 엘리야가 나아가서 말하되 아브라함과 이삭과 이스라엘의 하나님
여호와여 주께서 이스라엘 중에서 하나님이신 것과 내가 주의 종인 것과 내가 주의 말씀대로 이 모든
일을 행하는 것을 오늘 알게 하옵소서 37여호와여 내게 응답하옵소서 내게 응답하옵소서 이 백성에게
주 여호와는 하나님이신 것과 주는 그들의 마음을 되돌이키심을 알게 하옵소서 하매 38이에 여호와의
불이 내려서 번제물과 나무와 돌과 흙을 태우고 또 도랑의 물을 핥은지라 39모든 백성이 보고 엎드려 말
하되 여호와 그는 하나님이시로다 여호와 그는 하나님이시로다 하니

그 후 엘리야의 기도를 통하여 여호와 하나님께서는 가물었던 이스라엘 땅에 비를 내려주셨는데, 이것은 바알만이 비를 주관하는 신이라고 선전하였던 바알의 허위성을 적나라하게 드러낸 통쾌한 승리가 된 것이다.

여호와 하나님과 바알 사이에서 머뭇거리던(왕상 18:21-"너희가 어느 때까지 둘 사이에서 머뭇머뭇 하려느냐 여호와가 만일 하나님이면 그를 따르고 바알이 만일 하나님이면 그를 따를지니라 하니 백성이 말 한 마디도 대답하지 아니하는지라") 이스라엘 백성들 앞에서 하나님은 불로 응답하심과 엘리야의 기도에 따라 비를 내려주심으로, 이미 3년 6개월 동안 우로가 내리지 않음으로 일차적인 패전을 겪은 바알 선지자들에게 마지막 결정적인 완전한 패배를 안겨주신 셈이 되었다.

구약성경에 등장하는 갈멜산

아가서 7장 5절

머리는 갈멜산 같고 드리운 머리털은 자줏빛이 있으니 왕이 그 머리카락에 매이었구나

이사야 33장 9절

땅이 슬퍼하고 쇠잔하며 레바논은 부끄러워하고 마르며 사론은 사막과 같고 바산과 갈멜은 나뭇잎을 떨어뜨리는도다

예레미야 46장 18절

만군의 여호와라 일컫는 왕이 이르시되 나의 삶으로 맹세하노니 그가 과연 산들 중의 다볼같이, 해변의 갈멜같이 오리라

구약성경에서 아름다움을 노래할 때마다 등장하는 해발 530m의 이 산은 이스라엘의 '거룩한 머리산'(Holy Headland)이라 불렸다. BC 4세기의 헬라인들은 이 산을 '거룩한 제우스의 산'이라 불렀으며, AD 1세기 로마의 베스파시안 장군은 이곳에서 제사를 지내기도 하였다. 로마의 역사가 타키투스(Tacitus)는 이 산을 가리켜 "동상도 신전도 없이 오직 제단과 예배만 있는 곳"이라 하였다.

예수 그리스도께서 사역하실 때 예루살렘 성전이 가장 번창하였던 당시 제사장 숫자가 약 480명 정도였다는 사실과 비교한다면, BC 9세기의 바알과 아세라를 섬겼던 거짓 선지자들이 이스라엘 내에서 얼마나 극성을 부렸는지 짐작할 수 있다. 이때 엘리야는 갈멜산에서의 승리를 통하여 여호와 하나님을 섬기는 영적 회복의 길을 열어 이스라엘을 영적 위기로부터 구출하였다.

영국의 신학자 로울리(H. H. Rowley)는 "모세가 없었다면 이스라엘의 여호와 종교가 태어나지 못했을 것이고, 엘리야가 없었다면 그 종교는 사라지고 말았을 것이다"라고 하였다.

이스라엘의 신앙이 풍전등화처럼 꺼져가고 있을 때 등잔에 기름을 붓고 심지를 돋워 불꽃을 다시 일으킨 자가 바로 선지자 엘리야였다.

갈멜산 정상에 세워진 선지자 엘리야 동상

갈멜산 엘리야기념교회

무흐라카(불의 제단)

갈멜산 정상의 엘리야기념교회 전경

갈멜산 정상 엘리야 제단 자리에 세워진 엘리야기념교회 내부

갈멜산 꼭대기에는 1868년에 세워진 '무흐라카'(Muchlaka, 불의 제단)라 불리는 갈멜수도원이 자리를 잡고 있다. 유대 전통은 '무흐라카'가 열왕기상 18장의 사건이 펼쳐진 곳이라고 인정하

고 있다. 1165년경의 프랑스 투델라(Tudela)의 랍비 벤야민은 갈멜산 위 선지자 엘리야의 제단 장소에 대해 언급하였고, 파리의 랍비 야고보 또한 이 장소를 방문하여 이 장소에 12개의 돌로 쌓은 오랜 기념비가 있음을 기록하였다. 유대인들은 이것을 엘리야의 제단이라고 불렀다. 그러나 이 12개의 돌은 1830~1850년에 사라져 버렸다.

현재 강단 자리에 이전에는 큰 바위를 잘라 만든 기도처가 있었으며, 앞서 언급한 랍비 야고보(1228)는 이슬람 신자들이 이 기도처에 찾아와 선지자 엘리야에게 경의를 표하여 촛불을 밝히곤 하였다고 전하고 있다. 기념교회 안에는 엘리야가 쌓았던 제단을 기념하기 위해 12개의 돌로 된 제단(강단)이 세워져 있다.

이곳은 본래 십자군의 성채가 있었던 곳이다. 수도원 옥상에 서면 지중해가 한눈에 바라보이는 서쪽(왕상 18:43~44-"그의 사환에게 이르되 올라가 바다 쪽을 바라보라 그가 올라가 바라보고 말하되 아무것도 없나이다 이르되 일곱 번까지 다시 가라 일곱 번째 이르러서는 그가 말하되 바다에서 사람의 손만 한 작은 구름이 일어나나이다")과 이즈르엘평야가 보이는 북동쪽, 기손시내와 사마리아 산지가 보이는 남쪽을 내려다볼 수 있다(왕상 18:40-"엘리야가 그들에게 이르되 바알의 선지자를 잡되 그들 중 하나도 도망하지 못하게 하라 하매 곧 잡은지라 엘리야가 그들을 기손시내로 내려다가 거기서 죽이니라").

입구의 벽면에 있는 갈멜산 사건에 관한 부조는 눈여겨 관찰할 만하다.

교회 앞뜰에 세워진 단검을 들고 서 있는 엘리야의 석상은 보는 이들에게 신앙을 재무장하도록 요청하는 듯한 도전의 메시지를 전한다.

갈멜산 정상에 우뚝 세워진 엘리야 선지자 기념 동상

교회 입구에 있는 당시 바알·아세라 선지자들과의 영적 전쟁에 관한 부조

갈멜산 정상에서 바라본 동북쪽(좌)과 동남쪽(우)

갈멜산 정상에서 바라본 동쪽 이즈르엘평야(저 멀리 보이는 산이 수넴 동네)

신구약 성경에 자주 등장하는 우상들

바알 신상들

근동지역의 바알 신상

아스다롯 신상

아세라 신상(BC 1600년 경, 루브르박물관)

아데미 신상

이즈르엘평야

나사렛 언덕에서 바라본 이즈르엘평야 전경

헬라어로 에스드렐론(Esdraelon)이라 부르는 이즈르엘골짜기는 갈릴리와 사마리아를 나누는 커다란 평야이다. 이 골짜기는 삼각형 형태로 이루어져 있으며, 서북쪽 모서리는 헬카트(Helkath), 동북쪽 모서리는 다볼산(Mount Tabor), 동남쪽 모서리는 벧 하간[Beth Haggan, 문자적으로 '그 정원의 집'이라는 뜻이다. 한글 개역개정에서는 '정원의 정자'(왕하 9:27)라고 번역되어 있다]이다.

이즈르엘골짜기는 주변을 둘러싸고 있는 산들에서 흘러나온 충적토로 이루어져 있다. 이 골짜기의 동북쪽 모서리에 자리 잡은 다볼산에서 발원한 기손강은 이즈르엘평야로 흘러 들어간다. 이 골짜기는 완만한 비탈 때문에 우기인 겨울에 진흙탕으로 변한다.

가나안 왕 야빈이 군대장관 시스라를 앞세워 사사 드보라와 장군 바락과 싸울 때, 철병거 900대를 가지고 있는 시스라 군대가 드보라와 바락 앞에서 철병거를 버리고 도보로 도망쳤다(삿 4:15-"여호와께서 바락 앞에서 시스라와 그의 모든 병거와 그의 온 군대를 칼날로 혼란에 빠지게 하시매 시스라가 병거에서 내려 걸어서 도망한지라", 5:20~21; 시 83:9). 사사기 본문은 가나안 군대들이 병거를 왜 버렸는지 이유를 구체적으로 밝히고 있지 않지만, 바로 우기인 겨울의 비로 인해 진흙탕으로 변한 이즈르엘골짜기에 철병거의 바퀴가 빠져 앞으로 나아갈 수 없었기 때문임을 쉽게 가늠할 수 있다.

우기인 겨울에 진흙탕으로 변하는 이즈르엘골짜기는 봄과 초여름에 밀과 보리를 추수하는 옥토로, 마치 '하나님이 뿌리신다'라는 뜻을 지닌 이즈르엘 지명의 뜻처럼 풍요로운 땅이다.

나사렛 절벽 산에서 바라본 이즈르엘평야(좌측이 다볼산, 우측이 수넴)

갈멜산에서 내려다본 이즈르엘평야와 멀리 아득히 보이는 이즈르엘

특별히 이즈르엘골짜기에는 북에서 남으로 또는 서에서 동으로 지나는 주요 교통로가 있었다. 대표적인 도로의 예를 든다면, 북쪽의 두로(Tyre)와 시돈(Sidon)에서 악고(Arco), 욕느암(Jokneam)을 거쳐 지중해의 가이사랴(Caesarea), 애굽으로 내려가게 되며, 서쪽 지중해의 가이사랴에서 므깃노(Megiddo), 나인(Nain), 엔돌(En-dor), 다볼산을 거쳐 갈릴리바다로 가거나 벧산(Beth-shan)을 거쳐 요단강으로 가게 된다. 이처럼 이즈르엘골짜기는 사통팔달의 교통 요충지였다.

이즈르엘골짜기를 지배하는 나라는 누구든지 이스라엘 전체를 지나는 도로를 지배하였다. 그래서 이즈르엘골짜기는 역사적으로 항상 전쟁이 벌어지는 곳이었다. 앞서 말한 사사 드보라는 물론 기드온(삿 6~7장), 사울(삼하 4장), 예후(왕하 9~10장), 요시야(왕하 23장)가 이곳에서 전쟁을 벌였다.

심지어 요한계시록은 종말론적 전쟁이 벌어질 곳이 '아마겟돈'(Armageddon)이라고 말하는데 이는 이즈르엘골짜기를 가리킨다. '아마겟돈'은 히브리어로 '하르 므깃도'(Har Megiddo) 즉 '므깃도의 산'이라는 뜻이며, 므깃도는 이즈르엘골짜기의 한 성읍이기 때문이다.

예수 그리스도께서 어린 시절 자라신 나사렛은 이즈르엘평야 정북쪽에 자리 잡고 있다. 나사렛 남부의 절벽이 있는 언덕에 올라가면 넓게 펼쳐진 이즈르엘골짜기와 평야를 한눈에 볼 수 있다. 아마도 예수 그리스도께서 나사렛에서 어린 시절을 보내는 동안, 이 절벽이 있는 언덕에 올라가서 이즈르엘골짜기와 연관된 역사 이야기들을 떠올리셨을 것이다.

'이즈르엘'은 길보아산 서북쪽 낭떠러지에 있는 현재의 세린 마을로서 사마리아 산지에 있는 도시였다.

1) 다윗의 아내 중에서 아히노암이라는 여인이 이곳 출신이다(삼상 25:43, 27:3, 30:5; 삼하 2:2, 3:2).
2) 잇사갈 지파의 경계선이 있던 길보아산 근처의 도성이다(수 19:18).
3) 이즈르엘 도성에서는 이즈르엘계곡과 요르단계곡을 내려다볼 수 있다.

예후는 자기들에게 오는 전령들을 물리치면서 이즈르엘의 왕궁을 향하여 돌진하였다(왕하 9:20). 이즈르엘은 서쪽으로 지중해 연안을 끼고 팔레스타인 중부를 가로질러 정삼각형을 이루는 넓은 골짜기이다. 이 골짜기의 동쪽 부분은 모레산과 길보아산 사이의 고개에서 시작하여 요단계곡에서 끝난다.

이즈르엘평야

이즈르엘에서 바라본 수넴

이즈르엘은 그 이름이 말해주듯 비옥할 뿐 아니라 전략상 요충지였기 때문에 일찍부터 성읍이 발달하였다. 그러나 아합과 그 후손들에 대한 대학살이 일어난 뒤 역사의 무대에서 사라져 오늘날 후기 청동기, 철기 및 로마시대의 몇몇 도기들만이 발견되고 있을 뿐이다.

구약성경에 등장하는 관련 기사 및 역사를 보면 다음과 같다.

1) 가나안 족속의 거주지이며 주요 군사 거점

여호수아 17장 16절

요셉 자손이 이르되 그 산지는 우리에게 넉넉하지도 못하고 골짜기 땅에 거주하는 모든 가나안 족속에게는 벧 스안과 그 마을들에 거주하는 자이든지 이스르엘 골짜기에 거주하는 자이든지 다 철병거가 있나이다 하니

2) 사울이 블레셋을 대항하여 포진한 곳

사무엘상 29장 1절

블레셋 사람들은 그들의 모든 군대를 아벡에 모았고 이스라엘 사람들은 이스르엘에 있는 샘 곁에 진쳤더라

3) 길보아 전투 시 사울과 요나단이 전사한 곳

사무엘상 31장 1절

블레셋 사람들이 이스라엘을 치매 이스라엘 사람들이 블레셋 사람들 앞에서 도망하여 길보아산에서 엎드러져 죽으니라

4) 아합(BC 874~853)의 휴양지(왕상 18:45~46)

5) 아합이 빼앗은 나봇의 포도원이 있던 곳(왕상 21:1~2)

6) 예후가 이세벨과 아합의 아들 70여 명을 죽인 곳

열왕기하 10장 6~7절

6 예후가 다시 그들에게 편지를 부치니 일렀으되 만일 너희가 내 편이 되어 내 말을 너희가 들으려거든 너희 주의 아들 된 사람들의 머리를 가지고 내일 이맘때에 이스르엘에 이르러 내게 나아오라 하였더라 왕자 칠십 명이 그 성읍의 귀족들, 곧 그들을 양육하는 자들과 함께 있는 중에 7 편지가 그들에게 이르매 그들이 왕자 칠십 명을 붙잡아 죽이고 그들의 머리를 광주리에 담아 이스르엘 예후에게로 보내니라

7) 아람 왕 하사엘(BC 841~806)에게 부상당한 요람이 상처를 치료한 곳(왕하 8:28~29)

8) 이스라엘이 멸망될 장소로 예언된 곳

호세아 1장 4~5절

[4]여호와께서 호세아에게 이르시되 그의 이름을 이스르엘이라 하라 조금 후에 내가 이스르엘의 피를 예
후의 집에 갚으며 이스라엘 족속의 나라를 폐할 것임이니라 [5]그날에 내가 이스르엘골짜기에서 이스라
엘의 활을 꺾으리라 하시니라

하롯샘(Spring of Harod)

이즈르엘골짜기 동쪽에는 이즈르엘골짜기보다는 작은 하롯골짜기가 자리 잡고 있다. 이 하롯골짜기는 사울 왕이 블레셋과 최후 전투를 벌였던 길보아산 북쪽에 자리 잡고 있으며, 하롯골짜기 서쪽, 곧 길보아산 서북쪽 끝자락에 바로 하롯샘이 있다.

하롯샘 서북쪽 1.5km 지점에 이스르엘 성읍이 있어서 이즈르엘골짜기와 하롯골짜기 사이에 이스르엘 성읍과 하롯샘이 있다.

하롯샘은 사사 기드온이 이스라엘을 괴롭히는 미디안 족속과 전쟁을 벌이기 위해서 나선 백성들과 진을 친 곳이었다. 사사 기드온과 이스라엘 백성의 진영 북쪽이 미디안 족속의 진영인데 그곳에는 모레산이 있었다.

사사기 7장 1절

여룹바알이라 하는 기드온과 그를 따르는 모든 백성이 일찍이 일어나 하롯샘 곁에 진을 쳤고 미디안의 진영은 그들의 북쪽이요 모레산 앞 골짜기에 있었더라

사사 기드온의 부름을 듣고 모인 백성은 모두 32,000명이었다. 하나님은 전쟁에서 이긴다고 할지라도 백성의 수가 많아서 이겼다고 생각할 것을 염려하셔서 기드온에게 두려워 떠는 자들을 돌려보내라고 하셨다. 이 명령을 듣고 떠나고 남은 백성은 10,000명이었다. 하지만 하나님은 기드온에게 백성들을 하롯샘 물가로 데려가서 시험해서 선별하라고 명령하셨다. 시험 방법은 물을 개처럼 핥아먹는 사람과 무릎을 꿇고 마시는 자를 구별하는 것이었다. 주변을 경계하면서 무릎을 꿇고 물을 손으로 떠서 마시는 자들은 300명뿐이었다.

사사기 7장 6절

손으로 움켜 입에 대고 핥는 자의 수는 삼백 명이요 그 외의 백성은 다 무릎을 꿇고 물을 마신지라

하나님은 이 300명을 가지고 미디안 족속을 물리치게 하심으로써 전쟁에서의 승리가 하나님의 역사임을 드러내셨다. 전쟁은 하나님께 속한 것이기 때문이다(삼상 17:47).

오늘날 하롯샘이 있는 곳은 '마아안 하롯'이다. 이곳에 가면 기드온 동굴(Gideon Cave)이 있는데 하롯샘은 바로 이 동굴에서 흘러나온다.

Magadan
SEA OF GALILEE
Jotbah?
VALLEY OF IPHTA-EL
Rimmon
Hammath
Gath-hepher
Jabneel
Mount Tabor
Beth-shemesh
Joknean
Sarid
Shunem
Mount Moreh
Megiddo
Lo-debar?
Harod
Jezreel
Hadad-rimmon
Taanach
Beth-shan
En-haddah
En-gannim
Mount Gilboa
Rehob
Ibleam
Dothan
Bezek
Socoh
Thebez
Tirzah
Samaria
Ebez
Mount Ebal
Shechem

모레산
아말렉
하롯샘
이스라엘

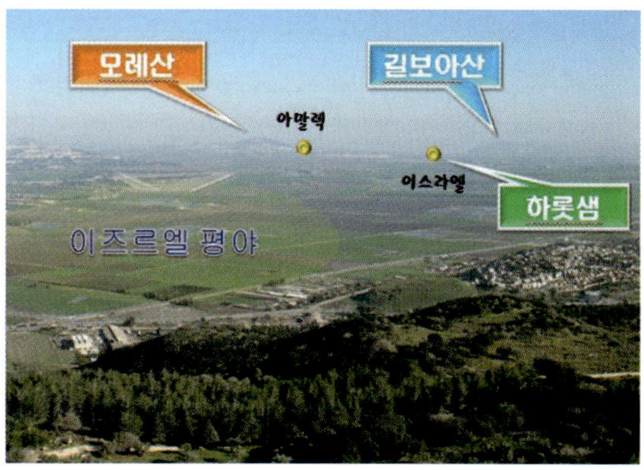
모레산
길보아산
아말렉
이스라엘
하롯샘
이즈르엘 평야

가이사랴(Caesarea)

헤롯 왕궁 터에서 바라본 가이사랴 항만과 마차 경주장

가이사랴(Caesarea)는 텔아비브(욥바) 북쪽으로 45km 해안지점으로, 하이파에 가기 전 중간쯤에 있는 지중해 연안의 고대 항구이자 행정도시이다. 가이사랴는 베드로의 신앙고백이 있었던 요단강 상류의 가이사랴 빌립보와 구분하기 위해 '가이사랴 팔레스티나'(Caesarea Palaestina) 또는 '가이사랴 마리티마'(Caesarea Maritima)라고도 하였다. 우리에게는 '지중해 가이사랴'라는 이름이 쉽게 기억할 수 있는 명칭이다.

이곳은 고대 페니키아인들의 정착지로서 '스트라톤(Straton)의 탑'이라고 불렸는데, 로마의 통치하에서 황제 아우구스투스(Caesar Augustus, BC 63~AD 14)는 이곳을 헤롯 대왕에게 하사하였고, 헤롯 대왕은 BC 25~13년의 12년 동안 대대적인 공사를 하여 로마제국의 초대 황제에게 아름다운 도시와 항구를 지어 헌정하면서 황제의 이름으로 명명하였다.

헤롯에 의해 지어진 가이사랴 항구는 당시 세계 최고의 토목공학으로 콘크리트를 이용한 최초의 수중 공법이 사용되었다. 남쪽 방파제의 길이는 500m 정도였고, 북쪽 방파제의 길이는 200m였다. 방파제에 사용된 가장 큰 돌덩어리는 5.5m×1.25m×1.25m의 크기로 무게는 20t이 넘었다. 가장 큰 콘크리트 덩어리는 11.5m×5m×2.4m였다. 콘크리트 공법은 물 위에 틀을 부양시켜 그 안에 콘크리트를 채워 가라앉히는 방법을 사용했다. 헤롯은 자기 영토에 수많은 요새와 화려한 도시들을 건설했다. 그 가운데서 가장 큰 두 도시는 훗날 로마령 팔레스타인의 수도가 된 가이사랴와 고대 사마리아의 옛터에 세워진 세바스테였다.

이 도시는 비잔틴 후기에 이르고 아랍의 통치를 받으면서부터 쇠퇴하기 시작했다. 그러다 614년 페르시아의 수중에 넘어갔고, 다시 638년에는 이슬람이 점령한 대변혁의 시기에 최대 규모의 도서관도 파괴되었다. 페르시아 역사가에 의하면, 이슬람에게 점령되기 전에 이 도시에는 2만 명의 유대인과 3만 명의 사마리아인들이 살았으나, 이슬람의 통치 때 모두 역사의 기록에서 사라지게 되었다. 1101~1102년, 첫 번째 십자군 동안 가이사랴는 볼드윈 1세(Baldwin I)에 의해 회복되어 2세기 동안 다시금 번영을 누리면서 강력한 성채로 요새화되었다. 그러나 이슬람 살라딘에게 1187년 다시 빼앗겼고, 1191년 십자군이 다시 되찾았다. 그리고 맘루크의 시대인 1265년에 결정적으로 빼앗긴 후 이곳에서 더 이상의 전투는 없었다.

하늘에서 내려다본 가이사랴 발굴 현장

가이사랴는 1세기의 로마·유대 역사가 요세푸스(37/38년 예루살렘~100년경 로마)가 쓴 《유대고대사》와 《유대전쟁사》에 자세히 설명되어 있다. BC 13년경부터 가이사랴는 유대를 통치하는 로마제국의 총독과 군대의 주둔지가 되었으며, 본디오 빌라도[Pontius Pilatus, ?~AD 36년 이후, 티베리우스 황제 시대 로마의 유대 총독(26~36)]와 안토니우스 펠릭스(Antonius Felix, AD 52~60년에 유대 지역 로마 총독)도 이곳 가이사랴에 머물렀다. AD 32년경 빌라도는 예루살렘에서의 폭동 조짐을 알고 예루살렘 성전 옆에 지은 안토니우스 요새에 머물고 있을 때 예수 그리스도를 심문하고 십자가형에 처하도록 하였다.

로마·유대 역사가 요세푸스에 의하면, 제1차 유대 항쟁은(66~70) 가이사랴에서 발생한 유대인과 이방인 간의 분쟁이 그 발단이 되었다고 한다. 로마의 티투스 장군에 의해 예루살렘이 완전히 파괴되면서 항쟁은 진압되었고, 유대는 모든 특권을 박탈당하게 되었다. 이때 티투스의 승리를 축하하며 항쟁에서 사로잡은 포로들을 가이사랴로 데려와 검투사 경기로 2,500여 명을 살해하였다고 한다.

또한 전승에 의하면, 바르 코흐바의 제2차 유대 항쟁(132~135) 때 로마는 랍비 아키바를 비롯한 10명의 팔레스타인 유대인 지도자와 현인을 가이사랴에서 고문해 죽였다고 한다. 유세비우스는 《교회사》에서 유대계 그리스도교 '예루살렘 원공동체'는 야고보가 처형되고 66년 유다 독립전쟁이 발발하기 전 예루살렘을 떠나 요단강 동쪽 지역 펠라로 이주했다고 전한다. 유대인들은 또다시 로마와 전쟁을 벌여 135년 예루살렘은 철저히 파괴되었으며, 모든 유대인들이 추방되고 예루살렘은 '엘리아 카피톨리나'(Aelia Capitolina)로 이름이 바뀌었으며, 그와 함께 예루살렘의 유대계 그리스도교 공동체도 종말에 이르렀다.

제2차 유대 항쟁이 진압된 후 거룩한 도성 예루살렘은 완전히 파괴되고 로마의 속주가 된 반면 가이사랴는 하드리아누스 황제에 의해 로마제국 팔레스티나 관구의 수도가 되었으며, 약 500여 년간 행정수도의 구실을 하게 된다.

가이사랴는 사도행전에서 빌립, 베드로 사도와 관련되어 등장하며, 특히 사도 바울과 밀접한 관계가 있는 곳이기도 하다. 44년에 헤롯 아그립바가 가이사랴에서 죽고(행 12:23) 갈릴리를 포함한 이스라엘 전역은 로마 직속령이 되었다. 사도행전에서 빌립은 예루살렘에서 가사로 내려가는 길을 따라 남쪽으로 내려가라는 천사의 말을 듣고 가다가 에티오피아 내시를 만난다. 빌립은 이 에티오피아 내시에게 이사야 예언서와 예수 그리스도에 관한 복음을 설명해 준 다음 침례를 주었고, 이후 아소도에서 가이사랴에 이르기까지 여러 고을을 다니며 복음을 전하였다(행 8:26~40 참조).

사도 바울은 3차 전도여행을 마치고 예루살렘으로 향하는 길에 가이사랴에 있는 빌립의 집에 들어가 함께 머물렀고(행 21:8), 가이사랴의 제자 몇 사람과 함께 예루살렘으로 올라가(행 21:16) 성전에서 체포되었다(행 21:27~30). 베드로는 가이사랴에 살고 있는 이방인인 이탈리아 군대의 백부장에게 예수 그리스도의 이름으로 침례를 주고 교회로 받아들였다(행 10장). 이 사건은 할례 없이 이방인을 교회로 받아들임으로써 그리스도교가 유대교와 결별하는 중대한 사건이 되었다. 이제는 율법에 따라 구원을 받는 것이 아니라 성령을 통하여 예수 그리스도의 이름으로 구원을 받는 세상이 된 것이다.

사울(바울)이 제자들과 함께 예루살렘에 드나들며 예수 그리스도의 이름으로 대담하게 설교하자 그리스계 유대인들은 사울을 없애려고 하였고, 형제들이 이것을 알아차리고 사울을 가이사랴로 데리고 내려가 고향 다소로 보냈다(행 9:30). 그리고 사도 바울은 제2차, 제3차 전도 여행을 마치고 예루살렘으로 올라갈 때 가이사랴를 지나갔다(행 18:22, 21:8). 바울이 예루살렘에서 체포된 후 유대인들이 바울을 죽이려고 음모를 꾸미자 가이사랴에 있는 총독에게로 호송되었다(행 23장). 그리고 가이사랴에서 2년간 옥에 갇혀 있으면서 벨릭스 총독과 그의 후임자 베스도 총독 그리고 아그립바 왕 앞에서 변론하였고(행 24~26장), 로마 황제에게 상소하자 가이사랴 항구에서 로마 황제에게 보내졌다(행 27:2).

가이사랴는 헤롯이 지은 로마 총독들을 위한 군사와 행정 수도이기도 했으나 팔레스타인에 있는 초기 그리스도교 공동체의 중심지이기도 했다. 195년경에는 현재 공의회 제도의 기원이 된 최초의 공의회가 열린 도시 중 하나이기도 했다. 팔레스타인의 가이사랴를 초대교회 신학의 중심지로 만든 인물은 초대 그리스도교 교부 중 가장 위대한 인물로 신학자이자 성서학자인 오리게네스(Origenes, 185년경 알렉산드리아~254년경 레바논의 티로)이다. 열여덟 살이던 201년 황제의 박해로 아버지를 잃은 오리게네스는 '하늘나라 때문에 고자가 된 사람들'에 관한 말씀(마 19:12)을 문자적으로 해석하여 스스로 고자가 될 정도로 혈기가 왕성했으며, 30대에 저술 활동을 시작하였다. 팔레스타인의 가이사랴와 예루살렘을 여행하면서 그곳 주교들의 친구가 되었으며, 주교들은 오리게네스가 평신도임을 알면서도 설교를 부탁할 정도였다. 그는 고위 성직자와 귀족들과 교제하며 명성을 얻었고, 이단자들과의 토론을 위해 그리스 아카이아 지방으로 가던 도중 가이사랴에 있는 주교인 친구들이 그의 고향의 알렉산드리아 데메트리우스

주교의 허락 없이 그에게 사제품을 주었다. 그러나 그는 고자이기 때문에 사제직을 받을 수 없었다. 알렉산드리아 교회 회의에서는 그의 사제직을 박탈하고 국외로 추방하였다. 이에 오리게네스는 알렉산드리아의 판결의 효력이 미치지 못하는 팔레스타인의 가이사랴에 신학교를 세워 231~250년경의 약 20년간 가이사랴에 머물면서 제자들을 육성하고 많은 신학 저술들을 남겨 가이사랴를 신학 연구의 중심지로 키웠다. 데키우스 황제의 박해 때 체포되어 고문을 받았고, 석방된 후 후유증으로 오래 살지 못하고 현재 레바논의 티로에서 죽었다.

그는 아우구스티누스 다음으로 고대 교회에서 가장 많은 작품을 남긴 저술가이지만, 이후 이단 논쟁에 휩싸여 많은 본문이 소실되었다. 오랫동안 이단 논쟁의 중심에 오른 인물이었지만 다행히 1930년경부터 교부학의 중요성이 강조되기 시작하면서 교부신학의 아버지로 재평가 받게 되었다. 오리게네스의 작품은 성서주석서가 많은 부분을 차지하며, 그는 알레고리 해석의 대가였다. 그의 대표작으로 성경 본문을 문학·비평적으로 탐구하기 위해 230년경 구약성경의 여섯 번역본(히브리 원본, 히브리 원본의 그리스어 음역, 아퀼라, 심마쿠스, 70인역과 테오도치온의 그리스어 번역본)을 대조한 것이 있는데, 이 육중역본을 '헥사플라'(Hexapla)라고 부른다. 이것은 교부들이 문자적으로 영감을 받았다고 여기는 70인역의 본문을 가능한 한 정확히 파악하기 위해서였다.

오리게네스 교부 다음으로 누각을 나타낸 인물은 교회사의 시조요 궁정신학의 원조인 오리게네스의 제자였던 유세비우스(260/264년경~340년경, 연대기·교회사·콘스탄티누스의 생애·성서 주석 및 호교서 등을 남김)이다. 그는 가이사랴에서 태어나 315년경 가이사랴의 주교가 되었으며, 325년까지 《교회사》 열 권을 완성했다. 오늘날 '교회사의 아버지'라 불린다. 그는 그리스도교에 대한 로마 황제들의 박해와 관용정책 그리고 그리스도교가 공인되는 격동기에 살았다. 유세비우스는 콘스탄티누스가 통치하는 기간 내내 팔레스타인의 수도 가이사랴의 주교였으며, 황제의 절친한 친구이자 조언자로서 그리스도교 제국의 역사신학에 관한 작품을 저술하였다. 오리게네스를 도와 30만 권 이상의 성경 사본을 수집하여 가이사랴의 신학 도서관을 당시 교회 도서관으로 최고의 권위를 누리게 하였던 가이사랴의 팜필리우스, 그리고 나지안즈의 그레고리우스, 대 바실리우스, 히에로니무스 등의 쟁쟁한 신학자들이 가이사랴에서 수학하고 활동하였다.

가이사랴 원형극장

헤롯 궁의 수영장

갈멜에서 가이사랴까지의 수로

헤롯 궁

목욕탕

욥바(Jaffa)

히브리 음으로 '야포'(Yafo)라고 불리는 욥바는 지구상에서 가장 오래된 항구도시 중 하나로 꼽힌다. 욥바는 예루살렘으로부터 북서쪽으로 약 65km 떨어진 지중해 연안의 항구도시이다. 이집트어와 아카드어로는 '야푸'(Yapu), 아랍어로는 '야파'(Jaffa)라 불린다. 욥바는 해변길(Via Maris)이 지나는 주요 항구로 투트모세 3세에게 점령당하기도 했으며, 아마르나 문서에서도 언급된다.

구약성경에는 단 지파가 분배받은 땅의 경계로 소개되고 있고(수 19:40~46), 솔로몬 왕이 욥바 항구를 통해서 두로 왕 히람이 레바논으로부터 보내오는 백향목을 수입하였으며(대하 2:10~16), 선지자 요나가 여호와 하나님의 명령에 불순종하고 다시스로 도망가기 위하여 욥바에서 배를 탔고(욘 1:3), 바벨론 귀환 후 새로 짓는 성전을 위한 건축 자재로서 레바논에서 백향목을 수입해 들여오는 항구로 사용되었다(스 3:7).

신약성경에서는 베드로가 욥바에서 다비다라는 여제자가 죽자 그를 다시 살렸으며(행 9:36~43), 피장 시몬의 집(행 10장)에서 오랫동안 머물렀다. 헬레니즘 시대 때 욥바는 대단한 항구도시였다. 오늘날에는 시몬의 후손이라고 하는 이들이 주장하는 베드로가 머물렀던 '무두장이 시몬의 집'과 텔아비브 공원 아래쪽에 자리한 베드로가 다비다(도르가로)를 살린 것을 기념하는 기념교회와 텔아비브 공원 등의 볼거리가 있다.

현재 행정구역은 텔아비브에 속해 있다. 성경시대에는 가나안 지역의 가장 중심적인 항구도시였지만, 현대에 와서는 갈멜산이 있는 하이파 해변의 항구가 급속도로 발전하면서 욥바는 항구도시로서의 모습과 기능을 거의 잃었다. 1880년경에 이스라엘 땅으로 돌아온 유대인들이 욥바의 비싼 물가를 피해 당시 북쪽 해변의 벌판이었던 지금의 텔아비브로 이동을 시작했고, 1909년부터 신도시 텔아비브가 건설되기 시작했다. 텔아비브는 발전을 거듭해 이스라엘이 독립하고 1년 뒤인 1949년에는 욥바가 텔아비브에 통합되었다.

욥바에 있는 무두장이 시몬의 집

성경적 배경

역대하 2장 16절

우리가 레바논에서 당신이 쓰실 만큼 벌목하여 떼를 엮어 바다에 띄워 욥바로 보내리니 당신은 재목들을 예루살렘으로 올리소서 하였더라

요나 1장 3절

그러나 요나가 여호와의 얼굴을 피하려고 일어나 다시스로 도망하려 하여 욥바로 내려갔더니 마침 다시스로 가는 배를 만난지라

사도행전 9장 36절

욥바에 다비다라 하는 여제자가 있으니 그 이름을 번역하면 도르가라 선행과 구제하는 일이 심히 많더니

사도행전 10장 5~6절

5네가 지금 사람들을 욥바에 보내어 베드로라 하는 시몬을 청하라 6그는 무두장이 시몬의 집에 유숙하니 그 집은 해변에 있다 하더라

사도행전 10장 32절

사람을 욥바에 보내어 베드로라 하는 시몬을 청하라 그가 바닷가 무두장이 시몬의 집에 유숙하느니라

텔아비브(Tel Aviv)

욥바 해변과 올드시티 전경

텔아비브(Tel Aviv)는 예루살렘 서북쪽 62km, 하이파 남서쪽 95km, 디베리아 서남쪽 13km, 브엘세바 북동쪽 113km 지점에 있다. 구약시대부터 가나안 지역에서 가장 중요한 항구였던 욥바가 20세기에 들어와서 새롭게 하이파 항구가 발전하면서 서서히 그 기능을 잃는다. 주민들도 비좁은 욥바 시내를 벗어나서 북쪽으로 신시가지를 이루며 옮겨간다.

신시가지는 '봄의 언덕'이라는 뜻을 가진 '텔아비브'라고 새로이 이름 지어진다. 욥바에 팔레스타인 아랍인들이 사는 것과는 달리 텔아비브는 순수한 유대인들의 도시로서 욥바가 편입된 상태로 인구 약 35만 명의 이스라엘에서 가장 번창한 도시이자 해변 휴양지이며, 이스라엘의 행정 중심지이기도 하다.

베드로 환상교회

욥바의 대표적인 명소 중 하나로 '베드로 환상교회'가 있다. 올드 욥바는 베드로의 이야기가 전해지는 곳으로, 베드로가 머물렀던 곳과 베드로를 기념하기 위한 교회가 남아 있어 관광

객들의 발길이 이어지고 있다. 특히 올드 욥바 언덕 위에 있는 '베드로 환상교회'는 베드로가 예수 그리스도의 승천 이후 로마로 가기 위해 욥바의 무두장이 시몬의 집에 머물며 죽은 다비다를 살린 기적을 행한 것과 환상을 본 것을 기념해 십자군 시대에 지은 교회로, 규모는 그리 크지 않고 아담하다.

욥바 베드로 환상교회

베드로가 이 환상으로 인해 가이사랴에 머물고 있던 로마 백부장 고넬료와 그 온 집안에 복음을 전함으로 이방인에게 복음이 전해지는 계기가 되었다. 기념교회 안에는 베드로가 본 환상의 한 장면이 벽화로 그려져 있다.

오스만 튀르크 점령 당시 욥바 해변을 지키기 위해 사용된 대포가 남아 있고, 교회 옆에는 분수가 놓여 있는데 12별자리 조형물이 있어 자신의 별자리 조형물에 동전을 던지면 소원이 이뤄진다고 한다. 또 교회 옆에 시리아 원정을 위해 나섰던 나폴레옹이 오스만 튀르크 제국과 전쟁을 치렀던 역사를 드러내듯 나폴레옹 안내판이 자리하고 있고, 2,000년 전 유적을 전시해 놓은 박물관도 있다.

욥바 해안 풍경

지중해 해안평야지대

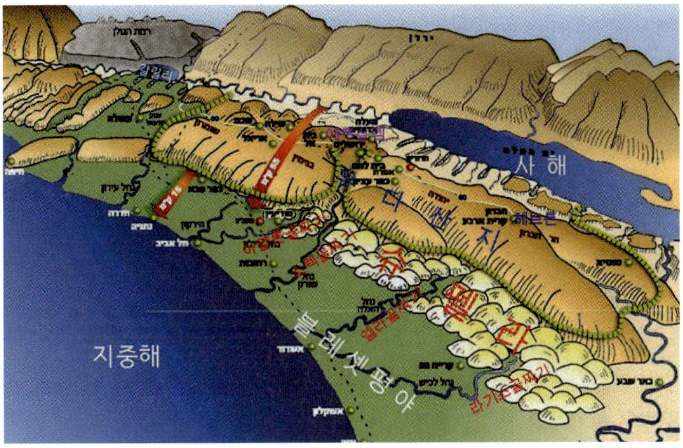

이스라엘은 지중해에 접한 약 270km의 해안선을 유지하고 있다. 해안평야는 해안선에 접하여 그 폭이 북은 10km 미만이며, 남으로 내려오면서 점차 넓어져 32km가 되는 지역도 있다. 이 평야는 토사의 퇴적으로 형성된 평야로, 극히 단조로운 전 해안선에 걸쳐 사구가 발달해 있는 것이 특징이다.

이곳은 지중해의 영향으로 강우량이 비교적 풍부하고 잘 발달된 해안도로를 따라 고대로부터 큰 도시들이 건설되어 이스라엘 전체 인구의 절반가량이 이 해안지역에 살고 있다. 해안평야 지역은 모래와 사암이 대부분이어서 농작물 재배가 잘 되지만 특히 포도, 사과, 오렌지 등의 과일에 적합하다. 이곳에는 키부츠와 모샤브가 많이 들어서 있다. 해안에 인접한 평원은 북쪽으로부터 남쪽으로 내려오면서 악고평야, 이즈르엘평야, 샤론평야, 블레셋평야로 이어져 있고, 고대로부터 매우 기름진 곡창지대이다.

악고평야

악고평야는 이스라엘의 최대 항구도시이며, 공업도시로 발전한 하이파에서 북으로 뻗어 있다. 평야는 폭이 북단은 3km이나 남하할수록 점점 넓어져 남단은 13km 정도 되는 협소한 평야이다. 기손강과 기타 소하천에서 흘러내린 토사로 퇴적된 충적평야이기 때문에 토질이 매우 비옥하다.

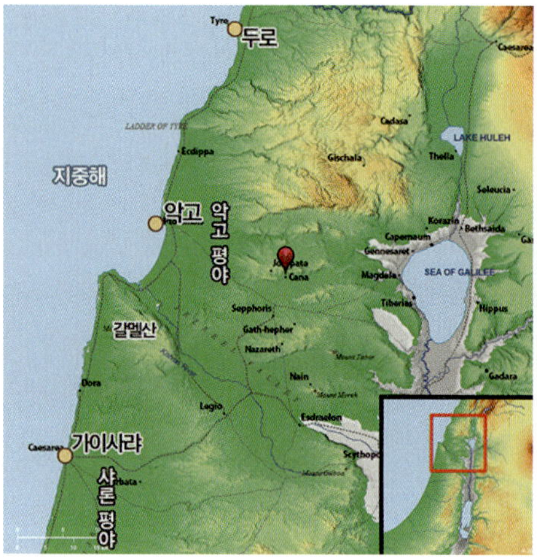

악고평야 지도

도시 뒤에 멀리 보이는 악고평야

샤론평야

샤론평야는 이집트에서 비옥한 초승달 지대[Fertile Crescent, 시리아 사막 주변을 따라 서쪽으로 팔레스타인에서 동쪽으로 티그리스·유프라테스강 유역까지 호(弧) 모양으로 펼쳐진 지대]까지 뻗어 있던 고대 해안길의 요충지였다.

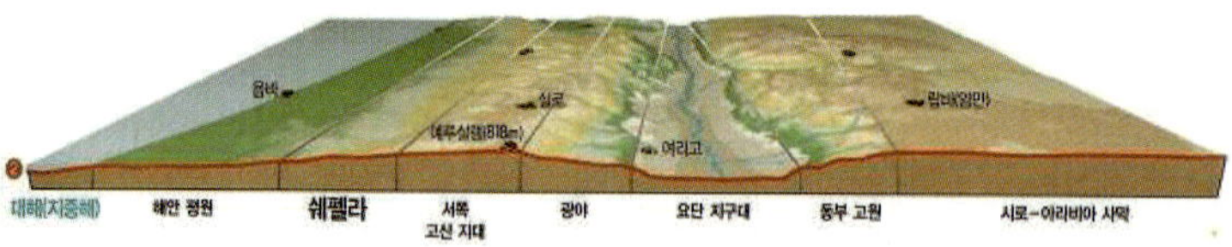

갈멜산의 해안 부분에서 텔아비브 야포의 야르곤강 유역까지 약 89km에 걸쳐 남북 방향으로 펼쳐진 대략 삼각형 형태의 지대로서, 동쪽으로 갈멜산맥 및 구릉이 많은 사마리아 지방과 접하고 있다. 대개 모래 언덕으로 이루어져 있으며, 해안선은 이스라엘의 다른 해안지역과 마찬가지로 큰 만이 없다.

구약성경에도 몇 번 나오는 '샤론'이라는 이름은 히브리어로 '곧다' 또는 '평평하다'라는 뜻을 가진 '야샤르'(yashar)에서 나온 것으로 보인다. 그러나 70인역 성경(가장 오래된 그리스어역 구약성경)에서는 때때로 '작은 숲', '수풀'로 번역되고 있는데, 이것은 여기에 고대부터 18세기까지 울창한 숲이 있었다는 사료와도 일치한다.

구약성경에서 "갈멜과 사론의 아름다움을 얻을 것이라 그것들이 여호와의 영광 곧 우리 하나님의 아름다움을 보리로다"(사 35:2), "나는 사론의 수선화요 골짜기의 백합화로다"(아 2:1) 등 하나님을 샤론에 피는 들꽃에 비유하여 참사랑의 향기와 겸손을 상징했다.

이 평야의 습지는 양 떼와 소 떼가 풀을 뜯는 안전한 방목지로 이용되었다. "사론은 양 떼의 우리가 되겠고"(사 65:10), "사론 사람 시드래는 사론에서 먹이는 소 떼를 맡았고 아들래의 아들 사밧은 골짜기에 있는 소 떼를 맡았고"(대상 27:29)라는 구절로 보아 샤론이 좋은 목축지였음을 알 수 있다.

이곳에 먼 옛날부터 사람이 살았다는 것은 하데라 부근에서 발견된 동굴들을 통해서도 알 수 있다. 이 동굴들은 BC 4000년대, 즉 신석기시대에서 청동기시대로의 이행기에 팔레스타인 지방 사람들이 살던 주거지로 보이며, 그 안에서 항아리 형태의 무덤이 발굴되었다. 이집트의 바로, 투트모세 3세(제18대 왕조, BC 1504~1450 재위)의 비문에도 이 평원이 언급되고 있으며, 여호수아 12장 18절에 여호수아가 정복한 도시들과 왕들의 명단에서도 이 이름이 발견되는데, 다만 여호수아서에 나오는 '랏사론'이란 말이 정확히 이곳을 가리키는지는 아직 확인되지 않고 있다.

신약성경에서는 사도행전 9장 35절에 이 평야의 이름이 한 번 나올 뿐이지만, 랍비 문학에서는 이 평원이 비옥하다는 암시와 함께 자주 언급되고 있다. 샤론평원은 여러 시대에 걸쳐 남쪽에서 팔레스타인을 침략하려 할 때 주요한 육로로 이용되었다. 1799년 나폴레옹에게 점령되었고, 1917~1918년에는 필드 마셜 앨런비 총독 밑에서 영국의 통치를 받았다. 아랍-이스라엘 전쟁(1948~1949) 때 이집트가 이 평야를 점령하려고 공격했으나 실패했다.

19세기 말에 이르자 숲은 완전히 사라졌으며, 평원 곳곳에는 베두인족과 아랍인 마을이 산재해 있었다.

땅의 기복이 적어 우기인 겨울이 되면 이 지역에 흐르는 수많은 조그만 개천과 와디(wadi)들이 늪을 이루었다. 풍토병으로는 말라리아가 있었다. 지금의 거주지는 팔레스타인의 농업지역에 다시 정착해 살려는 시온주의 운동에 따라 생겨난 것이다. 첫 번째 정착촌이 1890년 하데라에

건설되었고, 샤론평야의 붉은 모래질 토양이 밀감 재배에 알맞다는 사실이 알려지면서 1894년 첫 번째 과수원이 하데라에 들어서게 되었다. 땅을 더 많이 차지하게 됨에 따라 새 정착촌들이 계속 건설되었고, 여러 가지 곡물, 특히 시장 출하용 곡물을 재배하는 땅도 많이 늘어났다. 고대에 농사에 적합지 않았던 붉은 모래밭은 오렌지 재배에 적지가 되어 '황금 오렌지지대'로 바뀌었다. 오렌지는 이스라엘의 주요 수출품으로 '욥바 오렌지'(Jaffa Orange)라는 상호를 붙여 수출하고 있다.

1930년대 초 샤론평야는 팔레스타인의 유대인 거주지역 가운데 가장 인구가 밀집한 지역이 되었다. 팔레스타인을 분할하기 위한 계획이 1937년 영국왕실(필)위원회에서, 1938년 팔레스타인 분할(우드헤드)위원회에서, 1947년 국제연합 팔레스타인 특별위원회(UNSCOP)에서 각각 추진되었을 때도 이 점이 참작되었다. 3개 단체에서 제안한 경계선은 서로 근본적으로 달랐지만 공통적으로 샤론평야를 새로 건설될 유대인 국가의 핵심지역으로 상정하고 있었다. 1948년 이스라엘이 독립국가로 수립된 이후 이곳의 공업화와 도시화는 더욱 빨라졌다. 주요 도시로는 네타니아, 헤르츨리야, 하데라, 케파사바가 손꼽힌다. 많은 조그만 마을들에서는 경공업 제품을 생산한다. 가이사랴와 도르 등 유명한 고대 유적지를 중심으로 한 관광업도 큰 비중을 차지한다.

몇몇 현대 이스라엘 전문가들을 비롯한 많은 성서 지리학 저술가들은 샤론평야의 북쪽 한계선을 탄니님강으로 보고 있다. 이 강은 갈멜 곶에서 남쪽으로 29km쯤 떨어진 곳에서 지중해로 들어간다. 전문가들은 탄니님강과 갈멜산 사이에서 북쪽으로 뻗은 좁은 평야 지대를 샤론평야와 구별하여 아틀리트평야 또는 도르평야라고 부른다.

블레셋의 기원

블레셋은 BC 1190년 애굽에서 라암셋 3세에게 패배해 팔레스타인의 갈멜산 이남의 연안평원에 정착했다. 영토는 욥바로부터 가사의 남쪽까지 이르는 서남부 팔레스타인의 해안평야였다. 이 지방이 블레셋이라 불리고, 가나안 전토가 팔레스타인이라 불리게 된 것도 이 블레셋 사람에게서 기원한다. 이들은 마루나(물고기의 신) 혹은 아스다롯 등을 숭배한다.

이스라엘 민족이 가나안 침입 이래 적대국으로서 여러 가지 복잡한 관계를 가졌던 민족이다. 이 민족은 BC 1200년경 소아시아의 서남 해안 에게바다 여러 섬으로부터 지중해 연안을 소란케 하고 애굽까지 그 세력을 뻗친 해양민족이다.

1) 그레데(갑돌)섬에서 나왔다고 전해진다(신 2:23; 암 9:7).
2) 이 민족은 비(非) 셈족으로서 할례를 행치 않는다(삼상 17:36).
3) 이스라엘 민족이 애굽에서 나올 때는 강한 블레셋 때문에 길을 멀리 돌아서 가기도 했다(출 13:17).
4) 이스라엘 민족이 가나안에 들어갔을 때 이 나라의 강대한 5대 도시(가사, 아스글론, 아스돗, 에그론, 가드)가 동맹을 맺어 이스라엘을 위협했다.
5) 한때 지배적인 위치에 있다가 다윗 왕 시대에는 이스라엘의 예속적 위치에 놓였다(삼하 8:1, 21:15).
6) 이스라엘 왕국 분열 때 독립을 꾀하였으나 실패하여 공물을 바치게 되었고, 나중에 앗수르의 사르곤 왕에 의하여 정복되었다(사 20:1).
7) 이스라엘 사람들과는 달리 가나안의 종교를 혼합하여 셈계의 신 다곤을 섬긴다(삿 16:23).

블레셋평야

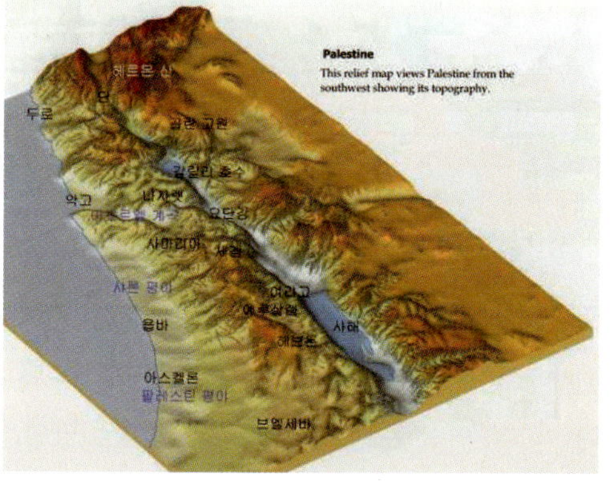

블레셋평야는 욥바로부터 가자(가사)까지에 이르는 최남부 해안지대의 블레셋 사람의 땅을 말한다. 블레셋평야는 동쪽은 유다 산지에 연속된 쉐펠라의 구릉지대에 접한 남쪽 길이 약 70km, 동서 폭은 북단이 21km이고 남으로 향하여 점점 넓어져 남단이 32km나 된다.

블레셋평야가 북쪽 샤론평야와 뚜렷하게 구별되는 것은 해안 사구의 발달이다. 이 평야는 아스글론에서 라기스에 이르는 선을 경계로 땅이 낮은 북부와 땅이 높은 남부의 두 지구로 구분된다. 북부에서는 밀, 남부에서는 보리가 잘 재배된다. 남부는 사막의 영향을 받고 있으나 적당한 강우량으로 옛날에는 산림이 우거졌고 목축으로 양 떼가 많았다.

갈릴리(Galilee)

디베랴에서 바라본 갈릴리호수 전경

비옥한 초승달 지역(Fertile Crescent)의 남서쪽 끝에 위치한 팔레스타인은 서쪽 지중해와 동쪽 아라비아 사막의 중간에 있다. 문자적으로 '갈릴리'는 '원형' 또는 '변방'이란 뜻의 '갈릴'(Galil)에서 비롯되었다. 구약성경에서 갈릴리는 '이방'이란 말이 더해져 '이방의 갈릴리'로 불렸다(사 9:1-"여호와께서 스불론 땅과 납달리 땅이 멸시를 당하게 하셨더니 후에는 해변길과 요단 저쪽 이방의 갈릴리를 영화롭게 하셨느니라"). 갈릴리를 '이방의 갈릴리'라고 부른 이유는 갈릴리 지역이 다른 나라와 접해 있을 뿐 아니라 이방인들이 자주 왕래했기 때문이다.

갈릴리의 사방경계를 정하면 다음과 같다. 갈릴리의 서쪽은 아셀해안평야, 동쪽은 훌라분지와 갈릴리호수, 그리고 요단강이 그 경계를 이룬다. 남쪽은 이즈르엘평야와 벧산평야가 경계를 이루며, 북쪽은 아묵골짜기(Amuq valley)의 리타니강(Litani river)이 경계를 이룬다.

역사적으로 갈릴리는 두 지역으로 구분된다. 요세푸스는 베르사베(Bersabe/Horvat Beersheba)를 중심으로 상부 갈릴리와 하부 갈릴리로 구분하였다. 미쉬나는 크파르 하나냐(Kefar Hananiah)를 경계로 삼았다. 하나냐의 북쪽으로는 상수리나무(sycamore)가 자라지 않는 지역이며, 상부 갈릴리는 이곳의 북쪽으로 아묵골짜기까지를 가리킨다. 요세푸스가 기록한 베르사베와 하나냐는 서로 인접한 마을로 벧하케렘골짜기에 있다. 그러므로 상부 갈릴리와 하부 갈릴리는 벧하케렘골짜기로 구분된다.

1) 상부 갈릴리

미쉬나는 상부 갈릴리와 하부 갈릴리를 상수리나무가 자라는 여부에 따라 구분하였지만, 그 외에도 이 두 지역을 구분하는 요인들은 많다. 상부 갈릴리는 하부 갈릴리보다 훨씬 높은 산으로 이루어져 있다. 하부 갈릴리의 산지는 평균 해발 550m 정도인데, 갈릴리 북쪽 산지는 대부분 해발 600~1,200m에 이르는 높은 산으로 이루어졌다. 남쪽은 산들이 동서로 발달하였지만, 북쪽은 남동-북서 방향으로 발달하였고, 깊은 협곡, 분지, 산지, 고립된 산마루 등으로 이루어져 지역 간의 교통이 불가능하다. 바위는 단단한 석회암이 대부분이며, 석회암이 풍화 작용으로 인해 매우 제한된 지역에 충적토를 이루기도 한다. 많은 강수량으로 인하여 숲은 우거졌지만, 우기의 많은 비로 피해가 해마다 발생하는 지역이다. 비록 많은 양의 비가 내리지만 이를 활용하기 위해서는 댐이나 구덩이(cisterns)에 물을 저장해야 했다.

2) 하부 갈릴리

지각 변동(tectonic pressure)에 의하여 형성된 하부 갈릴리는 동서로 이어진 작은 산맥들이 남북으로 발달하였으며, 산지와 산지 사이는 평야로 이루어졌다. 이곳의 바위는 석회암이며, 평야는 충적토이다.

산지를 북쪽에서부터 열거하면 샤고르(Shagor), 요드파트(Yodpat), 투란(Turan), 나사렛(Nazareth) 산지이다. 하부 갈릴리의 평야들은 북쪽에서부터 벧하케렘(Beth haKerem), 사흐닌(Sahknin), 벧네토파(Beth Netopah), 투란(Turan/Rimon)평야가 있다. 투란평야의 남쪽에 이즈르엘 평야가 있다.

하부 갈릴리의 동쪽은 석회암 바위층에 현무암(화산암)이 발달하였으며, 단층 작용(faulting) 때문에 깊은 골짜기를 이루고 있다. 하부 갈릴리의 서쪽은 완만한 경사를 이루지만 동쪽은 급경사를 이룬다. 하부 갈릴리의 급한 경사면은 갈릴리호수와 요단계곡에서 절정을 이룬다. 하부 갈릴리의 동쪽에 발달한 일련의 산지들을 남쪽에서부터 열거하면 길보아산과 모레산을 지나면 얍느엘(Yavneel) 산지, 포리야(Poriya) 산지, 힛틴고원(Horns of Hittin), 그리고 아벨(Arbel) 산지가 있다. 그 너머로는 현무암 지대와 아무드골짜기(Amud valley)가 있어서 하부 갈릴리의 동쪽과 서쪽의 지리적인 상황을 뚜렷하게 구분한다. 동쪽은 서쪽에 비하여 깊은 골짜기가 있어서 정착하기가 어렵다. 골짜기가 가장 깊은 아벨 지역은 정착보다는 게릴라 전투에 적합한 장소로 이용되었다. 그러나 서쪽은 넓은 평야로 군사들이나 대상인들의 통로로 이용되었다.

갈릴리 지역은 지중해 해수면보다 200m 낮은 곳에 있는 갈릴리호수를 중심으로 남북으로 길게 뻗은 요단계곡 주변 평야 지역과 이즈르엘평원(Yizreel Valley)으로 인하여 고대로부터 각종 산업과 어업이 발달하였으며, 다른 지방에 비해 천연적인 혜택을 많이 받은 곳이다.

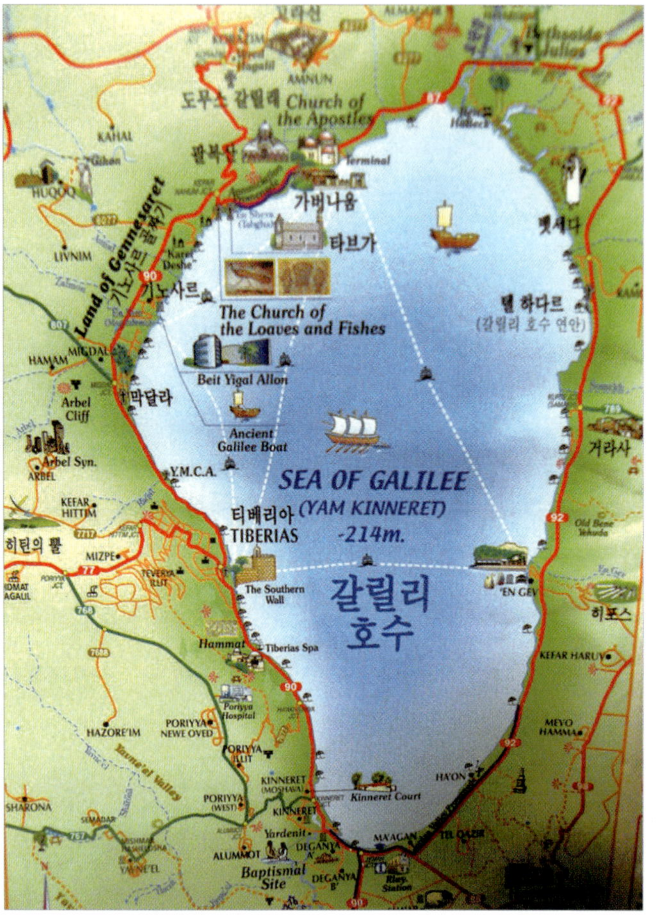

그러나 정치적, 종교적 배경으로 볼 때는 구약시대의 갈릴리는 이스라엘의 역사와 종교의 변방으로서 실상 '멸시를 당하던 스불론과 납달리 땅'(사 9:1)이었다. 솔로몬 왕 때는 성전을 짓기 위해 수입한 백향목, 잣나무 값으로 인하여 진 부채를 갚지 못해 두로 왕 히람에게 갈릴리 지방의 성읍 20개를 떼어주었으나 그의 눈에는 들지 않았다(왕상 9:10~14). 이는 갈릴리 북부의 대부분은 산지로서 크게 유용하지 못하였음을 말해주고 있다.

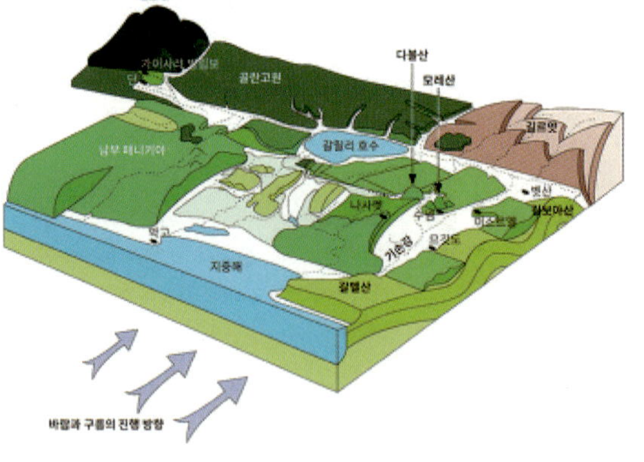

BC 722년 북왕국 이스라엘이 앗수르에게 멸망당한 이후 이 지역은 이방인들이 모여들어 살기 시작하면서 "이방인의 갈릴리"(사 9:1)가 되었으며, 마카비 전쟁 때 갈릴리에 사는 전 이방인들이 합세하여 유대인들을 멸망시키려 하자 구출을 위해 진군하는 기록에서도 그 시대의 모습을 알 수 있다. 하스모니안 왕조의 아리스토불루스 1세(BC 104~103)는 갈릴리를 정복하여 이방인들을 유대교로 개종시킴으로 갈릴리의 유대 재편입을 이룩하였다.

디베랴에서 바라본 갈릴리의 일출

헤롯 대왕이 죽은 후 갈릴리는 그의 아들 헤롯 안티파스에 의해 통치되었다. BC 1세기경 랍비 요하난 벤 자카이는 "율법을 증오하는 갈릴리 사람들이여"라고 말하면서 이들을 종교적 이유로 비판하였다.

신약성경에서도 대제사장들과 바리새인들이 예수 그리스도를 따르는 무리를 율법을 알지 못하는 무리로 규정하고(요 7:49), 갈릴리에서는 선지자가 나지 못한다고 확신하였다(요 7:52).

또한 베드로를 갈릴리 사람(눅 22:59)으로 구별하기도 하였다.

요한복음 7장 49~52절

49율법을 알지 못하는 이 무리는 저주를 받은 자로다 50그중의 한 사람 곧 전에 예수께 왔던 니고데모가
그들에게 말하되 51우리 율법은 사람의 말을 듣고 그 행한 것을 알기 전에 심판하느냐 52그들이 대답하
여 이르되 너도 갈릴리에서 왔느냐 찾아보라 갈릴리에서는 선지자가 나지 못하느니라 하였더라

누가복음 22장 59절

한 시간쯤 있다가 또 한 사람이 장담하여 이르되 이는 갈릴리 사람이니 참으로 그와 함께 있었느니라

그러나 이들이야말로 메시아를 대망하며 민족의 독립을 위하여 헌신했던 자들이었다. 제1차 유대 반란의 진원지가 바로 갈릴리였음은 이를 잘 말해주고 있다.

한편 지리적 위치로 보면 예수 그리스도의 공생애 활동의 본부였던 가버나움은 다양한 계층의 "수많은 무리"(마 4:25)가 통행하던 해변의 길(Via Maris)의 통로로서 이곳을 지나며 예수 그

리스도의 가르침을 직접 혹은 간접적으로 받았던 사람들이 많았음은 매우 중요한 사실이다.

복음서에 천민(창녀, 눅 8:2), 귀족(헤롯 안티파스와 함께 자란 요안나, 눅 8:3), 왕의 신하(요 4:46~47), 부자(눅 18:23), 군인(로마 군대의 백부장, 눅 7:2~10) 등 다양한 계층이 등장하는 것은 예수 그리스도 시대의 이 지역의 특성을 잘 반영한 것이라 하겠다.

또한 이러한 현상은 예수 그리스도의 미래 선교전략을 위한 기초가 되었으며, 이곳에서 복음을 받은 각계각층의 사람들을 통해 복음이 자발적으로 확산하게 하는 이중적 효과를 예견한 그의 통찰력을 엿볼 수 있다.

초대교회의 복음의 확산 과정을 보면 사도들 중심의 선교사역임에도 그 뒤에 숨어 등장하는 익명의 많은 사람들의 역할을 무시할 수 없다. AD 1세기의 갈릴리를 연구한 고고학자는 최근에 와서 예수 그리스도께서 활동하시던 당시에 사용하던 배와 배를 고정시키기 위한 돌들과 파도를 막기 위해 항구에 쌓은 방파제(눅 8:23)들을 갈릴리에서 발견함으로써 과거 초대교회의 역사를 고스란히 21세기의 문턱에 올려놓았다.

예수 그리스도께서 활동하시던 당시 갈릴리는 어업이 크게 번창한 곳으로서, 남방 출신인 가룟 유다를 제외한 예수 그리스도의 제자 대부분이 어업에 종사했던 것만 보아도 이를 충분히 짐작해 볼 수 있다.

최근의 고고학적인 연구에 따르면 AD 1세기경의 갈릴리호수 주변의 항구는 대략 15개 정도로, 그 가운데 가버나움, 게네사렛, 막달라, 디베랴, 거라사 등은 우리에게 친숙한 지명이다. 당시 갈릴리호수를 중심으로 퍼져 있던 여러 항구를 통해 많은 여행객과 상인들이 배를 이용하여 동서로 왕래하곤 했다.

약 2천 년 전 예수 그리스도 사역 당시 갈릴리바다의 배

로마시대에는 오늘날보다 갈릴리호수의 수면이 약 1.2m 정도 더 낮았다고 전해진다. 특히 베드로와 안드레가 고기 잡던 곳으로서 가버나움항과 막달라항 사이에 있는 타브가 항구는 초대교회의 사적지로 매우 유명한 곳이다. 이 타브가에서 예수 그리스도께서는 이들에게 "나를 따라오라 내가 너희로 사람을 낚는 어부가 되게 하리라"라고 소명을 주셨고(막 1:17), 또 부활 후 이른 새벽에 이 항구에 나타나 "내 양을 먹이라"라고 말씀하셨다.

'타브가'란 헬라어로 '일곱 개의 샘물'이란 뜻으로, 이곳에서 따뜻한 미네랄 온천이 솟아났기에 전통적으로 가버나움 출신의 어부들은 겨울철에 꼭 이곳에 와서 어업에 종사했다고 한다. 따라서 이 타브가는 예수 그리스도와 그의 제자들이 처음으로 만난 곳이자, 부활 후에도 예수 그리스도께서 마지막으로 제자들과 조반을 먹었던 장소로 알려져 있다(눅 5:1~7; 요 21:1~14).

요한복음 21장 1~6절

1그 후에 예수께서 디베랴호수에서 또 제자들에게 자기를 나타내셨으니 나타내신 일은 이러하니라 2시
몬 베드로와 디두모라 하는 도마와 갈릴리 가나 사람 나다나엘과 세베대의 아들들과 또 다른 제자 둘
이 함께 있더니 3시몬 베드로가 나는 물고기 잡으러 가노라 하니 그들이 우리도 함께 가겠다 하고 나가
서 배에 올랐으나 그날 밤에 아무것도 잡지 못하였더니 4날이 새어갈 때에 예수께서 바닷가에 서셨으나
제자들이 예수이신 줄 알지 못하는지라 5예수께서 이르시되 얘들아 너희에게 고기가 있느냐 대답하되
없나이다 6이르시되 그물을 배 오른편에 던지라 그리하면 잡으리라 하시니 이에 던졌더니 물고기가 많
아 그물을 들 수 없더라

갈릴리바다(The Sea of Galilee)

신구약성경에서 이 갈릴리호수는 '갈릴리바다'(마 4:18), '디베랴바다'(요 6:1), '게네사렛호수'(눅 5:1), '긴네렛바다'(민 34:11; 수 12:3, 13:27) 등으로 불린다.

'긴네렛'과 관련 있는 히브리어 '키노르'(kinnor)는 '하프'(harp)로 갈릴리호수의 모양을 말해주고 있으며, 바다를 일컫는 '얌'(Yam)이 헬라어로 번역되는 과정에서 일부는 '바다'로, 일부는 '호수'로 번역되면서 '바다' 또는 '호수'로 그 명칭이 다르게 표현되었다.

갈릴리호수는 남북으로 길이 24km, 동서로 폭 14km로 지중해보다 수면이 200m나 낮고, 호수의 가장 깊은 수심은 약 44m에 이르고 있다. 수십 종의 고기들이 살고 있으며, 그중에 여행객들에게 널리 알려진 '베드로 고기'가 유명하다.

헬몬산(2,814m)으로부터 훌라계곡(Hulla Valley)을 따라 흘러든 물이 저장된 갈릴리호수는 현재 이스라엘 국민의 수원(水原)이 되는 젖줄이라 할 수 있다.

갈릴리 하구 지역은 예로부터 매우 기름진 땅과 풍부한 수량으로 농사에 적절한 지역이었으나 그 이외의 지역들은 낮은 곳의 이 물을 끌어들여 사용할 수 있는 기술이 없었던 이들로서는 별 효용 가치가 없었다.

갈릴리의 중요한 산업으로 어업은 빼놓을 수 없다. 예로부터 이 바다에서 잡히는 고기를 소금에 절여 말린 생선은 여러 지방으로 수출되었으며, 고기잡이하던 배는 수없이 많았다. 1985년 갈릴리호수에서 발견된 BC 1세기~AD 1세기의 나무로 만든 배는 예수 그리스도께서 활동하시던 당시 이 호수에서의 어부들의 생활을 잘 보여주고 있다.

한편 예수 그리스도께서는 그의 공생애 활동을 바로 이곳 갈릴리호수 주변 약 12개 마을을 중심으로 시작하셨으며, 그의 제자들 가운데 베드로, 안드레, 야고보, 요한, 빌립, 마태 등 6명이 이곳 갈릴리 출신이었다.

팔복교회 언덕에서 바라본 갈릴리바다 남쪽의 아름다운 전경

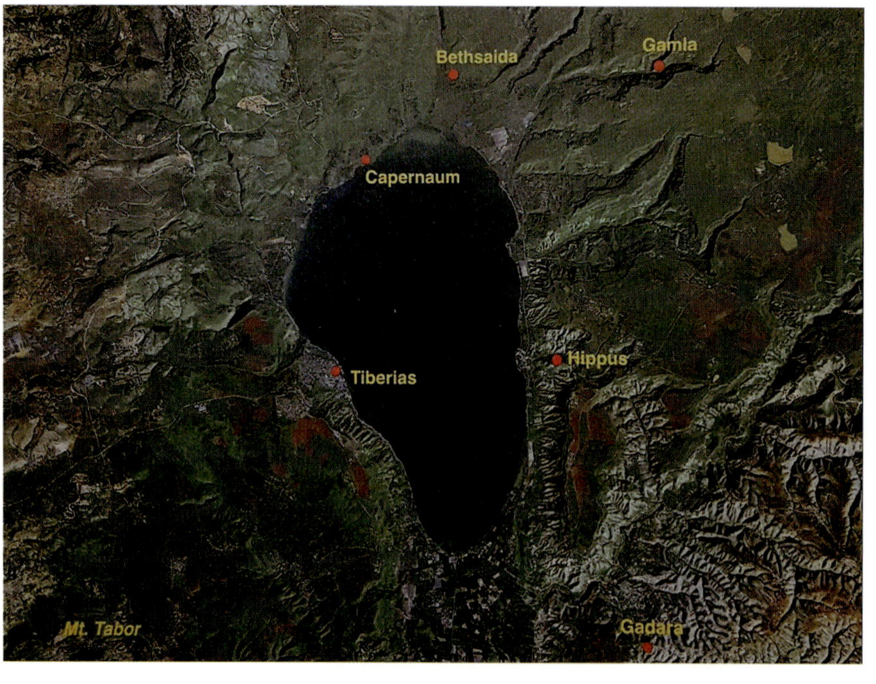

하늘에서 내려다본 갈릴리호수

팔복교회에서 바라본 갈릴리호수

현대 갈릴리 상부 지역 지도

디베랴/티베리아스(Tiberias)

디베랴에서 바라본 갈릴리호수의 아침 풍경

디베랴는 호수 서안에 있는 도시로 현재는 티베리아스(Tiberias, Tverya)로 부른다. 갈릴리 해변에 거주했던 약 15,000~20,000명이 9개 성을 이루며 살았는데 그중에 디베랴 외에는 남아 있는 성이 없다. AD 20년경에 헤롯 안티파스가 세운 곳으로, 당시 황제에 대한 경의를 표하기 위해 디베랴라는 이름을 붙였고, 호수도 디베랴호수라고 부르게 되었다(요 6:1, 21:1). 유대교의 4개 성도로 알려진 예루살렘, 헤브론, 디베랴, 제파트 가운데 하나로 갈릴리호수 서안에 있다.

구약성경 여호수아 19장 35절에 나오는 락갓 유적에 세워졌다고 전해지기도 한다. 로마인들이 신전을 파괴하고 유대인들을 약탈한 후 갈릴리가 팔레스타인의 유대인 중심지가 되면서 그 주요 도시로서 디베랴는 점점 더 중요한 몫을 하게 되었다.

최고 랍비 법원 산헤드린이 주요 유대교 학술기관들과 함께 이곳으로 옮겨졌고, 탈무드의 일부인 미쉬나는 3세기에, 미쉬나 부분에 대한 주석인 게마라의 팔레스타인판(또는 예루살렘판)은 5세기에 이곳에서 편집되었다. 두 가지 모두 탈무드의 내용을 이루고 있다.

그 후 계속 비잔틴 제국의 지배를 받던 디베랴는 636년 아랍인들에게 점령되었으나 유대인 사회는 계속 번영을 누렸다. 현재 통용되는 히브리어 모음 발음법과 독특한 성서 영창법의 개발, 그리고 이 발음법과 영창법을 이용하여 오늘날의 구약성경 본문을 보존한 것은 8~9세기에 디베랴에서 이루어진 것이다.

팔레스타인에서 십자군 세력을 몰아낸 살라딘 왕의 하틴 전투(1187) 이후 아랍인들이 제파트를 갈릴리의 수도로 정하면서 디베랴는 점점 그 중요성을 잃어갔다. 1560년에는 술탄 술레이만 1세로부터 디베랴와 그 주변 지역을 하사받은 유대 정치가이자 금융업자인 낙소스 공작 요세프 나시가 양잠업과 목양업을 바탕으로 이 지역에 정착지를 건설하려 했으나 실패했다.

1837년 지진으로 파괴되었다가 재건된 디베랴는 1882년에 유대인 농민들이 정착하기 시작하면서 꾸준히 발전했다. 1922년 영국의 위임 통치가 시작될 무렵에는 이미 유대인들이 주민의 대다수를 이루고 있었다.

이스라엘이 독립하기 전인 1948년 초 이곳에 거주하던 아랍인들은 상부 갈릴리의 유대인 마을과 요단강 유역의 유대인 마을을 연결하는 주요 도로들을 차단하고, 성채 도시 안의 호수 기슭에 있는 고대 유대인 거리를 포위하고 공격했다. 그에 따라 유대 방위군(하가나)은 아랍인 구역에 대한 공격을 개시하여 1948년 4월 18일 아랍인 지역을 점령하는 데 성공했다. 아랍 주민들은 영국군의 도움으로 이곳을 떠났고, 디베랴는 아랍인과 유대인이 함께 거주하던 도시들 가운데 유대 방위군이 점령한 최초의 도시가 되었다. 아랍-이스라엘 전쟁이 끝난 후 몇 년 동안 이스라엘로 온 새로운 이주민들이 많이 정착했다.

흥미로운 유적으로는 1204년에 이집트에서 죽은 유명한 철학자이자 유대 율법학자인 의사 마이모니데스의 무덤과 탈무드 학자 요하난 벤 자카이 및 아키바벤 요세프의 무덤들이 있다.

도시 바로 남쪽에는 그 약효 때문에 2,000년 이상 그 명성을 유지하고 있는 디베랴 온천들이 있다. 이 온천들을 히브리어로는 '함마트(하메이) 디베랴('뜨겁다'라는 뜻)'라고 한다. '기적을 일으키는 랍비 메이어'(Rabbi Meir Ba'al ha-Nes)로 알려진 2세기의 탈무드 권위자 랍비 메이어의 무덤이 온천 근처에 있다. 따뜻한 겨울 기후와 온천욕, 호수와 산의 아름다운 경치가 어우러져 디베랴는 이스라엘에서 가장 유명한 휴양도시가 되었다.

디베랴에서 바라본 갈릴리 동북쪽 가버나움 지역

갈릴리호수에서 바라본 디베랴

호수 기슭과 '키리아트 사무엘'('사무엘의 도시'라는 뜻) 비탈에는 호텔들이 들어서 있다. 키리아트 사무엘은 1920년 이후 건축된 디베랴의 고급 주택가로, 영국의 초대 팔레스타인 고등판무관 허버트 사무엘 경(뒤에 자작이 됨)의 이름을 따서 명명되었다. 섬유산업과 제분업이 발달했으며 어업도 여전히 큰 몫을 한다.

디베랴는 갈릴리호수 기슭 쪽이 지중해 수면보다 190m 정도 낮은데 같은 규모의 도시들 가운데서는 세계에서 가장 낮다. 1975~1976년의 고대 유적 발굴을 통해 아그리파 2세가 세운 도시 남쪽 문과 전통적인 로마 양식의 하수도망 및 배수관이 발견되었다.

누가복음 5장 1~11절

1무리가 몰려와서 하나님의 말씀을 들을새 예수는 게네사렛 호숫가에 서서 2호숫가에 배 두 척이 있는
것을 보시니 어부들은 배에서 나와서 그물을 씻는지라 3예수께서 한 배에 오르시니 그 배는 시몬의 배
라 육지에서 조금 떼기를 청하시고 앉으사 배에서 무리를 가르치시더니 4말씀을 마치시고 시몬에게 이
르시되 깊은 데로 가서 그물을 내려 고기를 잡으라

막달라(Magdala)

아벨산에서 내려다본 막달라와 갈릴리바다

막달라 마리아의 고향 막달라(Magdala)는 예수 그리스도께서 이 지역에서 활동하셨던 시기에 풍요로운 어촌이었다. 그러나 AD 66년 유대인들의 반란 중에 요새화되고 이들을 진압하던 로마인들에 의해 심하게 손상되었다. 고고학자들은 예수 그리스도 시대 때부터 이어져 온 마을의 유물과 비잔틴 시대의 수도원을 발굴하였다. 막달라 유적(Migdal)은 아벨산(Mt. Arbel) 절벽의 산기슭에 있는 디베랴(Tiberias)에서 북쪽으로 5km 떨어진 갈릴리바다 북서쪽에 있다. 이곳에는 현대적인 마을과 비즈니스 센터가 들어서 있고, 유적은 폐허의 서쪽과 북쪽에 있다.

막달라는 비잔틴 시대에 '타리케에'(Taricheae)로 불리면서 헬레니즘 기간에 중요한 도시가 되었다. 고대 도로의 위치에서 전략적으로 중요한 역할을 한 도시이다. 이 도시는 네투파(Netufa) 계곡에서 아벨(Arbel) 계곡을 거쳐 갈릴리바다 기슭의 게넷사렛(Gennesareth) 계곡을 지나 북쪽과 동쪽으로 향하는 길목에 있기 때문이다. 인근의 물과 비옥한 땅, 어업은 모두 로마 사람들이 보기에 유대 왕국의 세 갈릴리 지역 중 하나의 중심도시가 되기에 충분한 요건이 되었다. 이 마을은 로마시대 초기에 그 가치가 절정에 이른다. 초기 로마시대에 디베랴가 건설되었을 때(AD 18)는 공동묘지 위에 도시를 건설하였기 때문에 유대인들이 신도시에 정착하기를 꺼렸지만, 후에 좋은 조건을 내걸어 유대인들을 디베랴에 정착시키면서 막달라는 그 중요성을 점점 잃기 시작한다.

막달라는 규모가 작아지면서 로마와 비잔틴 마을로 계속 유지되었다. 막달라는 19세기 이래로 아랍 마을인 '알-마달달'(아랍어로 'the Tower'라는 뜻)이라고 불리면서 막달라 유적 주변에 위치하며 고대의 이름을 그 이름의 뜻에서 지켰다. 마을은 1948년에 발굴되었으며, 건물들은 이 지역에서 제거되었다. 오늘날 새로운 도시가 근처에 지어졌으며(서쪽에서 고대의 막달라까지), 이를 '믹달'(Migdal)이라고 부른다. 이 도시는 1910년 러시아 유대인 정착민에 의해 설립되어 농업 모샤브(Moshav)가 되었고, 계속해서 다른 주민들을 포함하고 관광에 초점을 맞추기 위해 확대되고 있다.

막달라 북부의 키부츠에 있는 이갈 알론 박물관(Yigal Alon Museum)

2009년 영적센터 건설은 고대 유적과 가까운 지역에서 시작되었다. 그 표면 아래에 있던 1세기 예수 그리스도 시대 유대인 마을의 폐허가 바깥으로 등장했다. 마을의 항구는 해변에 잠겨 있는 것이 확인되었다. 예수 그리스도 시대 배가 발굴되고 복원되어 현재 막달라 북부의 키부츠에 있는 이갈 알론 박물관(Yigal Alon Museum)에 전시되어 있다.

예수 그리스도 시대의 배를 발굴하는 장면

갈릴리호수에서 발견된 예수 그리스도 활동 당시의 배(좌)와 복원된 배(우)

막달라 북서쪽 방향을 보면 계곡을 사이에 두고 인상적인 아벨산(Mt. Arbel)과 절벽을 볼 수 있다. 이 아벨 크릭(Arbel Creek)은 막달라를 거쳐 현재 이 도시가 세워진 이유 중 하나이다. 절벽 사이 계곡에는 세포리스(Sepphoris), 카나(Cana), 나사렛(Nazareth)으로 연결되는 고대 도로가 있다.

막달라의 첫 번째 발굴 작업은 20세기 초 독일의 건축가인 렌들(R. Lendle)에 의해 시작되었다. 렌들은 토지를 사들이고 작은 지역을 발굴하기 시작하였다. 발굴된 유물들은 나중에 발굴 자금을 지원한 프란치스칸 성지 보관소에 판매되었다.

1970년대에는 코보(V. Corbo)가 대규모 굴착작업을 시작하여 비잔틴 수도원을 발굴했다. 그것은 북쪽 벽을 따라 33m, 동쪽 벽을 따라 100m로 측정되고 남쪽에서 북쪽으로 향하고 있었다. 수도원은 7세기에 파괴되었지만 십자군에 의해 다시 세워졌다. 19세기에 지어졌던 아랍 마을(Mejdel)에 의해 그 일부가 손상되었음이 확인되었다. 아랍 가옥이 불도저를 사용하여 1948년에 제거되면서 유물을 더 손상시킨 것이 밝혀졌다.

1970년대의 고고학자들은 비잔틴 수도원 북부 고대지역의 부분을 발굴하여 포장된 로마 거리, 로마시대 별장, 공공 구조물, 수로 및 수도 시스템을 공개했다. 또 다른 주목할 만한 발견은 범선을 묘사한 모자이크였다.

막달라 항구에서 바라본 아벨산 전경

막달라에서 바라본 아벨산 일몰

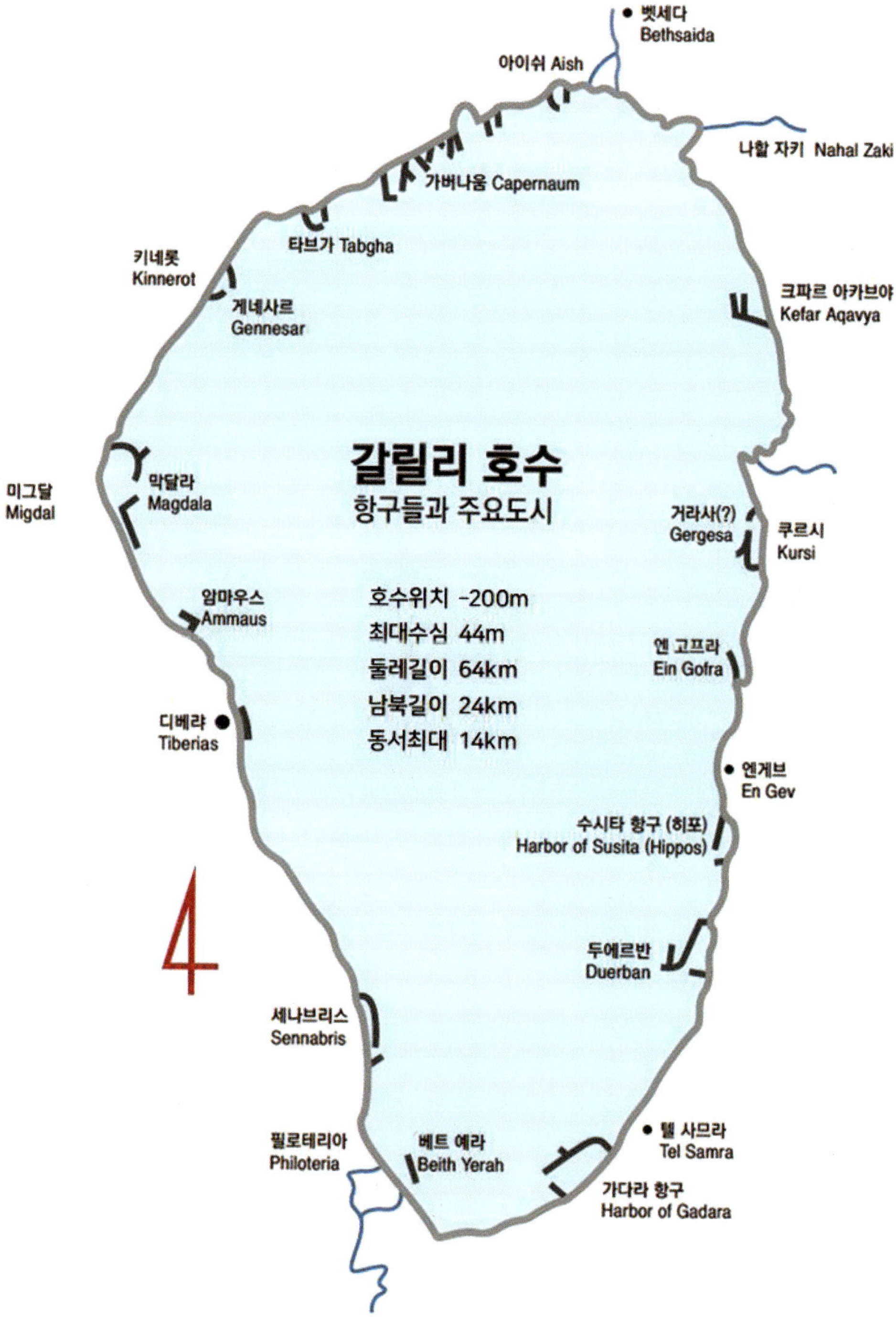

한눈에 살필 수 있는 현재 갈릴리호수 지역 지명

가버나움(Capernaum)

예수 그리스도께서 복음을 전하셨던 가버나움 회당 전경

가버나움은 예수 그리스도의 갈릴리 지역 선교본부로서 3년 동안의 공생애 활동에서 가장 중요한 도시 가운데 하나이다.

마태복음 4장 12~13절

12예수께서 요한이 잡혔음을 들으시고 갈릴리로 물러가셨다가 13나사렛을 떠나 스불론과 납달리 지경 해변에 있는 가버나움에 가서 사시니

복음서의 여러 곳에서 이 도시를 '그의 고향'(his own city), 혹은 '그의 도시'라 부르고 있다(마 9:1; 막 2:1). 이곳은 고대로부터 남북을 연결하는 매우 중요한 도로인 해안길(Via Maris, 사 9:1)이 교차하는 지역이자, 헤롯 빌립과 안티파스의 경계로 이방인을 포함한 많은 사람들(군인, 상인, 여행자 등)이 왕래하는 길목이기에 선교적 차원에서 중요한 곳이다.

예수 그리스도의 사역 중에도 마태복음 8장 5~13절에 로마 백부장과의 만남이 기록되고 있다. 이 사실은 BC 135년 하드리안 황제 때의 이정표가 발견되어 가버나움 옛 도시 안에 세워져 있는 것으로 확인되고 있다.

이곳에서 예수 그리스도께서는 어부 출신의 제자들인 베드로, 안드레, 야고보, 요한을 '사람 낚는 어부'로 부르셨으며(마 4:18~22; 막 1:16~20), 또 많은 기적을 행하시며 비유로 많은 것을 가르치셨다(막 1:21).

예수 그리스도께서 가르치시던 회당(마 8:5; 막 1:23; 눅 4:23, 7:2)과 베드로의 생가(마 8:14; 막 1:29)가 남아 있으며, 특히 중풍병자를 친구로 둔 네 명이 예수 그리스도께서 가르치시던 집의 지붕을 뚫고 들어간 사건(막 2:1~12)으로 유명하다. 이는 갈릴리 지방이 현무암 지대여서 그 돌로 집을 짓고 갈대나 종려나무 가지로 지붕을 덮는 형태의 가옥을 가지고 있었기 때문에 가능했던 것으로 보인다.

가버나움 회당

고고학적으로도 이 지역의 고대 가옥이 그러한 형태로 발견되고 있어 이를 뒷받침하고 있다. 예수 그리스도께서는 나사렛을 떠나 가버나움에서 주로 활동하시면서 베드로 장모의 열병을 고치시고 회당장의 죽은 딸을 살리셨으며, 혈루증 앓는 여인을 낫게 하시고 맹인들의 눈을 뜨게 하셨으며, 손이 오그라든 사람의 손을 펴게 하셨다.

1838년 미국의 탐험가 에드워드 로빈슨(Edward Robinson)이 이 도시를 처음으로 확인한 이후 여러 차례 발굴을 통하여 알려진 바에 따르면, 현재까지 남아 있는 회당은 그 기초만이 예수 그리스도께서 활동하시던 당시의 것이며, 2층 구조로 남아 있는 석회석 건물은 4~5세기의 것이다. 또 6세기에는 베드로의 생가 터 위에 교회가 세워졌다. 그러나 638년 아랍의 침략으로부터 보호받은 교회는 746년 지진으로 인하여 파괴되었다. 1905년에 가버나움 옛 회당을 발견하게 되었고, 최근에는 베드로의 집터 위에 5세기경에 세워졌던 유적들을 발굴하였다.

가버나움 회당 앞 베드로 생가

가버나움은 예수 그리스도의 메시지를 받아들이지 않은 대표적인 도시로서 심판의 날에 소돔과 같은 결과를 맺게 될 것이 선언되기도 하였다(마 11:23~24).

마태복음 11장 23~24절

23가버나움아 네가 하늘에까지 높아지겠느냐 음부에까지 낮아지리라 네게 행한 모든 권능을 소돔에서
행하였더라면 그 성이 오늘까지 있었으리라 24내가 너희에게 이르노니 심판 날에 소돔 땅이 너보다 견디
기 쉬우리라 하시니라

예수 그리스도의 사역지로서 중요한 역할을 했던 가버나움, 고라신, 벳새다 등의 도시는 비잔틴 시대 이후 더는 도시로서의 역할을 하지 못했다. 배은망덕한 도시 가버나움에 대한 예수 그리스도의 예언은 적중하여서 이미 그 도시는 파괴되고 잊혀진 지 오래이다.

천국열쇠를 든 베드로

가버나움 동네와 회당

팔복산(Mount of Beatitude) 팔복기념교회

팔복기념교회 전경

이곳은 성경에서 따로 명칭을 가지고 있지는 않으나, 예수 그리스도께서 이 산을 배경으로 산상수훈을 설교하실 때에 대해 "예수께서 무리를 보시고 산에 올라가 앉으시니 제자들이 나아온지라"(마 5:1)라고 기록하고 있다. 바로 이 산을 일컬어 팔복산이라 하였으며, 1938년 이탈리아 건축가 바루치(Barluzzi)의 설계로 이곳에 8각형의 팔복기념교회가 세워졌다. 교회 바닥에는 라틴어로 여덟 가지 복에 관하여 모자이크로 새겨 놓았다.

이 산에서 내려다보이는 갈릴리바다는 참으로 아름답다. 산 밑의 야외극장식 벌판을 바라보면서 2천 년 전의 복음의 현장을 상상할 수 있을 만큼 그 모습은 변화가 없어, 수천 명의 군중이 운집하여 예수 그리스도의 가르침에 귀를 기울였을 때의 모습을 상상하기에 충분한, 시간을 넘어선 장소라는 느낌을 받게 된다.

예수 그리스도께서 산상수훈을 설교하신 팔복산에서 내려다본 갈릴리호수 전경

예수 그리스도는 "…무리를 보시고 산에 올라가 앉으시니 제자들이 나아온지라 입을 열어 가르쳐 이르시되"(마 5:1~2)와 같이 팔복산 언덕에 모인 군중을 향하여 가르치시기도 하고, "호숫가에 배 두 척이 있는 것을 보시니…예수께서 한 배에 오르시니…육지에서 조금 떼기를 청하시고 앉으사 배에서 무리를 가르치시더니"(눅 5:2~3)와 같이 갈릴리 호숫가에서 배를 타신 채 뭍에 모여든 군중을 향하여 가르치시기도 하였다.

바다는 성격상 육지와는 달리 천천히 데워지고 천천히 식는 특성이 있으므로 아침과 저녁의 바람은 항상 반대 방향으로 불기 마련이다. 즉 이른 아침에는 육지에서 바다로, 저녁에는 바다에서 육지로 부는 것이 자연의 원리이다. 복음서의 두 기록은 서로 가르침의 시간에 따라 바람의 방향을 자유롭게 이용하신 예수 그리스도의 지혜와 사실성을 그대로 증거하고 있다.

거센 풍랑에 관한 성경의 기록(마 8:23~27; 막 4:35~41; 눅 8:22~25) 역시 이 지역의 지형적인 특징에 의해 충분히 설명될 수 있다. 낮은 갈릴리호수와는 대조적으로 사방이 매우 가파르고 높은 산들 즉 동쪽은 해발 1,000m가량의 골란고원, 북쪽은 해발 2,814m의 헬몬산, 그리고 서쪽은 아벨산(Mt. Arbel)으로 둘러싸여 있기에 기온과 기류의 변화가 매우 심하게 일어나므로 지금도 높은 파도의 풍랑을 만날 수 있다.

팔복기념교회 내부 모습

이곳 비잔틴 시대의 교회 유적지 위에 1938년에 새로 건립된 팔복기념교회(The Church of the Beatitudes)는 이탈리아 프란치스칸 수녀회가 돌보고 있다.

마태복음 5장 3~10절

3심령이 가난한 자는 복이 있나니 천국이 그들의 것임이요 4애통하는 자는 복이 있나니 그들이 위로를
받을 것임이요 5온유한 자는 복이 있나니 그들이 땅을 기업으로 받을 것임이요 6의에 주리고 목마른 자
는 복이 있나니 그들이 배부를 것임이요 7긍휼히 여기는 자는 복이 있나니 그들이 긍휼히 여김을 받을
것임이요 8마음이 청결한 자는 복이 있나니 그들이 하나님을 볼 것임이요 9화평하게 하는 자는 복이 있
나니 그들이 하나님의 아들이라 일컬음을 받을 것임이요 10의를 위하여 박해를 받은 자는 복이 있나니
천국이 그들의 것임이라

타브가(Tabgha) 오병이어기념교회

오병이어기념교회 전경

타브가의 오병이어(五餠二魚) 기적 기념교회는 갈릴리호수의 서편 지역에 위치하고 있다. 가버나움에서 차로 5~10분 이내 거리인 약 2km 정도 떨어져 있다. 오천 명을 먹이신 오병이어의 기적은 누가복음 9장 10~17절에 기록되어 있으며, 이 기적 후에는 4천 명을 먹이신 칠병이어의 기적도 등장한다.

현재의 교회는 독일 천주교에서 5세기 비잔틴 교회의 옛터에 세운 것이다. 이 장소가 예수 그리스도께서 오병이어 이적을 행하신 장소임을 확인할 길은 없다. 성경에는 현재 오병이어기념교회가 있는 갈릴리 서편 타브가 지역이 아니라 벳새다 지역으로 기록되어 있으며, 이에 따라 이 벳새다 지역은 갈릴리 동편에 위치하고 있는 마을로 추정된다. 그렇다면 현재의 오병이어 기적 기념교회는 갈릴리를 중심으로 정반대편인 셈이다.

그런데 1930년대 초 독일 고고학자들이 타브가를 발굴했고, 이곳에서 4세기 비잔틴 시대의 유적을 찾아냈다. 그리고 옛 교회 바닥에서 많은 모자이크가 발견되었는데, 이 중에 물고기 두 마리와 보리 떡 다섯 개가 묘사되어 있는 모자이크가 있었다. 이로써 이곳이 오병이어 이적을 기념했던 교회임을 알게 되었다. 지금 교회는 1982년 새로 지은 것이다. 현재 교회 안쪽 제단 옆에는 물고기 두 마리와 보리떡 다섯 개가 바구니에 담겨 있는 비잔틴 시대의 모자이크가 선명하게 잘 보존되어 있다.

순례자들은 기적의 장소가 정말 어디냐 하는 것에 큰 관심을 가질 필요가 없다. 중요한 것은 당시 예수 그리스도께서 많은 군중 앞에서 말씀을 전하시며 그들에게 하늘나라를 선포하셨다는 사실이다. 또 그들을 위해 물고기 두 마리와 떡 다섯 개를 가지고 기적을 행하심으로 모두가 나누어 먹을 수 있게 하셨다는 내용이다. 또 사람에 따라서는 예수 그리스도의 기적을 액면 그대로만 받아들일 수도 있지만, 생명의 말씀을 양식으로 비유한 것이라고도 할 수 있을 것이다. 사람이 살아가는 데는 육체의 건강뿐 아니라 영혼의 충만함이 반드시 필요하다는 것과 '나눔'에 관한 매우 중요한 메시지를 전해주는 비유이다.

기념교회 강단 밑에 있는 4세기 비잔틴 시대의 오병이어 모자이크

교회 입구에는 연자 맷돌과 연못이 있고 연못에는 물고기들이 있는데 연못 중앙을 자세히 살펴보면 물고기 일곱 마리의 조형물이 보인다.

교회 내부로 들어서면 간소한 구조로 제단과 벽면의 예수 십자가상, 그리고 긴 나무 의자들 몇 개가 배열되어 있을 뿐 매우 소박한 모습이다. 그리고 바닥에는 물고기 두 마리와 보리 떡이 바구니에 담겨 있는 모습의 모자이크가 잘 보존되어 있다. 제단 앞쪽으로는 비잔틴 시대에 만들어진 오병이어 모자이크를 그대로 보존해 두었다.

베드로수위권기념교회
(The Church of the Primacy of Peter)

타브가의 베드로수위권기념교회 전경

가버나움에서 남쪽으로 약 3km 떨어진 갈릴리 호숫가에 자리 잡은 타브가는 복음서에 기록된 3가지 사건과 관계가 있다.

1) 예수 그리스도께서 산상설교를 하신 장소(마 5~7장)
2) 오병이어로 남자만 5천 명을 먹이신 장소(마 14:13~21)
3) 예수님이 부활 후 시몬 베드로에게 나타나셔서 “내 양을 먹이라”(요 21:15~19)라고 말씀하신 장소

타브가란 이름은 ‘헵타패곤’(일곱 개의 샘)이라는 그리스 이름이 변조된 것으로, 히브리어로는 ‘에인 쉐바’(일곱 개의 샘)라고 부른다. 이곳의 아랍어 이름은 ‘옛 타브가’이다.

그리스도교 전승에 의하면 AD 380년에 이 장소를 방문한 에제리아라는 한 여성도가 이렇게 전했다고 한다. “가버나움에서 멀지 않은 곳에 돌계단이 보이는데 그 위에 주님께서…또한

그곳에는 일곱 개의 샘이 있는데 각 샘에서 물이 풍부하게 솟아나고 있다…바로 이곳이 예수 그리스도께서 다섯 개의 빵과 두 마리의 물고기로 군중을 배부르게 먹이셨던 곳이다…진정 그 돌은 제대로 변했고…가까이에 있는 언덕에는 예수 그리스도께서 팔복의 말씀을 하셨던 동굴이 있다." 그 돌계단은 오늘날에도 경당 남쪽 편에서 볼 수 있다. 그러나 에제리아는 '교회'에 대해서는 언급하고 있지 않다. 더 후대 문헌에서는 성녀 헬레나가 교회를 하나 세웠다고 전하고 있으나, 현재의 경당은 9세기 초의 어떤 문헌에 "또한 해변에는 '열두 개의 왕좌'라고 부르는 교회가 하나 있다. 그곳에는 식탁이 하나 있는데 그곳에서 예수 그리스도께서 그들과 함께 식사하셨다…"라고 언급되고 있다.

'열두 개의 왕좌'와 '식탁'에 대한 언급은 누가복음 22장 29~30절에서 볼 수 있는 신학적 개념이다.

'그리스도의 식탁'(mensa christi) 바위

누가복음 22장 29~30절

29내 아버지께서 나라를 내게 맡기신 것같이 나도 너희에게 맡겨 30너희로 내 나라에 있어 내 상에서 먹고 마시며 또는 보좌에 앉아 이스라엘 열두 지파를 다스리게 하려 하노라

이를 기억하기 위해 당시 그리스도교 신자들은 돌계단 가까이에 오늘날에도 남아 있는 심장(하트) 모양의 6개의 원기둥 받침을 놓았다. 9세기에는 이 장소가 '숯불 자리'(요 21:9)라는 이름으로 알려지기도 하였다.

12세기 초의 순례자 새불푸스는 다음과 같이 기록하였다. "이 언덕 아래에 성베드로교회가 있다. 그런데 이 교회는 매우 아름답지만 버려져 있다." 이로부터 4년 후 수도승 다니엘은 자신이 이 교회를 보았으며 이 교회가 사용되고 있음을 확인해 주었다. 1187년 십자군의 패전과 함께 이 경당은 파괴된다. 이후 1260년에 재건되나 1263년에 완전히 파괴된다.

1933년 작은형제회(프란치스코회) 성지 관구의 작은형제들이 고대 건물의 기초를 추정해서 그 위에 현재의 성지 건물을 건축할 때까지 이 성지는 버려진 채로 있었다. 이 새로운 성지 건물은 1982년에 작은형제회의 건축기사 프로도모(A. Prodomo) 형제에 의해서 개축되었다. 이때 경당 중앙 입구 바로 앞에 미사 집전을 위한 제대가 중앙에 위치하여 원형극장을 연상케 하는 형태의 실외 공간도 마련되었다. 호수 쪽을 향한 이 공간의 끝 편에는 청동제 예술 작품이 있는데 이것은 작은형제회 마르티니 형제의 작품으로, 부활하신 예수 그리스도께서 사도 베드로에게 수위권을 확증시켜 주시는 것을 묘사하고 있다. 경당 안에는 이탈리아 피렌체 출신의 화가 안젤로 몬타나의 스테인드글라스 작품이 있다.

1935년 작은형제회의 성서고고학자들은 성지 밖 왼편 언덕 근처에서 한 고대 교회 건물 유적을 발굴했는데, 여기서 4세기 말의 아름다운 모자이크 바닥이 발견되었다. 이 교회는 비잔틴 시대에 복원된 후 추정컨대 페르시아 제국의 침공 때 파괴되었고, 그 후 10세기 이후부터 사람들의 기억 속에서 사라졌다.

예수 그리스도께서 베드로를 비롯한 제자들과 물고기를 구워 잡수시며 대화를 나누셨던 (요 21:9~13) 식탁(MENSA CHRISTI)바위 위에 교회를 세웠다. 이 식탁 바위는 사진에서 보듯이 밖으로 연결되어 있다.

누가복음 5장 4~6절

4말씀을 마치시고 시몬에게 이르시되 깊은 데로 가서 그물을 내려 고기를 잡으라 5시몬이 대답하여 이
르되 선생님 우리들이 밤이 새도록 수고하였으되 잡은 것이 없지마는 말씀에 의지하여 내가 그물을 내
리리이다 하고 6그렇게 하니 고기를 잡은 것이 심히 많아 그물이 찢어지는지라

요한복음 21장 4~14절

4날이 새어갈 때에 예수께서 바닷가에 서셨으나 제자들이 예수이신 줄 알지 못하는지라 5예수께서 이
르시되 얘들아 너희에게 고기가 있느냐 대답하되 없나이다 6이르시되 그물을 배 오른편에 던지라 그리
하면 잡으리라 하시니 이에 던졌더니 물고기가 많아 그물을 들 수 없더라 7예수께서 사랑하시는 그 제
자가 베드로에게 이르되 주님이시라 하니 시몬 베드로가 벗고 있다가 주님이라 하는 말을 듣고 겉옷을
두른 후에 바다로 뛰어내리더라 8다른 제자들은 육지에서 거리가 불과 한 오십 칸쯤 되므로 작은 배를
타고 물고기 든 그물을 끌고 와서 9육지에 올라보니 숯불이 있는데 그 위에 생선이 놓였고 떡도 있더라
10예수께서 이르시되 지금 잡은 생선을 좀 가져오라 하시니 11시몬 베드로가 올라가서 그물을 육지에 끌
어 올리니 가득히 찬 큰 물고기가 백쉰세 마리라 이같이 많으나 그물이 찢어지지 아니하였더라 12예수
께서 이르시되 와서 조반을 먹으라 하시니 제자들이 주님이신 줄 아는 고로 당신이 누구냐 감히 묻는
자가 없더라 13예수께서 가셔서 떡을 가져다가 그들에게 주시고 생선도 그와 같이 하시니라 14이것은 예
수께서 죽은 자 가운데서 살아나신 후에 세 번째로 제자들에게 나타나신 것이라

요한복음 21장 15~19절

15그들이 조반 먹은 후에 예수께서 시몬 베드로에게 이르시되 요한의 아들 시몬아 네가 이 사람들보다
나를 더 사랑하느냐 하시니 이르되 주님 그러하나이다 내가 주님을 사랑하는 줄 주님께서 아시나이다
이르시되 내 어린 양을 먹이라 하시고 16또 두 번째 이르시되 요한의 아들 시몬아 네가 나를 사랑하느
냐 하시니 이르되 주님 그러하나이다 내가 주님을 사랑하는 줄 주님께서 아시나이다 이르시되 내 양을
치라 하시고 17세 번째 이르시되 요한의 아들 시몬아 네가 나를 사랑하느냐 하시니 주께서 세 번째 네
가 나를 사랑하느냐 하시므로 베드로가 근심하여 이르되 주님 모든 것을 아시오매 내가 주님을 사랑하
는 줄을 주님께서 아시나이다 예수께서 이르시되 내 양을 먹이라 18내가 진실로 진실로 네게 이르노니
네가 젊어서는 스스로 띠 띠고 원하는 곳으로 다녔거니와 늙어서는 네 팔을 벌리리니 남이 네게 띠 띠
우고 원하지 아니하는 곳으로 데려가리라 19이 말씀을 하심은 베드로가 어떠한 죽음으로 하나님께 영광
을 돌릴 것을 가리키심이러라 이 말씀을 하시고 베드로에게 이르시되 나를 따르라 하시니

타브가의 정원

벳새다(Bethsaida)

벳새다 발굴 현장

벳새다(Bethsaida)는 1987년이 될 때까지 학자들과 순례자들이 그 정확한 위치를 알지 못할 정도로 비밀에 싸여 있던 도시였다.

'벳새다'는 '어부의 집'(House of fisherman)이라는 뜻이다. 텔 벳새다(Et-Tell)는 갈릴리바다의 북쪽 해변에서 북쪽으로 1.5km 되는 지점에 위치한다. 벳새다는 이스라엘에서 발견된 가장 큰 인공적인 언덕 중에 하나이며, 전망이 좋아서 갈릴리바다를 전체적으로 볼 수 있다. 벳새다는 아마도 요새화된 도시였으며, 갈릴리호수 주변에 위치하며, 납달리 지파에게 주어진 '세르'(Zer)로 알려진 곳이었을 것이다(수 19:35-"그 견고한 성읍들은 싯딤과 세르와 함맛과 락갓과 긴네렛과").

이 마을은 다윗 왕조 때 중요한 역할을 했던 그술의 영토에 속해 있었다. 다윗은 그술 왕 달매의 딸인 마아가(Maachah)와 결혼하였고, 다윗의 셋째 아들인 압살롬을 낳았다(삼하 3:3). 압살롬이 자기 누이 다말을 욕보인 다윗의 첫째 아들 암논을 죽이고 도망하여 그의 외할아버지인 그술 왕 암미훌의 아들 달매에게로 갔고, 거기서 3년을 보내게 된다.

AD 30년, 헤롯의 아들 빌립은 이곳을 폴리스(도시국가) 또는 그리스 도시로 만들었다. 그는 벳새다를 '율리아스'(Julias)라는 새로운 이름으로 개명하였고, 아우구스투스의 아내 곧 티베리우스 황제의 어머니 이름을 따 '리비아-율리아'(Livia-Julia)라고 부르게 된다.

헤롯 왕의 아들 빌립은 AD 34년경에 죽어서 그가 사랑했던 벳새다에 묻히게 된다. 요세푸스에 의하면, 벳새다는 AD 67년 로마에 저항한 제1차 유대인 반란 때의 첫 전투 장소였다. AD 2세기의 문헌에 의하면, 랍비 시몬 벤 감리엘과 하드리안 황제는 벳새다에 풍부한 생선과 조류가 있었다고 말하였다. 벳새다는 헬라와 로마 시대의 문학에서 많이 언급되고 있음에도 기독교 순례자들은 그 정확한 위치를 중세와 근세까지도 알 수가 없었다. 1838년에 미국 학자인 에드워드 로빈슨(Edward Robinson)은 'Et-Tell'을 벳새다로 주장하였다. 1897년에 발굴과 지질학적 조사가 시작되었고, 학계는 로빈슨의 주장이 옳았다고 결론지었다. 'Et-Tell'이 벳새다였던 것이다.

'어부의 집' 입구 표시판(좌)과 '어부의 집' 안뜰 발굴 현장(우)

벳새다 발굴은 오하마에 위치하는 네브래스카 대학의 라미 아라브(Rami Arav) 교수와 리처드(Richard Freund) 교수에 의해서 진행되었다. 발굴 결과 제2 성전 시대의 주거지역이 드러났다. '어부의 집'이라고 불리는 한 건물에서는 많은 고기 잡는 도구들이 발견되었다. 포도주 만드는 사람의 집은 포도주 저장실을 가지고 있었으며, 그곳에서는 포도주 담는 항아리들과 갈고리들이 발견되었다. 성문 위에서는 로마 황제 숭배를 위해서 바쳐졌던 건물이 발견되었다. 그중 눈에 띄는 발굴물은 로마 신전에서 일반적으로 쓰이는 청동 향료 삽이었다.

성경과 관련된 내용을 살펴보자.

1. 예수 그리스도의 제자인 베드로, 안드레, 빌립의 고향이다.

요한복음 1장 43~44절

43이튿날 예수께서 갈릴리로 나가려 하시다가 빌립을 만나 이르시되 나를 따르라 하시니 44빌립은 안드레와 베드로와 한 동네 벳새다 사람이라

2. 예수 그리스도께서 오병이어의 이적을 행하신 실제 장소이다.

누가복음 9장 10~17절

10사도들이 돌아와 자기들이 행한 모든 것을 예수께 여쭈니 데리시고 따로 벳새다라는 고을로 떠나가
셨으나 11무리가 알고 따라왔거늘 예수께서 그들을 영접하사 하나님 나라의 일을 이야기하시며 병 고칠
자들은 고치시더라 12날이 저물어 가매 열두 사도가 나아와 여짜오되 무리를 보내어 두루 마을과 촌으
로 가서 유하며 먹을 것을 얻게 하소서 우리가 있는 여기는 빈 들이니이다 13예수께서 이르시되 너희가
먹을 것을 주라 하시니 여짜오되 우리에게 떡 다섯 개와 물고기 두 마리밖에 없으니 이 모든 사람을 위하
여 먹을 것을 사지 아니하고서는 할 수 없사옵나이다 하니 14이는 남자가 한 오천 명 됨이러라 제자들에
게 이르시되 떼를 지어 한 오십 명씩 앉히라 하시니 15제자들이 이렇게 하여 다 앉힌 후 16예수께서 떡
다섯 개와 물고기 두 마리를 가지사 하늘을 우러러 축사하시고 떼어 제자들에게 주어 무리에게 나누어
주게 하시니 17먹고 다 배불렀더라 그 남은 조각을 열두 바구니에 거두니라

3. 예수 그리스도께서 맹인의 눈을 뜨게 해주신 장소이다.

마가복음 8장 22~26절

22벳새다에 이르매 사람들이 맹인 한 사람을 데리고 예수께 나아와 손 대시기를 구하거늘 23예수께서
맹인의 손을 붙잡으시고 마을 밖으로 데리고 나가사 눈에 침을 뱉으시며 그에게 안수하시고 무엇이 보
이느냐 물으시니 24쳐다보며 이르되 사람들이 보이나이다 나무 같은 것들이 걸어가는 것을 보나이다 하
거늘 25이에 그 눈에 다시 안수하시매 그가 주목하여 보더니 나아서 모든 것을 밝히 보는지라 26예수께
서 그 사람을 집으로 보내시며 이르시되 마을에는 들어가지 말라 하시니라

사람들이 맹인 한 명을 데려왔을 때 예수 그리스도께서는 그를 마을 밖으로 데리고 나가서 눈에 침을 뱉으시며 그에게 안수하시고 무엇이 보이느냐고 물으셨다. 그때 그 맹인은 사람들과 나무 같은 것들이 걸어가는 것이 보인다고 말하였다. 그 눈에 다시 안수하시자 고침을 받고 만물을 밝히 보게 되었다.

4. 회개치 않음으로 책망받은 도시가 되었다(마 11:21~22; 눅 10:13~14).

마태복음 11장 21~22절

21화 있을진저 고라신아 화 있을진저 벳새다야 너희에게 행한 모든 권능을 두로와 시돈에서 행하였더라
면 그들이 벌써 베옷을 입고 재에 앉아 회개하였으리라 22내가 너희에게 이르노니 심판 날에 두로와 시
돈이 너희보다 견디기 쉬우리라

누가복음 10장 13~14절

13화 있을진저 고라신아, 화 있을진저 벳새다야, 너희에게 행한 모든 권능을 두로와 시돈에서 행하였더
라면 그들이 벌써 베옷을 입고 재에 앉아 회개하였으리라 14심판 때에 두로와 시돈이 너희보다 견디기
쉬우리라

거라사/가다라(Gerasa/Gadara)

거라사에서 발견된 비잔틴 시대 교회

갈릴리 동쪽 언덕 가다라에서 본 갈릴리호수 전경

신약성경의 공관복음서 곧 마태복음, 마가복음, 누가복음에는 예수 그리스도께서 군대귀신 들린 청년을 고쳐주실 때 그 청년에게서 쫓겨난 군대귀신이 주변에 있던 돼지 떼에 들어가 돼지 떼가 바다에 빠져 몰살당하는 사건이 나온다(마 8:28~34; 막 5:1~20; 눅 8:26~39).

그런데 이 본문들 사이에는 두 가지 상이점이 있다.

첫째로, 마태복음에는 귀신 들린 사람이 두 사람으로, 마가복음과 누가복음에는 한 사람으로 나온다.

둘째로, 마태복음은 그 사건이 일어난 장소를 '가다라 지방'(the region of the Gadarenes)이라고 기술하고 있는 반면, 마가복음과 누가복음은 '거라사인의 지방' 또는 '거라사인의 땅'(the region of the Gerasenes)이라고 표현하고 있다.

한글 성경 본문상으로는 두 가지 차이점밖에 없지만 지명과 관련해서 신약 헬라어 성경은 좀더 복잡하다. 그래서 헬라어 성경 사본에 따라서 '게르게사'(Gergesa), '게르가사'(Gergasa), '가다라'(Gadara), '게라사'(Gerasa) 등 그 표기가 다양하다. 이렇게 다양한 이름만큼 이 사건이 발생한 장소에 대한 견해 또한 다양하다.

일부는 오늘날 요르단의 제라쉬(Jerash), 일부는 움 카이스(Umm Qais), 일부는 히포스(Hippos), 일부는 쿠르시(Kursi)라고 주장한다. 그래서 오늘날 성경에 등장하는 지명 가운데 가장 혼란을 주는 사건 중 하나가 바로 이 이적 사건이다.

그럼에도 초기 기독교 전승은 쿠르시를 게르게사(Gergesa)와 동일시하면서 이 이적 사건에 가장 적합한 지명이 쿠르시라고 말하고 있다. 그래서 초기 기독교 수도사들은 이 쿠르시를 중요한 이적의 장소로 생각하고 중요시했다.

'쿠르시'는 갈릴리바다 동쪽 해변에서 500m 떨어진 곳에 자리 잡고 있다. 오늘날 엔 게브(Ein Gev)에서 북쪽으로 약 5km 떨어진 곳이다. 이곳은 요단강 동편에 자리 잡은 데가볼리 지역의 한 성읍으로서 이방인들이 거주하였다. 그러기에 율법에서 부정한 동물로 여기는 돼지를 키우는 사람이 있었다는 성경의 내용을 이해하기 어렵지 않게 한다.

고고학자들은 쿠르시에서 AD 5~6세기 비잔틴 시대의 교회와 수도원 단지 유적 터를 발굴했다. 이 수도원 단지는 이곳이 이 이적의 전통적인 장소라는 근거에서 설립되었던 것으로 본다.

비잔틴 시대 교회 전경

오늘날 쿠르시에 가면 검은색의 현무암으로 세워진 건물을 볼 수 있다. 남쪽에는 수도원을 내려다볼 수 있는 언덕이 있으며, 거기에는 예배실과 모자이크 바닥이 있다. 그 뒤편에는 동굴이 있다. 이 언덕은 예수 그리스도께서 내쫓은 귀신이 돼지 떼에 들어가 바다로 떨어진 상황과 잘 부합한다.

마태복음 8장 28~34절

28또 예수께서 건너편 가다라 지방에 가시매 귀신 들린 자 둘이 무덤 사이에서 나와 예수를 만나니 그
들은 몹시 사나워 아무도 그 길로 지나갈 수 없을 지경이더라 29이에 그들이 소리 질러 이르되 하나님의
아들이여 우리가 당신과 무슨 상관이 있나이까 때가 이르기 전에 우리를 괴롭게 하려고 여기 오셨나이
까 하더니 30마침 멀리서 많은 돼지 떼가 먹고 있는지라 31귀신들이 예수께 간구하여 이르되 만일 우리
를 쫓아내시려면 돼지 떼에 들여보내 주소서 하니 32그들에게 가라 하시니 귀신들이 나와서 돼지에게로
들어가는지라 온 떼가 비탈로 내리달아 바다에 들어가서 물에서 몰사하거늘 33치던 자들이 달아나 시내
에 들어가 이 모든 일과 귀신 들린 자의 일을 고하니 34온 시내가 예수를 만나려고 나가서 보고 그 지방
에서 떠나시기를 간구하더라

가나(Cana)

물로 포도주를 만드신

가나 혼인잔치기념교회

오늘날 복음서에서 언급하고 있는 가나라는 지명은 두 곳이 있다. 곧 키르벳 가나(Khirbet Qana)와 케페르 가나(Kefer Kana) 마을이다. 키르벳 가나는 세포리스(Seforis) 북쪽에 있는 나사렛에서 13km 떨어진 외딴 언덕 꼭대기에 폐허로 남아 있는 곳이다. 이곳에서는 무덤과 지하 유골 안치소 등 중세기의 흔적들이 발굴되었지만 근처에서 우물은 발견되지 않았다. 반면 케페르 가나는 나사렛에서 북동쪽으로 6km 떨어진 갈릴리호수 디베랴로 내려가는 754번 지방

도로 변에 있는, 현재는 작지 않은 규모의 지방 도시이다.

1881년 프란치스칸들에 의해 세워진 가나 혼인잔치의 첫 기적 기념성당은 케페르 가나 마을의 중심에 위치하고 있다. 이 마을의 서쪽에서 로마인들의 무덤과 함께 우물이 발견되었다. 프란치스칸들은 1641년에 케페르 가나의 유적지를 사려고 노력하였으나 거의 200년이 지난 1879년 다메섹 통치자의 도움으로 겨우 획득할 수 있었다. 이미 그리스 정교회는 1566년 가나에 기념교회를 지었고, 지금은 여러 종파가 기념교회를 지어 놓고 있다. 그 후 1881년에 프란치스칸 기념성당이 봉헌되었고, 1901년에 성당을 보수하면서 현재의 성당 정면이 만들어졌다. 1997년 가을에 성당을 보수하면서 대대적인 고고학 발굴 작업이 실시되었고, 초기 유대교 회당과 그리스도인들의 무덤, 그리고 5세기경의 아람어 모자이크 등이 발굴되었다.

현재의 성당은 대희년을 맞이하던 2000년에 아랍 본당과 성지 기념교회로 재건축된 것이다.

나사렛에서 디베라로 가는 길

나사렛 일릿에서 내려다본 가나 마을 전경

가나혼인잔치교회 - 그리스 정교회

1881년 예수 그리스도께서 가나의 물로 포도주를 만드신 첫 기적의 현장에 프란치스칸들이 기념교회를 짓기 훨씬 이전인 1566년에 그리스 정교회에서는 이미 가나에 기념교회를 지었고, 예수 그리스도의 기적과 관련된 항아리 두 개를 보관하고 있다.

정원수가 있는 가나 혼인잔치 기념 그리스 정교회

교회 내 성화

이스라엘 성지를 돌아보면 예수 그리스도의 흔적이 있는 주요 장소에는 종종 그리스 정교회와 프란치스칸 성당이 함께 있다. 예수 그리스도의 무덤 성당이나 베들레헴, 성모 무덤과 예수 그리스도 승천 경당처럼 장소가 명확한 곳에서는 장소를 나눌 수 없어서 시간을 나누어 사용하지만(성모 무덤 성당에 대한 권리는 정교회가 가지고 있고, 승천 경당은 이슬람이 그 권리를 가지고 있어 타종파는 승천 대축일 당일만 권리를 행사할 수 있다), 그 외 오랫동안 이슬람의 통치하에 폐허로 남아 있다가 재건된 성당의 경우는 가나처럼 인근에 서로 기념성당을 가지고 있다.

가나 혼인잔치기념교회 내부(위)와 당시 돌 항아리 여섯 개 중 하나(아래)

벧산(Beth Shan)

로마시대 벧산 발굴 현장과 텔 벧산

벧산(Beth Shan)은 이즈르엘평야의 동쪽 끝으로 갈릴리호수에서 남쪽으로 약 25km 지점에 있다. 석기시대부터 사람이 살기 시작했고, 최초의 마을은 BC 3000년경에 형성된 것으로 보고 있다. 벧산은 그 이름이 이미 이집트의 고대 문서에서 언급되고 있는 것처럼 해안과 내륙을 잇는 교통의 요충지이자 전략적으로도 중요한 곳으로, 이곳에 18회 정도 시대마다 도시가 건설되었다.

구약성경에서 벧산은 다양한 이름으로 불리고 있다. 곧 벧 스안(수 17:11-"잇사갈과 아셀에도 므낫세의 소유가 있으니 곧 벧 스안과"), 벧산(삼상 31:9~10-"사울의 머리를 베고…그의 시체는 벧산 성벽에"), 벳산(삼하 21:12-"다윗이 가서 사울의 뼈와 그의 아들 요나단의 뼈를 길르앗 야베스 사람에게서 취하니 이는 전에 블레셋 사람이 사울을 길보아에서 죽여 벳산 거리에 매어단 것을 저희가 가만히 가져온 것이라"-개역한글)이 그 이름들이다.

구약성경에 소개된 벧산은 블레셋과의 길보아산 전투에서 죽은 사울 왕의 목 없는 시체가 그 성벽에 못 박힌 도시로 알려져 있다(삼상 31:7~13). 다윗이 사울 왕과 그의 아들 요나단의 죽음에 대해 애도한 노래(삼하 1:17~27)는 매우 유명하다.

BC 13세기 가나안 정복 후 므낫세 지파에게 할당된 곳이며(수 17:11), BC 11세기 길보아산에서 있었던 블레셋과의 전투에서 패함으로 잃었다가 후에 솔로몬이 다시 정복했다.

열왕기상 4장 1~12절

[1]솔로몬 왕이 온 이스라엘의 왕이 되었고…[12]다아낙과 므깃도와 이스르엘 아래 사르단 가에 있는 벧스안 온 땅은 아힐룻의 아들 바아나가 맡았으니 벧스안에서부터 아벨므홀라에 이르고 욕느암 바깥까지 미쳤으며

유대인 학자들은 말하기를, "만일 에덴동산이 이스라엘에 있었다면 이 에덴동산의 문은 벧산에 있었을 것이다"라고 한다. 그러나 오늘날 벧산은 그리 매력적인 곳이 아니며 옛 영광은 폐허로 남아 발굴된 흔적으로만 가득하다.

현재 벧산의 로마시대 원형극장 모습

BC 10세기 솔로몬이 정복한 이후(왕상 4:12) BC 3세기 헬라 사람들이 정복하여 '스키도폴리스'(Scythopolis)라 개칭하기 전까지 이스라엘이 다스리고 있었다. 안디오쿠스 4세(BC 175~164)가 이 도시의 지배자로 등장한 후 한때 이 도시는 '닛사'(Nysa)라 불렸으며, 하스모니안 왕조의 요한 힐카누스(John Hyrcanus)는 BC 107년 이곳에 사는 헬라인들을 유대인으로 편입시키기도 하였다. AD 66년 로마에 반란을 일으킨 유대인들이 집단으로 학살되기도 하였다.

4세기 비잔틴 시대에 이르러 벧산은 대규모의 도시로 발전하여 팔레스티나 세쿤다(Palestina Secunda)의 수도로 자리를 잡게 된다.

현재 진행 중인 고고학적 발굴은 고대 도시인 텔 벧산(Tel Beth Shan)과 잘 조화를 이룬 대규모의 로마-비잔틴 도시를 드러내고 있다. 원형경기장과 극장과 목욕탕, 거리와 화려한 모자이크는 당시 번성하고 아름다웠던 도시의 면모를 보여준다.

텔 벧산 입구

텔 벧산 로마시대의 유적 발굴 현장

로마시대 원형극장

벧산 복원 모형

옛 텔 벧산에서 내려다본 벧산 유적지

옛 텔 벧산 발굴 현장

수넴(Shunem)

선지자 엘리사를 섬기며 복을 받은 여인의 마을

벧세메스에서 바라본 수넴 동네와 모레산, 삼손의 고향 소고 전경

수넴(Shunem)은 길보아산 근처 이즈르엘(Jezreel) 북쪽 4.8km 지점으로 현재의 이름은 '술람'(Sulam)으로 보고 있다. 구약성경에 나타나는 수넴에 대한 기록들은 다음과 같다.

1) 잇사갈 지파에게 분배된 지역 내 모레 산록에 있으며 다볼산의 서남쪽 8km 지점이다.

여호수아 19장 17~23절

17 넷째로 잇사갈 곧 잇사갈 자손을 위하여 그들의 가족대로 제비를 뽑았으니 18 그들의 지역은 이스르엘
과 그술롯과 수넴과 19 하바라임과 시온과 아나하랏과 20 랍빗과 기시온과 에베스와 21 레멧과 엔 간님과
엔핫다와 벧 바세스이며 22 그 경계는 다볼과 사하수마와 벧 세메스에 이르고 그 끝은 요단이니 모두 열
여섯 성읍과 그 마을들이라 23 잇사갈 자손 지파가 그 가족대로 받은 기업은 이 성읍들과 그 마을들이었
더라

2) 이스라엘과 블레셋의 전쟁에서 블레셋 군대의 진지였다.

사무엘상 28장 4절

블레셋 사람들이 모여 수넴에 이르러 진치매 사울이 온 이스라엘을 모아 길보아에 진쳤더니

3) 노년의 다윗 왕을 시중들었던 아비삭의 고향이다.

열왕기상 1장 3~4절

[3]이스라엘 사방 영토 내에 아리따운 처녀를 구하던 중 수넴 여자 아비삭을 얻어 왕께 데려왔으니 [4]이 처
녀는 심히 아름다워 그가 왕을 받들어 시중들었으나 왕이 잠자리는 같이 하지 아니하였더라

4) 선지자 엘리사를 섬긴 수넴 여인이 살던 곳이다.

수넴 여인은 엘리사가 이 성에 들어왔을 때 영접하여 후대하고 그 후부터는 올 때마다 자기 집에 유숙하게 하려고 따로 방을 짓고 또 필요한 생활 도구까지 정성을 다해 준비하여 섬겼다. 이에 감동을 받은 선지자 엘리사의 축복으로 아들을 낳았고, 후에 엘리사는 그 아들이 죽었을 때 다시 살려주었다. 그 후 엘리사의 사환의 증언으로, 7년간 흉년으로 블레셋에 가 있는 동안 잃었던 재산을 되찾게 되었다(왕하 8:1~6).

엘리사 선지자의 사역 동선

열왕기하 4장 14~17절

[14]엘리사가 이르되 그러면 그를 위하여 무엇을 하여야 할까 하
니 게하시가 대답하되 참으로 이 여인은 아들이 없고 그 남편
은 늙었나이다 하니 [15]이르되 다시 부르라 하여 부르매 여인
이 문에 서니라 [16]엘리사가 이르되 한 해
가 지나 이때쯤에 네가 아들을 안으리라
하니 여인이 이르되 아니로소이다 내 주
하나님의 사람이여 당신의 계집종을 속이
지 마옵소서 하니라 [17]여인이 과연 잉태하
여 한 해가 지나 이때쯤에 엘리사가 여인
에게 말한 대로 아들을 낳았더라

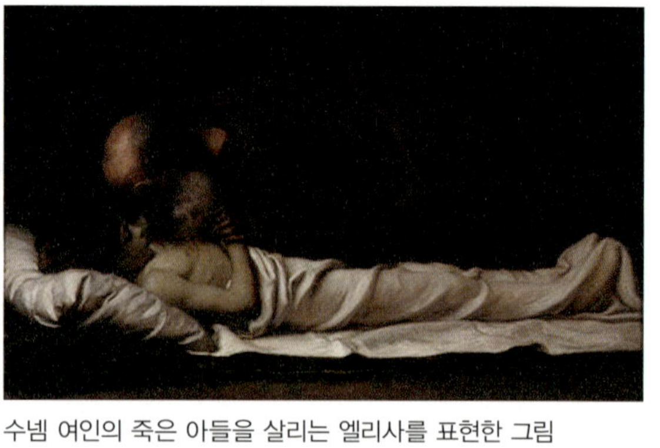

수넴 여인의 죽은 아들을 살리는 엘리사를 표현한 그림

텔 하솔(Tel-Hazor)

텔 하솔 성문 앞 전경

하솔(Hazor)은 갈릴리호수에서 북쪽으로 약 20km 지점에 있으며, 이스라엘에서 가장 큰 옛 성터 중 하나이다. 여기서 가나안 시대의 신전과 솔로몬 시대의 성벽, 아합 왕 때의 우물(깊이 38m) 등이 발견되었다. 국제해안도로 중 훌라계곡으로 들어가는 입구에 위치하여 갈릴리 지역의 가장 강한 성읍이었다는 것이 사사기의 사건들에 의하여 증명된다. 하솔은 상부와 하부 도시로 나뉜다. 후에 이스라엘 백성이 거주하게 되면서 상부 도시만 요새화되었다.

하솔에 사람들이 살기 시작한 것은 약 BC 3000년경 초기 청동기시대이다. 중기 청동기시대인 BC 18세기에는 하솔이 최고의 융성기를 맞이한다. 하솔은 BC 14세기 말에서 13세기까지 사람들이 거주하였으며, 그 이후에 붕괴하였다. 가나안의 도시인 하솔은 BC 19세기 이집트의 저주문서에 처음으로 그 이름이 등장한다. 그리고 BC 18세기의 마리에서 발견된 문서에서는 가나안의 도시 가운데 유일하게 하솔의 이름이 등장한다. 이것을 통해서 알 수 있는 것은 하솔이 이스라엘에서 가장 중요하고 부유한 도시였으며, 먼 지역까지 무역하던 도시였다는 것이다. 하솔은 BC 15~14세기 애굽의 바로들의 전쟁 기록에도 언급되는데, 하솔 왕 아브디 티르쉬와 애굽의 바로 아켄나텐의 서신들이 텔 엘 아마르나 문서에서도 발견되었다.

구약성경 여호수아 11장 1~12절에 하솔 왕 야빈의 군대와 가나안 동맹군이 한 편이 되어 여호수아와 전쟁을 한 기록이 있다. 메롬 전쟁으로 잘 알려진 이 전쟁에서 여호수아는 대승을 거둔다. 다른 전쟁은 사사기 4장에서 나오는데, 야빈의 군대장관 시스라와 이스라엘의 바락과 사사 드보라 사이에 벌어진 전쟁이다.

여호수아 11장 1~5절

1하솔 왕 야빈이 이 소식을 듣고 마돈 왕 요밥과 시므론 왕과 악삽 왕과 2및 북쪽 산지와 긴네롯 남쪽 아
라바와 평지와 서쪽 돌의 높은 곳에 있는 왕들과 3동쪽과 서쪽의 가나안 족속과 아모리 족속과 헷 족속
과 브리스 족속과 산지의 여부스 족속과 미스바 땅 헤르몬산 아래 히위 족속에게 사람을 보내매 4그들
이 그 모든 군대를 거느리고 나왔으니 백성이 많아 해변의 수많은 모래 같고 말과 병거도 심히 많았으
며 5이 왕들이 모두 모여 나아와서 이스라엘과 싸우려고 메롬 물가에 함께 진쳤더라

텔 하솔의 위치 지도

사사기 4장 13~15절

13시스라가 모든 병거 곧 철병거 구백 대와 자기와 함께 있는 모든 백성을 하로셋학고임에서부터 기손
강으로 모은지라 14드보라가 바락에게 이르되 일어나라 이는 여호와께서 시스라를 네 손에 넘겨주신
날이라 여호와께서 너에 앞서 나가지 아니하시느냐 하는지라 이에 바락이 만 명을 거느리고 다볼산에
서 내려가니 15여호와께서 바락 앞에서 시스라와 그의 모든 병거와 그의 온 군대를 칼날로 혼란에 빠지
게 하시매 시스라가 병거에서 내려 걸어서 도망한지라

텔 하솔의 솔로몬 게이트

가나안 시대 신전 입구(좌)와 기둥(우)

고고학자들은 하솔에서 여섯 개의 방으로 구성된 성문을 발견하였다. 이 성문은 크기와 모습이 므깃도와 게셀의 성문과 거의 동일하다. 이에 대한 가장 좋은 설명은 이 문들이 모두 같은 시대의 왕조에 의해서 만들어졌다는 것이다.

이 문들은 열왕기상 9장 15절에 나타나는 솔로몬의 건축 활동을 증명하는 가장 좋은 예들이다.

열왕기상 9장 15절

솔로몬 왕이 역군을 일으킨 까닭은 이러하니 여호와의 성전과 자기 왕궁과 밀로와 예루살렘성과 하솔과 므깃도와 게셀을 건축하려 하였음이라

기둥들로 삼등분된 이스라엘 양식의 건물로 더 잘 알려진 이러한 형태의 건물은 전 이스라엘 지역에서 많이 발견된다. 이런 형태의 건축물이 어떤 기능을 하였는가에 대한 여러 가지 견해가 제시되어 왔다. 어떤 고고학자들은 이들이 음식 저장고로 사용되었다고 본다. 더 가능성 있는 것은 이 건물의 일차적인 기능이 왕실 기병들을 위한 숙소였다는 것이다.

하솔에서 발굴된 가장 인상적인 유물 중 몇 가지는 가나안인들이 살았던 중기와 후기 청동기시대의 것들이다. 하부 도시에 있는 많은 구조물은 제의적(cultic) 구조물들이었으며, 종교적인 작은 입상들이나 입석들을 포함하고 있었다. 어떤 건물들은 현무암 입석들로 열 지어 있었다.

4개의 방으로 된 기둥(집)과 집터 발굴 현장(우)

텔 하솔 남쪽(좌)과 북쪽(우) 전경

솔로몬 시대보다 한 세기 후에 이스라엘은 이 텔에 40m 깊이의 거대한 수직갱을 만들었다. 이 갱도는 아래의 수맥층에까지 도달하였다. 19m의 수직 수갱은 약 15평방미터 넓이로 파 내려갔으며, 끝부분에서는 계단이 있는 넓고 경사진 터널 형태로 25m를 더 파고 들어갔다. 이 시스템은 므깃도와 기브온의 시스템과 유사하다.

예레미야 46~51장에는 유다에 악영향을 끼쳤던 주변 9개국에 대한 하나님의 심판 메시지가 기록되어 있다.

예레미야 49장 28~33절은 여호와 하나님께서 바벨론 왕 느부갓네살을 명하여 게달과 하솔 부족을 공격하게 하여 심판하겠다는 내용이다. 이들이 심판받는 이유는 물질을 최고로 여기는 유물주의와 자기밖에 모르는 이기주의의 위험성이 있는 우상숭배자들이기 때문이라고 말한다.

지하 샘 동굴로 내려가는 입구와 지하 물 저장 탱크 안내판

텔 하솔에서 발굴된 입상 주상

예레미야 49장 32절의 “머리털을 모지게 깎는 자들”(개역한글) 이 부분을 현대인의성경과 공동번역성경에서는 “관자놀이의 머리를 말갛게 밀고 사는 유목민들”, “구레나룻을 밀고 사는 백성”으로 각각 번역했다. 어쨌든 이 ‘머리털을 모지게 깎은 자들’(개역한글)은 하솔 부족을 가리키는 말로, 당시에 이같이 머리털을 깎는 행위는 하나의 고유한 관습이자 우상 신을 섬긴다는 표시로 여겨졌다. 게달 부족은 팔레스타인 동부 아라비아에 사는 부족들로, 인접한 항구와 교역하여 많은 물질을 소유했던 세력은 작지만 국제적 영향력이 컸던 부족이었던 반면, 하솔 부족에 대한 그 밖의 자료는 자세히 알려지지 않고 있다.

감라/가말라(Gamla/Gamala)

감라 전경

'감라'(또는 '가말라')는 '낙타'란 뜻을 지닌 히브리어 '가말'에서 유래된 이름이다. 골란고원의 서부에 자리 잡은 감라의 모양은 이름처럼 낙타의 혹과 같이 생겼다. 동쪽 부분을 제외한 나머지 세 방향 즉 서쪽, 남쪽, 북쪽은 모두 깊은 골짜기로 이루어져 있다.

성경에는 감라가 나오지 않는다. 오늘날 우리가 감라에 대한 정보를 얻을 수 있는 곳은 유대인 역사가 요세푸스의 저작이다. 요세푸스에 따르면, 감라는 성경에는 나오지 않지만 유대인들에게는 매우 중요한 역사적 장소였다.

요세푸스의 저작에 따르면, 하스모니안 왕조의 통치자이며 대제사장이었던 알렉산더 얀네우스(Alexander Jannaeus)는 BC 1세기에 이 도시를 세우고 유대인들이 거주하게 했다. 그러나 감라가 유대인들에게 큰 의미를 지닌 도시가 된 것은 바로 AD 1세기, 즉 AD 66년에 발발했던 제1차 유대인 반란과 관련이 있다. 본래 감라는 평화를 추구하던 도시였지만 로마에 반역을 일으킨 유대인 반란자들이 감라로 들어와 장악하면서 피의 소용돌이에 빠지게 되었다.

감라 위치가 표시된 지도

감라에 대한 정보를 전하고 있는 요세푸스 자신이 AD 66년에 유대인 군지휘관으로서 감라를 요새화했다. 하지만 천연 요새이며 철저한 방비를 했던 감라도 로마의 공격을 피해갈 수 없었다. 로마군은 AD 67년에 감라를 포위했다. 앞선 지형에 대한 설명에서 알 수 있듯이, 로마가 감라를 정복할 수 있는 방법은 감라의 동쪽 부분을 공략하는 방법뿐이었다. 로마군은 감라를 포위하고 경사로를 통해서 공격해 들어갔지만 유대인들에게 격퇴당하고 말았다. 하지만 로마군은 두 번째 공격에서 감라의 동쪽 부분을 가로막고 있던 5m 두께의 성벽을 돌파하고 감라를 정복했다.

요세푸스에 따르면, 당시 감라에는 9,000명의 유대인들이 있었다. 이 가운데 4,000명은 로마군에 의해 도륙당했으며 5,000명은 북쪽 언덕으로 도망치려 했지만 결국 로마군들에 의해 짓밟혀 죽거나 골짜기로 떠밀리거나 자발적으로 떨어져 죽음을 맞이했다. 이런 비극적인 역사를 품고 있어 감라는 '북쪽의 마사다'라는 별칭을 갖게 되었다.

감라 입구 전경

로마군이 사용한 무기 모형

감라에서는 로마 군인들이 돌파한 지점을 비롯해서 그들이 사용한 무기들, 원형 망대, 회당, 제의용 목욕탕인 미크베 등 다양한 유적을 확인할 수 있다.

회당 자리

침례탕

무너진 집터

동쪽 경계를 위한 망대

훌라(Hulah) 분지

북쪽의 헬몬산(2,814m) 기슭에서 시작하여 갈릴리바다로 흐르는 북쪽 요단강 주변의 규모가 큰 분지로, 남북의 길이가 26km, 동서의 폭이 6~8km, 총면적은 대략 177km^{2}나 된다.

헬몬산 일대에서 내려오는 풍부한 물과 주변 산지의 높은 강수량(북쪽의 헬몬산 1,500mm, 서쪽의 납달리 산지 900mm, 동쪽의 골란고원 1,000mm)으로 커다란 훌라호수(약 14km^2)와 늪지가 형성되었었으나, 지금은 유대인들의 개간 공사로 늪지가 모두 사라지고 호수도 소규모로 줄어들었다.

훌라 분지를 지나는 북쪽 요단강은 스닐강(하스바니강), 단강, 헬몬강(바니아스강)의 세 물줄기로부터 물을 공급받으며, 이와는 상관없이 동쪽의 이욘강은 요단강으로 합류하지 않고 따로 훌라 분지로 흘러 들어온다. 한편 훌라 분지와 갈릴리바다 북단 사이에 약간 높은 지역을 가리켜 '로쉬 피나 암층'(현무암 창지대)이라고 부른다.

텔 단(Tell-Dan)

텔 단의 성문 전경

텔 단(Tell Dan)은 예루살렘으로부터 북쪽으로 약 223km, 갈릴리 디베랴로부터 북쪽으로 약 65km 지점으로, 이스라엘 최북단에 있으며 레바논 국경 가까이에 위치한다. '단'은 고대 이스라엘 북단에 있던 도시로 헬몬산 남쪽 기슭에 있으며, 두로에서 다메섹으로 가는 길 중 남북으로 갈라지는 지점으로 텔 단이라고 부르기도 한다. 텔 단은 대략 320km의 요단강의 시발점이자 가장 큰 수원지이며, '요단강'의 어원이기도 하다. '요단'이란 말은 '단에서 흐르다', 즉 '단 지방에서 흘러내린다'라는 뜻이다.

신구약성경에 소개된 이스라엘을 생각하면 메마르고 척박한 광야가 먼저 떠오르는 이들에게 텔 단은 마치 에덴동산을 연상케 한다. '젖과 꿀이 흐르는 땅'(출 3:8)이 마치 이곳이지 않았을까 싶을 정도로 모든 것이 풍요롭게 보이는 곳이다. 헬몬산의 눈과 빗물이 땅으로 스며들어 솟아나 흘러나오는 샘들로 인하여 정글 숲을 연상하게끔 나무들이 빽빽하게 들어서 있고, 이로 인해 숲속은 뜨거운 한여름에도 14.5도를 유지할 만큼 시원하다.

텔 단은 고고학적인 용어인 '텔'과 지명인 '단'이 합성된 단어이다. 수세기 동안 도시 위에 도시가 다시 지어지면서 형성된 언덕을 '텔'(tell)이라고 부르는데 셈어로 '고대 폐허의 흙무더기' 또는 '토총'을 의미한다. 이 언덕들은 이스라엘 땅이 가진 특별한 조건으로 동일한 장소에서 거주지들이 계속 건설되고 파괴되면서 만들어진 것이다. 도시가 파괴될 때 건물들이 무너지며 그 파편들이 또 다른 층을 이루어 그 언덕 위에 쌓이게 된다.

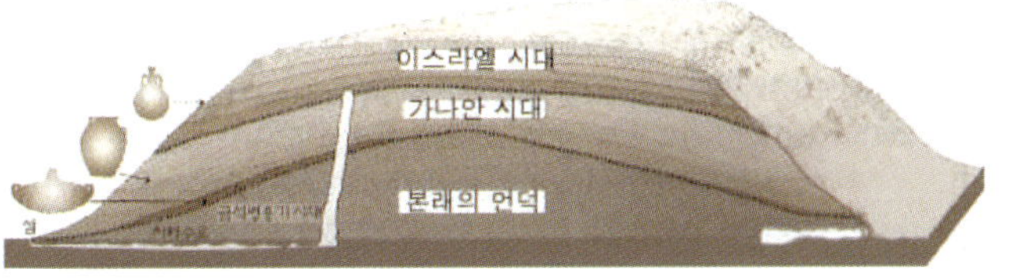

텔 단의 발굴 현장 지층 단면도

텔 단의 발굴 작업은 1966년도에 이루어졌는데 성문과 벽들, 그리고 무엇보다도 인상적인 것은 성경에서 언급되는 우상에게 제물을 드린 예식의 장소들을 발굴해 낸 것이었다. 텔 단에서 발견된 최초의 물품들은 BC 5000년경의 신석기시대 토기들이다. 최초의 텔 단은 BC 2700~2400년에 정착한 가나안 초기시대에 이루어졌다.

텔 단의 이방신 제단 발굴 현장

'단'은 이스라엘 12지파 가운데 한 지파로, 단 지파의 이름은 야곱(이스라엘이라고도 함)이 그의 두 번째 아내 라헬의 여종 빌하를 통해 낳은 다섯 번째 아들의 이름을 딴 것이다. 창세기 30장 4~6절에 의하면, 라헬이 야곱에게 자기의 몸종 빌하를 아내로 주자 그가 임신하여 아들을 낳아 주었다. 라헬은 "하나님께서 내 권리를 되찾아 주셨다. 내 간구도 들으셔서 나에게 아들을 주셨다"라고 고백하며 그 이름을 '단'이라 하였다.

오늘날의 텔 단 지역은 구약성경에서 처음으로 등장할 때의 이름은 '라이스'였고, 이스라엘 지파에게 분배되지 않은 가나안 원주민들의 땅이었다. 그러나 지중해 해안지역을 분배받았던 단 지파 사람들이 가나안 사람들과의 전쟁에서 패하여 분배받은 땅을 포기하고 대신 북쪽으로 이동하여 이곳 라이스를 정복하였고, 조상 단의 이름을 따서 '단'이라고 부른 데서 도시의 유래를 찾을 수 있다.

구약성경에서 단 지파의 위대한 영웅은 삼손이다. 그러나 삼손과 같은 위대한 사사가 등장했을 때는 가나안 사람들과의 경쟁이 가능했지만, 이후 월등히 앞선 문명을 보유하고 있었던 가나안 사람들에게 밀려 처음 단 지파에게 분할된 땅인 베냐민 지파의 왼쪽 해안가 지역을 빼앗기고 북쪽 라이스 지역으로 밀려나게 되었다.

당시 북쪽 지역은 이스라엘 영토로 확정되지 않았고 가나안 사람들이 거주하였던 많은 장소가 있었는데, 단 지파 사람들은 이들 가나안 원주민들이 살고 있던 라이스를 정복하고 자신들의 조상 이름을 따서 '단'이라 하였다.

단 지파가 북으로 이동하게 된 배경은 사사기 18장 1~31절에서 알 수 있다.

사사기 18장 2, 28~29절

2단 자손이 소라와 에스다올에서부터 그들의 가족 가운데 용맹스런 다섯 사람을 보내어 땅을 정탐하고 살피게 하며 그들에게 이르되 너희는 가서 땅을 살펴보라…28그들을 구원할 자가 없었으니 그 성읍이 베드르홉 가까운 골짜기에 있어서 시돈과 거리가 멀고 상종하는 사람도 없음이었더라 단 자손이 성읍을 세우고 거기 거주하면서 29이스라엘에게서 태어난 그들의 조상 단의 이름을 따라 그 성읍을 단이라 하니라 그 성읍의 본 이름은 라이스였더라

단은 구약시대에 이스라엘의 최북단 경계 도시였으며, 당시 이스라엘 영토를 표시할 때 사용한 "단에서부터 브엘세바까지"(삼상 3:20; 삼하 3:10, 17:11, 24:2, 15; 왕상 4:25)라는 문구가 여기서 유래했다. 역대기서에서는 "브엘세바에서부터 단까지"(대상 21:2; 대하 30:5)라고 거꾸로 이야기하기도 하였다.

텔 단에서 발견된 석비들과 비문

1993년 7월 21일 텔 단의 한 발굴자가 성문 밖 광장의 낮은 돌담을 파헤치던 중 검은색의 길이 32cm, 폭 22cm 크기의 석비(비문) 조각 하나를 발견하게 된다. 이 비문에는 고대 아람어로 쓰인 총 13줄의 내용이 기록되어 있었다. 약 1년 후인 1994년 6월 두 개의 작은 비문 조각이 더 발견되어 텔 단에서 발견된 석비 조각은 모두 세 개이다. 이 내용을 해석해 보니 이름을 밝히지 않은 아람의 한 왕이 이스라엘 왕을 죽이고 다윗 왕가를 무너뜨린 내용을 담고 있었다.

이 비문의 아홉 번째 줄 '베이트 다비드' 즉 '다윗 왕조'라는 단어가 매우 중요한데, 그것은 구약성경 외의 기록에서 처음으로 다윗이라는 이름이 나타났기 때문이다. 그때까지 고고학자 중에는 고고학적 증거가 구약성경 외에는 입증할 만한 것이 없었기에 다윗의 역사성을 의심해 온 사람들이 일부 있었다. 특히 베들레헴, 헤브론, 통일왕국의 수도였던 예루살렘에서조차도 다윗시대의 고고학적 흔적을 거의 찾을 수 없었다.

석비가 발굴된 텔 단 성문 좌측 현장 표시

1950년대와 1980년대에 집중적으로 다윗성을 발굴했지만 경사면을 받치고 있던 축대 외에는 발견된 것이 없었다. 이런 상황에서 텔 단에서 발견된 석비 조각에 다윗 왕가의 이름이 등장했으므로 다윗의 역사성의 증거가 발견된 것이었다.

텔 단에 솟구쳐 흐르는 물

가이사랴 빌립보(Caesarea Philippi)

가이사랴 빌립보 판 신전 앞

헬몬산(2,814m) 기슭에 자리 잡고 있는 가이사랴 빌립보는 이스라엘의 최북단으로, 요단 계곡의 상부 북쪽 끝을 감싸고 있는 곳에 자리 잡고 있다. 요단강의 주요 원류 중 하나인 물의 근원이 이곳이다. 이곳은 아마 구약성경 여호수아 11장 17절, 사사기 3장 3절, 역대상 5장 23절의 바알갓이나 바알 헤르몬일 것으로 전해진다.

그리스인들은 그리스 신 '판'(PAN)의 이름을 따라 이곳을 '바니아스'(Paneas)라고 불렀다('Banias'는 아랍어로 잘못 굳어진 것이다). BC 198년에 안티오쿠스 3세는 이 바니아스에서 이 지역의 운명을 결정하고 그가 팔레스타인을 통치할 수 있게 해준 큰 승리를 거둔다.

바니아스의 이름은 카이사르 아우구스투스 때 헤롯 대왕에 의해 가이사랴로 바뀌었고(눅 2:1), 헤롯의 아들인 빌립에 의해 가이사랴 빌립보로 바뀌었다.

판(PAN) 신전

우상 거치대

여러 신전 터 발굴 현장

특별히 예수 그리스도께서 갈릴리 북부지역으로 오셨을 때 이곳 판 신전 앞에서 베드로가 신앙고백을 했다고 마태와 마가가 기록하고 있다.

마태복음 16장 13~16절

13예수께서 빌립보 가이사랴 지방에 이르러 제자들에게 물어 이르시되 사람들이 인자를 누구라 하느냐
14이르되 더러는 세례(침례) 요한, 더러는 엘리야, 어떤 이는 예레미야나 선지자 중의 하나라 하나이다 15
이르시되 너희는 나를 누구라 하느냐 16시몬 베드로가 대답하여 이르되 주는 그리스도시요 살아 계신
하나님의 아들이시니이다

판 신전 아래서 솟구치는 엄청난 물

판(Pan) 신전

판 신전 앞 발굴 현장에 세워진 옛 판 신전 조감도

가이사랴 빌립보에서 섬겼던 우상 판(PAN)

데가볼리 지방의 중심부에 있는 도시 중 하나로, 다메섹 남서쪽 약 80km 지점에 있다. 이곳은 깊은 계곡과 풍부한 물, 밀림과 수풀, 높은 절벽들이 어우러져 있는 아름다운 지역이다.

이에 헬라인들은 풍요를 상징하는 신인 '판'(Pan)을 섬기는 신전을 만들어 놓았다.

성경이 기록된 이곳 주변의 성읍들로는 바알 갓(수 11:17, 12:7, 13:5)과 바알 헤르몬(삿 3:3; 대상 5:23)이 있다.

여호수아 11장 16~17절

16여호수아가 이같이 그 온 땅 곧 산지와 온 네겝과 고센 온 땅과 평지와 아라바와 이스라엘 산지와 평지를
점령하였으니 17곧 세일로 올라가는 할락산에서부터 헤르몬산 아래 레바논 골짜기의 바알갓까지라

BC 3세기 이후로 헬레니즘의 영향을 받았던 이 지역 사람들은 자신들이 사는 지역을 관장할 신으로 여호와 하나님이 아닌 그리스 신화에 나오는 '판'을 선택했다. 판은 상반신은 사람이고 하반신은 염소인 반인반수(半人半獸)의 신으로, 동물들이 뛰어노는 푸른 초원의 신이면서 동시에 목동의 신이었다. 그리고 그가 가지고 다니는 피리(Pan's Flute, 우리말로는 '팬플루트')로 사람과 동물들을 유혹하여서 난잡한 성관계를 통해 쾌락을 즐기는 신이기도 했다.

그런데 사람들은 이 판 신을 동경한 것 같다. 그래서 판 신을 위한 신전을 짓고, 자신들의 도시를 '판 신을 위한 도시'라는 뜻으로 '파니아스'라고 부르기까지 했다. 빌립은 이 '파니아스'를 '가이사랴 빌립보'로 개명하고 나서도 여전히 그 도시의 가장 웅장한 절벽 아래를 '판 신을 위한 동굴'로 명명하고는, 그 앞에 거대한 판의 석상을 세우고 로마 황제 아우구스투스를 위한 신전과 제우스를 위한 신전, 그리고 네메시우스를 위한 신전을 나란히 건설하였다.

1. 주차장 2. 바니아스샘 3. 판 동굴과 판 신전 4. 예언자 Khader의 무덤
12. 십자군 성문 14. 십자군 성벽 16. 모퉁이 탑 17. 비잔틴 시대 교회 21. 아그립바 2세 궁전 입구
24. 아그립바 2세 궁전 25. 회당 26. 카르도(로마인 도로) 99. 마로니트 교회

헬몬산(Mount Hermon)

4월 말 눈 덮인 헬몬산 정상 전경

다마스커스 서쪽, 레바논과 시리아와 이스라엘의 국경지대에 솟아 있는 산으로 해발 2,814m 높이에 폭은 약 30km이다. 지중해 동해안 지방에서 가장 높은 지점으로 손꼽히며, 안티레바논 산맥의 남쪽 끝부분으로 산기슭에서는 요단강의 두 주요 수원이 시작된다.

이스라엘의 최고봉인 헬몬산이 높이 융기되면서 동반적으로 주변에는 계곡이나 분지 등과 같은 낮은 지역이 생겼다. 즉 북서쪽의 리타니계곡, 남서쪽의 이온계곡, 남쪽의 훌레계곡, 그리고 북동쪽의 다메섹 분지 등은 모두가 헬몬산 주변의 낮은 지역들이다. 헬몬산과 지형적으로 연결된 곳은 북쪽의 안티레바논 산지에 속하는 산지의 한 지류이다.

헐몬산 혹은 헬몬산은 '거룩한 산'이라고 불리며, 눈이 덮여 있는 모습이 마치 백발노인의 머리와 같다고 해서 '노인의 산' 혹은 '눈의 산'이라고도 부른다.

헬몬산의 연중 강우량은 약 1,500mm 이상으로, 대부분 눈으로 내리는데 겨울 동안 내린 눈은 이른 봄까지도 녹지 않고 쌓여 있다. 여름이 되면서 서서히 녹은 헬몬산의 눈들이 지표면 아래로 스며들어 헬몬산 주변의 샘들을 통하여 다시 분출된다. 이러한 샘들은 남쪽의 요단강, 북쪽의 리타니강, 그리고 동쪽의 다메섹으로 흐르는 강의 수원지가 된다. 헬몬산의 물은 갈릴리호수를 채워 이스라엘의 중요한 식수원을 이룬다.

그리고 산꼭대기에서는 낮은 온도 때문에 대기 중의 수분을 급격히 냉동시켜 밤 동안 엄청난 양의 이슬이 내리는데, 강우량이 적은 이곳에서 이슬은 동식물에 수분을 공급하는 중요한 역할을 한다. 우리에게는 한낱 이슬이 어떻게 축복일까 생각되지만, 강우량이 적은 이스라엘 땅에서 이슬은 생명같이 느껴졌을 것이다.

그래서 시편 기자는 헬몬산에서 내리는 이슬이 그 지역을 풍요롭게 함같이 형제 연합의 축복이 바로 그와 같다고 노래했던 것 같다. 시편 133편 1~3절을 읽어보자.

시편 133편 1~3절

[1]보라 형제가 연합하여 동거함이 어찌 그
리 선하고 아름다운고 [2]머리에 있는 보배
로운 기름이 수염 곧 아론의 수염에 흘러
서 그의 옷깃까지 내림 같고 [3]헐몬의 이
슬이 시온의 산들에 내림 같도다 거기서
여호와께서 복을 명령하셨나니 곧 영생이
로다

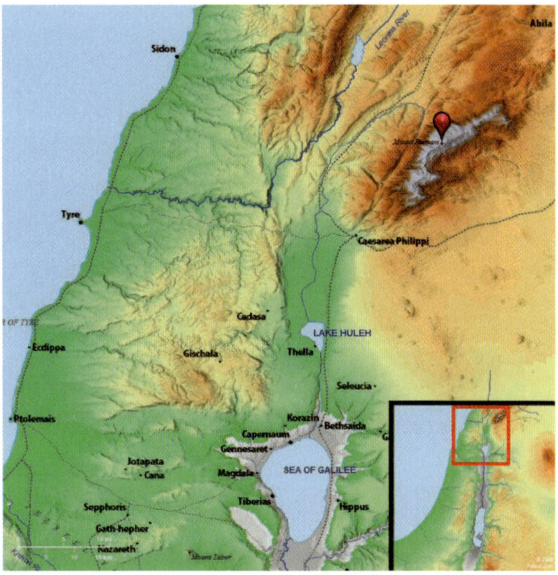

이스라엘 최북단 헬몬산의 위치도

그 외 성경에서 헐몬산이나 헬몬산에 관한 이야기는 많이 등장한다.

아모리 사람들은 헬몬산을 '스닐'(Senir)이라고 불렀으며, 시돈 사람들은 '시룐'(Sirion)이라고 불렀다.

신명기 3장 9절

헤르몬산을 시돈 사람은 시룐이라 부르고 아모리 족속은 스닐이라 불렀느니라

이러한 지명들은 이집트의 저주문서나 우가릿 문서에서도 자주 언급되고 있다. BC 1330년경 히타이트 왕과 수리아 왕 사이에 체결된 어떤 계약 문서에는 계약체결의 증인으로서 레바논의 산들, 시리온의 산들과 더불어 헬몬산이 언급되어 있다.

역사적으로 헬몬산은 이스라엘의 북쪽 경계를 이루는 곳으로, 모세나 여호수아에게 이곳은 여호와 하나님의 약속의 땅의 경계로 가나안 정복의 최북단 지역이었다.

신명기 3장 1~9절

[1]우리가 돌이켜 바산으로 올라가매 바산 왕 옥이 그의 모든 백성을 거느리고 나와서 우리를 대적하여
에드레이에서 싸우고자 하는지라 [2]여호와께서 내게 이르시되 그를 두려워하지 말라 내가 그와 그의 모

든 백성과 그의 땅을 네 손에 넘겼으니 네가 헤스본에 거주하던 아모리 족속의 왕 시혼에게 행한 것과
같이 그에게도 행할 것이니라 하시고 3우리 하나님 여호와께서 바산 왕 옥과 그의 모든 백성을 우리 손
에 넘기시매 우리가 그들을 쳐서 한 사람도 남기지 아니하였느니라…8그때에 우리가 요단강 이쪽 땅을
아르논골짜기에서부터 헤르몬산에까지 아모리 족속의 두 왕에게서 빼앗았으니 9(헤르몬산을 시돈 사람
은 시룐이라 부르고 아모리 족속은 스닐이라 불렀느니라)

여호수아 11장 15~17절

15여호와께서 그의 종 모세에게 명령하신 것을 모세는 여호수아에게 명령하였고 여호수아는 그대로 행
하여 여호와께서 모세에게 명하신 모든 것을 하나도 행하지 아니한 것이 없었더라 16여호수아가 이같
이 그 온 땅 곧 산지와 온 네겝과 고센 온 땅과 평지와 아라바와 이스라엘 산지와 평지를 점령하였으니
17곧 세일로 올라가는 할락산에서부터 헤르몬산 아래 레바논 골짜기의 바알갓까지라 그들의 왕들을 모
두 잡아 쳐 죽였으며

이스라엘의 북쪽 경계를 이루고 있는 헬몬산 주변의 우거진 숲들, 산기슭에 있는 여러 수원, 그리고 눈으로 덮여 있는 정상의 모습 등은 고대 시대 많은 사람에게 신앙적인 경외심을 일으켰다. 그래서 성경에서는 헬몬산과 관련하여 유명한 성소들이 자주 언급된다. 사람들이 신탁을 얻으려고 찾아왔던 '벧마아가 아벨'(삼하 20:15, 18)도 헬몬산 근처의 지역이었다.

사무엘하 20장 14~15절

14세바가 이스라엘 모든 지파 가운데 두루 다녀서 아벨과 벧마아가와 베림 온 땅에 이르니 그 무리도
다 모여 그를 따르더라 15이에 그들이 벧마아가 아벨로 가서 세바를 에우고 그 성읍을 향한 지역 언덕
위에 토성을 쌓고 요압과 함께한 모든 백성이 성벽을 쳐서 헐고자 하더니

여로보암 시대에 거대한 신전이 세워진 단(왕상 12:29; 왕하 10:29; 암 8:14)과 헤롯이 아우구스투스를 위하여 세운 로마 황제 숭배 신전이 있었던 가이사랴 빌립보 등도 모두가 헬몬산과 관련된 지역들이다. 산비탈에는 200년경의 그리스어 비문이 새겨진 신전들이 남아 있다.

열왕기상 12장 28~30절

28이에 계획하고 두 금송아지를 만들고 무리에게 말하기를 너희가 다시는 예루살렘에 올라갈 것이 없도다 이스라엘아 이는 너희를 애굽 땅에서 인도하여 올린 너희의 신들이라 하고
29하나는 벧엘에 두고 하나는 단에 둔지라
30이 일이 죄가 되었으니 이는 백성들이 단까지 가서 그 하나에게 경배함이더라

열왕기하 10장 29절

이스라엘에게 범죄하게 한 느밧의 아들 여로보암의 죄 곧 벧엘과 단에 있는 금송아지를 섬기는 죄에서는 떠나지 아니하였더라

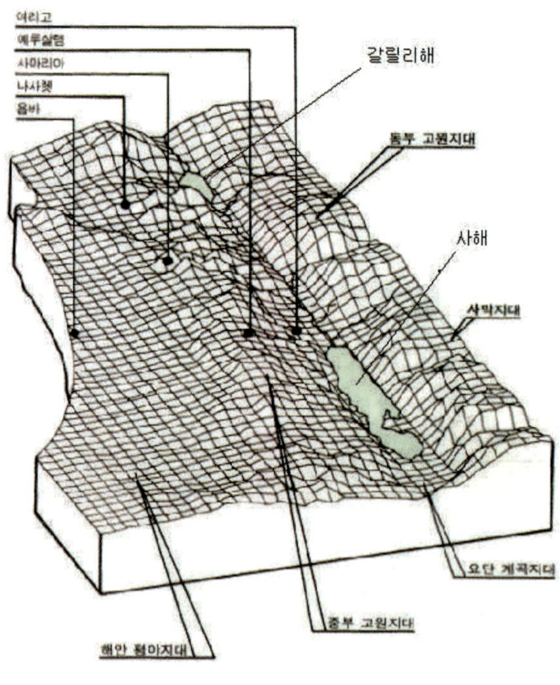

이스라엘 지형도

시편 42편 6절에 복수형(원어상)으로 표현된 것처럼 헬몬산은 크게 세 개의 봉우리로 이루어져 있다. 북단의 봉우리가 아마나산(Mount Amana), 남단의 봉우리가 헬몬산, 중앙의 서쪽에 있는 두 봉우리보다 30m 낮은 '예벨 셉다니'(Jebel Zebdani)가 스니르산이라고 한다.

성경에 등장하는 것은 남쪽 봉우리인 헬몬산인데, 이는 동북에서 서남으로 약 30km 뻗어 있고, 산정과 가까운 부분은 석회암의 민둥산이며, 동쪽의 사면은 험하나 서쪽으로 향한 사면은 완만하여 높은 대지를 형성하고 수목이 무성하며 포도도 널리 재배되었다.

이스라엘은 1967년 6월 전쟁에서 아랍권으로부터 헬몬산 남쪽과 서쪽 비탈 중 약 100km^2 지역을 골란고원과 함께 이스라엘 영토로 흡수하여 이후 겨울철 스키장으로 개발하였다.

하늘에서 본 눈 덮인 헬몬산과 이스라엘 지형

가자! 성서의 땅으로!

1판 1쇄 인쇄 _ 2024년 6월 15일
1판 1쇄 발행 _ 2024년 6월 25일

지은이 _ 조근식
펴낸이 _ 이형규
펴낸곳 _ 쿰란출판사

주소 _ 서울특별시 종로구 이화장길6
편집부 _ 745-1007, 745-1301~2, 743-1300
영업부 _ 747-1004, FAX 745-8490
본사평생전화번호 _ 0502-756-1004
홈페이지 _ http://www.qumran.co.kr
E-mail _ qrbooks@gmail.com / qrbooks@daum.net
한글인터넷주소 _ 쿰란, 쿰란출판사
등록 _ 제1-670호(1988.2.27)
책임교열 _ 박은아 · 이주련

 ISBN 979-11-6143-955-6 93230

책값은 뒤표지에 있습니다.

파본(破本)은 구입처에서 교환해 드립니다.